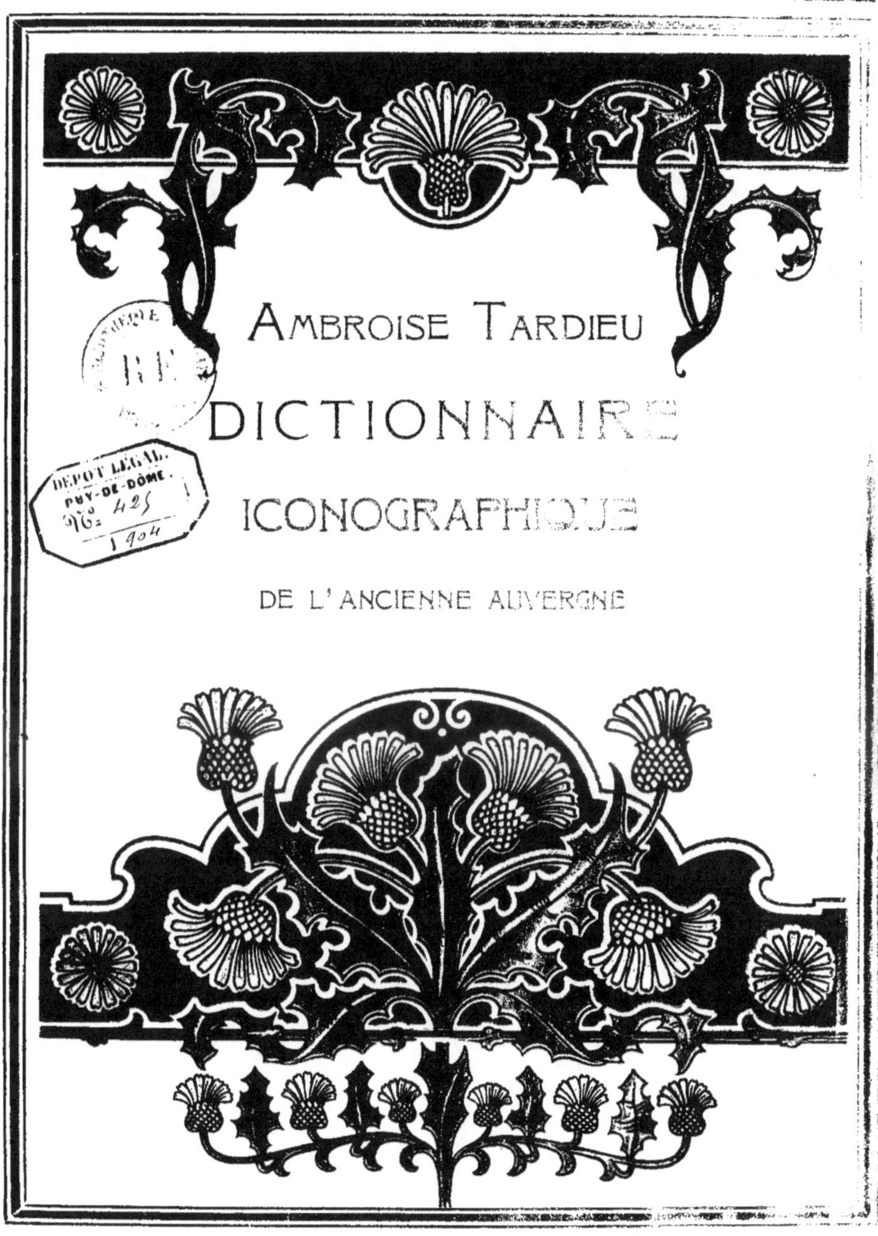

AMBROISE TARDIEU

DICTIONNAIRE

ICONOGRAPHIQUE

DE L'ANCIENNE AUVERGNE

Ambroise Tardieu,

Historiographe de l'Auvergne,

né à Clermont-Ferrand, le 3 avril 1840.

A l'âge de 35 ans. D'après une peinture sur toile de 1875.

En costume officiel de grande Académie étrangère.

AUX BIENVEILLANTS LECTEURS, SALUT, HONNEUR ET SOUHAITS !

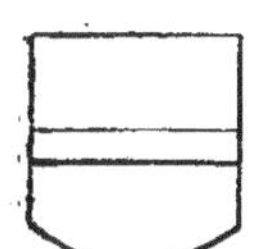

de Lastic

Berard de Chazelles

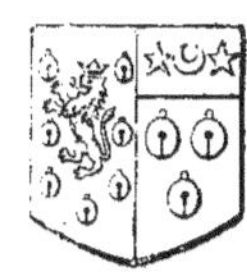

Grellet de la Deyte

de Malharel

de Bouchard d'Aubeterre

de la Salle de
Rochemaure

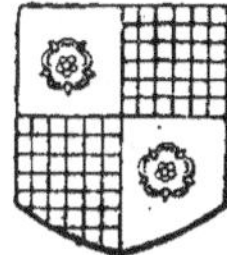

de Pélacot

de Tournyol

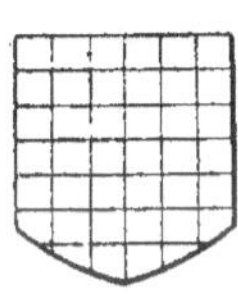

de Durat

de Bourgade
de la Dardye

de Dienne

Pellissier
de Féligonde

de Champflour

d'Apchier de Morel
de la Chapelle

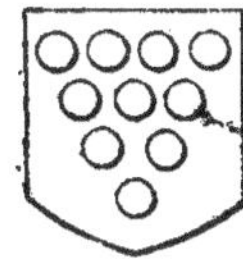

de Villelume

de Bonnevie

de Moré de Pontgibaud

Bellaigue de Bughas

de Rauquemaurel

de Sauret

de Rebez
de Sampigny

Amariton de Beauregard

Dissandes de la Villatte

de Roquefeuil

de Ribier

de la Roche-Aymon

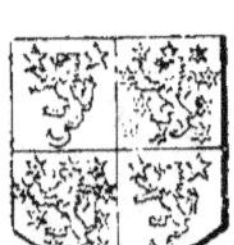

d'Aurelle de Montmorin.

des Aix

Arnauld

de Riollet de Morteuil

de Laval d'Arcemelles

de Val

Le Normand de Flaghac

Pyrond de la Prade

de Cressac

des Roys

d'Autier

de Chabrol

Aux Souscripteurs

Ces lignes, trop brèves, resteront à la postérité pour vous dire que c'est en partie grâce à votre haute intelligence et bienveillance que cet ouvrage a pu être édité. Vous faites partie de la noble série de ces cœurs généreux, grands d'idéal, d'art et de clairvoyance. Vous avez le sang courageux de ceux que j'ai glorifiés dans mon œuvre ; aussi je clame, ici, bien haut : Honneur à vous et merci !

DICTIONNAIRE ICONOGRAPHIQUE

DE

L'Ancienne Auvergne

C'EST-A-DIRE

LISTE GÉNÉRALE DE TOUS LES PORTRAITS

GRAVÉS, LITHOGRAPHIÉS, DESSINÉS

CONCERNANT CETTE PROVINCE

Y COMPRIS LES PORTRAITS PEINTS DES GALERIES DES CHATEAUX

OU FAMILLES NOTABLES

Avec une suite de personnages vivants dignes de mémoire

PAR

Ambroise Tardieu

Historiographe de l'Auvergne

Correspondant de l'Institut impérial archéologique d'Allemagne,

de l'Académie royale d'histoire de Madrid, des Académies de Rouen,

Toulouse, Marseille, Nancy, Hippone, etc. Officier et chevalier de divers ordres,

Gde médaille de l'Exposition universelle de Vienne (Autriche)

Trois fois médaillé par la Société nationale d'encouragement au bien, etc.

CLERMONT-FERRAND

IMPRIMERIE PAUL RACLOT, RUE St-LOUIS, 23

1904

Cet ouvrage, tiré à petit
nombre, n'a pas été mis dans
le commerce. Les exemplaires
sont signés de la main de
l'auteur, à cette page.

Les clichés photogravés de la
1re partie de ce volume viennent
de la célèbre maison Rückert
et Cie, à Paris, que nous tenons
à remercier, ici, et à féliciter.

Avant-Propos

E curieux ouvrage que nous publions n'est pas de ceux qui s'improvisent à la hâte. Il a fallu 40 années pour en établir les éléments. Les difficultés, les luttes qu'il a occasionnées ont été sans nombre. Or, s'il y a toujours mauvaise grâce à parler de soi, disons, ici, que toute notre vie a été un rude labeur littéraire ou artistique. Les peines, pour aboutir, ne nous ont pas épargné ; mais il est vrai d'ajouter que les batailles vitales sont inhérentes au voyage de ce monde. Depuis près d'un demi siècle, nous avions collectionné des milliers de portraits, gravés, lithographiés ou dessinés et photographiés, quelques uns peints concernant l'Auvergne. En divers temps, nous avions rêvé de publier, même en collaboration, ce bel ouvrage. C'est ainsi que M. François Boyer, collectionneur sur l'Auvergne, mort à Volvic (Puy-de-Dôme) en 1903, devait éditer, par traité, à ses frais, sous nos deux noms, mon

important manuscrit fondu avec ses recherches ; mais il n'a tenu aucun de ses engagements, disparaissant frappé par le destin. Nous avons donc repris notre œuvre personnelle, écrite depuis longtemps et l'avons, certainement, triplée. Aujourd'hui, seulement, nous pouvons livrer au public intelligent cette œuvre si difficile. Nous avons rencontré beaucoup d'indifférents, nombre d'ignares et quantité de natures peu généreuses qui préfèrent la pâture corporelle à celle de l'esprit. Malgré tout, nous avons tenté d'établir la Liste générale des portraits peints conservés dans nos châteaux de l'ancienne Auvergne, c'est-à-dire du Puy-de-Dôme, du Cantal, d'une grande partie du Velay, du Bourbonnais méridional, du pays de Combrailles. Hélas, pourquoi avons-nous été quelquefois paralysé par des réserves de modestie ridicule et des esprits étroits ? Nous n'avons donc pu faire une œuvre complète ; et nous prévenons charitablement ceux qui, pleins d'illusions, tenteraient un travail analogue, qu'ils auront les mêmes obstructions. Certes, ce n'est guère encourageant. Cependant, tel qu'il est, cet in-4° a des milliers de notices inédites, des portraits qui surgissent comme une véritable résurrection. Il n'existe rien de pareil.

Malgré le vandalisme des révolutions, nos châteaux ont conservé beaucoup de portraits peints dus à nos plus grands artistes. Il fallait inventorier tout cela, afin de sauver ces épaves des incendies, de l'ignorance ou de nouvelles révolutions possibles.

Saluons, en passant, ces mâles figures qui ont combattu pour la patrie française. Découvrons-nous, pleins d'émotion, devant ces armures de fer et ces têtes énergiques, telles que celles de du Guesclin, de Boucicaut, de Turenne, de Pascal, de la Fayette, ou ces âmes trempées, pour le bien, comme celle de Massillon ; les uns ont soulagé la misère, d'autres ont péri pour l'indépendance nationale. Quelles que soient les opinions qui nous animent au sujet de la vieille France, on reste rêveur devant ces images, la gloire d'une grande nation !...

Depuis notre enfance, dès l'âge de 16 ans, nous nous sommes occupé avec passion de l'histoire de l'Auvergne. Nous avons, sans marchander, semé bien des pièces d'or, ne calculant jamais et nous privant souvent du nécessaire pour aboutir. Nous avons, maintenant, 64 printemps et songeons à la retraite, semblable à ces artistes de grand opéra qui ont chanté les illustrations d'autrefois. La voie est ouverte. Que ceux qui viendront profitent de ce soleil levant qui luit pour tout homme de bonne volonté.

Qu'il soit dit, en passant, qu'avant le milieu du XIVe siècle on ne fit guère de portraits. La véritable *iconographie française* remonte à la fin du règne de St-Louis. Quelques fresques de nos cathédrales donnent des portraits ; mais le cas est très rare à cette époque. On connaît, dans la cathédrale de Clermont-Ferrand, le portrait à genoux de G. de Jeu, prêtre, mort en 1304, que nous avons reproduit dans notre *Histoire de Clermont-Ferrand*. Un portrait du roi Jean, peint sur bois, est conservé à la Bibliothèque nationale à Paris. On peignit, longtemps, depuis, sur bois. A la fin du XIVe siècle, les livres d'heures donnent les portraits des grands seigneurs. C'étaient des miniatures offrant souvent l'image du personnage. Ces miniatures persistèrent jusqu'à la fin du XVe siècle ; mais, au XVIe, paraissent les nombreux portraits au crayon, exécutés par les deux célèbres Clouet, père et fils. Depuis, les crayons, les peintures, les pastels, les dessins à la plume ont été multipliés pour les portraits et, dès 1570 environ, paraissent aussi les précieux portraits gravés, sur cuivre, par Thomas de Leu, Rabel, Léonard Gaultier, dont les célèbres Morin, Nanteuil, Drevet, Edelinck, etc., ont continué merveilleusement l'œuvre admirable et si appréciée.

Nous remercions, ici, les hautes intelligences, et elles sont nombreuses, qui, même à l'étranger, ont été le levier puissant de nos nombreuses publications et nous ont prodigué, longtemps, leur précieuse sympathie et leur argent, cet argent sans lequel toute publication importante est *matériellement* arrêtée d'avance.

Ce volume donne la liste de ceux qui ne sont plus dont on a des portraits, gravés, lithographiés, dessinés ou peints, mais nous y ajoutons quelques comtemporains même vivants et dignes de mémoire.

Certes, il a fallu un courage inouï pour éditer cet imprimé de luxe. L'argent, cet infernal argent, anéantit hélas, les meilleures intentions de ce monde ! Les graveurs, les imprimeurs, les artistes coûtent fort cher et n'attendent pas. Enfin nous voilà arrivé à la station. Nous sortons de la mer agitée et descendons au port. Nous bénissons le Ciel qui nous a permis de publier un livre que nous pensions irréalisable et qui nous a préoccupé si longtemps. Evidemment, celui qui songe à une création grandiose peut souvent l'accomplir ; mais il faut des circonstances, de la chance et ne jamais désespérer, enfin, l'aide d'hommes puissants, artistes et, surtout, généreux.

Puissent ces pages qui seront, nous le croyons, les dernières richement illustrées que nous produirons, prouver combien nous avons toujours aimé notre Auvergne, ce beau pays, riche comme la vaste Limagne, splendide comme ses hautes montagnes, désert et, cependant, poétique comme les bruyères des environs d'Herment qui ont charmé toute notre jeunesse et où dorment, de leur dernier sommeil, un père, homme de génie s'il en fut, et une mère admirable qui fut notre conseil et que nous pleurons toujours !...

ANTOINE Ruse, Seign.... et Marquis d'Effiat, de Chilly,
de Longjumeau, etc.. Gouverneur de Montargis, premier
Ecuier, et grand Veneur de Monsieur

D'ALBIGNAC (François), marié en 1679, à Lucrèce de Lastic.

Peinture.Galerie du Château de Lencloître (Vienne), à M. le Comte de Lastic de St-Jal.

ACHARD (Mme).

Joli dessin au crayon, de 1830 environ, par le célèbre Marilhat, cousin de Mme Achard. A M. Achard, son fils, cours Sablon, à Clermont-Fd.

ACHARD-LAVORT (J. B. Antoine), né à Clermont-Fd, le 27 août 1778, mort le 21 mars 1858. Dr médecin, direct. de l'école de médecine de Clermont-Fd.

1 Dessin in-4 de l'an 12, de Laurens, architecte, à Clermont-Fd.

D'ADIAC (Claude-Galien), né à St-Paulien, en 1685, mort en 1762. Religieux dominicain.

Portrait peint, au Puy (Hte-Loire), chez M. le baron de Vinols.

AGNÈS DE JÉSUS, née en 1602, religieuse dominicaine au couvent de Langeac, morte à Langeac, en odeur de sainteté, le 16 oct. 1634.

1 in-8, gravure, 6 1/2 de texte ; — 2 in-12, réduction du n° 1, image de dévotion répandue par les dominicains ; — il existe des portaits suivant ce dernier ; — 4 Cuivre original possédé par M. Paul le Blanc, à Brioude.

AIGUEPERSE (Pierre-Germain), né à Barbary, près Mauriac (Cantal), le 23 mai 1804, mort à Clermont-Fd, le 31 mars 1877. Marchand d'antiquités à Clermont-Ferrand. Auteur.

Lithographie in-8 signé J. P. V.

D'AILLY (Pierre), de l'illustre famille de ce nom, fondue, au Xe siècle, dans celle des de Rochefort. Confesseur du roi Charles VI, évêque du Puy, archevêque de Cambray, cardinal ; mort à Avignon, en 1419 ; d'après d'autres, en Allemagne en 1425.

1 B. Picart 1713, in-4 ; — in-4, le même, avec adresse à Paris. chez M. G. D. B. ; — 3 in-4 Mathey ; 4 in-8 F. V. W. ; — 5 in-12, anon. ; 6 in-32, dans la *Chronologie collée*.

ALAPETITE (Gabriel-Ferdinand), préfet du Puy-de-Dôme de 1889 à 1890.

Né en 1853. Gravé sur bois dans F.

D'ALBANY (Jean Stuart, duc). Voyez Stuart.

D'ALBERT (Honoré), duc de Chaulnes, maréchal de France, (père du comte de Luynes), mort en 1647. Gouverneur d'Auvergne (1644-1649).

1 Michel Lasne, in-fol. ; — 2 Moncornet ; — 3 Odieuvre, in-4 ; 4 voir H.

D'ALBERT D'AILLY (Magdeleine-Charlotte, morte en 1665, mariée à J.-B. Gaston de Foix, pair de France. Dame de Randan.

1 gravée dans la collection des Galleries de Versailles ; — 2. Voir H.

ALBERT (Pierre-Jean-Marie-Edouard), né à Riom, propriétaire-gérant du Journal *La Glaneuse*. Prévenu d'avril, âgé de 35 ans, (1835).

1 lithog. d'après le croquis Caussidière, in-fol. ; — 2 Alp. Urruty, fécit. lith. de Ligny, in-8.

ALBERT (Magdeleine), âgée de 23 ans, née à Biozat (Allier), condamnée à mort pour avoir tué son père, sa mère et ses deux sœurs le 21 mars 1811.

Dufour del. E.-D sc. in-fol.

D'ALBON (Jean, seigneur de St-André et de Tournoelle, père du suivant, c'est-à-dire de Jacques d'Albon de St-André.

Un portrait du musée du Louvre lui a été attribué ;

et la *Revue d'Auvergne*, dans un article de M. Vissac, bibliothécaire, prétend qu'un portrait peint sur bois, au musée de Clermont-Fd. qui reproduit fidèlement celui du musée du Louvre doit être attribué à Jean d'Albon. Mais ce portrait est celui de *Jean IV de Rieux*, maréchal de Bretagne, en 1470, né le 27 Juin 1447. [...] on voit à la gravure du portrait de Jean IV de Rieux qui se trouve dans *l'Histoire de Bretagne*, par [...] Lobineau, publiée en 1707, page 78.

Gravure ovale, sur bois [...] avec blason et attributs.

[...] à M. le directeur des Beaux-Arts, [...] et qui veut confirmer notre découverte.

« Palais-Royal [...] 1888. Monsieur. Par lettre du 27 [...] communiquée à M. le directeur des [...] vous m'avez signalé une fausse indication [...] une peinture comme venant de la collection **Toubal**, que le catalogue du musée du Louvre mentionne comme étant le portrait de Jean d'Albon de St-André, et qui serait, d'après les renseignements que vous me transmettez, celui de *Jean IV de Rieux*, maréchal de Bretagne et tuteur de la reine Anne de Bretagne. Je vous remercie monsieur de votre communication [...] qui a été reconnue exacte après examen, et dont il sera tenu compte sur la fiche de l'inventaire et dans la nouvelle édition du catalogue. Agréez monsieur, l'assurance de ma considération distinguée. Le Directeur des Beaux-Arts, signé : Gustave Larroumet » [...] ce portrait au chancelier *du Prat*. Le portrait du musée de Clermont-Fd, peint sur bois, est sûrement de l'école de François Clouet et, peut-être de Janet Clouet, son père.

D'ALBON DE ST-ANDRÉ (Jacques), baron d'Herment et de Tournoelle, seigneur de Miremont, en Auvergne. Maréchal de France, 1547, dit le *Maréchal de St-André*.

Fils du précédent et de Charlotte de la Roche de Tournoelle. Né au château de St-André, en Roannais, en 1524, tué le 19 décembre 1562, à la bataille de Dreux. Gouverneur du Lyonnais. Forez, Beaujolais, Auvergne, Haute et Basse Marche et pays de Combrailles, en 1550, en remplacement de son père. Il épousa *Marguerite de Lustrac* (Voir de *Lustrac*). — 1. Peint par Delorme, in-12 collect. des Galeries de Versailles, gravé par Gavard ; — 2 gravé par Delonnoy, in-8 collect. des Galer. de Versailles ; — 3 ovale au trait, in-18, avec Fr. de Guise ; — 3 gravure in-fol., au bas une ligne en allemand ; 4 « l'amiral a aussitôt assemblé .. XIX décembre MDLXII » ; — 5. Dans l'Auvergne illustrée n° 3 ; — 6. Beau portrait au crayon, jeune, (voir G.) — 7 Peinture du château de Beauregard près Blois ; 8. (voir H.) ; — peinture moderne (ancienne collection Ambroise-Tardieu) au château du Theil (Creuse), avec ses armes et le titre de baron d'Herment (1559-1562), œuvre du peintre Robert, à Clermont-Fd (1 m. 30 sur 0 m. 80 c.)

ALEXELINE (Marc), né à Clermont, le 23 mai 1832, dessinateur de talent à Clermont-Fd. où il est mort le 19 octobre 1869.

Portrait photographié placé sur un souvenir mortuaire imprimé, que lui fit faire son ami, M. Marien Bouchex, employé à l'imprimerie Fd. Thibaud, in-4, 1869, Clermont-Ferrand.

D'ALGARRA DE VERGARA (Mlle), fille du comte d'Algarra de Vergara, mariée à M. Hippolyte Pellissier de Féligonde, marquis de Léotoing d'Anjony de Foix, par substitution.

Portrait peint au château d'Anjony (Cantal).

ALLARD (le Dr Gustave-Camille), médecin, inspecteur des eaux de Royat, chevalier de la Légion d'honneur, né à Marseille, le 7 octobre 1832, mort audit lieu le 23 mai 1864.

Photogravé dans l'*Histoire de Royat*, par A. Tardieu.

D'ALENÇON voir de **Valois**.

D'ALLÉGRE (Yves II, baron d'Allégre, de Viverols, de Meilhau, St-Just, Chomelix, etc. Tué à la bataille de Ravenne en 1512, après en avoir assuré le succès.

Chambellan du roi de Sicile, en 1484, lieutenant-général des armées du roi Charles VIII et Louis XII, gouverneur de la Basilicate et de Bologne, fils de Jacques, baron de d'Allégre et de Lavrabos et de Gabrielle de Laslic. — Ancienne peinture, buste reg. à dr. costume du temps de Louis XII, toque à plume. A la célèbre galerie du château de Beauregard, près Blois (Loir-et-Cher), à M. le comte de Chodet.

D'ALLÉGRE (Gaspard, seigneur de Viverols, Beauvoir, St-Marcel, vers 1580, Chevalier de l'ordre du roi : fils de Christophle d'Allégre et de Magdeleine Le Loup (ceux-ci mariés en 1530).

Dessin à la Bibliothèque Nationale (Paris), N° 1426, page 32, in-folio.

D'ALLEGRE (Yves IV, marquis d'Allégre, fils d'Antoine, baron de Meilhau, né en 1593 et de Françoise de Mailly.

Né probablement au château de Meilhau. Il tua en duel G. du Prat, baron de Viteaux, fameux duelliste qui avait tué son père en duel. Gouverneur d'Issoire ; assassiné dans une émeute provoquée par son inconduite avec la marquise d'Estrées (1592). Mort non marié. 1. portrait au crayon à la Bibliothèque Nationale à Paris ; 2. gravé dans l'Auvergne illustrée d'après le portrait n° 4.

D'ALLEGRE (Anne, mariée, en 1583, à François-Paul de Coligny, dit Guy XIX, comte de Laval, mort à la bataille de Taillebourg ; 2° en 1597 à Guillaume d'Hautemer, seigneur de Fervacques, maréchal de France.

1. En buste des 3/4 à g. Un chapeau de velour en pointe. Dessin au musée du Louvre ; — 2. Peinture au château de St-Cirgues (Puy-de-Dôme).

D'ALLEGRE (Marie-Marguerite), mariée en 1675 à J.-B Colbert, marquis de Seignelay, ministre et secrétaire d'État, mort en 1690.

Elle fut marquise d'Allégre, de Blainville, et ne laissa qu'une fille morte sans postérité ; ses vastes possessions firent retour à Emmanuel d'Allégre son oncle. Elle était fille de Claude, marquis d'Allégre et de Marie Philibert de Roquefeuille. — 1. trouvain, 1695, in-folio. Arnault.

D'ALLEGRE (Yves V, marquis d'Allégre, prince d'Orange, baron de Meilhau, seigneur de St-Cirgues, Orcival, Flageac, Salezuit, Montaigu, Cordès, St-Floret, Aurouze, Aubusson, maréchal de France (1724, mort en 1733 à Paris. Il avait épousé Jeanne-Françoise *de Géraud de Caminade* (voir ce nom).

1. Gravé pour le sacre du roi Louis XV, en pied, in-folio, par Tardieu (1715) ; — 2 lithographie dans le Diction. Biog. de l'Auvergne par A. Tardieu ; 3. Gravé dans l'Auvergne illustrée ; 3. Belle peinture au château de St-Cirgues (Puy-de-Dôme) ; en pied ; 5. Peinture au château de St-Priest, près Gimel (Corrèze) (belle) ; 0 m. 92 sur 0 m. 72 ; inscription sur la toile.

D'ALLEGRE (Emmanuel-Yves), appellé le comte de Meilhau, mort le 2 mai 1705, âgé de 19 ans.

Fils de Yves V, marquis d'Allégre, maréchal de France qui précède et de J.-F. de Géraud de Caminade. Peinture de 1 m. 45 sur 1 m. 10. En pied, riche costume de velour rouge, broché d'or, épée ; — une guitare, etc. Provient de la galerie du marquis d'Apchier

Galerie de M. le baron d'ARLEMPDES (château de Salornay . Saône-et-Loire

Antoine de LAVAL, résidant à Celleneuve
près de Montpellier, en 1690.

Jean de LAVAL, vicomte de BEAUFORT,
baron d'Arlempdes, mort au Puy (Hte-Loire)

Louis de LAVAL, vicomte de BEAUFORT,
baron d'Arlempdes, mort en 1782.

Françoise-Hyacinthe de BONNEFOUX,
mariée en 1727 à Louis de Laval, vicomte
de Beaufort, baron d'Arlempdes

appartient au baron de Veyrac, château de Thiolant (Haute-Loire).

D'ALLEGRE, filles du maréchal qui précède et de Mlle de Géraud de Caminade, sœurs du précédent. L'une épousa le comte de Rupelmonde, l'autre le maréchal marquis Desmarets de Maillebois.

Représentées peintes debout, la plus jeune offre un bouquet à sa sœur aînée. Ce tableau se trouve au château de Gay-Péan, par Montrichart (Loir-et-Cher).

D'ALLEGRE Marie-Emmanuelle, fille du maréchal d'Allegre, morte en 1753, mariée, en 1713, au maréchal de France Desmarets de Maillebois.

Peinture au château de St-Gergues (Puy-de-Dôme).

D'ALLEGRE (voir de la Trémoille).

D'ALLEGRE voir d'Armont

ALLEMAND, né à Riom en 1773, mort le 16 mars 1851 (✻). Avocat distingué du bareau de Riom. Auteur.

Lith. dans l'*Art en Province*, Moulin, Desrosiers, vol. 13, page 80.

ALLOCHON (le docteur), médecin à Giat (Puy-de-Dôme), en 1904,

Photogravé dans I.

ALLOT (Jean-Baptiste), né à Aigueperse, le 6 février 1794, général de brigade d'artillerie en 1851. Mort en 1852.

Lithographié dans un médaillon (voir A.)

ALTAROCHE (Durand-Marie-Michel) né à Issoire, le 18 avril 1811; fils d'un avocat. Littérateur, journaliste et député du Puy-de-Dôme, en 1848. Directeur du théâtre de l'Odéon 1850-1852. Mort le 13 mai 1884 à Vaux, commune de Méry-sur-Oise.

1. Lithographié in-fol, suite des députés de Basset (1848); 2. Lith. in-4 caricature; 3. in-12, gravé sur bois; 4. in-8, 5th. Lhanta, dirigé à gauche; 5. in-12. caricature Mailly; 6. in-12, caricature Nadar; 7. Benjamin, lith. in-4 galerie de la Presse; 8. Lith. d'après nature, par Deveria, in-4 collect. Basset; 9. Lith. in-folio en pied (des représentants du peuple).

AMAGAT, né en 1849, député du Cantal (1885).

Très petite gravure sur bois, in-18.

AMARITON DE MONTFLEURY (Jean-Baptiste-Louis), député du Puy-de-Dôme de 1815 à 1824. Chevalier de St-Louis. Né à Ambert en 1772. Mort au château de Montfleury en 1859.

Peinture sur toile chez M. le baron de Vinols, au Puy (Hte-Loire), reproduite dans ce dictionnaire.
Il était fils de Louis-Joseph-Antoine Amariton de Montfleury et de Jeanne-Marie Madur.

AMBOISE (Jacques), évêque de Clermont (1505-1515).

Frère de Charles d'Amboise, seigneur de Chaumont-sur-Loire, mort en 1481, dont le portrait a été gravé en 1584 dans les Hommes Illustres de Thevet. Son autre frère Georges d'Amboise, cardinal (dont le portrait est connu, gravé, mort en 1510. Il était fils de Pierre d'Amboise, seigneur de Chaumont, ambassadeur à Rome, mort en 1473. — 1. Portrait lithographié dans l'Histoire de Clermont-Fd., par A. Tardieu; — 2. (voir H.)

D'AMBOISE (Louis, comte d'Aubijoux, gouverneur des diocèses d'Alby, Castres, Lavaur, comte de Pézenas, marié en 1556 à 1° Blanche de Lévis-Ventadour; 2° à Marie de Chabannes. Fit ériger la terre d'Aubijoux (Cantal en comté (1563). Reçu chevalier du St-Esprit, le 31 décembre 1583.

Portrait au crayon (collection Clairambault, fond du St-Esprit (Tome VI, n° 1116) Bibliothèque Nat. mss.

D'AMBOISE (François, comte d'Aubijoux, chevalier de Malte. Mort en 1622, marié à Louise de Lévis, fils de Louis d'Amboise, qui précède.

1 portrait au crayon à la Bibliothèque Nationale à Paris (Voir ...); — portrait au crayon de la collection Clairambault (Bib. Nationale), 1116, folio 24. En buste des 3/4 à gauche.

D'AMBOISE (François) (Voir DE BIRAGUE).

AMELOT. Il y a eu des Amelot, seigneurs de Combronde (Auvergne) au XVIIIe siècle. Je ne connais pas de portraits gravés les concernant: mais la noble famille des Amelot compte de nombreux représentants, à Paris, qui doivent en conserver.

ANDRAUD DE LIGNEROLLES (Fortuné, garde du corps du roi Louis XVIII, capitaine-commandant de dragon.

Fils de Jean-Amable, écuyer, seigneur de Lignerolles, lieutenant-colonel de cavalerie, chevalier de Saint-Louis et de Joséphine Pélissier de Féligonde de Vassel. — 1 peinture sur toile, 0 m. 53 sur 0 m. 43 en petite tenue des gardes du corps du roi, blason à g. en haut de la toile. Galerie de M. Grellet de la Deyte, à Allègre (Hte-Loire), — 2 autre en uniforme des gardes du corps.

ANDRAUD (Louis-Alphonse), pharmacien de 1re classe, né à Espinchal, le 22 juin 1867.

Photogravé dans le diction départ. (Puy-de-Dome)

ANDRÉ D'AUBIÈRE (Pierre), conseiller à la cour des Aides de Clermont (1771-1776). condamné à mort à Lyon, en 1793 par le tribunal révolutionnaire.

Portrait peint, en costume de conseiller à la cour des Aides, chez Mlle des Forêts, à Clermont-Fd.

ANDRÉ D'AUBIERE (le baron Jean-Baptiste), né à Clermont-Fd. en 1767, où il est mort en 1842. Maire de Clermont-Fd. (1815-18 et 1820-1822). Mort Chanoine de la Cathédrale de Clermont-Fd.

1 Miniature, en costume de député, chez Mlle des Forêts, à Clermont-Fd.; — 2 peinture sur toile, en costume de Chanoine, chez Mlle des Forêts, qui précède; — 3 reproduction du n° 1, dans ce présent ouvrage; — 4 gravé sur bois dans J.

ANDRIEU (Pierre), né à Maringues, en 1735, avocat du roi, baillage de Montpensier. Maire d'Aigueperse. Député aux Etats-généraux pour le Tiers-état (1789). Mort en 1809 à Tyrande, près de Maringues.

Grand in-12, suite de Dejabin (députés de 1789). Geoffroy delin, Massard direxcit in-8.

ANDRIEU (Mathieu-Maurice), député du Puy-de-Dome en 1863-1869.

Né à Maringues en 1813, mort à Paris en 1887. Gravé sur bois dans J.

ANDRIEU (Hermose), né à Thiers le 29 juin 1804, mort dans cette ville en décembre

Galerie de M. le baron d'Arlempdes, château de Satornay, Saône-et-Loire

Jean-Noël de LAVAL, vicomte de Beaufort,
baron d'Arlempdes.
Né en 1731, mort vers 1790.

Jean-L.-François de LAVAL,
baron d'Arlempdes, capitaine au régiment
de Beaune. Mort vers 1800.

A. J. E. de LAVAL, vicomte de Beaufort,
baron d'Arlempdes, Mort en 1870.

1875. Avocat à Thiers (1829-1845) ; juge au tribunal de cette ville (1845), Président du Tribunal civil d'Ambert (1852), Conseiller à la Cour de Riom (1857), auteur d'une Histoire de la ville de Thiers.

Lithographie in-4 par Mercier, imprimerie C. Desrosiers.

ANGLARD (Guy), écuyer, seigneur de Bassignac, qui servit en 1628 dans la compagnie des gendarmes de Gaston de France. Il épousa Catherine de Ribier (voir ce nom).

Curieux tableau à été conservé dans l'église de Bassignac, peint sur bois où l'on voit Guy d'Anglars en manteau rouge, à genoux et sa femme, vêtue de noir en religieuse. Ce tableau a été photogravé réduit dans *Charles-Champronne et ses seigneurs*, par le docteur Louis de Ribier, in-8, page 130. Ce tableau porte les armoiries des personnages.

D'ANGLARS DE BASSIGNAC (Marie). Morte en 1830.

Grand toile peinte 1 2 corps. Galerie de M. le docteur Louis de Ribier, à Clermont-Fd.

D'ANGLARS DE BASSIGNAC (Antoinette-Sophie), née en 1828, morte en 1881, mariée au Comte Louis de Sartiges.

Portrait peint sur toile de 15. Galerie de M. le docteur Louis de Ribier.

D'ANGLETERRE (Edouard). Voyez DE GALLES).

D'ANGOULÊME (Voir DE SAVOIE)

D'ANGOULÊME (Marguerite), sœur du roi François Ier. Elle vint à Clermont, en Auvergne, avec ce roi en 1533. Mariée 1° à Charles, duc d'Alençon ; 2° en 1526 à Henri d'Albret, roi de Navarre. Morte le 21 décembre 1549.

1 N. dans le P. Montfaucon ; — in-8e, par Riffaut.

D'ANGOULÊME (Henri), Grand prieur de France, fils naturel du roi Henri II. Abbé de la Chaize-Dieu (1562), tué à Aix, en Provence, par le baron de Castellane, le 2 juin 1556.

N. dans le P. de Montfaucon.

ANISSON DU PERRON (Voir BRUGIÈRE DE BARANTE).

ANISSON DU PERRON (Alex-Jacques-Laurent), député du Puy-de-Dôme, (1830-1848), Pair de France. Né en 1776, mort à Dieppe en 1852.

Gravé sur bois dans J.

D'ANJONY, famille noble, d'Auvergne, qui déjà était en haute situation en 1369 et comptait, alors, un garde du sceau royal au bailliage des montagnes d'Auvergne.

D'ANJONY (Michel), baron de Faussimagne, seigneur d'Anjony, en partie de Tournemire, Chevalier de St-Michel, commandant un régiment. Né en 1527. Il avait épousé Germaine de Foix (Voir DE FOIX).

1 Peinture en pied, au château d'Anjony (Cantal), 1557 ; — 2 au château de Fontanges (Cantal) à M. Salvage de la Margé.

D'ANJONY DE FOIX (Jacques), marquis de Mardogne, baron d'Anjony, Falcimagne,

La Nobre, Coseig. de Tournemire, etc, en 1663.

Fils de Michel, marquis d'Anjony, baron de Mardogne, gentilhomme de la chambre du roi et de Gabriel de Pestels. Peinture sur toile de 1 m. sur 0 m. 77. Regardant à gauche ; habit rouge bordé d'un galon d'or, manteau rouge doublé d'une peau de tigre ; tenant à la main un chapeau galonné et brodé d'or. A M. l'abbé de Thuret, à Riom (Puy-de-Dôme).

D'ANJONY DE FOIX (François), marquis de Mardogne, seigneur en partie de Tournemire, seigneur total de Gimazane, La Nobre et Vals en partie.

Mestre de camp de cavalerie, exempt des gardes du corps du roi, chevalier de St-Louis, mort à Versailles, servant le roi, le 9 mars 1769, sans alliance. Fils aîné de Jacques et de Louise de Salers. — 1 peinture au château d'Anjony (Cantal) ; — 2 peinture sur toile à mi-corps à M. Gustave Pélissier de Féligonde château des Aubardés (Aveyron) ; — 3 autre au château de Fontanges (Cantal) à M. Salvage de la Margé.

D'ANJONY DE FOIX DE MARDOGNE (Claude), baron d'Anjony, de La Nobre, enseigne des gardes, mestre de camp de cavalerie, chevalier de St-Louis.

Second fils de Jacques, marquis de Mardogne et de Louise de Salers — peint en 1737 ; se trouve au château d'Anjony (Cantal) ; — 2 peint en pied en 1810, 1 m. 20 sur 0 m. 95, regarde à droite : en armure avec le bâton de commandement, tenant son casque, cadre du temps. A Mlle Pellissier de Féligonde, à Riom (Puy-de-Dôme) ; — peinture original à M. Henri Pellissier de Féligonde château de Villeneuve (Puy-de-Dôme) ; — 4 peinture originale à M. Adhémar Pélissier de Féligonde château de Burette (Puy-de-Dôme) ; autre au château de Fontanges (Cantal), à M. Salvage de la Margé.

D'ANJONY DE FOIX (Voir DE LEOTOING).

D'ANTERROCHE.

Cette famille s'est établie aux Etats-Unis, dans le New-Jersey, à St-Elisabeth, à l'époque de la guerre de l'indépendance, par le mariage de Jacques-Louis d'Anterroche né, au château de Puy-d'Arnac (Bas-Limousin, avec Polly Van der Pool, mariée en 1780. Ce mariage donna beaucoup d'enfants. L'aîné revint en France et s'y maria : il continua la branche du Limousin. Les autres devinrent citoyens américains ; leurs descendants, nombreux, dans le New-Jersey, où les exploits du comte d'Anterroche sont connus comme légendaires.

D'ANTERROCHE Louise-Marthe-Catherine, mariée en 1749 au comte de la Rochelambert-Montfort.

Portrait peint sur toile de 1 m. sur 0 m. 90. Galerie du Château d'Esternay (Marne).

D'ANTERROCHE (Claude, comte), chanoine-comte de Brioude et chanoine de Cambrai en 1763.

Frère de la comtesse de la Rochelambert-Montfort. Peinture sur toile de 0 m. 90 sur 0 m. 80. Galerie du château d'Esternay (Marne).

D'ANTERROCHE (Joseph-Charles-Alexandre, comte), chevalier, seigneur de Chambreuil, Combreil, etc. Capitaine aux gardes Françaises à la bataille de Fontenoy (*où il prononça cette parole mémorable : « messieurs les Anglais, tirez les premiers ! »*) ; chevalier de St-Louis, lieutenant-général des armées du roi en 1780).

Fils de Charles-Louis, comte d'Anterroche, lieutenant des maréchaux de France, gouverneur de Murat et de Jeanne de Lastic-Fournel, peinture sur toile de

Claude-Ignace PROHET,
célèbre avocat au présidial de Riom,
en 1686.

Gilbert de VILLELUME
Chevalier de Malte (1651)

Mlle MARIE, épouse de Claude-Ignace
Prohet, avocat au présidial de Riom.

Marguerite DIEUDONNÉ de la
CHESNAYE de la CONDAMINE,
mariée au Marquis Gilbert de Barthelats.

Marie-Antoinette de BARTHELATS,
mariée en 1829 à A. J. E. de Laval
baron d'Arlempdes.

Marquis Gilbert de BARTHELATS
mort vers 1807.

J. P. E. de RIBIER,
mort en 1881, juge de paix
du canton de Saignes
Cantal.

Joséphine de ROCHEFORT,
mariée vers 1790 à M. Choriol,
notaire à Eygurande(Corrèze)

Hugues Philippe TEILLARD
dit CHAMBON,
trésorier de France, à
Riom, né en 1718.

1 m. sur 0 m. ... Galerie du château d'Esternay (Marne).

D'ANTERROCHE (Alexandre-César), né en 1721, en Haute-Auvergne, évêque de Condom, Chanoine-comte de Brioude. Sacré évêque en 1763. Député du Clergé à l'Assemblée Nationale pour Nérac, en 1789. Mort à Londres, le 28 janvier 1793. Commandeur de St-Lazare. Frère du précédant.

(L'abbaye de la Courbe, ses inss.) ; 2 miniature aux Etats-Unis à St-Elisabeth New-Jersey, chez M. Warren-Dire.

D'ANTERROCHE Julie-Françoise-Gabrielle, grand'mère de M. Warren-Dire à St-Elisabeth New-Jersey, (Etats-Unis) en 1904, remariée à M. Roger. Sa descendance est nombreuse.

Portrait à M. Warren-Dire aux Etats-Unis, New-Jersey ; — Peinture sur toile de 0 m. 83 sur 0 m. 62, galerie du château de Thevalles (Mayenne).

D'ANTERROCHE Louise-Marthe-Catherine, nièce de l'évêque de Condom, mariée, le 14 juillet 1749, à Henry-Gilbert, marquis de la Rochelambert-Montfort, capitaine au régiment du roi.

Fille d'Alexandre, comte d'Anterroche, seigneur de Chambreuil etc, mort en 1780, lieutenant-général des armées du roi, qui avait commandé la première ligne des gardes Françaises, à la bataille de Fontenoy et invité les anglais à tirés les premiers, et de Françoise d'Erlach. Peinture sur toile de 0 m. 65 sur 0 m. 54 en buste de face et en toilette de galla, cadre du temps, galerie du Château de la Rochelambert (Haute-Loire).

D'ANTERROCHE (Joseph-Charles-Alexandre) comte, seigneur d'Anterroche, lieutenant-général des armées du roi, commandant d'un bataillon des gardes Françaises à Fontenoy, mort à Brioude, le 29 août 1789.

Fils de Charles-Louis, comte d'Anterroche, lieutenant des maréchaux de France et de Jeanne de Lastic de Fournel. — Portrait peint, armoiries à droite ; 0 m. 90 sur 0 m. 72. Galerie du château d'Esternay (Marne). Il épousa Mlle d'Erlach dont une fille mariée au marquis de la Rochelambert la Valette. Une sœur de Mme d'Anterroche, née d'Erlach, épousa le comte de Valon. — 2 Miniature du même conservée aux aux Etats-Unis d'Amérique par M. Warren-Dire, résidant à St-Elisabeth, New-Jersey.

D'APCHIER.

L'antique et grande maison des Châteauneuf, comtes de Randon, en Gévaudan, s'était divisée vers 1450, en 3 branches principales 1° celles des marquis de Châteauneuf Randon du Tournel (existante) ; celles des barons et marquis d'Apchier (existante) par substitution ; 3° celles des vicomtes et ducs de Joyeuse (éteinte). Nous donnons ci-dessous la branche d'Apchier qui n'a jamais porté, depuis le XIII° siècle jusqu'au XVII° siècle, que le seul nom d'Apchier.

D'APCHIER (Jacques, comte) baron de St-Chély d'Apchier, Sereys, Vabres, Chambellan du roi Louis XI, chevalier de l'ordre du roi, mort en 1524.

Fils de Jean, seigneur d'Arseus, Montalayrac, etc, et d'Anne de Ventalour. Peinture sur toile de 1 m. sur 1 m. ex-voto, où il est représenté renversé par la chute d'un arbre dans son jardin, et entouré de ses domestiques. Musée religieux de la cathédrale du Puy.

D'APCHIER (Jean) baron des Etats du Languedoc, capitaine de 50 hommes d'armes, gouverneur du Gévaudan, né en 1539, tué en 1586 par Tristan de Taillac.

Peinture originale sur toile 0 m. 68 sur 0 m. 54, Château de Thiolant (Haute-Loire).

D'APCHIER (Philibert, comte), chevalier de l'ordre du roi, capitaine de 50 hommes d'armes, marié, en 1592, à Gabrielle de Foix ; assassiné en 1603 dans la cathédrale de Mende.

Peinture sur toile de 0 m. 82 sur 0 m. 62. Château de Thiolant (Haute-Loire).

D'APCHIER (Henri-Louis, comte), baron de Thoras. La Garde Besque. Mort en 1715.

Peinture sur toile de 0 m. 70 sur 0 m. 62, Château de Thiolant (Haute-Loire).

D'APCHIER Philibert-Christophe, marquis), comte de la Beaume, de Vabres, Vazeille, marquis de la Margeride, baron de St-Chély d'Apchier, St Albon, St-Come, Cerays (Sereys), Thoras, la Garde, etc, chevalier des ordres du roi, lieutenant de la Haute-Auvergne, gouverneur de St-Flour.

Né le 28 avril 1604, mort le 13 juillet 1679. Epousa Marie-Marguerite de la Rochefoucauld-Langeac, en 1638 (Voir de la Rochefoucauld-Langeac*). Peinture à l'huile, par un inconnu. Copie de 1 m. sur 0 m. 80. En armure, sans casque, A M. le Comte d'Apchier Le Maugin.*

D'APCHIER (Voir de Thilhot de Belvialard et de la Rochefoucauld-Langeac.)

D'APCHIER (Marie-Françoise), mariée, en 1663, à Jean, comte de la Tour d'Auvergne et d'Apchier, baron de Murat-le-Quaire et des bains du Mont-Dore, etc.

Copie d'un original de Nattier 0 m. 40 sur 0 m. 25. En déesse de la guerre, plume rouge dans les cheveux. A M. le comte d'Apchier Le Maugin.

D'APCHIER (Henry-Louis), comte de St-Prejet d'Allier, Verdun, Belvialar, né en 1700,

Fils de Christophe II, comte d'Apchier et de Madeleine de Filhot de Belvialar. Peinture sur toile de 0 m. 75 sur 0 m. 66 en buste de 3/4 à droite. A Mme la comteses de Lachapelle d'Apchier, à Bournoucle (Haute-Loire).

D'APCHIER (Jean-Joseph IV, marquis), maréchal de camp de cavalerie, député de la noblesse du Gévaudan aux Etats généraux de 1789.

Né le 3 juin 1748, mort en novembre 1798. Marié à M.-M. Henriette de Rochefort d'Ailly. (Voir de de Rochefort d'Ailly. 1 Portrait peint par un inconnu 0 m. 40 sur 0 m. 25. En habit de chasse, en velour vert et culotte de daim, appuyé sur l'encolure de son cheval, se détachant sur la lisière d'un bois. A M. le comte d'Apchier Le Maugin ; 2 portrait équestre, sur toile 1 m. 45 sur 1 m. 40, galoppant à droite, l'épée à la main. Au vicomte de la Chapelle d'Apchier à la Balzonne (Drome) ; 3 copie du même n° 2 au comte Raoul de la Chapelle d'Apchier à Moulins (Allier).

D'APCHIER (Barbe-Françoise-Irène), fille de Jean-Joseph, marquis d'Apchier et d'Henriette de Rochefort-d'Ailly.

Femme de Marie-Denis Le Maugin (Voir ce nom). Née en janvier 1777, morte en 1861. 1 Miniature ronde 0 m. 08. Robe de tulle blanc, jouant de la harpe près d'une fenêtre. A M. le comte d'Apchier Le Maugin ; 2 Agée, peinte par Léon Mayer 0 m. 80 sur 0 m. 66. Buste. Manteau de velour noir, bordé de

Galerie de la famille PELLISSIER de FÉLIGONDE

Antoinette LECOURT,
mariée à Jean III du Prat, seigneur
de St Agnes.

Mathieu PELLISSIER,
seigneur de Féligonde 1600

Renée du PRAT,
épouse de Mathieu Pellissier
seigneur de Féligonde (ci-contre)

Michel PELLISSIER de FÉLIGONDE,
Conseiller au présidial de Clermont, mort
en 1730.

Henri de RAZES ;
abbé du Palais (1661)

Françoise de VARENES, mariée en 1690,
à Michel Pellissier de Féligonde.

François PELLISSIER de
FÉLIGONDE, conseiller au présidial de Clermont, mort en 1696.

Gabrielle LAVILLE, mariée en 1676
à Martial de Clary, baron de St-Angel.

Claude LAVILLE, mariée à
François Pellissier de Féligonde
ci-contre).

3

martre, coiffure en Valenciennes. A M. comte d'Apchier Le Maugin; 3 miniature à la Sepia. Château de Thiolant (Haute-Loire).

D'APCHIER (Irène), mariée, en 1825, à Michel-Gaspard de Morel de la Colombe, comte de la Chapelle, née au château de Thiolant, en 1803, morte au château de Bergoide en 1863.

Fille de Charles-Nicolas-Auguste, marquis d'Apchier, dernier de son nom et d'Adélaïde du Broc de Brassac, dame de Bergoide et de Lubières. Miniature sur ivoire, en buste de face. A Mme la comtesse de Lachapelle d'Apchier, à Burnoncle (Haute-Loire).

D'APCHIER LE MAUGIN (Charles-Denis-Frédéric), comte d'Apchier Le Maugin. Trésorier payeur au Puy et à Nantes. Né le 9 septembre 1806, mort le 20 octobre 1859, marié à Mlle d'Imbert de Montruffet. (Voir ce nom).

Miniature ovale 0 m. 06 sur 0 m. 3 1/2. En redingote bleu, gilet nankin. A M. le vicomte d'Apchier Le Maugin; 2 Le même âgé. Peinture par Léon Mayer 0 m. 80 sur 0 m. 60. Redingote noir, assis dans un fauteuil en bois sculpté. A M. le vicomte d'Apchier Le Maugin.

D'APCHIER LE MAUGIN (Amable et Alfred), enfants.

Peinture par Léon Mayer 0 m. sur 0 m. 25. Les deux enfants enlacés, l'un en velour noir, l'autre en velour marron, dans le salon de leur mère. A M. le comte d'Apchier Le Maugin.

D'APCHIER LE MAUGIN (Anatole, comte), né le 15 février 1836, mort le 1er août 1866. Jeune homme.

Miniature carrée, par Léon Mayer 0 m. 05 sur 0 m. 03 1/2. Jaquette noire. A M. le vicomte Jehan d'Apchier Le Maugin.

D'APCHIER LE MAUGIN (Ferdinand-Alfred, comte). Servant dans la cavalerie; puis il devint recev. particulier des finances. Né le 24 avril 1838, mort le 2 octobre 1889.

1 Dessin au crayon conté par Daudé, forme ovale 0 m. 40 sur 0 m. 28 ou uniforme de collège. A M. le vicomte Jehan d'Apchier Le Maugin; 2 Le même jeune homme, en uniforme de chasseur à cheval, pastel par Léon Mayer 0 m. 50 sur 0 m. 35. A M. le vicomte d'Apchier Le Maugin; 3 Le même buste en plâtre, grandeur nature, 1860, par G. Houssaye. A M. le vicomte Jehan d'Apchier Le Maugin.

D'APCHIER LE MAUGIN (Voir Doussans).

D'APCHIER LE MAUGIN Françoise-Agathe-Laure, baronne de Lardeyrolles de la Valette de Veyrac, née en 1804, morte en 1884.

Miniature ronde 0 m. 05. Costume d'amazone en drap bleu; pour fond, un paysage. A M. le vicomte Jehan d'Apchier Le Maugin.

D'APCHIER LE MAUGIN (Frédéric-Auguste, comte), né le 1865. Secrétaire d'Ambassade.

Dessin par Deval-Poussan, 0 m. 20 sur 0 m. 10. Enfant, en costume de marin jouant avec un pistolet. A Mme. la comtesse d'Apchier le Maugin.

D'APCHIER LE MAUGIN (Joseph-Louis-Jehan, vicomte), né le 18 mars 1872. Attaché aux Affaires Etrangères.

Dessin aux 3 crayons par della Sudda, 0 m. 60 sur 0 m. 30. En redingote noire mi-corps, âgé de 25 ans. A M. Joseph-Louis-Jehan d'Apchier Le Maugin.

D'APCHIER

La galerie de portraits du château de Brassac (Puy-de-Dôme), qui est très belle, contient, outre décrits, dans cet ouvrage, un portrait du marquis d'Apchier (peinture de 0 m. 80 sur 0 m. 65) plus un portrait d'un autre d'Apchier représenté en St-Jean-Baptiste (0 m. 95 sur 0 m. 80).

D'APCHIER (Voir DE LA ROCHEFOUCAULD).

D'APCHON (Claude-Marc-Antoine), d'une antique famille de la Haute-Auvergne. Né à Montbrison (Loire), en 1721. Evêque de Dijon (1755), Archevêque d'Auch (1776), Mort en 1788.

Gravé in-4°, par Vangelisty.

D'ARAGNES DE VAUDRICOURT (Jeanne-Joseph.), fille d'Antoine, expéditionnaire de la cour de Rome et de Jeanne de Maigret, mariée en 1744, à Hugues-Philippe Teillard.

Peinture à l'huile, à M. Robert de S. du Corail, à Riom.

ARAGONNÈS D'ORCET (Gilbert-Paul), né à Clermont-Fd. le 13 novembre 1762. Curé de Durtol (1801-1824). Evêque de Langres.

1 Peinture sur toile, chez M. le vicomte Aragonnès d'Orcet; 2 Lithographie (médaillon) Voir A; 3 lithographie Voir D.)

ARAGONNÈS D'ORCET (Louise-Antoinette-Céline), née à Orcet, le 1er février 1809. Peintre. Se fit Carmélite en 1849. A introduit les Carmélites à Londres (Angleterre) en 1865. Morte à Londres en 1875.

Peinture sur toile, chez M. le vicomte Aragonnès d'Orcet; 2 lithographie (médaillon, dans A; 3 lithographie (Voir D.)

ARCHIMBAUD (Jean, né à Flat, en 1867. Notaire à St-Amand Roche-Savine.

Photogravé dans I.

ARDIER (Paul I), né à Issoire en 1543, seigneur de Beauregard, près de Blois, château qu'il acquit en 1617.

Conseiller-secrétaire du roi en 1618, conseiller du roi au conseil d'Etat et trésorier de son épargne. Mort en 1638 à 95 ans, grand bienfaiteur de l'hôpital d'Issoire (1620); portrait peint au musée de Blois, de 1630 environ.

ARDIER (Paul II), né à Issoire en 1595, mort en 1672. Président de la chambre des Comptes à Paris (1634-1650). Fils du précédent et de Suzanne Phelipeaux. Il épousa Louise Olier.

1 gravé par Humblot, in-folio; 2 lithographie (médaillon) Voir H.; 3 gravé en médaillon (Voir C.)

D'ARFEUILLE (Nicolas dit de St-Saturnin. Cardinal. D'après Duchesne (dans son *Histoire des cardinaux français*), il serait né à Clermont, en Auvergne, d'une famille bourgeoise appellée DULANS. Mais la maison MORIN D'ARFEUILLE, dans la Marche le réclame comme sien, en se basant sur ses armoiries.

Ce Cardinal fut docteur en théologie; il enseigna la théologie au couvent des dominicains de Clermont, en Auvergne. Générale de son ordre, 9 ans. Mort à Avignon, le 23 janvier 1382; enterré dans la chapelle des dominicains, à Clermont (aujourd'hui la chapelle

Galerie de la famille PELLISSIER de FÉLIGONDE

Pierre PELLISSIER de FÉLIGONDE
seigneur de Féligonde,
mort en 1743.

François SAVARON, baron de Sarce-
cenat, mort en 1599.

Anne LE COURT de St-AGNES
femme de Pierre Pellissier de Féligonde (ci-contre).

Robert de LEOTOING,
marquis d'Anjony en 1743.

Claude d'ANJONY de FOIX de
MARDOGNE. Peint en 1737.

Michel-Claude PELLISSIER de
FÉLIGONDE, mort en 1853, député
du Puy-de-Dôme.

Pierre-Eustache PELLISSIER de
FÉLIGONDE, député du Puy-de-Dôme,
né en 1807.

des Visitandines, où l'on voit encore son tombeau bien restauré, portrait gravé dans l'*Histoire des cardinaux français*, par Duchesne.

D'ARMAGNAC (Bernard II), comte de la Marche, vicomte de Carlat, Haut-Auvergne ; gouverneur d'Auvergne, 1422.

Le portrait que l'on donne dans le *Diction. Histor. du Puy-de-Dôme*, Gouverneur d'Auvergne, n'est pas de lui, mais celui de son père Bernard I d'Auvergne, connétable, massacré à Paris, en 1418, représenté sur une tapisserie et donné dans le P. de Montfaucon, T. III.

D'ARMAGNAC (Georges), cardinal, mort en 1585, évêque de Rodez, ambassadeur, archevêque de Toulouse, puis d'Avignon, Abbé de la Chaize-Dieu.

1. F.-V.-N. in-8°; 2. En buste.

ARMAND (François), né à Allanche (Cantal), le 19 mai 1734. Mort à Riom, en 1814.

Avocat à Aurillac, député du Tiers-État du bailliage de St-Flour à l'Assemblée Nationale, en 1789 ; du conseil des 500 pour le département du Cantal, en l'an IV. Juge au tribunal d'appel, à Riom, après le 18 brumaire. 1 Dessin in-8 à la Bibliothèque Nat. (Paris ; 2 Perrin del. Voyez sc. in-8.

ARMILHON (Antoine-Marie), né à Sauxillanges, le 1er novembre 1854. Notaire à Ambert, licencié en droit.

Photogravé dans I.

ARNAUD DE CHERBOUQUET (Marguerite), mariée, en 1845, à Laurent-Joseph Peyronnet, docteur-médecin, au château de Châteaubrun, près Voingt. (Puy-de-Dôme).

Peinture sur toile de 1 m. 25 sur 0 m. 05, par Chabannax, en pied, reg. à g. Au château du Theil (Creuse), chez son petit-fils, le vicomte Léonce de Cressac-Bachellerie.

ARNAULD.

Illustre famille d'antique bourgeoisie, originaire d'Herment (Puy-de-Dôme), où elle est connue dès le 13e siècle. Nous classons ci-dessous tous les Arnauld qui en descendaient et dont nous connaissons des portraits, la plupart indiqués dans notre *Dictionnaire Iconographique des Parisiens*. Cette famille n'a été anoblie qu'à la fin du XVIe siècle. Elle existe à Ar... (Puy-de-Dôme), par une branche cadette ; et celle-ci possède quelques portraits peints du 18e siècle.

ARNAULD (Antoine), né à Riom, le 10 juillet 1560 et non à Paris, comme l'ont affirmé certains biographes. Célèbre avocat à Paris. Conseiller d'État, créé par Henri IV, seigneur d'Andilly, terre qu'il acheta. Mort le 29 décembre 1619, à Paris.

Lith. dans A. Voir la reproduction dans ce dictionnaire d'après une lithographie.

ARNAULD D'ANDILLY (Robert), érudit, auteur, poète, administrateur, intendant de l'armée d'Allemagne, 1634. Il se retira à Port-Royal. Né à Paris en 1588, mort à Port-Royal le 27 septembre 1674. Fils d'Antoine, célèbre avocat (Paris), qui précède et de Catherine Marion.

1 de Champagne par J. Morin sc. in-f. ; 2 G. Edelinck, 1655, in-f. ; 3 J. Lubin, sc. in-f. ; 4 N. Habert, in-8 ; 5 Lochon in-4 ; 6 N. Buste, in-24 ; 7 E. Lebrun, des...

lith. de C. Motte, in-4 ; 8 des. par Séb. Le Roy, grav. à l'eau-forte, par Boutrois, term. par Dagne, in-8 ; 9 de Champagne, p. N. Habert sc. in-f., ovale.

ARNAULD (Henri), évêque d'Angers, 1649. Habile négociat. auprès de la cour de Rome et auprès des autres cours d'Italie. Frère du précédent. Né à Paris le 30 octobre 1597, mort à Angers, le 8 juin 1692.

1 Mignard, par M. Lasne sc. in-f. ; 2 N. de Plattemontagne, 1664, en pied in-f. ; 3 Larmessin, 1692 in-f. ; 4 P. Lombard, in-f. ; 5 Trouvain, ovale in-f. ; 6 Ger. Audran, 1685, in-8 ; 7 N. Habert in-8 ; 8 E. Desrochers, 1699, in-8 ; 9 Poilly, in-f. ; 10 Langlois, in-8 1687 ; 11 buste in-24 ; 12 chez A. Trouvain, rue St-Jacques, assis dans un fauteuil (1690 rare et beau).

ARNAULD (Antoine), dit le *grand Arnauld*. Illustre théologien. Janséniste. Prêtre. Docteur de Sorbonne. Se retira à Port-Royal (1648) ; obligé de le quitter (1655), il mena une vie errante, homme d'un esprit prodigieux. Santeul, Racine et Boileau lui ont fait une épitaphe. Né à Paris, le 6 février 1612, mort à Bruxelles, le 8 août 1694. Frère du prédédent.

1 Langlois, 1694, in-8 ; 2 J.-B. Champagne, par G. Edelinck, sc. 1695, in-f. ; 3 et 4 N. Habert, in-4 et in-f. ; 5 Habert, 1694, in-f. ; 6 C. Simonneau, in-f. ; 7 Drevet, 1696, in-f. ; 8 Edelinck, 1696, ovale, in-f. ; 9 El. Desrochers, 1597, in-8 ; 10 Thomassin, 1698, in-8 ; 11 et 12 N. Habert, 1698, in-8 et in-4 ; 13 Lochon ; 14 N., dans Odieuvre ; 15 buste, in-24 ; 16 Grav. par A. Trouvain, rue Saint-Jacques, assis, fauteuil (1684) (beau et rare) ; 17 Champagne, par Massard sc. in-4 ; 18 Normand, fils, del. et sc. in-12 buste ; 19 Lith. et sc. de Delpech, in-8 ; gr. un crucifix à la main, un ange lui met le bonnet de docteur ; 21 Landon, dir. in-12 ; 22 C. Devaureix del., imp. lith. Thibaud-Landriot, lith. in-f.

ARNAULD (La mère *Marie-Angélique de Sainte-Magdeleine*), célèbre abbesse de Port-Royal. Prodige d'esprit. Toute enfant, elle reçut le roi Henri IV dans son abbaye ; réforma le monastère ; y fut élue abesse ; fit connaissance de saint François de Sale. Sœur des deux précédentes. Née à Paris, en 1591, m. dans l'abbaye de Port-Royal, le 6 août 1661.

1 Champagne p. P. Van Schupen sc. 1662, in-f. maj. ; 2 J. Boulanger sc., in-f. ; 3. N. Habert, in-4 ; 4 Desrochers in-8 ; 5 buste in-24 ; 6 Ph. Champagne, p. Landon, dir., in-12 ; 7 grav. in-4, chez Chiquet, rue St-Jacques (cette gravure donne par erreur son décès en 1630) ; Lith. de Delpech, in-8.

ARNAULD (la mère *Cath.-Agnès de Saint-Paul*), sœur de la précédente. Abbesse de Port-Royal. Auteur. Née à Paris, en 1594, m. le 19 févr. 1671.

1 P. de Champagne, p. Boulanger, sc. in-f. ; 2 N. Habert, in-8 ; 3 Crespy ; 4 Masson, in-4 ; 5 Desrochers ; 6 buste in-24 ; 7 à genoux faisant neuvaine pour guérison de la mère Ste-Suzanne, Champagne, in-f., par Tassaert et in-8 ; 8 Champagne, p. Devilliers, sc.

ARNAULD (la mère *Angélique de Saint-Jean*), abbesse de Port-Royal. Nièce de la précédente. Fille de Robert, seign. d'Antilly, et de Cath. Le Fèvre de la Boderie. Née à Paris en 1625, m. à Port-Royal, le 29 janv. 1684.

1. N. Habert, in-8 ; 2 chez Chiquet, in-4 ; 3 grav. par E. Desrochers, in-8.

Galerie de M. Etienne de CHAZELLES, château de la Canière, Puy-de-Dôme

Jacques SIRMOND, savant jésuite,
né en 1559, mort en 1651.

Honoré BERARD du BOURGET,
Garde de la porte du roi,
Mort en 1748.

Jean SOANNEN, évêque de Senez,
mort en 1750.

Gilbert BERARD de CHAZELLES
commissaire des guerres,
mort en 1712.

Marie GORGE, mariée, en 1686,
à Honoré Berard du Bourget
(ci-dessus).

Jacquette de CHAMPFLOUR,
mariée, en 1772, à Pierre Berard
de Chazelles (ci-dessous).

Le Comte J.-B. de MASCON,
mort en 1811.
Député de la noblesse, en 1789.

Pierre BERARD de CHAZELLES,
né en 1749, mort en 1807.

Léon BERARD de CHAZELLES,
Né en 1805, Mort à Cannes en 1879.
Député, Maire de Clermont-Fd, etc.

ARNAULD (Simon), seigneur de Pomponne, baron de Ferrières, etc. Ambassadeur en Danemark (1665), la Haye (1668), Suède (1671), secrétaire 1671-1679, et ministre d'État 1691-1699. Né à Paris en 1618, m. à Fontainebleau le 27 sept. 1699. Frère de la précédente.

1 Nanteuil, dess. et sc. in-f. (1665) ; 2 de l'Armessin, sc. in-4 ovale ; 3 J.-J. Blaise, lith. buste in-8.

ARNAULD Nic.-Simon, marquis de Pomponne, fils du précédent, né à Paris, en 1737.

ARNAULD (Mlle), XVIIIe siècle.

En buste des 3/4 à gauche, cheveux relevés. Dessin aux crayons de couleur (Musée du Louvre, salle des dessins).

ARNOUX (Jean), né à Riom, en 1573, fils de François, avocat au Parlement et de Jeanne de Richier. Jésuite, prédicateur célèbre ; passa pour le premier orateur de la chaire de son temps. Confesseur du roi Louis XIII après le P. Cotton. Auteur.

Peinture sur toile du temps, possédée par M. le baron d'Arnoux de Maison Rouge, à Ennezat (Puy-de-Dôme) ; 2 Copie du n° 1 au musée de Riom ; 3 Lith. médaillon dans A ; 4 Gravé en petit avec d'autres (voir C) ; 4 Cliché du n° 3 dans l'Auvergne (P.-de-D.) Guide illustré, par A. Tardieu.

ARNOUX (Madeleine), dame de Mezel, mariée à M. Montanier, trésorier de France à Riom (voir Montanier).

1 Original par Largilière, chez le comte de Pennautier, actuellement à son petit-fils le comte de Kersaint ; 2 Copie chez M. le baron d'Arnoux de Maison-rouge, à Ennezat.

ARNOUX voir Bernard de la Gravière).

D'ARNOUX DE MAISONROUGE (le baron Amable), chevalier de St-Louis sous Louis XVIII, en costume de garde du corps.

Portrait (miniature), chez Mme de la Chaise, au château de la Roche, près d'Aigueperse.

D'ARPAJON (Louis), duc, marquis de Séverac, vicomte de Montal, baron de Montclar.

Pair, lieutenant-général au gouvernement du Languedoc, gouverneur de Lorraine, ministre d'État, ambassadeur. Duc-pair (1651). Mort en 1679 à Séverac, où il a été enterré. 1 M. Lasne, (1653), in-f. ; 2 dans les triomphes de Louis-le-Juste, in-f. ; 3 Moncornet, étendue, ovale, in-8 ; 4 Roussel fécit, médaille et revers in-8.

D'ARTIS DE MARCILLAT (Jacques-Joseph), président au tribunal civil de Clermont-Ferrand (1815-1829).

1 Portrait à l'huile 0 m. 80 sur 0 m. 60, à peu près grandeur naturelle, à mi-corps, assis à sa table de trav. à Riom, chez M. Chassaigne, rue de l'Horloge ; 2 portrait peint au musée de Clermont-Ferrand.

D'ARTOIS Le Comte), frère du roi Louis XVI. Il avait pour prénoms *Charles-Philippe* ; né le 9 octobre 1757. Plus tard, roi sous le nom de Charles X. Il reçut le *duché d'Auvergne*, en 1773, comme apanage. Cette disposition fut révoquée en 1778.

1 Avec Marie-Adélaïde-Clotilde, sa sœur, assise sur une chèvre, Drouais p. Beauvarlet sc. 1767 gr. in-fol, (très beau) ; 2 Lebert, in-8.
Il existe de très nombreux portraits de lui, sous le nom de Charles X, roi de France.

D'ASSAS (Louis, chevalier), capitaine au régiment d'Auvergne, né au Vigan (Gard) en 1733, tué à Clostercamp dans la nuit du 15 octobre 1760, en se dévouant pour empêcher l'armée française d'être surprise par l'ennemi. C'est lui qui cria avant de mourir ! « *A moi Auvergne*, voilà l'ennemi ! ».

1 Dupin sc. in-8 ; 2 Gay de Brie, P. Moret sc., in-4 ; 3 Palloy, sc. 1790, in-fol., petit buste qui surmonte son tombeau ; 4 J.-B Simonet sc. 1784, in-4 (représentant sa mort).

D'ASSY (Marie-Louise), mariée, en 1761, à Annet, baron de St-Julien, seigneur de Saint-Antoine.

Portrait sur toile, chez M. de Marcilly, à Dijon (reproduit dans cet ouvrage).

ASTAIX (Joseph), député du Puy-de-Dôme en 1848.

Né à Clermont-Ferrand en 1814, mort à Paris, en 1865. 1 Lith. dans la suite des députés de 1848 ; 2 gravé sur bois dans J.

ASTEL (François), négociant à Clermont-Ferrand, né à Aigueperse, le 28 août 1810, fils de François et de Jeanne Girard, mort en octobre 1871.

Gravé d'après un daguérsotype de Sabatier Blok, à Paris au palais Royal 137.

ASTEL (Léonie), fille du précédent et de Marie Bonnieux, mariée à Louis Lesmaris ; née à Clermont-Ferrand, le 16 mai 1850.

1 Peinture (enfant), par Bonhomme ; 2 Peinture en groupe avec ses deux enfants par H. de Vergèze, 1878 ; 3 En pied, peinture par A. Hody Kisse, 1881.

D'ASTIER (Marie-Pétronille), mariée le 15 juin 1789, à Bernard de Bellaigue, conseiller au présidial de Clermont-Ferrand.

Peinture à M. le comte de Bellaigue, à Paris.

D'ASTIER

La famille de Bellaigue de Bughas, conserve divers portraits des d'Astier, qui sont originaires d'Arles, en Provence.

AUBERT (Etienne), né au village du Mont (Corrèze), mort à Avignon, le 12 sept. 1362. Evêque de Noyon (1338), de Clermont (1340-1342), cardinal (1342), puis évêque d'Ostie, grand pénitencier. Elu pape (Innocent VI) en 1352, après la mort de Clément VI. Enterré à la Chartreuse de Villeneuve-lès-Avignon où l'on voit encore son mausolée.

1 N. in-8, dans Cavaleriis ; 2 N. in-12 sur bois, dans l'Histoire des Papes de l'abbé Novaès ; 3 La statue de son tombeau, à la Chartreuse d'Avignon, donnée en photogr. en 1889, dans le Bulletin archéologique de la Corrèze ; 4 Lithogr. dans l'Histoire de Clermont-Fd, par A. Tardieu, tome I ; 5 Voir H ; 6 Reproduction dans cet ouvrage d'un portrait donné par le Bulletin arch. de la Corrèze.

D'AUBETERRE (Voir de Bouchard).

Louis II, duc de Bourbon,
mort en 1410.
(D'après un ancien manuscrit)

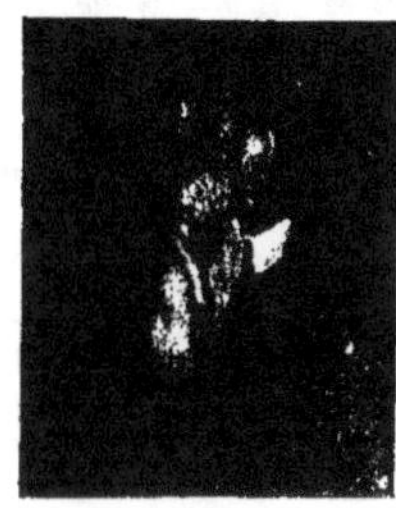

Michel de l'HOSPITAL, mort en 1573,
illustre chancelier de France.
Galerie du Château de la Canière
(Puy-de-Dôme.) a M. Etienne de
Chazelles). Précieux portrait du
temps.

LOYS DE LA BARGE, abbé de St-André, a Clermont (1585-1598). Vitrail de
la chapelle du château de la Barge (Puy-de-Dôme).

D'AUBIÈRE (Voir ANDRÉ).

D'AUBIGNE (Françoise-Charlotte-Amable). Née en 1683, morte en 1739. Mariée en 1698 à Adrien-Maurice de Noailles, maréchal de France.

Nièce de Mme de Maintenon. 1 H. Bonnart ex. in-f. en pied au bas, Mme la comtesse d'Ayen, en 3 lignes.

D'AUBIJOUX (Voir d'AMBOISE).

D'AUBUSSON (Pierre, 39e grand maître de Rhodes, en 1476, né dans la Marche en 1425, au château du Monteil au vicomte. Il fut d'abord commandeur de Naberon (1461) de Tostebesse, bailli de Lureuil, puis grand prieur d'Auvergne (1476). Créé cardinal. Mort à Rhodes en 1503. Il s'illustra au fameux siège de Rhodes (1480).

1 N. in-12, sur bois, en cardinal ; 2 P. Thomassinus, in-f. avec 3 autres grands maîtres ; 3 N. in-8 de profil, en cardinal, les noms latins autour, le fond extérieur marbré ; 4 in-8 N. des 3 à à dr., dans un rond, autour, 19 lignes en italien ; 5 in-8, dans un écusson ; 6 P. Sevin, del. Et. Gantrel sc., in-4 en pied ; 7 Sevin del. H Cossin, in-8, petit buste en haut d'une colonne par des anges (les nos 6, 7, 8 se trouvent dans l'Histoire de P. d'Aubusson par le P. Bouhours, 1676 ; 9 Cars sc. in-4 ; 10 Petit portrait sur une feuille de 56, publiée en Italie ; 11 dans l'Auvergne illustrée, par A. Tardieu (réduction du numéro 6) ; 12, en couleurs, d'après Sergent ; 13 in-12, réduction du numéro 6 dans l'Histoire d'Auzances et Crocq par A. Tardieu ; 14 réduction du numéro 6 dans le Dictionnaire de la Haute-Marche, par A. Tardieu.

D'AUBUSSON (Louise), fille de Jean-Jacques et de Marie de Montboissier-Beaufort-Canillac. Mariée en 1712 à Maximilien de Bosredon, marquis du Puy-St-Gulmier.

Peinture à l'huile, carrée. A M. le comte de Genestet (de St-Didier).

AUCLAIR (Le docteur) vers 1860.

Peint sur toile par Louis Devedeux, au musée de Clermont-Fd. Donnée par M. Peghoux.

AUDIGIER (Antoine), notaire à Rochefort-Montagne (✳), né en 1764, mort en 1849, maire de Rochefort-Montagne (32 ans). Il fonda, en 1789-1790, la Société populaire de Rochefort-Montagne.

Belle peinture sur toile. A M. Georges Audigier, député de l'Oise.

AUDIGIER (Georges), avocat, né à Rochefort-Montagne, le 1er mars 1873. Sous-Préfet ; député de l'Oise (1904). Descendant du précédent.

Photogravé in-18 dans Nos Députés.

AUGET DE MONTYON (J.-B.-Robert), baron de Montyon. Intendant d'Auvergne (1767-1773). Illustre humanitaire et philantrope. Fondateur du prix de vertu.

Né à Paris, le 23 décembre 1733, mort au dit lieu, le 29 décembre 1820. 1 gravé (voir II.) ; 2 gravé sur bois, in-4 Nouveau Journal des connaissances utiles ; 3 sc. par Bosia, des. par Julien, lith. in-8 ; 4 grav. in-12 ; 5 Lebreton del, Llée sc. in-8 Biographie des Hommes utiles ; 6 Photogr. in-24 du n° 3.

D'AUMONT (Jacqueline) mariée en 1551,

à Yves III de Tourzel, marquis d'Allègre, Sénéchal du Puy, échanson d'Henri III.

Sœur du maréchal d'Aumont. Fille de Pierre, comte de Châteauroux. Portrait original en pied, riche costume inscription curieuse, provient de la galerie des marquis d'Apchier. A Mme Teillard de Chazelles, née d'Apchier de Pruns. Château de Brassac (Puy-de-Dôme).

D'AURELLE OU D'AURELHE (Rigauld, baron de Villeneuve-Lembron et seigneur de Colombines, en Auvergne, comte de Novogarola (Italie).

Né au château de Villeneuve-Lembron vers 1450. Fils de Pierre, seigneur de Villeneuve et de Dauphine d'Aurelle de Colombines. Capitaine des francs archers d'Auvergne (1479), maître d'hôtel de Louis XI (1481), ambassadeur à Rhodes, en Suisse, en Italie. Bailli des montagnes d'Auvergne (1487), bailli de Chartres (1493), capitaine du château de Montrognon (1500). Sénéchal d'Agenais (1517) de Gascogne. Fit rebâtir le château actuel de Villeneuve. Chevalier de St-Michel. Mort le 15 septembre 1517. 1 Peinture murale au château de Villeneuve-Lembron ; 2 gravé dans l'Auvergne illustrée, par A. Tardieu, d'après un beau dessin d'après nature et très exact de Bechis (nous le reproduisons dans ce volume) ; 3 dans l'Almanach de la Gazette d'Auvergne, cliché du n° 2 ; gravé dans les costumes français par Milliez, en 1836 (T. II. p. 278) ; 5 lith. en pied dans les Costumes historiques de la France, par le Bibliophile Jacob, d'après les portefeuilles de Gaignières (T. VIII. 5 et 9).

D'AURELLE (Françoise), veuve de noble Christophe du Bois, âgée de 76 ans, en 1664.

Peinture sur toile au château de la Barge (Puy-de-Dôme).

D'AURELLE DE PALADINES (Louis-J.-B., marquis), née au Malzieu (Lozère), le 9 janvier 1804, mort à Versailles, le 17 décembre 1867. Général de division très estimé (G.C. ✳). Il servit dans l'armée d'Afrique, de 1841 à 1848 ; y fut nommé colonel. (Voir Livre d'or d'Algérie, par Faucon).

1 Gravé dans l'Illustration (année 1877) et dans le Monde Illust é ; 2 Sa photographie à nous transmise par Mme de Sauret d'Auliac, reproduite dans ce Dictionnaire ; 3 gravure sur bois in-12.

D'AURELLE DE PALADINES (Marie-Louise-Gasparine-Léonie), épouse de M. F.-J. Valérie de Sauret d'Auliac, à St-Flour (Cantal). Née en 1836, morte en 1889.

Peinture chez Mme de Sauret d'Auliac.

D'AUTIER

Jadis Hautier et Autier. Famille de haute Chevalerie qui remonte sa filiation en Auvergne, au XIIe siècle. Réside au château de Barmontet (Puy-de-Dôme).

D'AUTIER (Antoine), écuyer, seigneur de Villemontée. Syndic de la noblesse d'Auvergne.

Né au château de Villemontée (Puy-de-Dôme), près Pontgibaud, gouverneur des châteaux et villes de Compiègne, Boussac, Clermont, en Auvergne (1536) ; l'un des cent gentilshommes de l'hôtel du roi, maître d'hôtel du Connétable de Montmorency, commissaire ordinaire des guerres (1538). En 1556, il passa en revue, à Beaucaire, la compagnie d'hommes d'armes du Dauphin. Il fut délégué pour l'ordre de Malte et se rendit à la Valette. Belle peinture sur toile, du temps, au château de Barmontet, à M. le comte d'Autier ; 2 lith. d'après le n° 1 dans notre Histoire de Clermont-Fd. (T. I) ; 3 lith. en petit d'après le n° 1, dans Dictionnaire de la Haute-Marche ; 4 lith. d'après le

Antoine ARNAULD,
célèbre avocat, né à Riom
mort en 1689.

Jean-Gaspard de CASSAGNES de BEAUFORT,
marquis de Miramont, mort en 1810,
représentant à l'Assemblée provinciale
d'Auvergne (1787).

Le Comte Claude-Etienne
Annet des ROYS,
député aux Etats-géné-
raux en 1789.

Jean-Joseph de MEALLET,
comte de Fargues,
qui représenta la noblesse
du pays d'Issoire en 1787.

Marquis de la QUEUILLE
député de la noblesse
d'Auvergne aux Etats-
généraux (1789).

Louis-Alexandre de CASSA-
GNES de BEAUFORT,
comte de Miramont, marié
en 1776 à Marguerite
de Chalmettes.

J.-B. ANDRE, baron d'Aubière,
maire de Clermont-Fd,
mort en 1842.

n° 1 (en médaillon dans notre *Dict. Biogr. du Puy-de-Dôme*).

D'AUTIER (François).

Panetier de France, tué en 1557, à la bataille de St-Quentin, fils du précédent. Voir pour le portrait de Marie de Beaucaire, sa femme, le mot de BEAUCAIRE du Dictionnaire.

D'AUTIER DE VILLEMONTÉE (François appelé François de Villemontée, de la famille des deux précédents, mais d'une branche établie à Paris au milieu du XVIe siècle.

Né à Paris en 1598. Conseiller au Parlement de Paris en 1620, intendant de Poitiers en 1635, puis de Soissons en 1636. Chevalier. Seigneur de Montaiguillon, en Brie. Conseiller d'État (1626). Il fut évêque de St-Malo 1659 à 1670, mais à condition que sa femme Philippine de la Barre se ferait religieuse. Mort à Paris le 16 *alias* 18 octobre 1670. 1 J. Morin in-f. ; 2 Lochon, 1657 in-f. ; 3 in-f. dirigé à g. avec encadrement de palmes et de lauriers ; 4 Lasne, en évêque, 1663, in-f. ; 5 Mellan, 1661 in-f. ; 6 Médaillon circulaire en regard du portrait de Charles de Valois ; 7 Gravé avec entourage, feuillage, fruits, armoiries, devise *Carpite quos meruit*. (Voir Iconographie bretonne par le marquis de Surgères, tom. II p. 275.)

D'AUTIER DE VILLEMONTÉE (Le comte Nicolas Claude-Martin), seig. de Barmontet d'Eygurande, de St-Merd-la-Breuille, des Forains d'Herment, du Teil, d'Hautefeuille et premier baron de la Marche, à cause de sa terre de Cléravaux. Son fils fut substitué, en 1786, au nom de la Rochebriant.

Né au château de Barmontet en 1742. Mort à Clermont Fd. le 15 janv. 1820. Premier juge de paix du canton d'Herment 1790-1815 président de ce canton. Il avait été reçu page du roi Louis XV en sa petite écurie. — 1 Petite miniature au château de Barmontet, costume du Directoire ; 2 Gravure sur le n° 1 (en 1891) d'après le dessin de A. Bassan, publiée par A. Tardieu, in-4 ; réduction du n° 2 dans le Dictionnaire de la Haute-Marche, reproduite dans le présent Dictionnaire.

D'AUTIER (Le comte Charles), marquis de la Rochebriant, né au château de Barmontet le 21 août 1834, mort audit lieu.

Peinture en costume de chasseur, au château de Barmontet.

D'AUTIER (Le comte Roger), marquis de la Rochebriant ; né au château de Barmontet (P.-de-D). Fils du précédent.

A cheval, rôle de Godefroy de Bouillon, en 1895, en armure, dans le *Livre d'or du cortège des croisés à Clermont Fd*, par A. Tardieu.

D'AUVERGNE (Jeanne) seconde femme du duc de Berry (Jean de France), frère du roi Charles V, mariée en 1389, fille de Jean II comte d'Auvergne, dit le mauvais ménagier. Elle mourut sans enfants.

1 Portrait gravé dans le P. des Montfaucon ; 2 avec le duc de Berry, son mari ; pierre peinte décoration de l'autel de la Ste Chapelle de Bourges. Il y a un dessin de Holbein au musée de Bâle (Suisse). M. Gonse l'a publié dans l'*Art gothique* (p. 266).

D'AUVERGNE (Comte Robert). Taille en pièces une armée de Brabançons qui avaient fait irruption en Auvergne en 1183.

Son tombeau sur lequel est son effigie ; gravé dans Baluze Histoire de la maison d'Auvergne.

D'AUVERGNE (Jacques), né à Paris, professeur royal d'arabe (1669).

Nous pensons qu'il était peut-être le fils de Jacques d'Auvergne, maître de poste, au relais dit de la Poste, commune de Noirétable, près de Thiers (Puy-de-Dôme), en 1633, celui-ci père de Joseph Valentin d'Auvergne, géographe du roi. Portrait gravé G. Lenfant delin. sc. 1669, in folio.

D'AUZOLLES DE LA PEYRE (Jacques), seigneur de la Peyre.

Fils de Pierre et de Marie Fabry, auteur de plusieurs ouvrages de géographie et de chronologie. Né au château de la Peyre (Haute-Auvergne) le 14 mai 1571, mort en 1642, à Paris. Secrétaire du duc de Montpensier 1 G. Picard, 1631, in-4 ; 2 Idem 1640, in-folio, entouré de portraits de ceux auxquels il a dédié ses œuvres ; 3 en médaillon circulaire très grand avec ces mots :
Dom de la Peyre. Chronologie, sanctæ princeps, au bas : Jacobus Dauzoles, in-folio (très rare) ; 4 Réduction du n° 1 dans l'*Auvergne Illustre* donnée dans ce volume.

AVITUS (*Flavius-Cæcilius-Maximus-Eparchius*), né vers l'an 400 dans la cité d'Auvergne (Clermont-Ferrand), d'une famille parisienne. Empereur Romain (en juillet 455). Il fut assassiné en octobre 456 et enterré dans l'église de St-Julien de Brioude, où l'on trouva sa dalle tumulaire à la fin du XVIIIe siècle.

1 La Bibliothèque Nat. à Paris, possède 2 vieilles gravures (2 médailles, l'une de 0 m. 08 c., l'autre de 0 m. 05 cent. de diamètre, représentant cet empereur ; 2 portrait lithogr. en médaillon, d'après l'une de ces médailles (Voir A) ; 3 une monnaie à l'effigie de cet empereur, reproduite sur l'un des titres de notre ouvrage où il y a *Album Iconographique* Voir à la fin de ce volume).

AYCELIN (Hugues), dit *de Billom*.

Né au château de Montaigut-Listenois en 1230. Fils de Pierre Aycelin, chevalier, et de M. Flotte. On l'a dit par erreur de la famille SEGUIN, à Billom. Dominicain au couvent de Clermont. Docteur en théologie. Très savant lecteur au monastère de Ste-Sabine, à Rome ; cardinal (1288). Évêque d'Ostrie et de Valetric. Doyen du sacré collège. Auteur. Mort le 30 décembre 1297. Il avait une fortune considérable. Enterré à Clermont dans la chapelle des Jacobins (dominicains), aujourd'hui aux Visitandines, on l'ont voit encore son tombeau. 1 N. in-4 Hist. de cardinaux français, par Duchesne ; 2 in-8 dans l'Hist. des Cardinaux de l'abbé de Roy ; 3 lith. (médaillon) Voir A. Ce dernier portrait pris sur le n° 2.

AYCELIN DE MONTAIGUT (Gilles). Né au château de Montaigut-sur-Billom, vers 1305, parent du précéd. Chancelier de France en 1352 ; cardinal (1361). Mort à Avignon le 5 déc. 1378. Réputé l'un des plus grands hommes de son siècle.

1 Gravé dans l'Hist. des Cardinaux français, par Duchesne ; 2 Dans la Chronol. collée, par Léonard Gaultier ; 3 Copie du n° 2, sans fond, in-18 ; 4 Lith. (médaillon) voir A ; 5 Gravé dans une chronologie collée de chanceliers, in-32 et appelé Guillaume de Montaigut.

AYCELIN DE MONTAIGUT (Pierre). Frère du précédent. Appelé le cardinal de Laon.

Né au château de Montaigut-Listenois vers 1310. Bénédictin de Cluny, prieur de St-Martin-des-Champs, proviseur de Sorbonne, évêque de Laon (1371) assista au sacre de Charles VI à Reims (1380), cardinal (1383).

Galerie de M. de MARCILLY, à Dijon Côtes-d'Or.

Annet de St-JULIEN, baron de St-Antoine,
marié en 1761 à Marie-Louise d'Assy.

Marie-Louise d'ASSY, mariée en 1761,
à Annet de St-Julien, baron de St-Antoine.

Marie-Antoinette de SAINT-JULIEN,
mariée à Sylvain, comte de la Marche,
vivant en 1789.

Mort en 1... ou 1.8., inhumé à Paris dans le chœur de l'église de St-Martin des Champs. 1 Gravé dans l'Hist. des Cardinaux français, de Duchesne ; 5 Lith. Finelard... d'après le n. 2 Voir Ai.

BABOU DE LA BOURDAISIÈRE (Françoise, marquise d'Estrées. Elle périt à Issoire avec le marquis d'Allègre, gouverneur d'Issoire en 1592. Voyez Yves IV d'ALLÈGRE).

Portrait au crayon. Voir F.

BACCONNET (Pierre-Mamert), né à Villossanges en 1836, Notaire à Giat, conseiller d'arrondissement.

Phot. gravé dans J.

BADUEL (François-Marie-Benjamin), évêque de St-Flour 1877.

Peinture (galerie des évêques de St-Flour).

DE BALATHIER-LANTAGE (Rose, mariée à Guy-André, comte de Villelume, le 27 février 1815. Ce dernier propriétaire du château de Losmonerie (Hte-Vienne).

Portrait au château de Losmonerie. A M. le comte de Vill...

DE BALLAINVILLIERS (Simon-Sébastien Bernard). Son nom patronymique est *Bernard*. Né à Paris en 1721, mort à Clermont-Ferrand en 1757, enterré dans l'église de St-Geniès-les-Carmes où l'on voit encore son épitaphe. Intendant d'Auvergne (1758-1767).

A embelli et transformé la ville de Clermont-Fd, qui a donné son nom à l'une de ses principales rues. 1 Peinture sur toile au musée de Clermont-Fd, pastel de 0.80 sur 0.68, don de M. Balle-Berzier ; 2 Gravé in-8 dans l'Auvergne illustrée, d'après la peinture sur toile de la Bibl.-th. de Clermont ; 3 Pastel jadis en ma possession, puis dans la collection de feu F. Boyer auquel je l'ai cédé ; 4 Lithog. dans l'Histoire de Clermont-Fd, par A. Tardieu (tome I).

BALUZE (Etienne), né à Tulle, en 1631, mort à Paris en 1718, grande érudit. Il a publié l'*Histoire Généalogique de la maison d'Auvergne*, 2 vol. in-fol. souvent consultée. Ses manuscrits se trouvent à la Bibl. Nationale, à Paris.

1 Rigaud pinxit. 1705. Thomassin, 1714 in-fol. ; 2 suite de Desrochers. in-8.

DE BALZAC (Jean, Sénéchal de Nimes et de Beaucaire, capitaine de 4.000 francs-archers, mort le 25 octobre 1463.

Il fonda en l'église de St-Julien de Brioude, une vicairie (Voir Chabrol, *Coutumes d'Auvergne*. (T. IV, page 8...). 1 Gravé à genoux sur un prie-Dieu, à côté de lui, ses armoiries dans le Père de Montfaucon, d'après Gaignières).

DE BALZAC (Jeanne, dame de Montal, en Quercy (1527), d'une puissante maison noble qui possédait, alors, Egliseneuve d'Entraigues (Puy-de-Dôme) et qui est originaire du lieu de ce nom, commune de St-Géron, arrondissement de Brioude.

Beau buste du temps, provenant du château de Montal et gravé dans le *Journal-Revue l'Art*.

DE BALZAC D'ENTRAIGUES (Pierre), lieutenant du roi de la province d'Auvergne (1523). Anne Malet de Graville, sa femme (Voir MALET DE GRAVILLE).

DE BALZAC (Charles) né en 1542, sieur d'Entraigues, descendant de Pierre d'Entraigues, sieur d'Entragues qui précède. Dit le bel Entraguet.

Favori du roi Henri III. Chevalier des Ordres du roi. Lieutenant Général au gouvernement d'Orléans. Acquit de la célébrité par son duel avec Jacques de Lévis, comte de Caylus, 1578 ; Mort à Toulouse en 1599. 1 Deux portraits de lui au crayon, à la Biblioth. Nat. à Paris ; 2 Seb. Leclerc, médaille in 12, ætatis... reproduire son portrait à la calcographie du Louvre ; 3 gravé médaille A. Riffaut dir. à droite.

DE BALZAC D'ENTRAGUES (Henriette, née en 1579. Fille de François de Balzac, gouverneur d'Orléans, Chevalier des Ordres du roi et de Marie Touchet, sa seconde femme (celle-ci maitresse du roi Charles IX). Elle devint elle-même la maitresse du roi Henri IV, en eut deux enfants et mourut le 9 février 1633, âgée de 64 ans.

1 Quesnel Pinx. Lh. de Leu sc. in 8 Gers-Wiers, 1600 in fol. ; 3 Lærs-Wiers, sc. in 12 ; 4 Tant de la Bouve, exc. ovale div. à d. ; 5 Aubert sc. in-8 ; 6 Chenu sc. in 18 ; 7 Deux portraits au crayon à la Bibl. Nat. Noir F... ; 8 Lauté del. Gautine sc. in-fol. ; 9 Médaille gravé dans la calcographie du Louvre ; 10 Billard, lithog. ; 11 Riffaut in fol ; 12 Deveria lithogr. ; 13 Lemarie sc. in 8 ; 14 Galerie de Versailles. in-8 n° 1050 ; 15 Engraved by E. scrivers. in-8.

DE BALZAC (François). Marie Touchet, sa femme. (Voyez TOUCHET).

BANDY DE LA CHAUD (L.) né à Felletin (Creuse) le 21 décemb. 1729. Lieutenant de maire de Felletin. Député du Tiers-Etat au baillage de Guéret, à l'Assemblée nationale en 1789. Propriétaire du domaine de Noizat (P.-de-D.) près de Giat, en 1810. De la famille Bandy de Nalèche.

1 Gravé in-4 chez Levachez ; 2 Reproduction réduite du n. 1 dans le Dict. de la Hte-Marche, par A. Tardieu.

BANIER (L'abbé Antoine), né à Dallet le 2 novemb. 1673, mort à Paris le 19 novemb. 1741. Reçu à l'Académie des inscriptions en 1713. S'est fait connaître par de savants ouvrages sur la mythologie. Chev. de St-Michel.

1 Peinture (superbe) sur toile, assis. grandeur naturelle, attribuée à Latour. A M. Christophle, député du Puy-de-Dôme, arrière neveu, par sa mère, de l'abbé Banier. 2 Gravé dans l'Auvergne illustrée d'après le n. 1 ; 3 Gravé dans le Dict. biog. du P.-de-D. d'après le n. 1.

BANIER (L'abbé L.), bibliothécaire de la ville de Clermont-Fd (1800-1803). Neveu du précédent. Mort à la fin de 1803.

Portrait in-12, gravé au physionotrace en médaillon par Chrétien (se trouve à la Bibliot. de Clermont-Fd).

DE BAR (Raymond-Antoine, comte), né à Riom le 4 fév. 1842, sous-préfet à Arcis-sur-Aube, Nyons, Montélimar, député du Puy-de-Dôme, etc.

1 Photogravé dans le Diction du P.-de-D. 2 Phot. dans le présent ouvrage. 3 Gravé sur bois dans J.

DE BARANTE (Voyez BRUGIÈRE).

BARBARA DE HATSKO (Anna), baronne de Sédaiges, épouse d'Anatole de Beral, baron de Sédaiges, mort en 1895.

Renée du PRAT, femme de François
de Chabannes, marquis de Curton,
mort en 1605

Suzanne de CHABANNES
du VERGER,
mariée à Ant. Gilbert, comte
de Sartiges (miniature de 1819).

Jean dit de CHABANNES,
baron de Curton, comte de Rochefort,
mort en 1559

François LOMBARD,
né vers 1605, peintre de grand
talent.

François de CHABANNES,
marquis de Curton, mort en 1604.

Claude-Thomas DUPUY
de la GRANDRIVE,
intendant au Canada,
mort en 1738.

Madeleine-Marguerite de MONTRO-
GNON, dame de Croptes,
mariée en 1756 à Etienne-François
de Blümestein.

Jean-Jacques LENORMAND,
baron de Flaghac, né en 1816,
député de la Haute-Loire.

Etienne-François de BLUMESTEIN,
marié, en 1776, à Madeleine-Marguerite de Montrognon.

Née à Constantinople, morte à Montmorency en
1867. Peinture à M. le comte de Bellargue, à Paris.

BARBARIN.

Jacques Antiger, dans son Histoire manuscrite
d'Auvergne, dit que les Barbarins, en Auvergne, ont
donné naissance à la famille du pape Urbain VIII qui
le reconnut, à Rome, au père Allègre, qui était d'Auvergne. Mais cette assertion paraît inexacte, car les
Barberini, famille de ce pape, sont anciens en Italie.
Il existe d'eux beaucoup de portraits gravés, que
nous croyons inutile de citer.

BARDEL Monseigneur, né à Thiers, le
23 février 1851. D'abord secrétaire général de
l'évêché de Clermont. Évêque de Seez en
1894 Auxiliaire de Bourges avec le titre d'é-
vêque de Parium.

1 Photograve dans I 2 Photogr. dans ce Diction.

BARDON (Ch.-Marie-Joseph, préfet du
Puy-de-Dôme depuis 1890).

Né à Nîmes en 1818. Gravé sur bois dans J.

BARDOUX (Agénor), né à Bourges (Cher),
le 15 janvier 1829. Avocat de grand talent, à
Clermont-Ferrand. Député du Puy-de-Dôme.
Ministre de l'instruction publique, très ap-
précié. Sénateur. Membre de l'Institut. Littérateur de grande valeur. Mort à Paris.

1 Gravé sur le placard du *Monde Illustré* en 1873,
n° 172 ; 2 Gravé dans le Dictionnaire des Contemporains par St-Lanne ; 3 Fayard, éditeur. Lith. Néran-
dan, in-fol. (belle lithographie) ; 4 Réduction de la
lith. n° 3 dans le présent volume ; 5 Gravé sur bois
dans J. ; 6 sa charge par André Gill ; 7 Dessiné par
Ch. Sylvain, en 1890 Collection Ch. Sylvain.

BARDOUX (Achille-Octave-Marie-Jac-
ques), né à Versailles (Seine-et-Oise), le 27
mai 1874. Licencié-ès-lettres. Avocat à la
cour d'appel de Paris. Fils du précédent.
Auteur d'excellentes et estimées publications.
Littérateur de réel et grand avenir.

1 Photogravé dans I ; 2 Photogravé dans ce Dictionnaire.

BARDY

Cette famille est très ancienne à Auzon, (Hte-Loire).

BARDY (Mathieu), Bachelier en droit
canon. Chanoine du chapitre d'Auzon, fils de
Mathieu, bourgeois de Ste-Florine et de Anne
Bergoing, baptisé le 3 avril 1718, décédé le
13 septembre 1782.

1 Peint sur toile en habits de chœur, par Guibert,
1754 ; 2 Gravure d'après le même portrait, à M.
Albert Lesmaris.

BARDY (François, notaire et maire d'Auzon, baptisé à Vezezoux, le 21 mars 1781,
fils de François, député de la Hte-Loire à la
Convention, et d'Anne Brouliere. Mort le 4
juin 1861.

1 Portrait peint par Mme Anne Brune. A Mme
Bardy, née Zélie Miel, sa belle fille ; 2 Gravure d'après
ce portrait, à son petit neveu M. Albert Lesmaris.

BARDY François-Eugène, maire de la
ville d'Auzon et conseiller général de la Haute-
Loire. Secrétaire général de la Préfecture du
département de la Creuse, puis de la Haute-
Loire, sous-Préfet de Sisteron, puis de d'Es-
palion.

Né à Auzon, le 28 août 1823. Fils de François-
Bardy et d'Antoinette Domol. Mort le 8 octobre 1880.
1 Portrait au crayon, par Mme Aimée Brune, à Mme
Bardy, née Zélie Miel.

BARDY (Mathieu), docteur en chirurgie,
médecin des armées pendant les guerres de la
Révolution, baptisé à Ste-Florine, le 11 septembre 1764. Fils de Mathieu Toussaint et
de Madeleine Denier. Mort à Belfort, le 7 décembre 1848.

1 Portrait (Médaillon), à son petit fils M. Victor
Bardy, docteur-médecin à Belfort ; 2 Gravure d'après
ce pastel, dans une notice biograph. publiée par son
petit-fils Henri Bardy ; 3 Miniature (vers 1795), ovale
56 m/m. sur 48 m/m. appartenant à M. Henri Bardy
à Fesches-le-Châtel (Doubs)

BARDY (Mathieu-Napoléon), d'abord
avocat à Belfort, puis juge d'instruction,
nommé en 1848 commissaire du gouvernement pour l'arrondissement de Belfort. Élu
représentant du peuple pour le Haut-Rhin,
président du tribunal civil de Wissembourg,
puis de Montbéliard. Né à Belfort, le 16 août
1804, fils de Mathieu et d'Hélène Ventrillon.
Mort le 5 juin 1884.

1 Portrait, en 1832, peinture par G. Dauphin, à Henri
Bardy, à Fesches-le-Châtel ; 2 Reproduction du même
portrait en peinture par A. Baumann, (A Belfort, chez
le Duc). Victor Bardy ; 3 Lithographie par Llanta,
imp. Lemercier, Paris de la galerie des députés de
1848 ; 4 Gravure dans une notice biogr. publiée par
son fils Henri Bardy.

BARDY (Mathieu-Henri), fils du précédent.
Pharmacien de 1re classe. Né à Belfort, le 28
mai 1829.

1 Peint étant enfant par G. Dauphin. Appartenant
à H Bardy, à Fesches-le-Châtel (Doubs) ; 2 Portrait
de 1860 gravé sur bois, (des Diction. Internationaux,
par H. Cornoye).

BARDY (Mathilde), fille de Guillaume et
d'Angélique Chevalier, épouse de Victor
Droussant, décédé, administrateur des magasins du Bon-Marché, à Paris, née le 18 avril
1852.

Peinture portrait par Chartran. (Appartient à Mme
Droussant).

BARDY (François-Gustave), né à Belfort,
le 4 décembre 1841, lieutenant au 6e lanciers,
tué dans le village de Morsbronn, précédent la
1re charge de la bataille de de Fræschwiller
(6 août 1870).

Portrait en pied, âgé de 8 ans, dessin à la mine de
plomb par Ballet, professeur de dessin au Lycée de
Strasbourg. Appartient au Dr Bardy, à Belfort.

DE BARENTIN (Jacques-Honoré), reçu
président du Grand Conseil en 1655 ; fit partie
des Grands Jours d'Auvergne en 1665-1666.

1 Rousselet sh. 1658, in-folio ; 2 Scottin, 1689, in-fol.
dans une thèse.

DE BARENTIN DE MONTCHAL
(Mme) veuve.

Représentée avec son fils Charles Jean-Pierre ; à mi-
corps, par Largillien, cadre du temps (vers 1730).
Galerie du château de Cunizgnat (Haute-Loire).

DE BARENTIN DE MONCHAL (Marie-
Louise-Charlotte), mariée, le 9 août 1754, à
François-Florimond du Crozet.

René de VOYER D'ARGENSON
intendant d'Auvergne 1632,
Mort en 1651.

Antoine COEFFIER, dit Ruze
marquis d'Effiat,
maréchal de France,
mort en 1632.

Claude de LORRAINE,
Duc de Chevreuse, gouverneur
d'Auvergne 1605-1631

Guillaume Antoine FRESSANGES
mort en 1788, inventeur d'une
machine à écrire.

Anne-Henriette LANGLOIS,
mariée en 1766 à Antoine
Deval, architecte

Jeanne Renée FRESSANGES,
mariée en 1787 à Jean-Michel
Deval, geôlistc.

Fille de Charles-Jean-Pierre Barentin de Montchal, chevalier, Vicomte de La Motte, seigneur de Nogent-sur-Seine, Gruzy, etc., brigadier des armées du roi, etc. et de Louise Madeleine Bertin de Vaugien : Peinture sur toile, buste, cadre du temps, Château de Cunignat (Haute-Loire).

DE BARENTIN (Charles-Honoré). Chevalier, intendant de Dunkerque.

Portrait peint, attribué à Lugand. Château de Cunignat (Hte-Loire).

DE BARENTIN DE MONTCHAL (Catherine). Religieuse de l'abbaye de Lavaudière. Morte en 1779.

Peinture sur toile, Château de Cunignat (Hte-Loire).

DE BARENTIN DE MONTCHAL (Charles-Jean-Pierre), vicomte de la Motte, seigneur de Nogent. Brigadier des armées du roi.

1 Pastel, buste, attribué à Latour, au Château de Cunignat (Hte-Loire) ; 2 Peinture sur toile, même galerie.

DE BARENTIN DE MONTCHAL

Beau tableau non identifié. La mère et ses filles, en bas âge. Provient de la galerie de Barentin de Montchal, au château de la Motte). Attribué à Largilière. Château de Cunignat (Haute-Loire).

BARET DU COUDERT (Annet), né à Guéret, le 23 décembre 1757, mort président du tribunal civil de Riom en 1832. Conseiller à la cour Lieutenant-général au baillage de Montaigut-en-Combraille, en 1789.

1 Miniature dans sa famille ; 2 Gravé dans le *Dictionnaire de la Haute-Marche*, d'après le n° 1.

BARGOIN J.-B., né à Vic-le-Comte, le 28 juin 1813, mort à son château de Bellevue, le 24 juillet 1885, Pharmacien à Clermont-Ferrand. A légué son parc de Bellevue au département du Puy-de-Dôme ; a donné 200.000 fr. pour édifier le musée de Clermont-Fd., etc.

1 Gravé dans l'*Histoire illustrée de Royat*, par A. Tardieu ; 2 Médaillon en marbre, de profil, au musée de Clermont-Ferrand ; 3 Son buste sur une maison lui ayant appartenu, rue Ballainvilliers, à Clermont-Ferrand.

BARGOIN (Jocelin), fils du précédent, né à Clermont-Ferrand, le 3 janvier 1844, mort à Pau, le 2 janvier 1876. Journaliste. Auteur.

1 Gravé dans l'*Histoire illustrée de Royat*, par A. Tardieu.

BARRIÈRE (Antoine), né à Béziers, en 1792. Directeur de l'Enregistrement à Clermont-Ferrand (1850). Mort à Clermont-Fd., le 1er août 1870. Fait chevalier de la Légion d'honneur, lors du passage de Napoléon III, à Clermont-Ferrand, en 1862.

1 Portrait sur toile, à l'huile, 0 m. 70 sur 0 m. 60, représenté en buste, à Clermont-Ferrand, à MM. Barrière, rue de l'Oratoire.

BARRIÈRE (Claude), né à St-Germain-L'Herm, le 27 septembre 1837. Député du Puy-de-Dôme, en 1885, (✻). Sénateur.

1 Gravure in-8, sur bois ; 2 Gravure ovale, in-64, de profil à gauche ; 3 Gravure in-64, de face ovale ; 4 Gravure in-16, dans *Nos Sénateurs*, par Grenier ; 5 Gravé sur bois dans J.

BARILLON (Jean-Jacques), seigneur de Chatillon. Président de la 1re Chambre des enquêtes au parlement de Paris. Fit partie des Grands-Jours d'Auvergne (1665-1666).

Gravé par Moncornet.

: DE BARTHELATS.

Antique noblesse, originaire de Chateldon (Puy-de-Dôme), où elle résidait au XIVe siècle. La filiation se suit depuis.

DE BARTHELATS (Gilbert, marquis), né vers 1763, admis aux pages de Mgr le duc d'Orléans, le 10 mars 1768. Marié à Marguerite Dieudonné de la Chesnaye de la Condamine (Voir ce NOM). Mort vers 1807.

Peinture sur toile à M. le baron d'Arlempdes, au château de Salornay (Saône-et-Loire). Reproduite dans ce Dictionnaire.

DE BARTHELATS (Marie-Antoinette), fille du précédent, mariée, le 16 juin 1829, à Augustin-Jérome-Emmanuel de Laval, vicomte de Beaufort, baron d'Arlempdes. (✻).

Peinture sur toile, au château de Salornay (Saône-et-Loire), à M. le baron d'Arlempdes. Reproduite dans cet ouvrage.

BARTHOMIVAT DE LA BESSE (Suzanne-Almérine), mariée en 1843, à François-Amable Peyronnet.

Peinture sur toile, ovale de 0 m. 42 sur 0 m. 42, regarde des 3/4 à gauche et représente jusqu'aux genoux. Appartient à Mme de Fournoux, née Peyronnet, au château de St-Maurice (Creuse).

BASSIN DE PRÉFORT (L'abbé Honoré), né à Aigueperse, en 1741, d'une famille de médecins. Aumônier du prince de Conti ; Auteur.

Peinture à l'huile de 0 m. 30 sur 0 m. 40, chez M. André Burin des Rauziers, château de Mesuil, à la Tour d'Auvergne (Puy-de-Dôme). Il est en buste, rabat blanc, sur un fond noir.

BASTID (Adrien), né à Aurillac, le 1er octobre 1853. Député du Cantal (1885).

1 Gravure in-64 ovale, de profil à gauche ; 2 Gravure in-64, de face, ovale.

BASTIDE, député du Cantal, en 1873.

N° 156 du placard du *Monde Illustré*, année 1873, gravé en petit.

BATAILLE (Victor-Martial), né à Aydat, le 15 janvier 1848. Docteur-médecin à Saint-Gervais d'Auvergne. Sénateur du P.-D.-D.

Gravé dans l'*Histoire de St-Gervais d'Auvergne*, par A. Tardieu et Maleboste.

BATHOL (Francisque), né à Clermont-Ferrand, le 6 octobre 1829. Maréchal-ferrant à Clermont-Ferrand. Poète patois de talent. Rédacteur du journal l'*Auvergnat* (à Paris) ; Rédacteur en chef du *Réveil des Campagnes*, à Clermont-Ferrand, en 1871. Mort à Clermont-Fd., le 31 juillet 1884.

1 Son portrait lithographié publié en couleur dans l'*Auvergnat*, habillé en moine ; 2 lithogr. chargé dans K. ; 3 Dessiné par Ch. Silvain, d'après le n° 2, en 1893, collection lith. Ch. Silvain ; 4 Reproduction dans ce dictionnaire du n° 2.

BATISSE (Vital), né à Saint-Bonnet-le-Bourg, en 1842. Maire de St-Bonnet-le-Bourg.

Catherine de la BARRE,
mariée en 1715 à Paul de Bonnefon.

M.-F.-J. dit Jean de BONNE-
FON, homme de lettres érudit, né en 1866 à Aurillac.

Maurice de BONNEFON,
né en 1720, mort en 1791, voyageur
distingué.

J.-B.-Louis AMARITON,
seigneur de Montfleury,
Député du Puy-de-Dôme en 1815

Joseph de DURAT,
abbé de Bellaigue (1736-1772).

Le Comte J.-François de DURAT
maréchal de camp,
né en 1736, mort en 1830.

J.-B. SÉBASTIEN, comte de DURAT,
dernier bailli du pays de Combrailles,
en 1790.

Photogravé dans I.

BAUDEL.
Gravé au physionotrace, médaillon in-12. Porté dans le catalogue Desbouis.

BAUDET-LAFARGE (J.-Mathieu), député du Puy-de-Dôme, de 1830 à 1834.
Né en 1765, Mort à Maringues, en 1837. Gravé dans J.

BAUDET-LAFARGE, député, en 1848, à la constituante (Puy-de-Dôme). Né à Maringues, en 1803. Mort en 1867.
Lithographie, in-4, de la suite des députés de Basset.

DE BAUDRY DE PIENCOURT (Geneviève), femme de Renaud-Nicolas de la Roche-Aymon, morte en 1716.
1 Peinture sur toile, au château de Mainsat; 2 Peinture sur toile, au château de Parentignat (Puy-de-Dôme), carrée. Signée de Guillaume Boussel (1712). Reproduction du n° 2 dans cet ouvrage.

DE BAUFFREMONT (Georges-Epaminondas), seigneur de Meilhaud, près d'Issoire. Gouverneur de Mâcon, capitaine de 50 hommes d'armes. Marié, en secondes noces, en 1591, à Renée-Angélique d'Allègre, dame de Meilhaud.
1 Portrait possédé par M. le duc de Bauffremont; 2 Gravé dans l'Auvergne Illustrée d'après le n° 1; 3 Reproduit dans cet ouvrage sur le n° 2.

DE BAUFFREMONT (Henri), marquis de Sennecey. Chevalier du St-Esprit, en 1619. Président aux États-généraux en 1614; maréchal de camp, etc. Né au château d'Amillis, en 1577, mort à Lyon, en 1622. Epousa Marie-Catherine de la Rochefoucauld, duchesse de Randan (Voyez ce NOM).
1 Son portrait à l'encre de chine se trouve dans le tome XXIII, folio 32, du fonds de St-Esprit à la Biblioth. nat., à Paris; 2 Belle peinture sur toile, à M. le duc de Bauffremont, au château de Brienne (Aube); 3 Gravé dans le présent ouvrage, d'après le n° 2.

BAYLE-MOUILLARD. Avocat en 1830, à Clermont-Ferrand. Conseiller d'Etat.
Dessin in-8. Collection Desbouis.

BAYLE (Lucien), né à Artonne, le 17 août 1858. Maire de Châteaugay.
Photogravé dans I.

BÉAL (Blaise-Auguste), né à Vertolaye, en 1851. Docteur-médecin à Ambert.
Photogravé dans I.

BÉAL (Auguste), né à Job, en 1858. Dr. médecin au Mont-Dore.
Photogravé dans I.

DE BEAUCAIRE (Marie), fille de Jean. Sénéchal de Poitou. Seigneur de Puyguillon et de Guyonne du Bueil.
Mariée en premières noces, en 1545, au château de St-Germain-en-Laye, à François d'Autier de Villemontées, tué en 1557, à la bataille de St-Quentin. Elle se remaria à Sébastien de Luxembourg, duc de Penthièvre, gouverneur de Bretagne; fut dame d'honneur de la reine d'Ecosse. Belle peinture du temps, de l'école du célèbre François Clouet, au château de Barmontel (Puy-de-Dôme), à M. le comte d'Autier.

DE BEAUCLAIR (Voir DE LA VAISSIÈRE DE CANTOINET).

DE BEAUFORT (V. ROGER DE BEAUFORT).

DE BEAUFORT-CANILLAC (Voir de MONTBOISSIER).

DE BEAUFRANCHET (Augustin), chanoine-comte du chapitre noble de St-Julien de Brioude, où il fut reçu sur preuves les 9 et 11 juin 1776. (16 quartiers de noblesse).
Portrait peint au château de Moisse (Creuse), à M. le Comte de Beaufranchet.

DE BEAUFRANCHET D'AYAT (L.-Ch. Antoine), né le 22 novembre 1757, au château d'Ayat, mort en 1812. Général.
Miniature au musée de Clermont-Fd; 2 Lith dans le Dict. Biogr. du Puy-de-Dôme, par A. Tardieu.

DE BEAULIEU (Simon). Archevêque de Bourges, cardinal. Mort en 1294.
Il fit, en 1287, une grande tournée pastorale en Auvergne. Baluze a publié cette curieuse tournée dans ses Miscellanea. Gravé in-8, dans l'Histoire des Cardinaux, par l'abbé Roy.

DE BEAUVILLIERS (Marie-Paule-Bernardine), mariée, en 1671, au marquis Ant.-Ch.-Guillaume de la Roche-Aymon.
Peinture sur toile, au château de Mainsat (Creuse).

BECKER DE MONS (Bager), comte de Mons. Né à Obermein, en Alsace, le 13 janvier 1779, mort au château de Mons (Puy-de-Dôme), le 18 novembre 1840. Général de division (1805). Comte de l'Empire. De la Chambre des représentants. Pair de France.
1 Gravé par A. Tardieu (mort en 1841, à Paris), in-8, dans un ovale; 2 Peinture au musée de Clermont-Ferrand, 0 m. 50 sur 0 m. 40, copie d'une toile de Desgeorges, donnée au musée de Clermont-Ferrand, par Mme Christophle, d'Issoire.

BEGON (l'abbé), vicaire général du diocèse de Clermont sous Mgr de Dampière, évêque de Clermont.
Gravé au physionotrace, in-18, médaillon circulaire.

DE BEGON DE LA ROUZIÈRE (Fr.-Louis-Anne, marquis). Né en 1750, au château de St-Pont, près de Gannat (Allier), mort en 1814. Député aux Etats-Généraux en 1789. Organisa avec M. de Fargues, le corps connu sous le nom de Coalition d'Auvergne.
1 Peinture chez M. le marquis de Begon de la Rouzière, à Versailles; 2 Gravé dans l'Auvergne Illustrée, d'après le n° 1; 3 Le n° 2 donné dans cet ouvrage.

BELFONS (Thomas). Chanoine de la Cathédrale de Clermont, curé de Miremont, en Auvergne. Mort le 23 octobre 1405.
Peinture à la fresque d'une chapelle du chœur, à droite dans la cathédrale de Clermont-Ferrand, où l'on voit un très beau portrait de lui, à genoux devant l'enfant Jésus et présenté par St-Thomas, son patron.

DE BELLAIGUE.
Seigneurs de Rabanesse, de Bughas, etc. Famille d'origine Clermontoise (Auvergne), connu depuis Guillaume de Bellaigue, habitant de Clermont, en 1252 (Archives du Puy-de-Dôme, terrier Bogue, folio 12). Résidence actuelle : château de Varvasse, Clermont-Ferrand, Gray, Montmorency et Paris. Anciens fiefs. Villatour, près Besse (1346), la Roche, près St-Dier

J.-P.-Guillaume de SAVARON
baron de Chamoissel,
mort en 1798.

Jean SAVARON,
célèbre magistrat de
Clermont en Auvergne,
mort en 1622.

Guillaume-Gilberte de SAVARON
baron de Chamoissel,
né à Lyon en 1701.

Blaise-Annet MANDON,
conseiller au présidial de Moulins,
marié en 1767 à Mlle de Benoid.

Pierre MANDON,
seigneur des Martinanches (1740).

Marie-Anne de BENOID,
mariée en 1767 à Blaise-Annet
Mandon.

Guillaume de RIBIER de CHEYSSAC
Érudit, né en 1774, mort en 1842.

F.-M.-Louis, comte de SARTIGES,
né en 1806, mort en 1890,
Directeur des haras.

Jean-Baptiste de RIBIER du
CHATELET, Érudit, Né en 1779,
mort en 1844.

1683. La Roche de Marguat, la Roches-Noire 1587, Rabanesse 1667 et Bughas 1755.

BELLAIGUE (Guillaume), Echevin de Clermont, en 1681. Marié, en 1686, à Gabrielle Chauliaguet, dame de Rabanesse, près Clermont-Ferrand.

Peinture à M. Alexandre de Bellaigue (à Gray, Haute-Saône).

BELLAIGUE (Pierre), seigneur de Rabanesse, conseiller du roi, au présidial de Clermont, marié, en 1726, à Catherine de Chardon des Roys (Voyez ce NOM).

Peinture sur toile, à M. Alexandre de Bellaigue, à Gray (Hte-Saône). Catherine de Chardon des Roys, ci-dessus, a pour ascendants Jean de Chardon, époux de Marie de Rochebaron, mariée, en 1615, fille de François de Chabanon de Rochebaron et de Marguerite d'Aumont, fille du maréchal de France d'Aumont.

BELLAIGUE (Bernard), seigneur de Bughas, conseiller du roi au présidial de Clermont, en 1787. Il épousa, en 1789, Mlle d'Astier (Voir d'ASTIER).

Peinture au comte de Bellaigue, à Paris.

BELLAIGUE DE BUGHAS (Augustin), propriétaire au château de Varvasse (Puy-de-Dôme). Né en 1795. Mort en 1876. Marié à Mlle Berard de Chazelles (Voir BERARD DE CHAZELLES).

1 Portrait peint par lui-même, chez M. Paul de Bellaigue, à Clermont-Ferrand ; 2 Autre chez M. A. de Bellaigue, à Gray.

DE BELLOY Voir DE BUIRETTE.

BELMONT (Mgr Pierre-Marie), né à Lyon le 31 janvier 1838. Evêque de Clermont depuis 1893. Décoré du *Palium*. Prélat aussi modeste que savant : estimé et aimé.

1 Portrait photogravé dans la *Vie Illustrée* (1895) (1er juin ; 2 Gravé dans la Croix (26 mai 1895) ; 3 Belle photogravure, in-folio ; 4 Gravé dans ce Dictionnaire, d'après la photographie de Pierre Petit, à Paris.

DE BENOID (Marie-Anne), mariée, le 18 mars 1767, à Blaise Mandon, conseiller du roi au présidial de Moulins (Allier).

1 Portrait peint, à M. Norbert Mandon, son descendant, au château de Fontanel (Puy-de-Dôme) ; 2 Reproduction du n° 1 dans ce dictionnaire.

DE BERAL (Anatole), baron de Sédaiges, né à Clermont-Fd., mort à Montmorency, en 1895, marié à Anna Barbara de Hatsko (Voir ce NOM).

Officier de cavalerie. Aide de camp du général Gordon, puis du roi Othon.

1 Peinture à M. le comte de Bellaigue de Bughas, à Paris ; 2 Autre en uniforme de capitaine de lanciers ; au même ; 3 Peinture en costume national arménien ; au même.

BERARD. Seigneur de Chazelles. Famille d'Auvergne Très ancienne et très considérée par ses charges et ses alliances. Représentée de nos jours, en Auvergne, au château de la Canière (Puy-de-Dôme), où se trouve une superbe galerie de portraits.

BERARD DE CHAZELLES (Gilbert).

commissaire des guerres. Né le 4 avril 1633. Mort le 21 août 1712. Marié : 1° à Marie de Sirmond ; 2° à Mathie Pascal.

1 Portrait peint au château de la Canière (Puy-de-Dôme), à M. Etienne de Chazelles. Bonne peinture de l'école de H. Rigaud ; 2 Copie du n° 1, chez M. Paul de Bellaigue de Bughas, à Clermont-Ferrand.

BERARD DU BOURGET (Honoré), lieutenant des gardes de la porte du roi. Né le 31 décembre 1663, mort le 19 janvier 1748. Marié, en 1696, Marie Gorge (Voir GORGE).

1 Peinture sur toile, en 1706, au château de la Canière (Puy-de-Dôme). Attribué à Hyacinthe Rigaud ; 2 Autre portrait en armure, longue perruque, à M. Paul de Bellaigue, à Clermont-Fd. V. la reproduction.

BERARD DE CHAZELLES (Pierre), né le 29 avril 1749, mort le 6 janvier 1807. Il avait épousé, le 12 août 1772, à Marguerite de Champflour (Voyez ce NOM).

Belle peinture d'un artiste inconnu. Au château de la Canière (Puy-de-Dôme).

BERARD DE CHAZELLES (Pierre-Léon), né à Clermont-Ferrand, le 15 mars 1804. L'un des meilleurs maire de Clermont-Ferrand (1850-1860), député du Puy-de-Dôme. Président de l'Académie de Clermont-Fd. Mort à Cannes en 1876.

1 Lithog. in-4 de la suite des députés de Basset, 1857 ; 2 Lithog. (médaillon) dans A. ; 3 Portrait peint sur toile, au château de la Canière (Puy-de-Dôme). Reproduit dans ce Dictionnaire.

BERARD DE CHAZELLES (Mélanie), née en 1799, morte en 1851, mariée en 1814 à Augustin de Bellaigue, mort en 1876.

1 Peinture au château de Varvasse à M. Paul de Bellaigue ; 2 Miniature à M. le chanoine de Bellaigue, à Clermont-Ferrand.

BERGER (Jean-Jacques), né à Thiers, en 1790, mort à Paris. Député du Puy-de-Dôme (1842). Préfet de la Seine. Sénateur. G. O. ✱)

1 Lith. in-4, 1849 ; 2 Lith. dans A. ; 3 Gravé en petit dans C.

DE BERGH (Eléonore-Catherine-Fébronie). Mariée, en 1634, à Frédéric-Maurice de la Tour d'Auvergne, duc de Bouillon, mort en 1652. Elle mourut en 1657.

1 Moncornet in-4 ; 2 Mariette ; 3 Portrait d'après le monument de Cluny ; à M. le prince de la Tour d'Auvergne, duc de Bouillon, à St-Servant (1956).

BERGIER Antoine, né à Circoux (Puy-de-Dôme) le 13 décembre 1742. Célèbre avocat résidant, à Clermont-Ferrand. Député du Puy-de-Dôme au conseil des 500, Maire de Clermont-Fd. (1795, membre du corps législatif (1789). Mort à Clermont-Ferrand, le 29 novembre 1826.

1 Pastel, possédé par M. André Burin des Rauziers, son parent, au château du Mesnil, à la Tour d'Auvergne (Puy-de-Dôme) ; 2 Lith. Voir A.

BERNARD (François), né à Clermont-Fd, le 6 février 1767, mort à Paris, le 15 novembre 1828. Chef de Bataillon (✱). Proviseur de de Collège (1828). A composé des opéras-comiques.

M. L. P. Félix ESQUIROU de PARIEU, mort en 1893.
Ministre de l'Instruction publique.

César de MORÉ, comte de PONTGIBAUD.
Littérateur savant, poëte, mort en 1892.

Portrait lithographié dans les *Tablettes Historiques de l'Auvergne*, par J. B. Bouillet.

BERNARD (Jacques), frère du président, né à Clermont-Ferrand, y mourut le 26 juin 1842. Capitaine de régiment (✻).

Portrait lithographié dans les *Tablettes Historiques de l'Auvergne*, par Bouillet, (Tome III).

BERNARD DE LA GRAVIÈRE, femme d'Antoine Arnoux d'Uriat. Trésorier de France (1665).

Portrait chez M. le baron d'Arnoux de Maison Rouge, à Ennezat. (Puy-de-Dôme).

DE BERNIS (Voir DE PIERRE).

BERRIER DE BAULIEU, né au Martres-de-Veyre en 1863. Capitaine-commandant les sapeurs-pompiers audit lieu.

Photogravé dans I.

DE BERRY (Jean de France), duc d'Auvergne et de Berry, comte de Montpensier, né au bois de Vincennes, le 30 novembre 1830, frère du roi Charles V; mort à l'Hôtel de Nesle, à Paris, le 15 juin 1416. Enterré dans le chœur de la Ste-Chapelle. Bâtit des châteaux somptueux, notamment le palais de Riom, le château de Nonette, le palais de Vic-le-Comte (Auvergne). Ami des arts, grand collectionneur. Jeanne d'Auvergne, sa 2ᵉ femme (Voir AUVERGNE).

1 Grav. in-8, dans Montfaucon; 2 En pied, avec ses armes, dans Montfaucon; 3 A genoux et derrière ses deux enfants, in-8 dans Montfaucon; 4 Gravé in-8, N° CXLVI dans Montfaucon; 5 à genoux avec ses deux enfants, lith. en couleurs in-12 (beau et rare); 6 Gravé dans l'*Auvergne Illustrée*, d'après un pastel original du temps; 7 Portrait peint au château de Beauregard, près Blois; 8 Voir A.; 9 Groupe en pierre peinte de la cathédrale de Bourges, naguère en la chapelle du palais ducal. Il est agenouillé avec sa 2ᵉ femme Jeanne de Boulogne. La tête a été refaite; 10 Grande miniature d'André Beauneveu qui décore un livre d'heures de la Bibliothèque royale de Bruxelles; 11 Admirable effigie de son tombeau par le sculpteur Jean de Cambray, dans le crypte de la cathédrale de Bourges. Le dessin en a été donné par Hans Holbein et reproduit par M. Gonse dans son ouvrage l'« Art Gothique », avec la femme du duc.

DE BERRY (Marie), duchesse de Berry, comtesse de Forez, fille du précédent et de Jeanne d'Armagnac, mariée, à Jean I, duc de Bourbon, morte à Lyon en juin 1434.

1 in-4 dans la Carte généalogique de la maison de Bourbon; 2 Dans Montfaucon, (T. III), en pied, tenant une rose à la main, sa robe aux armes de Berry et de Bourbon; 3 Beau médaillon, in-8 dans l'Histoire des ducs de Bourbon, par de la Mure et d'après l'armorial de G. Revel.

BERRYER (Antoine-Pierre), né à Paris, en 1790, mort à Angerville (Loiret), en 1868. Célèbre avocat. Député de la Haute-Loire, en 1830, Membre de l'Académie française (1854).

Il existe, de lui un certain nombre de portraits gravés; entre autres le portrait lith. par Bulavand, d'après Gouquy, grand in-4.

BERTIN DE VAUGIEN (Louise-Madeleine), mariée, à Ch.-Jean de Barentin de Montchal, vicomte de la Mothe.

1 Pastel, buste; attribué à Latour, cadre du temps.

Au château de Cunignat (Hte-Loire); 2 Pastel attribué à Latour 0 m. 57 sur 0 m. 48, à Mlle Porral de St-Vidal, à Riom.

BERTRAND (Pierre), né le 25 mars 1747, à St-Flour, mort en 1816. Avocat, procureur du roi au baillage de St-Flour. Député du Tiers-Etat du Cantal, en 1789, membre de la Convention en 1792, sous-préfet de St-Flour (1800).

1 Chez Levachez in-4; 2 Girardet, sculp. in-8, d'après Perrin.

BERTRAND Michel, né à St-Sauves, le 1ᵉʳ novembre 1774. Mort à Clermont-Ferrand, le 27 octobre 1859. Docteur-médecin célèbre. Inspecteur des Eaux du Mont-Dore, qu'il fit apprécier. Auteur.

1 Lith. in-8; 2 Lith. (médaillon) dans A; 3 Gravé en petit dans C.

BERTRAND (Ch.-Alex.-Hippolyte-Amable), né à Pont-du-Château, le 9 sept. 1777, mort à Clermont-Ferrand, le 6 août 1849. Docteur-médecin à Pont-du-Château.

1 Peinture possédé par M. Bertrand, à Pont-du-Château; 2 Lith. (médaillon) dans A; 3 Gravé en petit dans C.

BERTRAND (Jean), né à Gerzat en 1850. Ingénieur des arts et manufactures.

Photogravé dans I.

BERTRAND (H.), né à Aubusson (Creuse) en 1843, Conseiller à la cour d'appel de Riom.

Photogravé dans I.

DE BERULLE (Pierre), Intendant d'Auvergne (1685-1687).

1 Gravure; 2 Gravé sur bois dans J.

BESSE, dit **DE BESSE** (Pierre), né à Meymond (Corrèze) en 1767, mort à Paris, le 10 novembre 1639.

Chanoine (1591), puis Doyen du chapitre d'Herment (1601-1605). Prédicateur (célèbre) du roi Louis XIII, aumônier du prince de Condé, docteur de Sorbonne, principal du collège de St-Michel, à Paris. Fonda, par testament de 1636, une rente de 200 livres pour la création d'une école gratuite à Herment. (Puy-de-Dôme), rente qui a été payée jusqu'en 1900, les conditions du testament n'ayant plus été remplies depuis. Auteur fécond (sermons). 1 Gravé âgé de 50 ans, en 1618, par Léonard Gaultier, in-8; 2 Gravé par Cl. Audran, in-8; 3 Crispin de Pas, 1628, in-8; 4 Gravé dans l'*Auvergne Illustrée*, reproduction (réduite) du n° 1; Gravé dans l'*Histoire populaire d'Herment*, par A. Tardieu (reproduction du n° 5); 6 Gravé sur une notice biographique publiée en mars 1885, par A. Tardieu, (reproduction du n° 4).

DE BESSE DE LA RICHARDIE (Jean-Astorgue). Marié le 10 mars 1730, à Françoise Elisabeth de St-Simon, sœur de madame la maréchal de Montmorency.

Peinture à l'huile (carrée), à M. le comte de Genestet de St-Didier.

BESSE BEAUREGARD, vice-président du tribunal civil de Clermont-Ferrand.

Buste, par Chalonnax, au musée de Clermont-Fd.

DE BETHUNE (Maximilien), duc de Sully, marquis de Rosny, pair et maréchal de France, illustre ministre de Henri IV.

Paul de RIBEYRE,
1er président de la Cour
des aides de Clermont-Fd
Il testa en 1660.

Mgr Antoine de PONS,
évêque de Moulins,
mort en 1849.

Le comte Maximilien de CHALVET
de ROCHEMONTEIX,
lieutenant-général d'armée, mort en 1755.

Guillaume CHAVAGNAT
négociant à Clermont,
érudit, mort en 1764.

Mgr Gilb. GENEBRARD,
archevêque d'Aix 1592).

Le Vte Adolphe de CHALVET
de ROCHEMONTEIX,
archéologue savant, mort
en 1902.

Le Marquis Maxence de
CHALVET de ROCHEMON-
TEIX, philologue savant,
mort en 1892.

Le R. P. Camille de CHAL-
VET de ROCHEMONTEIX,
érudit, né en 1838.

Né le 3 décembre 1590 au château de Rosny (Seine-et-Oise), mort le 21 décembre 1661 à 82 ans. Seigneur de Beaulieu, près d'Issoire. Il avait épousé en 1res noces Anne de Courtenay, dame de Beaulieu, près d'Issoire (Voir de Courtenay). 1 Paul de la Houe, 1536, d'après Dubois, in-fol.; 2 Edelinck, 1620, in-fol.; 3 Fessart; 4 Moncornet; 5 Porbus, p. Marcenay sc.; 6 ... chemin in-12; 7 Dans Odieuvre; 8 Aux genoux de Henri IV avec ces mots : « Relevez-vous Rosny ». 9 Mlle H, 1774, in-4.

DE BÉTHUNE (Armand), né en 1635, évêque de St-Flour et ensuite du Puy, en 1663, mort au Puy, en décembre 1703.

1 N. in-fol.; 2 N. en pied; 3 Bas relief au musée de la cathédrale du Puy. Reproduit dans cet ouvrage.

DE BÉTHUNE (Paul). Duc et pair, né le 6 août 1682. Gouverneur de Calais. Lieutenant-général d'armée.

Peinture au château d'Anjony (Cantal).

BIDON D'ASFELD (Françoise-Charlotte), mariée à Ant.-François, marquis de la Roche-Aymon, mort en 1790.

Peinture sur toile, au château de Mainsat (Creuse).

BIELAWSKI (J.-B.-Maurice), né à Clermont-Ferrand, le 24 novembre 1838.

Écrivain, archéologue, collectionneur. Auteur de travaux historiques estimés sur l'Auvergne. Percepteur des contributions directes (1879). Pendant la guerre de 1870, il fut promu capitaine des mobiles. Il y fut blessé et décoré de la Légion d'honneur. 1 Portrait gravé dans I; 2 Gravé sur bois dans le Dictionnaire des membres des sociétés savantes; 3 Photogravé dans le présent Dictionnaire.

BIGNON (Louis), né à Hérisson (Allier), en 1816, agronome O. ✱, Propriétaire du café-Riche, à Paris.

Sa mère, une Meissonnier, était de St-Gervais d'Auvergne. Gravé dans l'Histoire de St-Gervais d'Auvergne, par A. Tardieu et Madebène.

DE BILLON ou DE BILLOM (François), né à Paris, mort en 1566. Probablement d'une famille originaire de Billom (Puy-de-Dôme). Secrétaire du cardinal de Bellay. Auteur.

Gravé sur bois in-4, en 1555. En tête de son ouvrage: *Le fort inexpugnable de l'honneur du sexe féminin.*

BINACHON, député de la Hte-Loire (1885).

Gravé ovale, in-12, sur bois.

DE BIRAGUE (Françoise), veuve de Jacques d'Amboise, comte d'Aubijoux, père de François d'Amboise, comte d'Aubijoux, qui fut tué à la bataille Coutras, en 1587.

Portrait au crayon à la Bibliothèque Nat., à Paris. Voir F.

BITTARD DES PORTES (Gilbert), sous-lieutenant aux gendarmes de la reine 1780.

Portrait sur toile, en buste, au château de Peyrudette (Creuse).

BITTARD DES PORTES (Félix), lieutenant aux bataillons indigènes de Constantine en 1845.

Peint à l'aquarelle au château de Peyrudette (Creuse).

BITTARD DES PORTES (Jean-Baptiste), né à Coudes, le 17 juillet 1815. Général de division. (G.-O. ✱). Mort à Moulins, le 13 février 1899.

1 Photogravé dans I; 2 Portrait sur toile en pied, en général de brigade, grande tenue, par Bonvoiran (Prix de Rome), au château de Peyrudette; 3 Le même, en général de division, en buste, crayon noir, au château de Peyrudette. Reproduction du n° 1 dans cet ouvrage.

BLAIS (Ivan), né à Sauxillange, en 1856. Président du tribunal civil d'Ambert.

Photogravé dans I.

DE BLANCHEFORT (Guy), élu 41° grand maître de Malte, en 1512. Il fut d'abord grand prieur d'Auvergne, 1493-1508). Il avait été commandeur de Tortebesse (P.-de-Dôme), en 1499.

1 Ph. Thomassinus, in-8 des 3 4 à droite, sur un in-fol. avec avec 3 autres grand maîtres; 2 Copie à g. in-8; 3 N° in-8 dans un encadrement rond; 4 En petit sur une feuille à 56, imprimée en Italie; 5 Cars sc. in-4; 6 Reproduction du n° 5 dans l'*Auvergne Illustrée*, et le Dictionnaire de la Hte-Marche, par A. Tardieu et dans le présent Dictionnaire.

BLANCHETON (André-Antoine), né à Vertaizon, le 3 août 1784. Mort à Paris, le 3 août 1830. Célèbre docteur-médecin. Auteur.

1 Lithographie in-fol.; 2 Lith. (médaillon) dans A; 3 Gravé en petit dans C.

BLATIN (Henri-Oradoux), né à Clermont-Ferrand, le 12 juin 1806, mort à Paris, en 1869. Docteur-médecin.

1 Lith. (médaillon) Voir A; 2 Médaillon de bronze au musée de Clermont-Ferrand; largeur 0 m. 24; donné par sa veuve, née Guyot.

BLATIN (Docteur-médecin). Professeur de l'École de médecine de Clermont-Ferrand, en 1841. Maire de Clermont-Ferrand. Député du Puy-de-Dôme (✱).

1 Gravure in-8 sur bois, signée Lucien; 2 Gravure sur bois dans J; 3 Dessiné par Charles Silvain, en (Collection Ch. Silvain).

BLÉTON (Michel-Antoine-Bertin), né à Tauves (Puy-de-Dôme), le 17 avril 1787, mort le 6 février 1840. Capitaine de Cavalerie. Poète. Auteur.

Photographie in-4 de notre collection.

DE BLUMESTEIN (Etienne-François), écuyer, seigneur de Croptes et autres places, fils de François, ingénieur, qui établit en Forez, en 1777, la première exploitation des mines de ce pays; ce dernier né à Salzebourg (Bavière); il fut naturalisé français en 1715, par l'Empereur d'Autriche Léopold.

Etienne-François de Blumestein, dont le nom de famille est Kayr, épousa, en 1726, Madeleine-Marguerite de Montrognon, dame de Croptes; ce qui le fixa en Auvergne. Portrait peint au château de Croptes, chez M. le comte de Roquefeuil (Reproduit dans cet ouvrage avec celui de sa femme (Voir de MONTROGNON).

BOCHART DE SARON-DE CHAMPIGNY (François), évêque de Clermont (1687-1715). Mort le 11 août 1715.

1 A. Jans 1693, in-4 collection de la Bibliothèque Nat. (rare); 2 Lithogr. dans notre Histoire de Clermont-Ferrand, avec d'autres évêques, en médaillon;

BLAISE IV ROCHETTE DE LEMPDES,
écuyer seigneur de Lempdes, né en 1771. Peint en 1772 par H. Hubard.

Jean-Daniel PINET des BORDES,
des FORETS, général-commandant
de la place de Clermont-Fd .1797.

Leon-Blaise ROCHETTE de LEMPDES,
collectionneur d'objets d'art,
né en 1899.

François GRANGIER,
baron de la MOTHE, Maire
de Clermont-Ferrand (1806-1813).

3 Photolith. médaillon dans H ; Peinture sur toile au musée de Clermont-Ferrand, tableau du temps, 0 m. 75 sur 0 m. 60.

BOETTE (Alfred-Antoine), né à Issoire, en 1843. Agent d'assurances à Issoire ; conseiller d'arrondissement.

Photogravé dans I.

BŒUF (Madame). Mère de Madame Bergier, l'épouse du célèbre juriconsulte (Voir Bergier). Les Bœuf furent coseigneurs de Lempdes (Puy-de-Dôme).

Portrait peint à M. Burin des Rauziers. XVIII° siècle. Château de Mesnil (Puy-de-Dôme).

DE BOGENET (Voir Dissandes).

BOHIER (Thomas), né à Issoire en 1463. Mort en 1523.

Chambellan de Louis XI, Charles VIII, Louis XII et François I. Général des finances de Normandie (1503). Intendant des finances. A fait bâtir le château de Chenonceau (Tourraine), celui de St-Cirgues (Auvergne) et celui de Marsat, (détruit) près de Riom. 1 Médaille de 6 cent. de diamètres ayant son profil en buste et la date de 1503 au revers, ses armes et sa devise : « S'il vient à point ». (Se trouve au cabinet des médailles à la Bibliothèque Nationale, à Paris ; 2 Reproduction du n° 1 dans l' « Auvergne Illustrée » ; 3 Lithogr. dans A (peu exact) ; 4 Réduction très petit du n° 1 dans C.

BOHIER (Antoine). Frère du précédent, appelé aussi Boyer. Né à Issoire, archevêque de Bourges, cardinal.

Gravé dans une suite de cardinaux, de 1616, environ, en petit format, portrait que nous supposons de fantaisie.

BOIROT (Antoine), né dans le département de l'Allier en 1774. Mort à Clermont-Ferrand, le 22 mars 1831. Avocat populaire. Membre du conseil des anciens (1797). Député du Puy-de-Dôme (✳). La ville de Clermont-Ferrand a donné son nom à l'une de ses rues.

1 Gravé au physionotrace par Chrétien, dessiné par Fouquet, in-18 ; 2 Lith. in-fol., profil de Marchais par Émile Thibaud (E. T.), d'après un dessin de 1790 (hauteur 0 m. 46 , largeur 0 m. 38.) ; 3 Peinture au musée de Clermont donnée par Mme Christophle.

DU BOIS DE BEAUCHESNE (A.). Seigneur de Beauchesne.

Peint par Larzillière. A Mme la comtesse de Bellaigue, à Paris.

DU BOIS DE BEAUCHESNE (Alfred).

Miniature de lui et de sa fille enfant, d'après Mme d'Aigrefeuille, peint par lui-même.

DU BOIS DE BEAUCHESNE (Alide, vicomte). Gentilhomme de la Chambre du roi Charles X (1800-1873).

Peinture à Mme la comtesse de Bellaigue, à Paris.

DE BOISLUISANT (Voir Villot).

DE BOISSIÈRE (Jean), né à Montferrand en 1537. Secrétaire particulier du duc d'Alençon, frère du roi Henri III. Poète de talent. A publié des œuvres estimées (1578-1579).

1 Gravé sur bois en tête de son ouvrage « l'Arioste français », 1580, in-12 ; 2 Portrait du n° 1 reproduit dans « l'Auvergne illustrée » et que nous donnons dans ce présent ouvrage ; 3 Gravé en petit, voir C ;

4 Lithogr. dans « l'Histoire de Montferrand », par A. Tardieu 5 Lithogr. (médaillon), voir A.

DE BOISSY (Voir Laus).

BOMPART (Marcellin-Hercule), né à Clermont, en Auvergne, en 1597. Médecin du roi Louis XIII. Auteur savant. Mort en 1649.

1 Peinture sur toile, du temps, chez M. le docteur Chopard, à Vichy (Allier ; 2 Gravé d'après le n° 1, dans A.

DE BONAL (chevalier), père de Mgr. de Bonal, qui suit, évêque de Clermont.

Peinture au château de Fontanges (Cantal), à M. Salvage de La Margé.

DE BONAL (François), né le 9 mars 1734, au château de Bonal (Lot-et-Garonne). Mort à Munich, en 1800. Évêque de Clermont (1776-1791). Député du clergé au baillage de Clermont à l'Assemblée nationale de (1789).

1 La badye del. Courbe sc. in-8 ; 2 Profil à dr. in-12, sur la table, 2 lignes ; 3 Profil à g. dans un rond, in-12, les titres sur la bordure ; 4 Perrot. lith. in-4 ; 5 Lith. dans « l'Histoire de Clermont-Fd. », par A. Tardieu ; 6 Photolith. voir H ; 7 Miniature de profil, rég. à h., 0 m. 60 de diamètre, sur le couvercle d'une bombonnière. A Mlle Péllissier de Féligonde, à Riom. (P.-d.-D.) ; 8 Peinture de 0. 90 sur 0. 74, don du comte de Dampierre au musée de Clermont-Ferrand. ; 9 Reproduction du n° 3 dans cet ouvrage.

BONNAY (Cl.-Frédéric-François), notaire, maire de Clermont-Ferrand (1860-1861).

Né en Italie, en 1808. Mort à Clermont-Ferrand, en 1872. Gravé sur bois dans J.

DE BONNEFONS, DE BONNEFONT ou DE BONNEFON.

Famille d'antique noblesse, originaire du Beaujolais, où elle est connue dès 1182. 2 Chevaliers de Malte ; citons Jean de Bonnefon, célèbre poète. (Voir la notice suivante) ; son fils aîné auteur d'une satyre contre le maréchal d'Ancre, Nicolas de B. qui a écrit le livre des jardins (classique jadis). Il était valet de chambre ordinaire du roi. Il eut pierre, écuyer, qui s'établit à Mauriac en épousant Jeanne Granier ; ceux-ci laissèrent 8 enfants qui ont fait branche.

DE BONNEFONS (Jean), né en 1548, à Clermont, en Auvergne, d'après une note manuscrite de sa main sur un livre jadis à feu M. François Boyer, à Volvic.

Avocat au Parlement de Paris, lieutenant-civil au présidial de Clermont (1582), lieutenant-général de Bar-sur-Seine, en 1614. où l'on voyait son tombeau. Excellent poète latin ; auteur de la « Pancharis ». Il avait la particule devant son nom ; mais ne voulut jamais la porter et en fournit l'explication spirituelle au lieutenant-général de la province ; c'est pour cela que son portrait gravé ne la porte pas et à ce portrait, la lettre N finale à la forme d'un U (celle du temps). 1 Gravure (très belle), attribué à Rabel, vers 1578, avec ces mots : Jean Bonnefons *Voé sa fin bonne état*. XXX ; 2 Reproduction du n° 1 dans « l'Auvergne illustrée » et dans le présent volume ; 3 Profil à dr. in-18 (87-71) même inscription terminée par *œtatis suœ* XXX.

DE BONNEFON (Paul), seigneur de Lavialle, conseiller en l'élection particulière de Mauriac, marié en 1718 à Anne de la Barre (v. ce nom), mort en 1724, à Mauriac.

Peint par Philippe de Champagne, appartenant à M. Ernest de Bonnefon, juge à Mauriac.

Famille de BOSREDONT

Tableau-épitaphe de Guillaume de BOSREDONT, baron d'Herment, mort en 1497, avec sa femme I. de FOIX et leur fils. (Jadis dans l'église d'Herment)

Claude, marquis de BOS-
REDONT - COMBRAILLES,
mort en 1802.

Mlle de MONTSAULNIN, mariée à M. de Bosredont
de Vieuxvoisin (1789).

A.-C.-Jehannot de BAR-
TILLAT, épouse de Claude,
marquis de BOSREDONT-
COMBRAILLES, morte
en 1785.

M.-H. de BOSREDONT,
mariée à A.-J. Hubert, comte
de Bosredont-Combrailles,
morte en 1858.

Maximilien de BOSREDONT
marquis du Puy-St-Gulmier,
mort en 1827.

A.-J.-Hubert, comte de BOS-
REDONT-COMBRAILLES,
mort en 1855.

DE BONNEFON (Maurice), né le 27 oct. 1720. Il entra chez les Jésuites et fit, en Russie, des voyages d'études. Par indult papal, il fut dispensé du costume ecclésiastique, n'ayant jamais fait les grands vœux. Il mourut à 71 ans, assassiné par un père de la Compagnie (1791).

Portrait sur toile, dans sa famille, reproduit dans cet ouvrage.

DE BONNEFON (Marie-François, dit Jean), né à Aurillac le 22 mai 1866, vigoureux polémiste, collaborateur des grands journaux parisiens et auteur de livres curieux. Il s'est donné à l'étude des questions religieuses en haute indépendance, vis-à-vis des personnes, et en profond respect des principes.

Portrait dû au célèbre peintre russe de Sollumko. Nous le reproduisons, réduit. Il en existe d'autres, en caricature, par Sem, Caran d'Ache, etc.

BONNEFONS (J.-B.), Président au tribunal civil d'Aurillac, député du Cantal, pendant le règne de Louis-Philippe.

Portrait peint par Onslow, à M. J. Manhès, à Aurillac (Cantal).

BONNEFONS (Edouard-Louis-Gustave), présid. du trib. civil d'Aurillac (1860-1887).

Fils de J.-B. Bonnefons, député du Cantal sous Louis-Philippe. Peinture à M. J. Manhès, reproduite dans cet ouvrage.

DE BONNEFOUX (Françoise-Hyacinthe), mariée le 10 sept. 1727, à Louis de Laval, vicomte de Beaufort, baron d'Arlempdes, V. de Laval.

Peinture sur toile la représentant portant des fleurs. Galerie du château de Sabornay, à M. le baron d'Arlempdes. Reproduite dans cet ouvrage.

BONNEFOY (L'abbé Louis), né à Thiers le 3 juillet 1748, chanoine du chapitre de St-Genès de Thiers. Ecrivain dramatique et pamphlétaire. Député du Clergé à l'Assemblée nationale en 1789. Mort à St-Victor, près de Chamalières (Puy-de-Dôme), le 14 juil. 1797.

1 Perrin del. Voyez sc. in-8 ; 2 Lith. (médaillon), voir A. ; 3 réduction en petit du n° 2 dans le *Guide d'Auvergne* (Puy-de-Dôme), par A. Tardieu.

BONNEFOY-BAYLE, né à Paris le 18 octobre 1854. Propriétaire à Aubière. Conseiller d'arrondissement.

Photogravé dans I.

BONNEFOY (Georges-Antoine-Adolphe), né à Paris le 7 mars 1859. Notaire à Thiers, conseiller génér. du canton d'Ennezat. Auteur.

Photogravé dans I. 2 Voir son portrait dans notre Dictionnaire.

DE BONNEVAL (Antoine), chevalier, seig. de Bonneval, le Theil. Gouverneur et sénéchal du Haut et Bas-Limousin (1495), mort au château de Bonneval en 1505. Marié, en 1471, à Marguerite de Foix, cousine-germaine de Gaston IV, roi de Navarre.

Peinture sur toile du temps, à M. le comte Timoléon de Bonneval.

DE BONNEVAL (Germain), seigneur de Bonneval, Blanchefort, gouverneur et sénéchal du Limousin. Fils du précédent.

Peinture sur toile du temps, à M. le comte Timoléon de Bonneval.

DE BONNEVAL (Jean, seig. du Theil, frère du précéd. : appelé, en 1531, « le capitaine de Bonneval ».

Peinture sur toile du temps, à M. le comte Timoléon de Bonneval.

DE BONNEVIE. Noble maison d'Auvergne qui remonte au XIII siècle à un chevalier croisé et qui est représenté au château d'Aubiat, par Aigueperse (P.-de-D.).

DE BONNEVIE (Guillaume-Joseph), né en 1657, assassiné en 1698, aide de camp du maréchal de Turenne, capitaine de grenadiers du régiment de Lorraine.

Peinture du temps avec les armes des de Bonnevie. Château d'Aubiat (P.-de-D.).

DE BONNEVIE (Guillaume), capitaine au régiment de Lorraine, tué au siège de Madras en 1758.

Peinture sur toile au château d'Aubiat (P.-de-D.).

DE BONNEVIE DE POGNIAT (Gilbert, comte), né au château d'Aubiat, le 8 novemb. 1721, décédé au dit lieu le 13 mars 1806. Capitaine de la compagnie, puis colonel du régiment de Lorraine.

Peinture sur toile au château d'Aubiat (P.-de-D.).

DE BONNEVIE DE POGNIAT (Guillaume-Gilbert, comte), fils du précédent. Né le 20 avril 1752. Mort au château d'Aubiat le 16 septembre 1836. Officier au régiment de Bourgogne.

1 Peinture sur toile au château d'Aubiat (P.-de-D.). 2 Peinture au même lieu, agé.

DE BONNEVIE (Gilbert-Marie, comte). Né le 22 décembre 1776, mort au château d'Aubiat en 1847. Fils du précédent.

Peinture sur toile au château d'Aubiat (P.-d.-D).

BONNIEUX (Bonnet), professeur de l'Université, docteur ès-lettres, né le 25 juin 1815, fils de Jean et de Sophie Roche. Mort à Clermont-Fd, le 23 nov. 1880.

1 Portrait au crayon, à Mme Bonnieux, née Roche) 2 gravure d'après un daguerréotype de Sébastien Blot, au Palais Royal, 437 (à M. Albert Lesmaris).

BONNIEUX (Marie), fille de Jean et de Sophie Roche, mariée à François Astel : née le 2 déc. 1820, morte le 2 sept. 1885.

Portrait au crayon, par Cécile Chalus, à M. Albert Lesmaris, son petit-fils.

DE BONNIOL DE BINEZAT (Anne), mariée en 1713, Benoît Grellet, seigneur du Pin et de la Marconnerie, bailly de St-Germain-l'Herm, etc.

Ancienne peinture sur toile, de 0, 64 sur 0, 50, en buste, de face, robe de velour bleu, décolletée, brodée d'or. Gallerie de M. Grellet de la Deyte, à Allègre (Hte-Loire).

DE BONNIOL (Mme), née du Vernet,

Le général Jean-Louis PRAX,
né à Aurillac en 1786, mort en 1877.

Le comte Ch.-Ant. MANHES, général,
né à Aurillac en 1777, mort à Naples
en 18...

Jean-Louis de DOUHET d'AUZERS, né en 1769
mort à Turin en 1731.
Directeur général de la police.

femme du chef des compagnons teinturiers d'Auvergne. en 1790.

Gravée en médaillon au physionotrace. par Quenedey, in-18.

BONNY (Maurice-Marius), né à Marsac, le 11 juillet 1852. Maire de Marsac : conseiller d'arrondissement.

Photogravé dans I.

BONY-CISTERNES (Antoine, né à St-Cirgues (Puy-de-Dôme), le 15 décembre 1847. Propriétaire. Député.

1 Gravé in-16 sur bois dans le « Dictionnaire des Contemporains », par E. St-Lanne, 1891 ; 2 Photogr. dans « Nos députés », in-16 ; 3 Gravé dans I.

DE BONVOUST DE PRUSLÉ (Marie-Anne-Elisabeth-Josephine). Dame d'honneur de S. A. S. Madame la princesse de Condé, mariée, en 1778, à Joseph, marquis de La Rochelambert-Montfort.

1 Pastel, galerie du château d'Esternay (Marne) ; 2 Autre portrait miniature sur ivoire, même galerie.

DE BORNE-SAINT-ÉTIENNE DE SAINT-SERNIN, mariée, en 1823, à Joseph-Marie-Charles-Adrien, marquis du Crozet de Cumignat.

1 Peinture sur toile ; buste, château de Cumignat (Hte Loire) ; 2 Miniature ovale, même château.

DE BOSREDONT

Antique famille noble, dont nous avons publié, en un volume, in-4, la généalogie, en 1863. Elle remonte sa filiation à 1219. Le nom primitif est Dachart. Celui de Bosredont a été retenu à la fin du XIVe siècle. C'est celui d'un fief, près de Volvic. (Puy-de-Dôme).

DE BOSREDONT (Pierre). Chevalier de St-Jean de Jérusalem, à Rhodes. commandeur de diverses commanderies, mort grand prieur de Champagne en 1513.

Son mausolée qui existait dans la chapelle des chevaliers de St-Jean de Jérusalem, à Normand, près de Langres, en 1789. est détruit ; 2 Sa statue tombale, d'après un dessin de 1789 ; donnée dans notre Histoire généalogique de la maison de Bosredont.

DE BOSREDONT (Guillaume), baron d'Herment. mort à Paris, en 1497, enterré dans l'église d'Herment. Frère du précédent.

1 Tableau épitaphe sur parchemin, en mains de Mme la marquise de Lisa-Châteaubrun, au château de Noironde (Doubs) ; 2 Réduction légère et reproduction de la partie de cette épitaphe donnant Guillaume de Bosredont à genoux, derrière lui, sa femme, Isabeau de Fox et, près de celle-ci, une fille née du 1er mariage de ladite Isabeau avec Yves d'Allegre. réduction au présent ouvrage ; 3 Partie de ladite épitaphe offrant G. de Bosredont. sa femme, leurs enfants et les armoiries de Bosredont dans « l'Auvergne illustrée » et l'Almanach de la Gazette d'Auvergne ».

DE BOSREDONT (Antoine), baron d'Herment. Né en 1514. Mort en 1576.

Portrait peint, en armure. A M. le comte de Bosredont, à Bourges.

DE BOSREDONT (Gabriel), chev. seign. de Combrailles, né en 1612. mort en 1682.

Portrait peint à M. le comte de Bosredont, à Bourges. Il joue de la guittare.

DE BOSREDONT (Maximilien), marquis du Puy-St-Gulmier. baron de Sugères. Né en 1681, mort en 1780. Marié, en 1712, à Louise d'Aubusson (voir d'Aubusson).

Peinture à l'huile, carrée. A M. le comte de Genestet de St-Didier.

DE BOSREDONT (Gabriel-Annet). marquis du Puy-St-Gulmier. baron de Sugères. Né en 1713. Mort en 1796.

Lieutenant des maréchaux de France ; dernier sénéchal de Clermont. Il présida, en 1789, l'Assemblée de la noblesse, à Clermont. Marié à Marie d'Apchier, fille de Philibert et de M.-A. de Murat. Fils du précédent. Peint par Léger de Bussérolle. Appartient à M. le comte de Genestet de St-Didier, à Riom ; 2 Peinture à M. le comte de Bosredont, à Bourges.

DE BOSREDONT (Maximilien), marquis du Puy-St-Gulmier, baron de Sugères. Né en 1743, mort en 1827.

Officier dans la Compagnie des mousquetaires du roi, officier dans l'armée de Condé, chevalier de St-Louis et de St-Jean de Jérusalem, fils du précédent ; marié, en 1768, à Antoinette-Louise-Nicole de Bouillé, sœur du marquis de Bouillé, historiquement connu. Belle miniature sertie d'or et d'émail, ornée de perles. A Mme de S. du Corail (Alphonse), née de Lauzanne, à Riom.

DE BOSREDONT DE SUGÈRES (Anne Marie-Emilie. fille des précédents, mariée, en 1768, à Louis-Claude de Besse de la Richardie.

Belle miniature sertie d'or. A Mme Alphonse de S. du Corail, née de Lauzanne, à Riom.

DE BOSREDONT (Anne-Nicole), chanoinesse de Largentière. morte en 1835, mariée en 1788 à Jacques de la Brue, baron de St-Bauzille.

Peinture sur toile (école de Greuze), chez M. Redon, à Giat (Puy-de-Dôme).

DE BOSREDONT (J.-F.-M.), né au château de Vieuxvoisin le 15 mars 1756, chevalier de Malte, le 15 oct. 1780. Mort en émigr.

Pastel au château d'Aubiat (P.-de-D.)

DE BOSREDONT (Claude, marquis), baron d'Herment. seigneur de Combrailles, etc. baron de Montglandier. vicomte de la Mothe-Bromont, né au château de Combrailles, le 5 juin 1734. mort audit château, en 1802. Lieutenant chef de brigade des gardes du corps. Mestre de camp de cavalerie. Anne-Clotilde Jehannot de Bartillat, sa femme (Voir Jehannot de Bartillat, mariée en 1770.

Peinture sur toile au château de Fragne (Allier), à M. le vicomte de la Saigne. vicomte de St-Georges, son descendant ; 2 Gravé d'après la peinture du n. 1, publié dans « l'Auvergne illustrée » et le « Dictionnaire de la Haute-Marche », par A. Tardieu et « l'Almanach de de la Gazette d'Auvergne » ; 3 Peinture sur toile. à M. le baron de Rochefort, au château de Neuville (Allier). Nous reproduisons cette dernière qui le représente jeune.

DE BOSREDONT-COMBRAILLES (Auguste-Jean-Hubert, comte), né en 1771, au château de Combrailles (Puy-de-Dôme), garde du corps du roi Louis XVI, puis colonel au service du roi de Naples Ferdinand IV.

Galerie de M. le Duc de BAUFFREMONT château de Brienne, Aube .

Henri de BAUFFREMONT, marquis de Senecey,
duc de Randan, etc. Mort en 1622.
Chevalier du St-Esprit.

Henri de FOIX, duc de RANDAN,
reçu Chevalier du Saint-Esprit en 1688.

affilié à l'ordre de St-Jean de Jérusalem
(Malte). Chevalier de St-Louis. Mort en 1853.

1 Portrait de profil gravé au physionotrace par
Quenedey (un exemplaire se trouve au château
d'Aubiat (Puy-de-Dôme) ; 2 Reproduction réduite du
n° 1 dans ce Dictionnaire.

DE BOSREDONT DE VIEUX VOISIN

(Marie-Henriette), mariée en 1812, au comte
Aug.-Jean-Hubert de Bosredont-Combrailles,
qui précède. Morte en 1858.

1 Portrait au physionotrace, par Quenedey, possédé
par M. le comte de Bonnevie, château d'Aubiat
(Puy-de-Dôme), rare ; 2 Reproduction du n° 1 dans
cet ouvrage.

DE BOSREDONT DE VATANGES

Joséphine), mariée à Louis-Philibert Le Normant, baron de Flaghac.

Portrait à l'huile, toile 0, 31 sur 0, 25, signée
Chaplin, à Mme la baronne du Marloy, née Le Normant de Flaghac.

BOSTVIRONNOIS (Jean-Pierre), né à

Eglisolles, en 1865. Instituteur à St-Bonnet-
le-Bourg.

Photographé dans 1.

DE BOUCHARD D'AUBETERRE

Maison de grande noblesse, originaire d'Aunis et
Saintonge où se trouvait la vicomté d'Aubeterre. Un
cadet fonda la branche de St-Privat, en Velay, représentée à Marsat, près Riom (Puy-de-Dôme).

DE BOUCHARD D'AUBETERRE (Da-

vid, vicomte). Commandant de l'armée de
S. M. au siège de Lisle, où il fut tué en 1593.
Marié à Renée de Bourdeille de Brantome ;
il fut l'ami de Henri IV.

Peinture du temps avec armure. En cordon bleu
du St-Esprit et l'ordre de St-Michel. Grand portrait
chez M. le vicomte d'Aubeterre, à Marsat, près Riom
(Puy-de-Dôme), reproduit dans cet ouvrage.

DE BOUCHARD D'AUBETERRE (Guil-

laume, comte d'Aubeterre, baron de St-
Privat). Cornette au régiment de Chartres,
en 1780.

Grand portrait équestre, à M. le vicomte d'Aubeterre, à Marsat, (Puy-de-Dôme) ; 2 Le même, en
maréchal des logis, aux Hussards de Bercheni, Marengo 1800, à M. le vicomte d'Aubeterre, à Marsat,
(Puy-de-Dôme).

DE BOUCHARD D'AUBETERRE (J.-

Louis-Augustin-Raoul), comte d'Aubeterre,
fils du précédent (1840).

Portrait chez M. le vicomte d'Aubeterre, son fils,
à Marsat (Puy-de-Dôme) ; 2 autre, de 1870, au même.

DE BOUCHARD D'AUBETERRE DE ST-PRIVAT, colonel d'infanterie, C. ✳,

frère du précédent.

Portrait à M. le Vte d'Aubeterre, à Marsat (Puy-de-D.)

DE BOUCHARD D'AUBETERRE DE ST-PRIVAT, Lieutenant d'Infanterie.

Portrait de 1868, à M. le vicomte d'Aubeterre, à
Marsat (Puy-de-D.)

DE BOUCHARD D'AUBETERRE V.

MOTIER DE LA FAYETTE.

BOUCHEIX (Julien), né à Clermont-Fd. le

7 août 1872. Artiste peintre à Clermont-Fd.

où il est mort jeune, en 1899. Peignait les sujets militaires avec grand talent.

1 Phot. dans 1 ; 2 Phot. dans le présent ouvrage.

DU BOUCHET DE SOURCHES (Louis)

Marquis de Sourches et comte de Montsoreau,
grand prévôt de France, en 1719.

Son fils, Louis-François du Bouchet, comte de Montsoreau, épousa, en 1741, Marguerite-Henriette, fille du
maréchal des Marets de Maillebois, lequel était seig.
de Nonette en Auvergne. — 1 En pied, in-8, dans le
sacre de Louis XV, faisant les fonctions de grand
prévôt de l'Hôtel ; 2 Dans les « Costumes historiques
de la France », publiés par Paul Lacroix, en pied,
en couleurs, tome VI (reproduit, réduit, dans ce
Dictionnaire).

BOUCHY (Marie), née au Puy, en 1787,

morte en 1843. Supérieure de la maison de
l'instruction, à Aurillac.

Lithographié in-f.

BOUCICAUT (Voir LE MEINGRE).

BOUDET (Antoine-Alexis, né à Clermont-

Ferrand le 28 février 1708. Religieux corde-
lier. Provincial de son ordre, secrétaire d'Ambassade à Rome. Prédicateur. Théologien.
Mort en 1790.

1 Gravé in-f. par Denel ; 2 Lith. médaillon, voir A.
3 Lith. Histoire de Clermont Fd, par A. Tardieu ; 4
Peinture sur toile au château de Bardon, à Riom.

BOUDET (Jean-Joseph), neveu du précé-

dent. Né à Riom le 30 octobre 1760. Doyen des
avocats de la Cour d'appel de Riom. Adjoint
au maire de cette ville ; juge-suppléant au
tribunal d'appel (✳).

Lith. sur Chine par Vallet, in-4.

BOUDET DE BARDON (Charles, né à

Riom en 1805, où il est mort, fils du précédent. Docteur en droit, maire de Riom, vice-
président du Conseil général du Puy-de-Dôme.
Propriétaire des châteaux de Bardon et de
Crouzol.

Lith. in-f. F. Artus, imprimeur.

BOUDET (Marcellin), né à Montgàcon, en

dernier temps, conseiller à la cour d'appel à
Grenoble. Erudit. A publié, sur l'Auvergne,
des ouvrages savants.

Photogr. dans 1 ; 2 Photogr. dans le présent Dictionnaire.

BOULIEU ou BONLIEU. Seigneur de

Jarnieu, âgé de 15 ans, en 1579, mariée, en
1594, à Louise de St-Hérem.

Peinture sur bois, costume Charles IX, avec fraise,
à M. Paul d'Albigny, à Privat (Ardèche).

DE BOULIEU DE MONTPENTIER

(Catherine), première femme de Claude, comte
de la Rochelambert.

Peinture sur toile de 0, 90 sur 0, 80, Galerie du
château d'Esternay (Marne).

BOUILLAUD (Jean-François, dernier

supérieur de l'ancien grand séminaire établi
à Clermont-Ferrand 1781-1791).

Mort le 2 mai 1823 à 85 ans, au séminaire de Clermont-Ferrand, né à Rosay (Jura), le 13 mars 1738.

Charles de la ROCHE-
FOUCAULD, seigneur de
Randan, mort en 1562.

Marie-Catherine de la ROCHEFOUCAULD,
duchesse de Randan, mariée à Henri de Bauffremont,
marquis de Senecey, morte en 1677.

Château de Randan (Puy-de-Dôme).

1 Lith. par Lasteyrie, in-folio ; 2 Bellonune pinxt et del. lith. de Lasteyrie in-folio.

DE BOUILLÉ.

Antique maison noble d'Auvergne, qui a été aux croisades.

DE BOUILLÉ DU CHARIOL (Jacques), seigneur de Vialard et de Coulanges, chevalier de St-Michel, 1535. Chambellan du roi.

Galerie du château de Cluzel-St-Elbe (Hte-Loire) à M. le marquis de Bouillé.

DE BOUILLÉ (René), Chevalier des ordres du roi, conseiller en ses conseils d'Etat, capitaine de 100 hommes d'armes. Marié, à Renée de Laval.

Peint au château de Cluzel (Haute-Loire).

DE BOUILLÉ DU CHARIOL (Christophe-Alexandre), chevalier de Malte, commandeur de Courtesserre, de Salles et de Limoges (1650), chef d'escadre, commandant des galères à Malte. Conservateur de l'ordre, en 1666. Mort à Malte.

1 Peinture sur toile au château de Cluzel (Hte-Loire) ; 2 Gravé dans le présent volume, d'après le n° 1.

DE BOUILLÉ (Voir MOTIER DE LA FAYETTE).

DE BOUILLÉ (Nicolas), Doyen des comtes de Lyon, premier aumônier du roi, conseiller d'Etat, évêque d'Autun, abbé de St-Nicolas d'Angers, et de Hauvillers, mort en 1757.

Galerie du château de Cluzel (Haute-Loire).

DE BOUILLÉ (Voir DE CLAVIÈRES).

DE BOUILLÉ (Le Marquis François-Claude-Amour), né au château du Cluzel (Hte-Loire), en 1735. Mort à Londres, en émigration, en 1800. Chevalier des ordres du roi. Lieutenant-général (1782). Gouverneur des îles Sous-le-Vent ; gouverneur de Douai. Se distingua dans la guerre de l'indépendance américaine. Général en chef de l'armée de la Meuse, Sarre et Moselle, en 1790.

1. Peint. sur toile au château du Cluzel (Hte-Loire) ; 2 Grevedon (1823), lith. de Delpech in-f. ; 3 Dien sc. in-8 ; 4 eau forte in-12 « le général de Bouillé » ; 5 ovale in-12 dirig. a dr. « Bouillé » ; 6. E. Lequay sc. in-4 en pied ; 7 Chez Balfet in-f. à cheval (gouverneur de la Martinique) ; 8 Gravé dans « l'Auvergne illustrée » reproduction du n. 2) ; 9 Lith. sig. S.P.V. in-8 ; 10 Le n. 8 reproduit dans cet ouvrage.

DE BOUILLÉ DU CHARIOL (Le Marquis Joseph-Amour), fils du précédent, né le 1er mars 1769, au fort de St-Pierre-Martinique, mort à Paris, le 20 mars 1850 (O. ✳), comte de l'Empire. Lieutenant-général. M. R.-A.-H. Joséphine Walsh-Serrant, sa femme (Voir WALSH-SERRANT).

1 Dien sc. in-8 ; 2 in-12, publié par Baudouin fr. ; 3 Peinture sur toile au château de Cluzel (Hte-Loire).

DE BOUILLÉ (Amour-Louis-Charles-René, marquis), ambassadeur en Espagne en 1871. Né en 1802, mort en 1882. J.-L.-Thérèse de Thiard de Bissy, sa femme (voir DE THIARD DE BISSY).

Peint. sur toile au château de Cluzel (Hte-Loire).

DE BOUILLÉ (J.-B., chanoine-comte de Vienne, aumônier de la reine Marie-Antoinette. Evêque de Poitiers, mort en 1842.

1 Peinture sur toile au château de Cluzel (Haute-Loire) ; 2 Lithog. in-f. par Hivonnait.

BOUILLET (Jean-Baptiste, né à Cluny (Saône-et-Loire), le 24 avril 1799. Premier directeur du musée de Clermont-Fd, qu'il a organisé. Géologue. Auteur sur l'Auvergne ✳. Mort à Clermont-Fd à la fin de décembre 1878. Avait été appelé en Auvergne comme employé de la banque de son oncle, M. Charollais.

1 Lithogr. en costume de géologue, in-4, signé L. Ramond, 1822, et au-dessus : « Vue de la vallée du Mont-Dore et de J. B. Bouillet », en pied profil à g. tenant un marteau à la main et un échantillon de minéral ; 2 Reproduction du n. 1 dans la biographie de J.-B. Bouillet, publiée par M. Vimont, dans le Bulletin historique de l'Académie de Clermont-Fd.

DE BOUILLON (Godeffroy, né vers 1058, mort à Jérusalem en 1110. Duc de Lorraine ; duc de Bouillon (1093). Il prit la croix au Concile de Clermont (1095) et ses exploits le firent nommer roi de Jérusalem (1099).

1 Portrait peint, en cotte de mailles, chez M. le prince de la Tour-d'Auvergne, à St-Servant, en 1904. 2 En buste, tête nue, chez M. le prince de la Tour-d'Auvergne qui précède ; 3 Il existe, de ce héros, un certain nombre de portraits gravés : citons ceux-ci : N. dans Thevet, in-4 ; N. en Allemagne, in-4, David ; Vaillon d'Urseel, in-72 ; Jaspard Isaac ; dessiné par Boilly, gravé par Boilly, in-8, en pied.

BOULANGER (Georges-Ernest-Jean-Marie, né à Rennes le 29 avril 1837. Mort à Bruxelles.

Ministre de la guerre en 1886. Il devint en 1888 général du 13e corps d'armée à Clermont-Fd. Célèbre homme politique. Il existe, de lui, une foule de portraits gravés : à cheval, en pied, en buste, etc. (Voir *L'Iconographie bretonne*, par le Marquis de Surgères, tomes I et II, qui les citent).

DE BOULOGNE (Guy), de la famille des comtes d'Auvergne. Né vers 1315, mort en 1375. Archevêque de Lyon, cardinal. Enterré dans l'abbaye du Bouchet (Basse-Auvergne.

Son mausolée dans Baluze, « Histoire de la maison d'Auvergne ».

DE BOURBON (Louis II, duc), fils de Pierre et d'Isabelle de Valois, né en 1337, comte du Forez, épousa Anne Dauphine d'Auvergne, qui lui porta les terres d'Ardes, St-Cirgues, Champeix, en Auvergne ; m. en 1410.

Il vint faire le siège de la Roche Sanadoire sur les Anglais, en 1375. Sa vie a été publiée par d'Oronville, Anne Dauphine, sa femme (Voir DAUPHINE). 1 in-8. Carte généalogique de la maison de Bourbon, par Ch. Bernard, Paris, 1638, avec ses armes ; 2 Dans Montfaucon, à cheval, accompagné de son écuyer, le sire de Beaujeu (voir dans le présent volume la reproduction) ; 3 En manteau ducal avec un faucon au poing dans Montfaucon ; 4 En pied, les mains jointes dans Montfaucon ; 5 Dans Montfaucon (T. III page XI, prestation de serment au roi ; 6 Dans Montfaucon, planche intéressant l'ordre de l'écu de Bourbon ; 7 médaillon in-8 dans l'Histoire des ducs de Bourbon, publiée par de Chantelauze, d'après une miniature du livre des hommages de la comté de Clermont en Beauvoisis mss. de la Biblioth. Nat. ; 8 Médaillon dans « l'Histoire de Clermont-Ferrand, par A. Tardieu

Pierre de la BROSSE,
écuyer du duc d'Orléans (1720),
marié à Anne de la Chapelle.

Antoine de MURAT,
conseiller au Parlement
de Paris 1584,
mort à Riom, en 1633.

Anne de la CHAPELLE,
mariée à Pierre de la Brosse,
vivant en 1720.

Pierre II de GIAT,
premier chambellan de Charles VII
mort tragiquement en 1426.

François de DIENNE,
comte de Cheyladet,
lieutenant général d'armée
mort en 1742.

Le maréchal François
duc d'HARCOURT
baron de Cordès, mort
en 1750.

Jean de DIENNE, comte
de St-Eustache, député de
la noblesse en 1788,
mort en 1801.

T. I, 9 Médaillon, n° 8 réduit dans 11. et dans le
« Dictionnaire de la Haute-Marche », par A. Tardieu,
reproduit dans cet ouvrage.

DE BOURBON (Jean Ier duc), duc d'Auvergne, comte de Montpensier 1406-1434.
Fils de Louis II qui précède. Il épousa en
1400, Marie de Berry (Voir DE BERRY).

Né en mars 1380, mort en captivité en Angleterre,
en 1433, où il était prisonnier depuis la bataille
d'Azincourt. Enterré au prieuré de Souvigny. 1 In-18
dans la carte généalogique de la maison de Bourbon ;
2 En pied, costume de guerre ; 3 En pied, dans Montfaucon T. III, pl. 50 ; 4 Best, médaillon in-18,
dans l'*Histoire des ducs de Bourbon*, par de Chantelauze ; 5 dans l'*Auvergne illustrée*, gravé d'après le
portrait de l'*Armorial de G. Revel* ; 6 Voir 11.

DE BOURBON (Charles Ier), duc d'Auvergne, comte de Forez, fils du précédent.
Mort au château de Moulins, en 1456. Épousa
Agnès de Bourgogne (voir de BOURGOGNE).

1 In-18 dans la carte généalogique de la maison
de Bourbon ; 2 Dans Montfaucon T. III, pl. 50 ; 3 Beaunier del, Bourgeois sc., en pied, suivi d'un moine ;
4 Best, médaillon, in-18, dans l'*Histoire des ducs de
Bourbon*, par Chantelauze ; 5 Reproduction gravée
l'*Ancien Bourbonnais*, in-folio, de l'*Armorial de G.
Revel*, en 1450, portrait en pied.

DE BOURBON (Jean II. duc), duc d'Auvergne, fils de Charles I. qui précède et
d'Agnès de Bourgogne.

Né en 1427. Duc d'Auvergne. Lieutenant-général
de la province d'Auvergne, Velay, Haute-Marche
(1475), connétable (1483). Mort à Moulins, en 1488,
sans enfants légitimes. 1 In-18, carte généalogique
de la maison de Bourbon ; 2 Revel sc., médaillon
orné in-18 ; 3 R. Gaillard sc, médaillon in-8, chez
Odieuvre ; 4 Gravé par Lacoste aîné et Guillaumot,
in-18 ; 5 Best, médaillon in-18, avec sa femme Catherine d'Auvergne, dans l'*Histoire des ducs de Bourbon*,
par de Chantelauze, d'après un vitrail du chevet de
la Cathédrale de Moulins, dit de Ste-Catherine.

DE BOURBON (Charles II), 3e fils de
Charles I et d'Agnès de Bourgogne. Né vers
1434. Évêque de Clermont (1476-1487), archevêque de Lyon (1456), cardinal (1476), etc.
Mort à Lyon, le 13 septembre 1488.

1 B. F. in-18, dans l'*Histoire des Cardinaux illustres*,
par le P. Alby ; 2 Le Monnier *pinxit*. Miger sc. in-4
avec ornements ; 3 In-4, collection du château de
Beauregard ; 4 Diagraphe et pantagraphe Gavard ;
Best, médaillon in-18, dans l'*Histoire des ducs de
Bourbon*, par de Chantelauze ; 5 Lith. dans l'*Histoire de Clermont-Fd.*, par A. Tardieu, d'après une
fresque de la Cathédrale de Clermont-Fd. (au-dessus
de la porte de sacristie, représenté à genoux sur un
prie-dieu, en costume rouge de cardinal ; 6 In-folio,
très grand, en couleur, reproduisant un portrait au
vitrail de la Cathédrale de Moulins ; 7 Baron. in-8 ;
8 Voir 11. réduction du n° 3.

DE BOURBON (Pierre II. duc). duc d'Auvergne, 4e fils de Charles I et d'Agnès de
Bourgogne. Né en 1439. Mort à Moulins, en
1503. Marié à Anne de France (voir DE FRANCE).

1 In-18 dans la carte généalogique de la maison
de Bourbon ; 2 En pied, in-4 ; 3 Médaillon ; 4 En pied,
femme ; 3 Girardet del., collection des Galeries de
Versailles ; 5 Collection du château d'Eu ; 6 Best,
médaillon in-18, dans l'« Histoire des ducs de Bourbon », par de Chantelauze.

DE BOURBON (Charles III, duc). duc
d'Auvergne, connétable de France, fils de
Gilbert, comte de Montpensier et de Anne de
Gonzagne. Né en 1489. Marié à Susanne de
Bourbon qui suit, (1505). Tué devant Rome, le
5 mars 1527. Célèbre par sa trahison.

1 In-18 dans la carte généalogique de la maison
de Bourbon ; 2 Malbeste sc., in-8 ; 3 Th. de Leu,
in-8 chez Odieuvre ; 4 Th. de Leu, fécit in-8, 4 vers ;
5 In-5, dans Thevet, en 1584, réduit dans ce présent
volume ; 6 Médaillon in-8, avec armure, épée entourée de sa devise : *omnis salus in ferro est* ;
7 In-8 collection Custodier ; 8 Collection Custodier ;
9 Harrewyn fécit. in-8 ; 10 Titien pinxit Leemann sc.
in-fol ; 11 Le même Camlon direxit, gravé au trait,
tiré de l'« Histoire de France » T. V ; 12 Réduction du n° 5 dans l'« Auvergne Illustrée » et le
« Dictionnaire de la Haute-Marche », l'« Almanach
de la Gazette d'Auvergne » ; 13 Lith. in-4, dans
l'« Histoire de Chantelle », publiée chez Desrosiers,
à Moulins Gigoux. lith. ; 14 Voir 11., d'après le n° 5 ;
15 Dans l'« Histoire de Clermont-Ferrand, par A.
Tardieu ; T. 1er 16 P. de Jode, exil, in-4 avec fourrures ; 17 Et. Resson sc in-4 ; 18 N. de Clerk exc.
in-4 gravure Hollandaise ; 19 Charles Ransonnette
sc. in-8 ; 20 In-64, chronologie collée ; 21 in-4, en
pied, collection des galeries de Versailles ; 22 En
pied, lith. coloriée. collect. Delpech ; 23 Best, médaillon in-18, avec sa femme, dans l'« Histoire des
ducs de Bourbon, par de Chantelauze, d'après un
original peint sur bois, appartenant à M. Valentin
Smith ; 24 Plusieurs autres reproductions médiocres.

DE BOURBON (Renée). femme d'Antoine de Lorraine, duc de Mercœur, mort en
1544 ; fille de Gilbert et de Claire de Gonzagne, mariée, à Amboise, en 1515. Morte en
1539. Inhumée près de son mari.

G. Tabatiesi del. C. Faucej sc. in-fol.

DE BOURBON (Susanne), duchesse d'Auvergne, fille de Pierre II, qui précède et
d'Anne de France. Né en 1491, morte en
1521. Mariée Charles III, duc de Bourbon, son
cousin, qui précède.

1 In-18, carte généalogique de la maison de Bourbon ;
2 In-8, en pied, dirigé à droite ; 3 Le même dirigé à
gauche ; 4 Médaillon avec son mari au bas, ses armes ;
5 Best, médaillon in-18, dans l'« Histoire des ducs
de Bourbon », par de Chantelauze.

DE BOURBON (Louis I), comte de Montpensier, mort en 1486. Frère de Charles 1,
duc de Bourbon, mort en 1456.

1 Portrait au crayon à la Bibliothèque Nationale, à
Paris ; 2 Voir 11., d'après le n° 1.

DE BOURBON (Gilbert), comte de Montpensier, mort en 1496, vice-roi de Naples,
fils du précédent.

1 Gravé collection des Galeries de Versailles ;
2 Voir A, d'après le n° 1.

DE BOURBON (Louis II), comte de Montpensier, mort en 1582. Dauphin d'Auvergne.
dit le Bon. Sa vie a été publiée. Chevalier du
St-Esprit (1582). Il avait épousé Jacqueline
de Longwic (Voir ce nom).

1 Portrait au crayon à la Bibliothèque Nationale, à
Paris, fonds Clairambault, 1154, folio 7 ; 2 Portrait
au crayon à la Bibliothèque des arts et métiers, à
Paris ; 3 Collection Clairambault, T. 44, crayon de
couleurs, à l'encre de Chine, réhaussé de blanc ;
4 Voir G, joli portrait avec ces mots : « le prince de
la Roche-sur-Yon ».

DE BOURBON (François), duc de Montpensier. Dauphin d'Auvergne, mort en 1592.
Fils de Louis II, qui précède.

Famille de MATHAREL et Galerie de la GRANGEFORT (Puy-de-Dôme).

A. de MATHAREL,
procureur général de
la reine Catherine
de Médicis,
né à Usson en 1537.

Antoine de MATHAREL,
seigneur de Lasteyras, l'un des 200
chevau-légers de la garde du roi (1745).

M.-Aug.-M.
de MATHAREL
maréchal de camp,
mort en 1843.

Lucie RICHARD de SOULTRAIT,
mariée à Marie-Victor, vicomte de Matharel

Victoire de MONTGOLFIER
épouse du vicomte
Jean-Maximilien de MA-
THAREL.

Marie-Victor, vicomte de MATHAREL,
trésorier-général, mort en 1885.

Château de la Grangefort.

A.-J.-Félicité, marquis de MATHAREL-
FIENNES, capitaine de cavalerie (1775).

de Matharel.

1 Portrait inédit à la Bibliothèque Nationale, à Paris, suite classée au mot Montpensier ; 2 Photolith. du n° précédent Voir H ; 3 Voir H.

DE BOURBON Henri, duc de Montpensier, Dauphin d'Auvergne, fils du précéd. Mort en 1608. Il épousa Renée d'Anjou, dont une fille unique, Marie, dame de Montpensier. Voyez pour sa femme, Catherine Henriette de Joyeuse. Le mot DE JOYEUSE.

1 Port. de sa Hauteur, j. Herss. in-12 ; 3 Daret, in-4 ; 4 Desrochers, 5 Réduction d'une gravure de Thomas de St... etc., publiée dans l'« Auvergne illustrée » Voir A, reproduite dans ce dict. comme...

DE BOURBON-MONTPENSIER Marie, duchesse de Montpensier, Morte en 1627, Mariée en 1626, à Gaston d'Orléans. Fille de Henri, qui précède.

1 Regnesson 1651, in-folio ; 2 Collection des galeries de Versailles gravures ; 3 Voir H.

DE BOURBON-VENDOME (Catherine), deuxième femme de Gilbert de Chabannes, mort en 1493.

1 Galerie de Versailles, en pied, copie au château de La Palisse ; 2 Photog. dans L.

DE BOURBON-VENDOME Jeanne, morte à Vic-le-Comte, en 1511, épouse de Jean III de la Tour d'Auvergne, comte d'Auvergne. Enter. à Vic-le-Comte, avec mausolée.

1 Gravé dans Baluze, « Histoire de la Maison d'Auvergne », à genoux ; 2 Voir H.

DE BOURBON-VENDOME César, duc de Mercœur, fils légitimé d'Henri IV et de Gabrielle d'Estrées. Né au château de Coucy (Aisne), en 1594. Mort en 1665, enterré dans l'église des oratoriens, à Vendome. Gouverneur de Lyon.

1 Th. de Leu, in-18 âgé de 7 ans ; 2 Th. de Leu fecit in-8 à 6 ans, avec des vers ; 3 Th. de Leu, en pied, âgé de 4 ans ; 4 Ab. Grimmer exc. in-8, en pied, âgé de 4 ans et 4 vers ; 5 Jean Leclerc 1598, in-8 en pied ; 6 P. de la Hourve, in-12 ; 7 Frosne in-4 ; 8 Grignon in-fol ; 9 Lombart sc. in-fol ; Picini sc. Venetis, in-folio ; 11 Boudan in-4 ; 12 Chez Daret in-4 ; 13 N. de Mathonière in-4 ; 14 Mazot in-4 ; 15 Moncornet, in-8 ; 16 Moncornet, in-8 ; 17 Moncornet 4 vers ; 18 Van Lochon exc. in-8 ; 19 Médaille précédé Gallas, in-12, n. 127 ; 20 Voir H.

DE BOURBON-VENDOME (Louis), duc de Mercœur, puis de Vendome, fils du précédent et de Françoise de Lorraine-Mercœur, né à Paris, en octobre 1612, mort à Aix, le 6 août 1669. Pair, vice-roi de Catalogne, lieutenant-général en Provence, puis gouverneur de cette province. Epousa, en 1651, **Laure Mancini**, nièce de **Mazarin** ; devenu veuf, se fit prêtre : cardinal (1667).

1 M. Frosne in-fol ; 2 De Larmessin ; 3 Nanteuil del. sc. 1659 in-fol. ; 4 Bonnemère, P. L. Coquin sc. in-fol. ; 5 A. Masson, d'après Mignard in-fol ; 6 Rossi, à Rome, in-4, en cardinal ; 7 Clouvet, d'après Gaulli, in-4 ; 8 B. Moncornet oclg. ; 9 Gravé in-8, ovale, chalcogr. du Louvre ; 10 Grav. in-fol. ovale demi pied, entouré de fruits.

DE BOURBON-VENDOME (Louis-Joseph), duc de Vendome, né à Paris, le 1er juil. 1654, mort à Tignaros (Catalogne), le 11 juin 1712. Général des galères et généralissime des armées du roi.

1 Desrochers in-8 ; 2 Le même retouché plus âgé, in-8 ; 3 N. Médaillon in-4 ; 4 Faubonne, in-12 ; 5 Dupuis, in-8 suite d'Odieuvre, in-8 ; 6 Croizier, d'après Largillière, gravé par Roger ; 7 Chez Minard et Lesueur, gr. in-8 ; 8 gr. in-12 au trait, Landon dres. ; 9 Voir H.

DE BOURBON CONTI François, Gouverneur d'Auvergne, de Paris et du Dauphiné. Né en 1558, à la Ferté-sous-Jouarre, mort en 1614, 3e fils de Louis I, prince de Conti.

1 Collection des galeries de Versailles gravure in-8 ; 2 Voir H ; 3 gravé par Th. de Leu avec vers au bas, Orland Forma in Roma in-4 ; 5 Ovale in-4 à coins marbrés ; 6 de Leu fecit in-8 d. a g. ; 8 France For. in-8 ; 9 Jean Leclerc ex. in-8 ; 10 Th. de Leu fecit, dans un carre ovale in-18 ; 12 A genoux, dessin en couleurs, Biblioth. Nat. Gaignières, Tome X.

DE BOURBON-CONTI Le prince Louis-Armand II). Né à Paris, le 10 novembre 1695, y mourut le 4 mai 1727. Lieutenant-général, gouverneur du Poitou. Comte de la Marche, duc de Mercœur. Homme cupide, dit l'histoire.

1 de Larme p. Schmidt sc. in-fol. n'étant alors que comte de la Marche ; 2 Gervais de Palmeus fils, par J. B. Granger del. P. A. Tardieu sc. in-fol. ; Voir H.

DE BOURBON CONTI (Le prince Louis-François, duc de Mercœur. Fils du précédent. Né à Paris, le 13 août 1717, mort le 2 août 1776. Bon général des Armées.

1 Petit in-4 ; 2 Cars in-fol. ; 3 Romanet sc. in-fol ; 4 Gravé par Roger ; 5 Voir A, copie réduite du n° 3.

BOURDIER (Jean-Bapt. DELPUITS), né à Riom, en 1736, mort le 15 décembre 1811, à Paris. Chanoine du St-Sépulcre, à Paris. Fonda une congrégation à l'instar de celle des Jésuites, interdite en 1809. Auteur.

Sisco. gr. in-4, dir. à g., sur la tablette 5 lignes latines.

DE BOURDON (Antoine), curé d'Évaux, né en 1752, à Blois (Loire-et-Cher), député de la Sénéchaussée de Riom, en 1789. Sous-préfet de Boussac, en 1800.

Suite de Dejabin, profil à gauche, in-8.

DU BOURG (Antoine), né selon toute probabilité au village de Fangonnet (P.-de-D.), fils d'Antoine, bailli de la Queuille, intendant des affaires du marquis de Montboissier et d'Anne de la Mercy. Président du Parlement de Paris ; chancelier de France (1535). Bon et vertueux magistrat. Mort d'une chute à Laon, en 1538.

1 Gravé dans une suite de petits portraits in-64, chanceliers de France, publiée en 1616, qu'indique le père Lelong et que nous avons possédée, quoique très rare ; 2 Lith. médaillon in-8, d'après la gravure précédente et que nous reproduisons dans le présent volume ; 3 Gravé en petit dans le « Guide d'Auvergne » Puy-de-Dome, par A. Tardieu ; 4 Peinture au musée de Riom, reproduite dans cet ouvrage, 5 Peinture à l'hôtel du Bourg, à Toulouse ; 6 Peinture au château de Bizy, par Prémery (Nièvre).

DU BOURG (Anne), neveu du précédent. Né à Riom, en 1521, brulé vif en place de Grève, à Paris, comme Calviniste 1559). Les protestants l'ont mis au nombre de leurs saints. Il était conseiller au Parlement de Paris.

1 Son supplice, gravure in-4 et in-8 sur bois de Perissin et Tortorel (curieux et rare) ; 2 Lith. in-8,

Le baron H. J. GIROT
de LANGLADE,
pair de France, mort
en 1856.

Monsieur DISSANDES de BOGENET
qui refusa plusieurs évêchés, a sa famille représentée
par les branches de LAVILATTE et de MONLEVADE,
Vicaire général du diocèse de Limoges, mort en 1807.

Paul HARDIER,
président de la Chambre
des Comptes (Paris),
mort en 1672.

Anne de COSNET,
mariée en 1774 à Philippe Dissandes,
seigneur de Bogenet.

Le président DISSANDES
de LAVILATTE, né en 1738, mort
en 1820 au château de la Vilatte.

Philippe DISSANDES,
seigneur de Bogenet, maître
des eaux et forêts de la Marche
en 1786.

par A. Pilinski (1875), prêchant aux calvinistes ;
3 Médaillon, Lith. d'après le n° 2 (Voir A), médaillon
d'après le type donné par A. Pilinski, profil ; 4 Peinture au musée de Riom.

BOURGADE (Pierre), né à Ste-Agathe,
en 1845. Évêque titulaire de Taumacun,
vicaire-apostolique de l'Arizonna (Etats-Unis),
évêque de Puscon, en 1897, archevêque de
Santa-Fé depuis 1899.

Mgr. Pierre Bourgade, archevêque, et l'abbé François qui suit sont de la famille de M. le docteur
comte de la Bourgade de la Dardie, porté ci-dessous ;
mais n'étant pas compris dans un acte rectificatif
d'état-civil, obtenu par ce dernier, ils n'ont pu béné-
ficier, forcément, du nom de la Dardie. 1 Portrait
photogravé, en pied, in-8, dans « Vollore et ses environs », par l'abbé Guélon, 1890, in-8 ; 2 Photogravé
dans notre Dict., d'après une photographie de Micot,
à Issoire (Puy-de-Dôme), le représentant en habit
de chœur.

BOURGADE (L'Abbé François), né à
Gaujon (Gers), le 7 juillet 1806. Fonda un
hôpital à Tunis, un collège à St-Louis. Aumonier de la chapelle de St-Louis, à Carthage, (✻). Mort en 1866. Auteur savant.
Philologue, archéologue. De la famille Bourgade, d'Auvergne, fixée en Languedoc.

Photogravé dans cet ouvrage, d'après la photogr.
de H. Thibaud.

DE BOURGADE DE LA DARDIE
(le comte Anatole-Louis, né en 1820 ✻).

Docteur-médecin de grand talent, à Clermont-Fd.,
Comte palatin (1881). Rétabli, lui et ses enfants, dans le
nom de la Dardie, par deux jugements des tribu-
naux de Thiers et de Clermont-Fd. (avril, et nov.
1881). Portrait gravé dans cet ouvrage, d'après sa
photographie.

DE BOURGADE DE LA DARDIE
(Monseigneur le comte Gabriel-Louis-Antoine
William, né en 1850, comte au titre de
Castille, etc. Camerier secret de S. S. le Pape
Pie X. Vivant. Résidant à Rome. Prélat très
érudit.

Gravé dans ce Dictionnaire, avec entourage d'un
cortège officiel papal, à Rome, d'après la photographie de Dosio, via Condotti, à Rome.

DE BOURGADE DE LA DARDIE
(Emmanuel-Raphael-Louis), né en 1853, frère
du précédent ; docteur-médecin, etc.

Photogravé dans cet ouvrage, d'après la photographie
de Pierre Petit, à Paris.

DE BOURGOGNE (Agnès), duchesse de
Bourbon et d'Auvergne, femme de Charles I,
duc de Bourbon, m. à Moulins, le 1er déc. 1476.

1 In-18 dans la carte généalogique de la maison de
Bourbon ; 2 Dans Montfaucon T. III, p. 50, en pied ;
3 En pied, in-fol. ; 4 Best, médaillon in-18, dans
l' « Histoire des ducs de Bourbon, par de Chantelauze ; 5 Dans l' « Ancien Bourbonnais », reproduction in-fol., en pied, de l'armorial de G. Revel.

BOURGOIGNON (Pierre), commission-
naire des baigneurs, à Royat, en 1867.

Portrait chargé dans K. (avec sa berthe), curieux
costume de paysan d'Auvergne de cette époque.

BOURGOIGNON D'ALÈS (Léger), né à
Royat, le 29 juin 1771, 2e maire de Royat
(1830-1832). Mort le 11 juillet 1847, à Royat.

Propriétaire du château de Royat. Agriculteur
distingué, etc.

1 Peinture sur toile, possédée par sa famille ;
2 Gravé dans l' « Histoire de Royat », par A. Tardieu,
reproduit dans cet ouvrage.

BOURLIN dit **DUMANIANT** (Antoine-
Jean-André). Né à Clermont-Fd., en 1732.
Mort à Paris, en 1828. Enterré au Père-La-
chaise.

D'abord acteur (1778-1793). Auteur de comédies à
grands succès. 1 Belle miniature à sa nièce, Mme
Colombier, née Bourlin ; 2 Gravé dans « l'Auvergne
illustrée », d'après la précédente miniature.

DE BOURNAZELLE (Voir DE BRISSON).

DE BOURZEIX (l'abbé Amable), né à
la Ribbe, près Volvic, le 6 avril 1606.

Fils de Pierre, seigneur de la Ribbe et de Susanne
de Murat. L'un des premiers membres de l'Académie
française. Prêtre. Mort à Paris, le 3 août 1671. Abbé
de St-Martin de Corces. 1 Et. Gantrel in-4, avec ses
armes ; 2 Desrochers, in-8 ; 3 Reproduction du n° 2
dans l' « Auvergne illustrée ».

BOUSQUET (Jean-Marie-Hippolyte), né à
Issoire, le 13 mars 1852. Docteur-médecin, à
Clermont-Fd., Directeur de l'école de médecine
de cette ville.

1 Photogravé dans I ; 2 Photogravé dans le présent
ouvrage.

DE BOUYONNET DE LA VILATTE
(Pierre Marie-Joseph, chevalier), seigneur de
la Mothe, capitaine Royal-cravates-cavalerie.
Chevalier de St-Louis, émigré, marié à Clermont-Fd., en 1779, à Mlle Péllissier de Vassel.

Peinture sur toile de 1 m. 37, sur 0 m. 80 ; en pied,
en uniforme de Royal-cravates, botté, le chapeau en
bataille, armes et inscriptions. Condamné à mort
sous la terreur, il fut sauvé par son fils. Galerie du
vicomte de Sereys, Planzat (Puy-de-Dôme) ; 2 Copie
du même par Chatonnax. Galerie de M. Grellet de la
Deyte, à Allègre (Hte-Loire) ; 3 Portrait original du
même en buste et en uniforme de Royal-cravates.
Miniature sur ivoire, appartenant à M. Camille Grellet de la Deyte, colonel du 3e chasseurs d'Afrique.

DE BOUYONNET DE LA VILATTE
(François-Joseph, chevalier), capitaine-commandant des Grenadiers de la Garde Royale,
(O. ✻), chevalier de St-Louis et de St-Ferdi-
nand d'Espagne, chargé de l'éducation militaire de S. A. R. Mg. le duc de Bordeaux
qu'il suivit en exil.

Né à Clermont-Fd., le 17 juillet 1780, mort à Planzat en 1858. S'est rendu célèbre par l'évasion politique
de son père, le 31 janvier 1798. Fils du précédent.
1 Peinture sur toile de 0,72 sur 0,58, grande tenue
des grenadiers de la garde Royale ; armes, inscription.
Galerie de M. Grellet de la Deyte, à Allègre (Hte-Loire).
2 Reproduction du même, gravé dans le volume de
la vie d'Henri V, par H. de Péne ; 3 Autre portrait,
peinture sur toile, de 0,70 sur 0,57, en buste, de face,
en petite tenue, des gardes du corps. Galerie du vicomte de Sereys, Plauzat (Puy-de-Dôme) ; 4 Miniature
sur ivoire, en buste de 3/4 à gauche, appartenant à
M. Camille Grellet de la Deyte, colonel du 3e chasseurs d'Afrique ; 5 Autre portrait au deux crayons,
par L. de Mareschal, en buste. Galerie du vicomte
de Sereys, Plauzat (Puy-de-Dôme) ; 6 Lith. dans A,
d'après le n 1.

DE BOUYONNET DE LA VILATTE
(Caroline-Adèle), mariée, le 6 janvier 1818,
à Laurent Peyronnet de la Ribière, receveur

Galerie de M. GRELLET de la DEYTE à Allègre, Haute-Loire.

Catherine de RIBES,
mariée à J. de CHARDON (1537),
seig. de Chardon.

Benoît de CHARDON
(seigneur du dit lieu (1538-1618)

Marie de CHALENÇON de
ROCHEBARON, mariée en 1615
à Jean de Chardon, seigneur
des Roys.

Annet-Marie FORISSIER,
seig. de Longeville (1740).

Caroline-Adèle de BOUYONNET
de LAVILATTE,
mariée à Laurent Peyronnet de
la Ribière.

Joseph de BOUYONNET,
de LAVILATTE, attaché à
la personne de Mgr le
duc de Bordeaux.

Jeanne LAVILLE, dame de CHIGNAT,
mariée en 1735 à François de Varenes,
seigneur de Bien-Assis.

Pierre-M.-Joseph de BOUYONNET,
de LAVILATTE, capitaine
dans Royal-Crawattes. Emigré.

François de VARENES
de CHAMPFLEURY, chevalier,
seigneur de Bien-Assis.

particulier des finances à Riom.

Sur le précédent. 1 Marié sur ivoire, ronde, en buste, le profil à gauche. Galerie de M. Grellet de la Deyte, à Allègre (Hte-Loire). 2 Autre miniature sur ivoire, en grisaille, sur fond noir. A M. Emile Grellet de la Deyte, c'est-à-dire chasseurs d'Afrique.

BOYER (Louise), dame d'atour de la reine Anne d'Autriche, mariée en 1645, morte à Paris, en 1657.

Galerie de Versailles 2259. Gr. in-4.

BOYER DE LA RENAUDERIE (Jean-François), docteur en théologie, évêque de Mirepoix avant 1730, précepteur du Dauphin fils de Louis XV, pourvu de la feuille des bénéfices en 1743. Né en 1774, mort à Paris, en 1755.

Fils de Pierre, seigneur de la Renauderie, co-seigneur du Cendre et de Marguerite Haste. Peinture 3/4 à droite, à mi-corps, armes. Galerie de M. le Cte de Sailhac, château de Moriat (Puy-de-Dôme).

BOYER (A.), né à Cunlhat, en 1854.

Photogravé dans I.

BOYER (Mgr. Jean-Pierre), évêque de Clermont, après Mgr Feron, (1879), cardinal, mort archevêque de Bourges en 1896.

1 Gravé sur bois, in-12. 2 Petite gravure sur bois, dans l'« Almanach Hachette ». 3 Reproduction du n° 1 dans ce Dictionnaire.

BOYER (Voir BONNER).

DE BOYVIN (Henri), l'un des magistrats des grands jours d'Auvergne, (1665-1666).

Gravé sur la planche représentant ces magistrats et que nous reproduisons dans cet ouvrage.

BRANCHE (Maurice), avocat, député du Tiers-Etat de la Sénéchaussée de Riom, à l'Assemblée Nationale de 1789; né le 22 juin 1746, à Paulhaguet (Hte-Loire), conseiller à la cour d'appel à Riom; mort en 1822.

1 Devosges del. Mme de Cernel sc. in-4. 2 Delaplace del. H. Couturet sc. in-4. 3 Chez Basset, médaillon, in-12, dirigé à droite.

BRAVARD-VEYRIÈRES (Pierre-Claude Jean-Baptiste), né à Arlanc, le 3 février 1804. Docteur en droit. Professeur à l'école de droit, à Paris. Député du Puy-de-Dôme en 1848.

1 Lith. d'après nature, par Lavigne, imprimé par Lemercier, in-fol. 1848. 2 Lith. médaillon, sur le n° 1. Voir H.

BRAVARD (Toussaint), né à Arlanc, le 31 oct. 1808. Docteur-médecin, à Jumeauxx. Député du Puy-de-Dôme, en 1848.

1 Lith. in-fol., suite des députés, publiée par Basset, en 1848. 2 Gravé sur bois dans J.

BRAVY (Ernest), né à Montaigut-en-Combraille, en 1855. Adjoint au maire de Montaigut-en-Combraille; négociant.

Photogravé dans I.

DE BRÉCHARD (Jeanne-Charlotte), Supérieure des Visitandines de Riom, morte en 1637, à Riom, au couvent de ces dernières qu'elle avait installées, en 1622.

Portrait in-8, gravé par Giffart.

BRÉCHARD (Mlle), fille de M. Bréchard, avocat à la cour de Riom et de N. Dulaure. Mariée à M. Levé du Montat, avocat général à Riom. Voir ce nom.

Peinture, grandeur naturelle, chez sa parente Mme Chassagne, à Riom, jadis Hôtel Levé du Montat.

DE BREMONT (Catherine). Mariée, en 1630, à Hugues Teillard, seigneur de Nozerolles, contrôleur des rentes de la ville de Paris.

1 Peinture à l'huile, ovale, 0,75 sur 0,60. A M. Robert de S. du Corail, à Riom. 2 Copie à Mme la comtesse de Roquefeuille.

BRESCHET (Gilbert), né à Clermont-Fd., le 7 juillet 1783. Célèbre docteur-médecin, de l'Académie de médecine.

1 Lith. in-8. 2 Lith. « Histoire de Clermont-Fd. », par A. Tardieu. 3 Lith. médaillon. d'après le n° 2 Voir H.

DE BRICHANTEAU (Henriette), femme de Renaud de la Roche-Aymon, mort en 1630.

Peinture sur toile. Galerie du château de Mainsat (Creuse).

BRIDAINE (Le père Jacques), célèbre missionnaire. Né à Chuselan (Gard), mort à Roquemaure, près d'Avignon, le 22 sept. 1767. Il a prêché, en 1740, une célèbre mission à Clermont-Fd.

Vernet pinxit Michel sc. 1734. in-8 (reproduit dans cet ouvrage).

BRIDIER (Louis), né à Clermont, en 1866. Docteur en médecine à Pont-du-Château.

Photogravé dans I.

BRIEUDE (P.-B.-Joseph), célèbre médecin. Auteur de la Topographie médicale de la Haute-Auvergne, né à Roquebrou, en 1729, mort à Paris, en 1812.

Pastel costume Louis XIV, appartient à son petit fils, le docteur de Brieude, à la Ferté-Alais (S.-et-O.).

DE BRIGNOLE (Marie-Catherine), épouse d'Honoré II, prince de Monaco, comte de Carladez, etc.

Portrait peint par Raphael Mengs, au palais de Monaco.

DE BRIGNON (C.), curé de Dore-l'Eglise, né en 1738, à Craponne (Hte-Loire), député du Clergé de la sénéchaussée de Riom, à l'Assemblée nationale de 1789.

1 Allais sc. in-4. 2 Passat sc. in-8, d'après un dessin de Stanley. 3 P. T. profil à dr. in-8 (silhouette). 4 Bes. V. Geoffroy in-4. assis.

DE BRION (Voir DUROC).

DE BRION (Jean), marquis de Combronde. Conseiller au Parlement de Paris, né à Riom, berceau de sa famille, où il mourut en 1684; il y fut enterré aux Cordeliers, avec épitaphe.

In folio, gravé par Jean Loufant.

DE BRION (Claude), président à la cour des aides de Paris; de la famille du précédent, vivait en 1671.

Paillet delin. Et. Picard sc. 1671, in-folio.

DE BRION (L'abbé Charles), Seigneur de Haute-Fontaine, sous le roi Louis XIV.

Galerie de M. GRELLET de la DEYTE à Allègre, Haute-Loire.

Barthélemy GRELLET,
seigneur et baron de la Deyte,
1680-1725.

François GRELLET,
seigneur et baron de la Deyte,
président en l'élection d'Issoire, mort
en 1767.

Catherine de MONTSERVIER,
d'Orsonnette, mariée en 1695
à Barthélemy Grellet, seig. de la
baronnie de la Deyte.

Barthélemy GRELLET,
seigneur et baron de la Deyte,
président en l'élection d'Issoire,
mort en 1841.

Benoît F. GRELLET,
chapelain des rois
Louis XV et Louis XVI
Mort en 1815.

Marguerite des PLATS de MONT-
TACLIER, mariée en 1754
à Barthélemy Grellet, seigneur et
baron de la Deyte.

C.-F. de CHATEAUNEUF
de ROCHEBONNE,
archevêque de Lyon en 1731,
commandeur des ordres
du roi.

Guillaume de CHATEAUNEUF,
de ROCHEBONNE,
grand maître de l'ordre de St-Jean
de Jérusalem (1244-1259).

Eléonore de CHATEAUNEUF
de ROCHEBONNE,
mariée en 1833 à Claude
Grellet de la Deyte.

Gravé par Desrochers.

DE BRISSON (Jacquette), femme de Charles de Sauret, seigneur de St-Just.

Peinte par Stephanus Gael (Charles), en 1710.

DE BROÉ (Bon), né à Tournon (Ardèche).

Fils de Jean, seigneur de Marches et de Jeanne de Chapedon, Conseiller au Parlement de Paris, puis président (?). Mort en 1688, à Paris, à 64 ans, enterré aux Augustins. Une branche de sa famille habita Courpière et Riom (de 1580 à 1630 environ). Dans notre Dictionnaire Biogr. du Puy-de-Dôme, nous avons attribué par erreur son portrait gravé, par Ficquet, de Laurent François de Broé, né à Riom, vers 1574.

DE BROGLIE (Victor - Maurice, comte, baron de la Tour-d'Auvergne (1648 - 1727), maréchal de France (1727). Mort en 1727, âgé de 80 ans environ.

Gravé par Humbelot in-folio.

DE EROSSIN DE MÉRÉ (Alix), mariée, en 1867, au marquis Roger du Crozet de Cumignat.

1 Peinture au château de Cumignat (Hte-Loire); 2 À cheval, en amazone, peinture sur toile, même château.

DE BRUGES (Appolonie), mariée, en 1823, à Henri-Michel-Scipion marquis de la Rochelambert.

Peinture sur toile ovale, de 0,72 sur 0,67, de face, à mi-corps, en costume de bal; inscription et armoiries. Galerie du château de la Rochelambert (Haute-Loire).

DE BRUGIER DE ROCHEBRUNE (L'abbé Annet-Henri), né le 22 mars 1748, vicaire général et, longtemps, administrateur du diocèse de St-Flour. Mort le 30 janv. 1824.

Silvie Colomb lith., buste comme nature.

BRUGIÈRE (Pierre), né à Thiers, le 3 oct. 1730. D'abord prédicateur, chanoine de St-Genès de Thiers; curé constitutionnel de St-Paul, à Paris (1791). Mort le 7 nov. 1803. Auteur.

1 Gravé à la manière noire par Roy, in-8. 2 Gravé de profil à dr. in-4, 8 lignes au-dessous. 3 in-4, buste à g.

BRUGIÈRE (Antoine), seig. de Barante. Né en 1642, mort en 1666.

Portrait à la mine de plomb, sur parchemin, par Nanteuil, signé et portant: ad vivum faciebat. Au château de Barante (P.-de-D.) 2. Portrait à l'huile par Santerre.

BRUGIÈRE (Claude-Ignace), seigneur de Barante. Né en 1669, mort en 1745. Lieutenant criminel en la sénéchaussée d'Auvergne, à Riom.

1 Peinture faite d'après Largillière, brûlée dans l'incendie de Barante, en 1841. Au château de Barante. 2 Peinture au château de Montmarye (P.-de-D.)

BRUGIÈRE DE LAVERCHÈRE (Jean-Roland).

Portrait à l'huile, au château de Barante. On croit que c'est le portrait de Prunier, avocat célèbre (Voir ce nom). Copie d'un original appartenant au comte de Rochefort-d'Ailly.

BRUGIÈRE DE LAVERCHÈRE (Marie-Anne), née le 13 févr. 1739, mariée, en 1778, à Pierre Valeix d'Auteroche, capitaine-commandant au rég. Lyonnais. Morte sans enfants.

Portrait au pastel 0,46 sur 0,36, Galerie de M. Robert de S. du Corail, à Riom.

BRUGIÈRE DE BARANTE (Claude-Ignace, baron de Barante. Né en 1745, mort en 1814. Épousa Susanne Tassin de Villepion (voir ce nom). Il fut trésorier de France à Riom (1784). Préfet. Créé baron de l'Empire (1809).

1 Portrait de 1805, peint par Mme Benoist, élève de David, de Lebrun, fille de Laville Leroux, ministre de Louis XVI et femme du comte Benoist, ministre d'État sous la Restauration. Au château de Barante. 2 Miniature au même château; 3 Buste en marbre par Debay (1825), au même château.

BRUGIÈRE DE BARANTE (Amable-Guillaume-Prosper, baron de Barante).

Né en 1782, à Riom, mort au château de Barante en 1866. Préfet de la Vendée, de la Loire-Inférieure, député du Puy-de-Dôme, pair de France, ambassadeur, historien, de l'Académie Française (1828). Marié à Césarine de Houdetot (voir ce nom). — 1 Lith. in-f., d'après nature par Maurin. 2 Lith. médaillon, pris sur le vif (voir A). 3 Gravé par Léopold Flameng, belle eau-forte, in-f. reproduite, réduite, dans l'Auvergne illustrée, par Ambroise Tardieu. 4 Portrait peint par Girodet-Triozon, en 1811, au château de Barante. 5 Autre petit portrait à l'huile, de 1804, château de Barante. 6 Buste, de 1813, par Debay, château de Barante. 7 Buste en marbre, par Mombur 1886, château de Barante. 8 Portrait à l'huile de Court, 1838 château de Barante. 9 Miniature signée Girodet, château de Barante. 10 Peinture au château de Montmarye (P.-de-D.)

BRUGIÈRE DE BARANTE (Sophie-Félicité). Née en 1794, morte en 1889, mariée à M. Anisson du Péron, en 1817.

Portrait peint au château de Barante.

BRUGIÈRE DE BARANTE (Anselme), officier de cavalerie, né en 1786, sous-préfet (O ✳).

1 Portrait peint (1809), château de Barante; 2 Miniature de la même époque, château de Barante.

BRUGIÈRE DE BARANTE (Mme Anselme). Née comte de Bryas, mariée en 1813.

Portrait peint par Langlois, château de Barante.

BRUGIÈRE DE BARANTE (Voir de Houdetot).

BRUGIÈRE DE BARANTE (le baron, Prosper-Claude-Ignace). Préfet, (✳): député, sénateur. Né en 1816 Mort en 1889.

1 Portrait peint par Court, 1840. Au château de Barante. 2 Gravé en 1873, en petit, sur un placard du « Monde Illustré », avec de nombreux députés, n° 275. 3 Gravé sur bois, dans J.

BRUGIÈRE DE BARANTE (Ernest-Sébastien-Sophie-César) Né en 1818. Mort en 1870, (✳). Secrétaire d'Ambassade.

Peinture par Court, 1840.

BRUGIÈRE DE BARANTE (Constance, Comtesse Perrot de Chazelle (Voir

Françoise MONTEL, épouse de J. Raymond,
nourrice de Mme Henriette de France,
fille aînée du roi Louis XV.

Le comte Joseph-Augustin CHAPT
de RASTIGNAC, né en 1738, Lieutenant
d'infanterie.

Le marquis Hippolyte d'ESPINCHAL,
né en 1779 à Paris, mort à Clermont-Fd
en 1864.

M.-A.-Sophie de SERRES,
née en 1761, mariée en 1790 à J.-B. Bern,
notaire royal à Romagnat.

Joseph-Thomas, comte d'ESPINCHAL,
né en 1748, maréchal de camp,
émigré en 1792.

François III, comte
d'ESTAING,
lieutenant-général d'armée
Mort en 1732.

Gabriel-Michel MOULIN,
né en 1810, mort en 1873,
Député du Puy-de-Dôme.

Antoine BARRIERE, né à Béziers en 1792,
mort en 1870 à Clermont, Directeur de l'Enregistr.

PERROT DE CHAZELLE). Née en 1820. morte en 1895.

Portrait au château de Barante.

BRUGIÈRE DE BARANTE (Voir DE MONTOZON).

BRUGIÈRE DE BARANTE (Marie-Adélaïde). Épouse de M. Gonzalve, baron de Nervo, Née en 1813. Morte en 1888.

1 Peinture sur toile, au château de Montozon (Puy-de-Dôme). 2 Peinture sur toile, au château de Barante.

BRUYANT (C.). Né à Ambert, en 1869.

Professeur suppléant à l'école de médecine et de pharmacie de Clermont-Ferrand, photogravé dans L.

BUCHOZE (Jos-Pierre), né le 21 janvier 1731, à Metz, mort à Paris, le 30 janvier 1807. Savant médecin-naturaliste qui vint en Auvergne herboriser.

Ovale in-fol. dirigé à gauche, sur la marge 4 lignes.

BUIRETTE DE BELLOY (Pierre-Laurent), né à St-Flour, le 17 nov. 1727, mort à Paris, le 5 mars 1775. Auteur tragique, membre de l'Académie française (1771). Il fut d'abord acteur en Russie.

Lattré, 1765 in-4, joli médaillon avec attributs et 4 vers.

DU BUISSON (François), issu d'une famille originaire du Languedoc. Marquis de Bournazel, en Rouergue, terre érigée en marquisat en sa faveur, en 1624. Gouverneur et sénéchal de Rouergue. Posséssionné en Haute-Auvergne.

Portrait au crayon (Voir ?.) appelé baron de Bournazel, âgé de 28 ans (1571). La tête découverte, barbe blonde et très courte, les cheveux rares, portant une fraise et le collier de l'ordre. Coté à la Bibliothèque Nat., à Paris, n° 21, folio 104.

BUISSON (Anne), fille de Joseph-Gabriel, président du grenier à sel et des gabelles de Thiers et d'Anne Delarbre, mariée en 1756, à Claude-Antoine Rudel du Miral, membre de plusieurs assemblées législatives.

Portrait peint au château de Miral (Puy-de-Dôme).

DE BULLION (Claude), seigneur de Bulhon, près de Maringues (Puy-de-Dôme), terre qu'il acquit ; surintendant des finances et ministre d'État. Mort le 22 décemb. 1640. Seigneur de Bonnelles (Seine-et-Oise).

Gravé par Moncornet.

DE BULLION (Noel), seigneur de Bulhon, en Auvergne, de Bonnelles (Seine-et-Oise), marquis de Galardon, garde des sceaux.

Marié, en 1639, à Charlotte de Brie, Mort à Paris en août 1670. Il vendit sa terre de Bulhon en Auvergne à M. Malet de Vandègre. — N. Poilly, d'après Ph. de Champagne in-folio. 2 réduction du n° 1 dans l'Auvergne illustrée. 3 Suite d'Odieuvre in-4.

BURIN DES RAUZIERS (Laurent), dernier bailli de la Tour-d'Auvergne en 1790.

En uniforme de commandant de la garde nationale. Au château du Mesnil (Puy-de-Dôme). A M. André Burin des Rauziers.

DU BUYSSON (le comte), dont les *Mémoires* existent à la Bibliothèque du ministère de la guerre.

Portrait peint possédé par M. le comte Fernand Rougane de Chanteloup, à Clermont-Fd.

CADALEN (Jean-Pierre-Marie), évêque de St-Flour de 1833 à 1836.

Peinture, Galerie des évêques de St-Flour.

CALEMARD DE LA FAYETTE (Ch.-Gabriel), député de la Haute-Loire, en 1873.

Gravé en petit, n° 237, sur le placard du Monde illustré, année 1873.

DE CANDALE (voir DE FOIX).

DE CAMBEFORT, colonel-commandant à St-Domingue, en 1792 ; d'une famille ancienne d'Aurillac.

Gravé in-8, en 1792, par Gaucher (très-joli portrait).

DE CAMBRAY

Portrait gravé par Quenedey, au physionotrace, médaillon in-8.

DE CAMPAS DE St-REMY (Marie-Adélaïde-Gabrielle), épouse de Charles-Félix de Sauret, née en 1877, morte en 1900.

Peinture, Galerie de Mme de Sauret d'Auliac, à St-Flour (Cantal).

CAMUS DE PONTCARRÉ (Nicolas-Pierre), Premier président au Parlement de Normandie, père de la marquise de Lastic, en Auvergne et de la marquise d'Urfé.

Peint en costume de premier président, peinture carrée au château de Parentignat (P.-de-D).

CAMUS DE PONTCARRÉ (Madeleine-Hélène), fille du précédent : épouse de François III, marquis de Lastic-Sieujac.

Peinture (carrée), au château de Parentignat (P.d.D).

DE CANILLAC (Raymond), archevêque de Toulouse (1345, cardinal (1350).

Évêque de Palestrine. Mort à Avignon, le 20 juin 1373. Gravé en petit in-64, en 1626, dans une suite de cardinaux : mais de fantaisie.

DE CAPPONI (Gilbert-François), né le 31 décembre 1730, marquis de Combronde, mort en 1788.

1 Peinture sur toile, à l'hôpital de Riom. 2 Gravé dans l'« Auvergne illustrée », d'après le n° 1.

DE CARDEVAC D'HAVRINCOURT (Geneviève-Alix-Hectorine), marquise de Chabannes-la-Palice, 1896.

Photogravé dans L.

CARDINAL (Pierre), né au Puy-en-Velay, ou à Beaucaire, mort fort âgé, en 1306. Troubadour.

Lithographie in-fol., dans l'« ancienne Auvergne et le Velay ».

CARLET DE CHAMBLAIN DE MARIVAUX (Pierre), connu sous le nom de MARIVAUX.

1 Gavard p. Chereau sc. in-12. 2 Miger in-fol. 1772. dans la gal. franc.. 3 Mehu del. Hertonnier sc in-f. 4 Desenne dl. gr. in-8, ovale. 5 Dumont sc. sur bois

Galerie de M. le Marquis de LASTIC. Château de Parentignat, Puy-de-Dôme.

Renaud-Nicolas, marquis de la ROCHE-AYMON, mort en 1716.

Jean de LASTIC, célèbre grand-maître de St-Jean de Jérusalem, à Rhodes (1437-1454).

Geneviève de BAUDRY de PIENCOURT, épouse de Renaud-Nicolas, marquis de la Roche-Aymon.

Louise-Angélique de MONTESQUIOU-FEZENZAC, mariée, en 1779, à Anne-François, marquis de Lastic.

Charles-Antoine, vicomte de LASTIC, brigadier des armées, mort en 1791.

Anne-François, marquis de LASTIC, colonel du régiment de Beaujolais, mort en 1783. Voir ci-dessous..

Alex-Esprit-Jean François de LASTIC, mort en 1781, chevalier de Malte.

Charles-Antoine, vicomte de LASTIC, brigadier des armées du roi, mort en 1791.

Anne-François, marquis de LASTIC, colonel du régiment de Beaujolais, mort en 1783.

ovale in-4 dans la lanterne magique : 6 in-42, trait,
Landon dir. 7 Gravé par Morse.

CARRIER ainé , commissaire des guerres
du Cantal, frère de celui qui suit.

Gravé au physionotrace, en médaillon, par Quenedey, in-18.

CARRIER (Jean-Baptiste), né à Yolet
(Cantal), en 1746. Député du Cantal à la
Convention.

Envoyé à Nantes en mission, il s'y montra d'une
férocité inouie. Célèbre par ses noyades. La Convention indignée le condamna à mort : il fut exécuté le
16 décembre 1794. 1 Gravé par Bonneville. 2 Le flot
qui l'apporta recule épouvanté. 3 Par Levachez.
4 Gr. par L. Portman. 5 Gr. anonyme très-curieusse
et rare.

DE CASSAGNES.

Noble et antique maison remontant aux Croisades
où elle a figuré et qui, très probablement, se rattache
aux combes du Rouergue.

DE CASSAGNES DE BEAUFORT
(Alexandre-Emmanuel), marquis de Miramon.
Marié à Emilie-Esther de la Tour-du-Pin-Gou-
vernet (Voir DE LA TOUR-DU-PIN-GOUVERNET).

Portrait peint possédé par M. le Marquis de Miramon-Fargues.

DE CASSAGNES DE BEAUFORT
(Jean-Gaspard , marquis de Miramon, fils du
précédent. Il représenta la noblesse de la
Haute-Auvergne à l'assemblée provinciale de
1787. Emigra. Né en 1730, mort en 1810.

Portrait peint, galerie de M. le vicomte de Miramon-Fargues. 2 gravé sur bois dans J. 3 Photogravé
dans cet ouvrage.

DE CASSAGNES DE BEAUFORT
(Louis-Alexandre) comte de Miramon, marquis de St-Aujeau et de Paulhac. Né en 1735,
mort en 1801.

Frère du précédent. Maréchal de camp, capitaine
de la compagnie des grenadiers des gardes françaises. Chevalier de Malte. Il épousa, en premières
noces, Marguerite de Chabannes-Carlou, dont la
branche des marquis de Miramon établie au château
de Paulhac, près de Brioude et, en deuxièmes noces,
sa nièce Jeanne, dont la branche des marquis de
Miramon-Fargue et Miramon-Pesteils. — 1 Portrait
original, belle miniature à M. le marquis de Miramon-
Fargues. 2 Copie du précédent à M. le vicomte de
Miramon-Fargues.

DE CASSAGNES (Victoire), mariée au
comte de Ligneville, colonel de Royal-Rous-
sillon qui appartenait à la maison de Lorraine,
mort en 1814, général de division.

Peinture, Galerie de M. le marquis de Miramon-
Fargues.

DE CASSAGNES (Guillaume-Louis), né
en 1798, fils de Louis-Alexandre qui précède;
maire de Vitrac, conseiller général. Mort à
Paris en 1867. Marié à Olympe de Meallet,
fille du comte de Fargues, maire de Lyon.

Peinture. Château de Fargues.

DE CASTELLANE (Le marquis), député du Cantal, en 1873.

Gravé dans le placard du « Monde illustré » avec
d'autres députés, en 1873.

DE CASTELLAS (Jean-Antoine), fils de
Louis et de Marie-Françoise de Dienne de St-
Eustache. Doyen de l'Église et comte de Lyon
abbé de Bonnecombe. Né dans le diocèse de
Rodez le 8 juillet 1735, député du Clergé et
de la sénéchaussée de Lyon à l'assemblée nationale (1789). Tué d'accident (1801), dans le
port de Douvres.

Labadye, del. Letellier sc, in-8.

DE CASTRIES Voir DE LA CROIX).

: CATHÉDRALE DU PUY.

On y voit un tableau de l'inauguration de la statue
de Notre-Dame de France, en 1863, par le peintre Gi-
rand. Les personnages sont des portraits : savoir :
Mgr Féron, évêque de Clermont ; Mgr de Charbonnel,
évêque-capucin ; M. le marquis de la Rochelambert,
sénateur de l'Empire, qui se rattachent à l'Auvergne.

CAUCHON DE MAUPAS (Henri , 1er
aumônier d'Anne d'Autriche, évêque du Puy
(1641), d'Evreux (1661). Mort en 1680. Abbé
de Pibrac.

Michel Lasne 1655, in-fol. évêque du Puy. 2 Dans
un carré, in-4 dir. à dr., au bas 4 vers. 3 Entre exc.
ovale, in-fol. 4 Chez Darel, 1661, in-4. 5 Vallet, in-f.
1661, dans une thèse, aux pieds d'Alexandre VII.
6 chauveau, Boulanger fécit in-4, à genoux, profil à
g., Moncornet exc. in-8, ovale.

DE CAUMARTIN (Voir LE FÈVRE).

DE CAUMONT (Antoine-Nompar , duc
Lauzun. Seigneur de Randan et baron de
Thiers.

Né en 1633, Mort en 1723. Favori de Louis XIV,
Capitaine des gardes; épousa secrètement, dit-on, la
célèbre et si riche Mlle de Montpensier qui lui fit
don de la baronnie de Thiers, en 1681, vendue par
lui, en 1744 1 gravé in-4. 2 Reproduction du n° 1
(réduit), dans l' « Auvergne illustrée ».

DE CAYLUS (Voir DE TUBIÈRES).

CAYON (Jean-Claude), dit Léopold, photographe de talent, à Clermont-Fd., où il
mourut, en 1896. Né à Nancy, en 1841.

1 Gravé dans l'Histoire de Royat, par A. Tardieu.
2 Dans le présent ouvrage sur le n° 1.

CAYON, dit Léopold, artiste photographe,
né à Clermont-Fd. (vivant). Fils du précédent.

En costume de page, en 1895, dans le « livre d'or »
du cortège des croisés à Clermont, par A. Tardieu.

CELLERIER (Georges), né à Clermont-
Ferrand, en 1848. Juge au Tribunal de Commerce de cette ville.

Photogravé dans I.

DE CERA (Jean), clerc, et Guillaume de
Cera, prêtre-chanoine de la cathédrale de
Clermont, vers 1280.

Peinture à la fresque, du XIIIe siècle, d'une cha-
pelle du chœur, dans la cathédrale de Clermont-Fd.
Ils sont debout avec d'autres, et leurs saints patrons.
Ces de Cera étaient de la famille de Ceyrat, près de
Clermont-Ferrand. Une aquarelle de cette fresque par
Lamy, est au musée de Clermont-Ferrand.

DE CHABANNES (Gilbert , baron de
Curton (1439-1493 , marié 1er à Françoise de

Galerie de M. le Marquis de LASTIC. Château de Parentignat, Puy-de-Dôme.

Anne-François de LASTIC,
marquis de Sieujac, né en 1706,
lieutenant-général d'armée.

Charles Antoine de LASTIC,
évêque de Comminges 1716, ensuite
de Châlons-sur-Marne,
mort en 1763.

Le cardinal Ch.-A. de la ROCHE-AYMON,
mort en 1777, frère de la marquise
de Lastic de Sieujac.

Château de Parentignat (P.-de-D.) côté du parc.

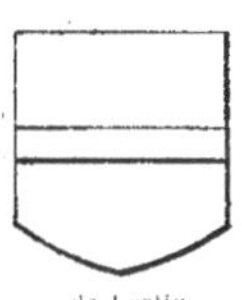

de Lastic

Jeanne CAMUS DE PONTCARRÉ,
mariée, en 1724, au marquis L. C. de la
Rochefoucauld-d'Urfé, mort en 1734.

Le marquis François-Antoine
de MONTAGNAC des LIGNIÈRES,
mort en 1825, à Clermont-Fd.

Anne CHARRON de MENARS,
nièce de Colbert, mariée,
en 1755, à François IV, comte de
Lastic et de Sieujac.

DE CHABANNES (Gilbert), baron de Curton (1430-1493), marié 1° à Françoise de la Tour-d'Auvergne (voir ce nom); 2° à Catherine de Bourbon-Vendôme (voir ce nom).

1 Tableau orig. du temps, en pied, au musée de Versailles et copie au château de la Palisse ; 2 Phot. dans L.

DE CHABANNES (Antoine), comte de Dammartin, seigneur de Rochefort, Aurières, Trasros (qu'il avait achetés en 1456), Gouverneur du château d'Herment, au nom du duc de Bourbon (1438). Grand maître de France ; mort en 1488. Célèbre capitaine des écorcheurs de Charles VII.

1 N. dans Odieuvre. — 2 Dans les « Mémoires de Commines, in 4, avec bordures. — 3 in-8 par Fiequet. 4 voir H. — 5 Portrait peint au château de Beauregard, près Blois — 6 Tableau original du temps au château de St Fargeau, avec sa famille, reproduit en photogr. dans L.

DE CHABANNES (Jacques I), frère du précédent, seigneur de la Palisse, Madic, conseiller et chambellan du roi, grand maître de France : reçut une blessure à la bataille de Castillon et en mourut, le 20 oct. 1453.

1 Dans Thevet, in-4. — 2 N. en petit. — 3 Dans « l'Auvergne illustrée », reproduction du n. 1, mais prise par erreur pour Jacques II de Chabannes, maréchal de France (mort en 1525). — 4 Dans « l'Almanach de la Gazette d'Auvergne », (même erreur qu'au n° 3). — 5 Dans le « Forez illustré » attribué à tort à Antoine de Chabannes, seigneur de la Palisse.

DE CHABANNES (Jean), en 1498, fils d'Antoine, qui précède.

1 Tableau original du temps au château de St-Fargeau. Il est avec sa famille, à genoux (curieux). 2 Photog. dans L. (d'après le tableau précédent).

DE CHABANNES (Jacques II), seigneur de la Palisse, fils aîné de Godeffroy, sénéchal de Rouergue, capitaine général de l'Auvergne. Gouverneur d'Auvergne, Forez, Bourbonnais, Lyonnais. Célèbre maréchal de France ; tué à la bataille de Pavie en 1525.

1 N. en petit, dans la Chronologie collée. — 2 N. copié en sens opposé. — 3 Dessiné par A. R. comte de Chabannes, d'après le mausolée gravé par Will, in-4. — 4 Peint par E. de Lansac, gravé par Lafond, in-f., à cheval pour Versailles. — 5 Portraits au crayon à la Biblioth. nationale, n. 21 (folio 24) ; n. 26, folio 39. Il est en buste des 3/4 à g. coiffé d'un chapeau à bords plats, pastel au crayon Biblioth. nationale, Clairambault, n. 21, folio 16. — 6. Peinture au château de Beauregard, près Blois. — 7 Portrait au crayon à Castle-Howard (Angleterre), n. 104. — 8 Portrait au crayon, à St-Pétersbourg, musée de l'Ermitage. — 9 Gravé par Moncornet.

DE CHABANNES (Joachim), comte de Rochefort, baron de Curton, de Madic, seigneur de Tinières, de Charlus, de Nébouzat. Sénéchal de Toulouse (1552). Mort à Paris en août 1559. Capitaine de 50 hommes d'armes : chevalier d'honneur de la reine Cath. de Médicis.

1 Portrait au crayon à la Biblioth. des Arts et Métiers, à Paris. — Portrait original au crayon au château de la Palisse, reproduit dans l'ouvrage sur la maison de Chabannes par le comte H. de Chabannes et donné dans le présent Dictionnaire.

DE CHABANNES (François), fils du précédent, marquis de Curton, comte de Rochefort, seigneur de Paulagnat, Nébouzat, Tinières, chevalier du St-Esprit. Gagna la bataille de Cros-Rolland sur les Ligueurs et le comte de Randan (1590) : mort au château de Rochefort en 1604, enterré dans l'église d'Orcival. Il fut lieutenant-général du gouverneur d'Auvergne (1590).

1 Collection des chevaliers du St-Esprit par Clairambault, t. VII, folio 3. Biblioth. nationale. Dessin, réduit dans le présent volume. — 2 Lith. « Histoire de Clermont Fd », par A. Tardieu, T. I. — 3 Portrait au crayon, v. G. — 4 Voir H., réduction d'une belle lithographie de « l'Ancienne Auvergne et le Velay », faite d'après le n. 1. — 5 Réduction du n. 1 dans la publication in 4 sur les de Chabannes. — 7 Réduction du n. 1 dans ce dictionnaire.

DE CHABANNES (Anne-Josephe), mariée, en 1707, à Claude-François de la Queuille, comte de Pramenoux, mort en 1764.

Peinture sur toile au château de la Barge (P.-de-D).

DE CHABANNES-CURTON (Henri), né vers 1663, mort en 1714. Marquis de Curton et du Palais.

Photogr. dans L. Il a une perruque et une armure.

DE CHABANNES-LA PALICE (Jean-Frédéric, marquis). Colonel de Cavalerie, en 1789.

1 Tableau orig. sur bois, au château de La Palice. 2 Photogr. dans L.

DE CHABANNES-CURTON-LA-PALICE (Hugues-Jean-Jacques-Gilbert-Frédéric, marquis). Colonel de lanciers de la garde, en 1813.

1 Tableau orig. au château de La Palice. 2 Photog. dans L. 3 A cheval en uniforme militaire.

DE CHABANNES-LA-PALICE (P.-Antoine-Otave-Henri, comte), vice-amiral.

1 Lith. dans Victor Frond, *Le Panthéon des Collections françaises au XIXe siècle*. 2 Photogr. dans L.

DE CHABANNES-LA-PALICE (Elisabeth-Anne-Marie), comtesse de Choulot, née, en 1788, morte en 1875.

Photogr. dans L.

DE CHABANNES-LA-PALICE (Jacques-Charles-Frédéric, marquis), 1896.

Photogr. en pied dans L.

DE CHABANNES-LA-PALICE (Alfred-Jean-Edouard, comte).

Portrait orig., au comte de Chabannes-La Palice, peint par Horace Vernet.

DE CHABANNES-LA-PALICE (Albert-Paul-Frédéric, vicomte), lieutenant de vaisseau.

Photogr. en uniforme dans L.

DE CHABANNES-LA-PALICE (Antoine-Edouard), officier d'état-major.

Photogr. dans L : en demi-pied, en uniforme.

DE CHABANNES (Marguerite), sœur de Silvain, né en 1713, aumonier du roi en 1753. Mariée à Gabriel-François de la Marche,

Galerie de M. ROBERT DE SABLON du CORAIL, à Riom P.-de-D .

Jean-Antoine de SABLON du CORAIL,
né en 1682. Brigadier des armées du roi, etc.

Ant. de SABLON de la RIPPE,
né en 1702, mort en 1772,
Capitaine-commandant au regiment Royal-dragons.

Antoine de SABLON DU CORAIL,
né en 1762, mort victime de la Révolution
en 1793.

J. B. VALEIX de St-HEREM,
né en 1742.
Officier au regiment Lyonnais.

Pierre VALEIX d'AUTEROCHE,
né en 1711.
capitaine au regiment Lyonnais.

A. ROCHETTE de MALAUZAT,
capitaine aide-major au regiment
Lyonnais. Mort en 1815.

J.-P. TEILLARD du CHAMBON,
officier au reg. de Royal-dragons.
Mort en 1794, victime de la
Révolution.

Maurice FAYDIT, seigneur
de CHALUSSET,
massacré en 1795, à Quiberon.

A. de SABLON du CORAIL,
mort en 1882,
officier au 23e dragons.

seigneur du Puy-Guillon et de Nouzerolles.

Portrait peint chez M. le comte de la Marche (château de la Gaité, près Chambon, Creuse).

DE CHABANNES DU VERGER (Susanne), mariée à Antoine-Gilbert, comte de Sartiges, m au château de Sourniac (Cantal).

1 Miniature très belle, de 1829; galerie de M. le docteur Louis de Ribier. 2 Reproduction de cette miniature dans le présent Dictionnaire.

DE CHABANNES (Henriette), mariée, en 1764, à Pierre-Augustin Valette de Rochevert, capitaine de mestre de camp dragons.

Peinture à Chanls, 55-45. A M. Robert de S. du Corail, à Riom.

CHABORY (Léon), né au Mont-Dore, le 3 oct. 1835. Médecin. Maire du Mont-Dore.

Photogravé dans I.

CHABRIER (Jules), né à Ambert en 1855.

Phot. gravé dans I. Avoué à St-Amand.

CHABROL (Mlle A.)

Petit portrait à l'aquarelle, au dos est écrit de la main de l'historien Dulaure : « Portrait de Mlle A. Chabrol, peint par J. A. Dulaure, le 1er janvier 1789. » A M. Banzat, château de Bellevue, près Billom (Puy-de-Dôme).

DE CHABROL (Guillaume-Michel), né à Riom le 1er sept. 1714, y mourut en 1792. Avocat du roi de la sénéchaussée d'Auvergne, à Riom (1733), savant jurisconsulte. Auteur du *Commentaire de la Coutume d'Auvergne* (1784-1786). Mort conseiller d'Etat.

1 Peinture possédée par M. le comte Guillaume de Chabrol; 2 Gravé dans « l'Auvergne illustrée », d'après le n. 1 et reproduit dans le présent volume; 3 Lith. (médaillon) dans A.

DE CHABROL (Gaspard-François-Claude, comte), né à Riom en 1740, président de la sénéchaussée de cette ville, député suppléant en 1789. Mort en 1816, à Riom.

Gravé sur bois dans J.

DE CHABROL DE CROUZOL le comte A.-Christophe-Jean, né à Riom le 14 nov. 1771. Président de la Cour d'appel de Paris (1811). Préfet du Rhône. Ministre de la Marine (1824). Pair de France. Mort en son château de Chabannes (P.-de-D.), le 7 oct. 1836.

1 Lithographie in folio. — 2 Lithogr. en médaillon dans A.

DE CHABROL DE VOLVIC Le comte Gilbert-Joseph Gaspard, frère du précédent. Député de Paris, puis de Riom. Membre de l'Institut. Mort le 13 avril 1843. Préfet de la Seine, etc.

Lith. in folio, par Vallot belle; 2 Lithogr. médaillon dans A.

DE CHABROL-TOURNOELLE (Le comte Guillaume-Michel, maire de Riom, député du Puy-de-Dôme (1815-1823). Mort en 1823. Petit-fils du précédent.

1 Peinture sur toile à la mairie de Riom. 2 Gravé sur bois dans J.

DE CHABROL - TOURNOELLE Le comte Guillaume), né à Paris le 18 mai 1840. Député du Puy-de-Dôme (1871-1873).

1 Gravé sur le placard publié par le *Monde illustré* en 1873, n. 148. 2 Sa photographie, in-12 par Franck à Paris (dans notre collection). 3 gravé sur bois dans J.

DE CHABRON DE SOLILHAC (Georges III), écuyer, seigneur de Solilhac, la Tour, Chassagnoles, Limandres, subdélégué, à St-Paulien, des Intendants d'Auvergne et de Languedoc, en 1738.

Peinture sur toile de 0,80 sur 0,61, à mi-corps, de 3/4 à droite, (très riche costume de cour). Galerie de M. le comte de Solilhac, château de Morial (P.-de-D.)

DE CHABRON (Mathieu-Elzéar), seign. de Limandres, dit « le comte de Limandres », capitaine de dragons en 1696. Envoyé extraordinaire près la Cour de Savoie (1705). Frère aîné du précédent.

Peinture, en buste, de 3/4, à dr. Galerie de M. le comte de Solilhac, à Saint-Paulien (Haute-Loire).

DE CHABRON DE ROHAC (Marie-Olympe, mariée, vers 1810, à Guillaume Charbonnières de Mons.

1 Miniature sur ivoire, ovale de 3/4 à dr., toilette empire. A Mme Batme de Mons, Le Puy (Hte-Loire). 2 Autre portrait, dessin au crayon de 0,40 sur 0,25. Même galerie.

DE CHABRON DE ROHAC (Hippolyte) frère de la précédente.

Portrait dessiné au crayon de 0,40 sur 0,35. Même galerie.

DE CHABRON (Marie-Etienne-Emmanuel-Bertrand). Né à Retournac (Haute-Loire) le 5 janvier 1806, mort le 24 décembre 1889. Général de division (1870-1871). Député de la Haute-Loire; sénateur. (C. ✳). Fils de M. de Chabron de Rohac et de Mlle de Charbonnel de Jussac.

1 Gravure sur bois in-12 (reproduite réduite dans le présent volume; 2 Gravé dans le placard du *Monde illustré*, en 1873, n. 157; 3 Peinture sur toile, en grand uniforme de général. Au musée de la ville du Puy (Haute-Loire); 4 Buste en marbre, musée de la ville du Puy.

DE CHAIGNON, vicomte de Louvain, (Pierre), chevalier, seigneur de Condal, ministre plénipotentiaire, résidant pour le roi de France près la République de Valais.

1 Miniature en buste, de 3/4 à dr., galerie du vicomte de Sereys, château de Planzat (P.-de-D.). — 2 Autre portrait du même, peinture sur toile de 0,72 sur 0,62, même galerie.

DE CHAIGNON, vicomte de Louvain, (Maurice-Théodule), seig. de Condal, officier dans le régiment suisse de Courten, admis aux Etats de la noblesse de Bourgogne (1787).

Miniature sur ivoire, en buste, galerie du vicomte de Sereys, château de Planzat (P.-de-D.).

DE CHAIGNON (Flavien, vicomte), marié, en 1842, à Palmyre de Bouyonnet de Lavilatte. Fils du précédent.

Peinture sur toile, en buste de 3/4. Galerie du vicomte de Sereys, château de Planzat (P.-de-D.)

Galerie de M. Robert de SABLON du CORAIL. à Riom P.-de-D.

Gilberte SOUBRANY
[...]
a Jean de SABLON [...] RIPPE

Mme RO[CHETTE] de MALAUZAT
[...]
Arrière [...] Sablon du Corail

[...] SABLON du CORAIL
[...]
d'argent chargé d'une tête en
[...], de gueules.

M[...] des GRANGES
m[...] A[...]
de Sablon du Corail

Mme VALEN [de] LATEROCHE
[...]
Sablon du Corail, [...] des
Armées du Roi.

Jean de SABLON, seigneur
de la Rippe [...]

P.-A. de SABLON du CORAIL
[...]

DE CHALANIAT (Voir Robde).

DE CHALENCON DE ROCHEBARON (Marie), mariée le 27 fév. 1615, à Jean de Chardon, seigneur dudit lieu et des Roys, près d'Allègre. D'abord fille d'atour de la reine Marguerite Margot, au château d'Usson.

Fille de François, Vicomte de Rochebaron et de Marguerite d'Auppert. 1 Peinture sur toile de 0, 45 sur 0, 37, p. de besicles, blanche, cerclée de noir, bordée de dentelles. Écharpe de satin, vieil or, retenue sur l'épaule droite par un bijoux de forme ronde; cadre du temps, en bois noir, bordé de deux moulures dorées. Galerie de M. Grellet de la Deyte, à Allègre (Hte Loire). 2 Peinture avec son mari, à M. Alexandre de Bellagne, à Gray (Hte Saône).

DE CHALUS ou **DE CHASLUS** (François). D'une antique famille d'Auvergne, marquis de St-Priest, premier baron de Forez, seigneur de St-Etienne, baron de Cousan (1672). Fils de Claude et d'Antoinette de St-Priest.

Marié, en 1657, à Cath. Françoise de Friches de Persigny. Mort à Saint-Etienne, le 30 juillet 1695. Il appartenait à la branche des barons de Cordès. *Tertia effigiem ad vivum delin.* Fr. Cars sculps. Lugduni, 1682, in-folio.

DE CHALVET.

Seigneurs de Rochemonteix, Vernassal, etc. Antique maison de la Hte-Auvergne, connue des 1344.

DE CHALVET (Mathieu). Président au Parlement de Toulouse (1573). Mort à Toulouse à 79 ans.

1 Gravé par Mallery, 1604, d'après Dumonstier, in-fol. ætatis 75. 2 L. Gaultier., incmd, in-8. 3 Lithogr. in-8. 4 Type du n° 1 in 4, dir. à g. sur la bordure: *Tales mœsa retat riucé*

DE CHALVET DE ROCHEMONTEIX (Maximilien, comte) seig. de la Roche-Vernassal. Page du Roi Louis XIV. Lieut.-Général, commandeur de l'ordre de Saint-Louis, mort en 1755.

1 Peinture sur toile, à Mme Ve Lizet, à Mirefleurs (Puy-de-Dôme), reproduite dans ce Dictionnaire.; 3 Peinture sur toile de 0, 90 sur 0.80 galerie du Château d'Esternay (Marne); 3 peinture sur toile de 0.35 sur 0.22 en pied jusqu'au genou, de 2 4 à droite, costume de lieutenant-Général, cordon rouge. Au comte Raoul de Lachappelle d'Apchier.

DE CHALVET DE ROCHEMONTEIX (Le Marquis Maxence), né à Clermont-Fd. le 5 Fév. 1849, mort à Paris le 30 dec. 1891; (✻) Philologue et égyptologue savant.

Gravé dans ce Dictionnaire, d'après la photographie de Bosch, à Paris; communiquée par Mme la Mise de Rochemonteix, à Paris.

DE CHALVET DE ROCHEMONTEIX (Le vicomte Adolphe) né au châteaux de Pradines (Cantal), le 10 janvier 1837. Mort à Nice, le 10 novembre 1902; (✻). Auteur érudit. Archéologue de haute valeur (Archéologie auvergnate.

Gravé dans ce Dictionnaire, d'après la photographie de L. Jolod, à Paris.

DE CHALVET DE ROCHEMONTEIX (Le R.P Camille), né au château de Pradines (Cantal) en 1838. Érudit. A publié de nombreux ouvrages très estimés.

Gravé dans cet ouvrage d'après sa photographie par Gustave, au Mans.

CHAMBAUD (Pierre) né le 4 février 1761, à Clermont-Fd, mort à Thiers le 24 Août 1831 Propriétaire du Châteaux de Bellevue, près de Royat. Maire de Chamalières, etc. Adjudant-Général (Général de brigade)

1 Peinture sur toile chez M. le docteur Frodel; 2, Gravé dans l'Histoire de Royat, par A. Tardieu d'après le n° 1.

CHAMBIGE (Léon-François-Claude) né le 21 Janvier 1853. Docteur-médecin. Maire de Pont-du-Château depuis 1893.

1 Photogravure dans *Nos députés*, in-12) 2 Gravé sur bois dans J.

CHAMERLAT (Noël François Victor) né à Neuville (P. de D.) en 1841, Pharmacien, Député du Puy-de-Dôme.

1 Photogravé dans L.; 2 Gravé sur bois dans J.

DE CHAMPFLOUR (barons).

L'une des plus anciennes et estimées familles de Clermont-Ferrand.

DE CHAMPFLOUR (Géraud), seigneur de Loradoux. Conseiller. Garde des Sceaux à la cour des aides de Montferrand. Conseiller d'Etat. Né en 1578, à Clermont. Mort en 1662.

Ami du maréchal d'Effiat et du cardinal de Richelieu. A joué un rôle considérable dans sa ville natal. Peinture de 0, 60 sur 0, 45, attribuée à Philippe de Champagne, costume de la cour des aides, robe rouge; galerie de M. de Champflour, à Riom. Reprod. dans ce Dictionnaire.

BE CHAMPFLOUR (Jean), seigneur de de Loradoux. Conseiller. Garde de sceaux à la cour des aides de Clermont-Fd. Né en 1607, mort en 1665. Marié à Marie Fayet (Voir ce nom) Fils du précédent.

Peinture de 0, 60 sur 0, 50. Costume de la cour des aides. Large col en dentelle sur la robe; galerie de M. de Champflour, à Riom.

DE CHAMPFLOUR (Gérard), docteur de Sorbonne, doyen du chapitre de la cathédrale de Clermont-Fd., mort en 1697, fils aîné du précédent. Conseiller, garde des sceaux de la cour des aides de Clermont (1664-1670).

Toile de 0 m. 45 sur 0 m. 35. Robe rouge de la cour des aides; galerie de M. de Champflour, à Riom,

DE CHAMPFLOUR (Blaise), seigneur de Loradoux, garde des sceaux à la cour des aides de Clermont, frère du précédent. Mort en 1692.

Toile ovale de 0 m. 70 de haut, robe rouge, grande perruque non poudrée. Même galerie qui précède.

DE CHAMPFLOUR (Jacques), seigneur de Loradoux et de Moriat, fils du précédent. Conseiller à la cour des aides de Clermont, mort en 1745, marié à Marie Vidal de Bort (Voir ce nom).

Toile de 0 m. 80 sur 0 m. 65. Robe rouge, grande perruque poudrée; galerie de M. de Champflour, à Riom.

DE CHAMPFLOUR (Marie-Madeleine), née le 25 novembre 1729, morte le 14 février 1959. Fille du précédent.

Galerie des Marquis d'APCHIER

Jean II, comte d'APCHIER,
gouverneur du Gévaudan, mort
en 1586.

Gabrielle de FOIX, dame de Mardogne,
mariée, en 1582,
à Philibert, comte d'Apchier.

Philibert, comte d'APCHIER,
gouverneur de la Haute-Auvergne,
assassiné en 1605.

Isabeau de la TRÉMOILLE,
mariée en 1469 à Pierre d'Allegre,
baron de Busset, gouverneur
d'Auvergne.

J.-J. Alexandre, marquis d'APCHIER,
mort en 1798, député de la noblesse,
en 1789, aux États-généraux.

Jacqueline d'AUMONT,
mariée à Yves d'Allegre, sénéchal
du Velay, mort en 1577.

Henriette de ROCHEFORT-D'ALLY,
dame de THIOLANT,
mariée, en 1767, à J.-J. Alexandre,
marquis d'Apchier.

Antoinette de la ROCHEFOUCAULD-
LANGEAC, mariée, en 1747, à Joseph,
marquis d'Apchier.

Thérèse de VOGÜE,
mariée, en 1707, à Pierre de Rochefort-
d'Ally.

Toile de 0 m. 91 sur 0 m. 75, assise à mi-corps, de 3/4 à droite. Château de Moriat (Puy-de-Dôme).

DE CHAMPFLOUR DE JOZERAND (Etienne), seigneur de Loradoux et de Moriat, frère la précédente. Procureur général de la cour des aides de Clermont ensuite au conseil supérieur. Mort en 1812. Marié à Marguerite de la Porte (Voir ce nom).

Toile (toile de 0 m. 81 sur 0 m. 65). Costume de la cour des aides. Perruque courte et poudrée, galerie de M. de Champflour, à Riom.

DE CHAMPFLOUR (J.-B.-Annet), écuyer, seigneur de Moriat, officier au régiment d'Orléans-cavalerie, né en 1746, mort en 1843. Fils du précédent.

Miniature sur ivoire, château de Moriat. (P.-d.-D.).

DE CHAMPFLOUR JOZERAND (Jacques), seigneur de Palsbot, Loradoux, frère du précédent. Conseiller à la cour des aides de Clermont, marié à M.-Elisabeth Henri de Lollière (Voir ce nom). Mort en 1814.

Toile de 0 m. 65 sur 0 m. 50. Robe rouge. Perruque poudrée ; galerie de M. de Champflour, à Riom.

CHAMPFLOUR (François). Prieur de Rochedagoux, conseiller-clerc au présidial de Clermont, abbé du chapitre cathédral (1637) ; avait été prieur du monastère de Montferrand.

Toile de 0,45 sur 0,35 ; galerie de M. de Champflour, à Riom.

CHAMPFLOUR (Antoine), neveu du précédent, né en 1623. Prieur du Moutier de Montferrand après son oncle François. Poète de talent.

Toile de 0,45 sur 0,35 ; galerie de M. de Champflour, à Riom.

CHAMPFLOUR (Géraud), né en 1682, mort en 1753. Abbé du chapitre cathédral de Clermont en 1738.

Toile de 0,45 sur 0,35 ; galerie de M. de Champflour, à Riom.

DE CHAMPFLOUR (Marie-Joséphine), morte en 1634, à 14 ans, religieuse visitandine à Montferrand.

Miniature à M. de Champflour, à Riom.

DE CHAMPFLOUR (Jean), écuyer de la grande écurie du roi, né en 1621, mort en 1682. Marié à Anne Rollet (voir ce nom).

A cheval dans le costume du Carroussel de 1660. Panneau de 0,30 sur 0,25 ; galerie de M. de Champflour, à Riom.

DE CHAMPFLOUR (Jean), seigneur de Beaumont et d'Allagnat, lieut. particulier au présidial de Clermont. Né en 1684, m. en 1761.

Toile de 0,82 sur 0,72. A mi-corps debout, la main sur des livres. Perruque poudrée. Robe noire. Galerie de M. de Champflour, à Riom.

DE CHAMPFLOUR (Gabrielle), mariée, en 1722, à J.-B. de Matharel, seign. du Chéry.

Portrait peint ; galerie du château de la Grangefort, à M. le vicomte Jean de Matharel.

DE CHAMPFLOUR (Etienne), né à Clermont-Fd, le 19 mars 1646, mort en 1724.

Abbé du chapitre cathédral de Clermont-Fd, vicaire général de ce diocèse. Evêque de la Rochelle (1724). Nommé archevêque d'Aix.

1 Peinture sur toile de 0,80 sur 0,65, à Riom, chez M. de Champflour ; 2 Lithog., médaillon dans A. ; 3 Lith. dans l'Hist. de Clermont-Fd, par A. Tardieu ; 4 Peinture sur toile, 0,80 sur 0,65, 3/4 à dr. Galerie du château de Moriat (P.-d-D).

DE CHAMPFLOUR (J.-B.), né à Clermont-Fd, le 5 juin 1683, neveu du précédent. Abbé de la cathédrale de Clermont-Fd, vicaire général de ce diocèse. Evêque de Mirepoix (1737). Mort en 1768 (2 février).

1 Peinture sur toile de 0,90 sur 0,75, chez M. de Champflour, à Riom ; 2 Lith. dans l'Hist. de Clermont-Fd, par A. Tardieu ; 3 Lith. médaillon dans A ; 4 Peinture sur toile, armoirie. Galerie du château de Moriat (P.-de-D).

DE CHAMPFLOUR (J.-B.), né en 1720, mort en 1798. Prévôt du chapitre cathédral de Clermont (1739-1790).

Toile de 0,45 sur 0,35 ; galerie de M. de Champflour, à Riom.

DE CHAMPFLOUR (Jeanne-Marie), morte en 1817, mariée à Paul-François de Montrosier de Mauriat, seigneur de Matha et de Marcillat (voir ce nom).

Pastel de 0,55 sur 0,45 ; galerie de M. de Champflour, à Riom.

DE CHAMPFLOUR (Joseph), seig. des Moulins, cap. au rég. de cavalerie de la reine ; tué à Quiberon en 1792.

Costume militaire, toile de 0,70 sur 0,60 ; galerie de M. de Champflour, à Riom. L'original est à M. Grimardias.

DE CHAMPFLOUR (Jozerand-Gérard-Antoine-Louis). Député de l'Allier. Mort en 1857.

Toile de 0,65 sur 0,55. Costume de député sous la Restauration ; galerie de M. de Champflour, à Riom.

DE CHAMPFLOUR-PALSBOT (Jean-Martial), frère du précédent. Mort en 1864.

Costume de lieutenant aux gardes d'honneur. Panneau de 0,25 sur 0,20 ; galerie de M. de Champflour, à Riom.

DE CHAMPFLOUR-DE-MORIAT (J.-M.-Marguerite), mariée, le 20 novembre 1798, au chevalier de Varènes de Champfleury.

Miniature sur ivoire, au château de Moriat (P.-d.-D.).

DE CHAMPFLOUR (Jacquette), mariée le 12 août 1772, à Pierre Bérard de Chazelles.

1 Portrait peint au château de la Canière (P.-d.-D.). 2 Copie du n° 1, chez M. Paul de Bellaigue, à Clermont-Ferrand. 3 Photogr. dans ce Dictionnaire.

CHAMPFORT (Sébastien-Roch. Nicolas dit), né au village de Theix, en 1741. Fils naturel de l'abbé Nicolas, chanoine de la cathédrale de Clermont-Fd, et de Mme Dauphin, dame de Theix, Montrodès. Membre de l'Académie française (1781). Bibliothécaire de la Biblioth. nationale. Mourut en se tirant un coup de pistolet, menacé de l'échafaud révolutionnaire (13 avril 1794).

1 Gravure in-8. 2 Lith. médaillon dans A.

LES ÉVÊQUES DE CLERMONT

Guillaume du PRAT,
évêque de Clermont (1529-1560).

François de BONAL,
1776-1791.

Le cardinal de la ROCHEFOUCAULD
évêque de Clermont 1585-1609.

Louis d'ESTAING,
évêque de Clermont (1631-1665)

Jean-Bapt. MASSILLON, illustre évêque de Clermont (1717-1742),
membre de l'Académie française.

Antoine ROSE,
évêque de Clermont (1609-1615).)

Ch.-A.-H. DUVALK,
baron de Dampierre,
évêque de Clermont
(1802-1833.

Louis-Charles FÉRON,
évêque de Clermont,
(1833-1879.

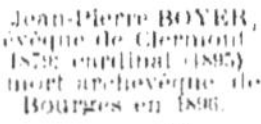

Jean-Pierre BOYER,
évêque de Clermont
1879, cardinal (1895)
mort archevêque de
Bourges en 1896.

CHAMPOMIER (Jean-Ulysse), né à Servant, en 1845, Négociant, conseiller d'arrondissement.

Photogravé dans 1.

DE CHAMPS DE ST LÉGER (Esther), femme du comte Gaspard Richard de Soultrait.

Peinture au château de la Grange-fort à M. le Vicomte de Maltrud.

DE CHANAC (Bertrand), archevêque de Bourges (1374-1386 ; cardinal ; évêque du Puy (1383-1384). Abbé de la Chaise-Dieu.

N. in-4, dans l'« histoire des cardinaux français », par Duchesne.

CHANDÈSE (François), né à St-Julien (Puy-de-Dôme), en 1854. Docteur en médecine. Médecin-major (✳).

Photogravé dans 1.

? DE CHANGY

Cette famille noble, du Forez, a eu des rapports avec les de Bosredont et la ville d'Herment, en Auvergne à laquelle elle a donné un gouverneur du château féodal.

DE CHANGY (Jean), chevalier, seigneur de Changy, en Forez, Cissey, Chenay et d'un 5 de la terre de Roussillon, viv. en 1394-1407.

Sa fille, Jeanne épousa, vers 1420, Hugues de Bosredont, baron d'Herment, en Auvergne et Georges de Changy, frère de celle-ci fut capitaine du château d'Herment, en 1435 Jean de Changy épousa Guillaumette de Montaigu Voyez de Montaigu. 1 Peinture sur bois tryptique, dans l'église d'Ambierle (Loire), à genoux. 2 Photogravure du n° 1 dans le « Roannais illustré ».

DE CHANGY (Michel), fils de Jean, qui précède et de Guillaumette de Montaigu, dit *le Brave*, seigneur de Roussillon, écuyer tranchant du duc de Bourgogne et son premier maître d'hôtel. Il testa en 1476.

1 Portrait peint sur bois sur un tryptique de l'église d'Ambierle (Loire). 2 Gravé dans le « Roannais illustré », d'après le n° 1. Laurette de Jaucourt, sa femme (Voir de Jaucourt).

CHANTAGREL, professeur de droit, député du Puy-de-Dôme (1885. Sénateur.

1 Gravure sur bois in-8, signée Langeon. 2 Gravure sur bois (1885, in-24.

CHAPE D'AUTEROCHE (l'abbé). Célèbre astronome. Membre de l'Académie des Sciences, né à Mauriac, en 1722. Mort en Californie, en 1769.

1 In-fol. par Tilliard. 2 In-8. 3 En costume de Kamtchadal. 4 Cornel sc. in-8. 5 Lambon dir in-18. 6 Grand portrait à l'aquatinte, sur papier toile, simulant une peinture, sans marges, in-fol.

CHAPEL, pharmacien des hospices de Clermont-Ferrand. Mort vers 1825, à Clermont-Ferrand. Né à Maringues. Marié à Mlle Perrin (Voir PERRIN.

Peinture sur toile chez M. Maistre, médecin à Cébazat (Puy-de-Dôme).

CHAPEL, chimiste à Clermont-Fd., fils du précédent ; mort vers 1850 dans cette ville.

Peinture sur toile chez M. Maistre, médecin à Cébazat.

CHAPEL (Claude-Perette), épouse de B.-M. Maistre, médecin à Cébazat, morte à Clermont-Fd., en 1848, à 74 ans.

Portrait au crayon, chez M. Maistre, médecin à Cébazat.

CHAPOT (Thomas), écuyer, bailli de la Roue, gendarme des ordonnances du roi, compagnie d'Hallincourt, capitaine de 200 hommes de pied au régiment de Nérestang (1660).

Peint sur bois en pied, chez Mme Chapot-Laroche, à Clermont-Ferrand.

DE CHAPT DE RASTIGNAC (L.-J.), archevêque de Tours, mort en 1750.

J. Daullé sc. petit in-folio.

CHAPT DE RASTIGNAC (Joseph-Augustin, comte). Fils de François, dit le chevalier de Messillac et de Louise de Pouzols.

Né au Mur-de-Barrez (Aveyron), en 1738. Lieutenant d'enfant, premier échevin de Mur-de-Barrez, en 1767. Épousa, en 1767, M.-Geneviève d'Artis des Clauzels. 1 Portrait en buste, à l'huile 0 m. 70 sur o m. 60. A Mme Barrière, née Chirol de la Brousse, château de Conuls, près Volvic (Puy-de-Dôme). 2 Autre de même que le n° 1, chez Mme Chassaigne, à Riom.

CHAPT DE RASTIGNAC (Marguerite-Geneviève), fille des précédents.

Née à Vigouroux (Cantal), le 6 novembre 1772, épousa, en 1792, Jean-Antoine Chirol de la Brousse, vérificateur de l'Enregistrement à Riom. — 1 Miniature ronde, 0 m6 de diamètre. A Mme Barrière, au château des Conuls, près Volvic (P.-de-D.). 2 Autre miniature, signée Labbé. A Mme Chassaigne, à Riom.

CHAPT DE RASTIGNAC (Le marquis Antoine), frère de la précédente. Né à Vigouroux (Cantal), le 19 juin 1776, général de brigade, chevalier de St-Louis (✳), écuyer du roi Joseph, à Naples, en 1806. Mort à Vaurs (Aveyron), le 30 oct. 1862.

Portrait à l'huile, 0 70 sur 0.60, en costume de général avec décoration. A Mme Chassaigne, en son hôtel, à Riom, rue de l'Horloge.

CHAPT DE RASTIGNAC (Marie), née en 1732. Mariée 1° au baron d'Aldin ; 2° au baron de Salvage de Faverol.

Belle miniature signée Labbé. A Mme Chassaigne à Riom.

DE CHARBONNEL, évêque-capucin.

(Voir la notice *Cathédrale du Puy*, de ce Dictionnaire.

DE CHARDON, (Benoît, seigneur de Chardon, près d'Allègre, archer de la compagnie du marquis d'Allègre en 1559, capitaine d'une des portes de la ville d'Allègre, en 1593, né en 1538, mort en 1618.

Fils de Jean et de Catherine de Ribes. 1 Peinture sur toile de 0 m. 26 sur 0 m. 20, à mi-corps, reg. à gauche (école de Clouet). Galerie de M. Grellet de la Deyte, à Allègre (Haute-Loire). 2 Copie du même, à M. Camille Grellet de la Deyte, colonel du 3e chasseurs d'Afrique, à Constantine.

DE CHARDON (Marguerite), mariée, avant 1588, à Annet Bon, seigneur de Couteuges ; née en 1569.

Mgr BARDEL,
Évêque de Seez,
né à Thiers en 1851

L'Abbé DOUHET
Curé de la cathédrale
de Moulins, né en 1847

Mgr Pierre-Marie BELMONT
Évêque actuel de Clermont-Ferrand,
né à Lyon, en 1838.

Cathédrale de Clermont-Fd.

L'Abbé TEYTARD
curé d'Aubière, né en
1828. Savant collec-
tionneur, bibliophile.

L'Abbé CLUZEL,
né en 1866, curé de
St-Joseph à Clermon
dont il a fait édifier,
la belle église.

Peinture sur bois de 0 m. 25 sur 0 m. 20 à mi-corps, regardant à g., peint en 1625. A M. Montalban, avoué à Brioude (Hte-Loire). Copie du même, Galerie de M. Grellet de la Deyte, à Allègre (Haute-Loire). Copie du même, à M. Camille Grellet de la Deyte, colonel du 3e chasseurs d'Afrique à Constantine.

DE CHARDON DES ROYS (Jean II) et Marie de Rochebaron, dame des Roys, sa femme, mariés en 1615 (Voyez Marie de Chalençon de Rochebaron).

Peinture à 2 personnages à M. Alexandre de Bellaigue, à Gray (Hte-Se). Reproduit dans cet ouvrage.

DE CHARDON DES ROYS (Benoit-François), chevalier, seigneur de Chardon, Gondolle, Auterive. Trésorier de France à Riom.

Fils de Jean II et de Marie de Chalençon de Rochebaron. Peinture sur toile, en buste, de 3/4 à droite. Galerie du vicomte de Saint-Genys, château du Chirat (Allier).

DE CHARDON DES ROYS (Marie-Pierrette), Née en 1741, morte en 1833.

Mariée, en 1762, à J.-F.-P. Valette de Rochevert. 1 Miniature de 0 m. 40 m. sur 0 m. 39, à M. Robert de Saldon du Cora, à Riom. 2 Petit portrait à l'huile, 0 m. 40 sur 0 m. 30, chez M. Piron, ingénieur à Montceau-les-Mines, dont elle est la trisaïeule maternelle.

DE CHARDON DES ROYS (Claude), chevalier, seigneur de Pouzols, Chardon, etc. Conseiller du roi en la sénéchaussée d'Auvergne, en 1719. Né en 1663 mort en 1738.

Peinture sur toile, en buste, de face. Au baron F. de Vinols, château de Volhac (Hte-Loire).

DE CHARDON DES ROYS (Antoine-Amable), écuyer, seigneur de Chardon, Souffleyt, Serres, Varennes, Borne, la Chazotte, né en 1713, mort en 1777.

Peinture sur toile, à mi-corps, en cuirasse, signée : Guibert 1749. Au baron F. de Vinols, château de Volhac (Hte-Loire).

DE CHARDON DES ROYS (Pierre), baron de Volhac, seigneur de Borne, Chazelet, lieutenant dans Orléans-infanterie, lieutenant des maréchaux de France au Puy, maréchal de camp en émigration. Né en 1744, m. en 1801.

1 Peinture sur cuivre, de 0 m. 22 sur 0 m. 18, en uniforme Orléans-infanterie, appartenant à Mme Recorbet, château de Tressac (Hte-Loire). 2 Copie, à M. de Bécourt, Trésorier-Général de la Lozère, château de Ceyssac (Hte-Loire). 3 Autre portrait, en uniforme de maréchal de camp, miniature sur une bague. Au Vicomte de La Chapelle d'Apchier, à la Dalgonne (Drôme). 4 Autre du même, peinture sur toile, de 0 m. 70 sur 0 m. 60. En costume de maréchal de camp. A la comtesse de La Chapelle d'Apchier, à Bournoncle (Haute-Loire).

DE CHARDON DES ROYS (Henriette), mariée, en 1800, à Claude-Charles de Morel de la Colombe de Lachapelle.

Fille du précédent. 1 Miniature, style Empire, même galerie qui précède. 2 Miniature montée en broche, à Mme du Roys, née de Vinols, au Puy (Haute-Loire).

DE CHARDON DES ROYS (Damase-Pierre), officier en émigration, sous-lieutenant des gardes du corps du roi, compagnie de Grammont avec rang de lieutenant-colonel, chevalier de St-Louis.

1 Peinture sur toile de 0 m. 98 sur 0 m. 80, en uniforme des armes du corps, signée : Devillers 1815, à Mme Recorbet, château de Tressac (Haute-Loire). 2 Copie du même, à M. de Bécourt, trésorier-général de la Lozère, château de Ceyssac (Haute-Loire).

DE CHARDON DES ROYS (Antoinette), mariée à Jules de Bayle de la Bâtie, conseiller général de la Haute-Loire.

Peinture sur toile de 0 m. 60 sur 0 m. 55, à mi-corps, assise. A M. de Bécourt, trésorier-général de la Lozère (Château de Ceyssac (Haute-Loire).

CHARRAS (J.-B.-Adolphe), né à Phalsbourg (Meurthe), le 7 janvier 1810, mort à Bâle (Suisse).

Ministre de la guerre par intérim (1848), lieutenant-colonel du 9e de ligne. Auteur, Député du Puy-de-Dôme. Rédacteur au journal National. 1 Lith. in-4, suite des députés de Basset 1848. 2 Gravure in-8. 3 Reproduction gravée du no 2 dans l' « Auvergne illustrée ».

CHARRIER (Gaspard), lieutenant particulier au présidial de Lyon 1670). Sa famille est originaire d'Issoire (Puy-de-Dôme).

Ant. Masson, 1670, d'après Th. Blanchet, in-folio.

CHARRIER DE LA ROCHE (Mgr. Louis), de la famille du précédent.

Né à Lyon en 1738, mort en 1827. Curé d'Ainay. Député du Clergé de Lyon, en 1789. Evêque constitutionnel de la Seine-Inférieure, 1er aumônier de Napoléon. Evêque de Versailles. — Lithographié par Bourdier.

CHARRON DE MENARS (Anne), femme de François IV, comte de Lastic, propre nièce de Colbert ; dame d'honneur de Mesdames Victoire, Sophie et Louise-Marie de France.

Peinture très belle, en pied, 3/4, dans le genre de Nattier, carré, château de Parentignat (Puy-de-Dôme).

DE CHARPIN DE GÉNETINES (Antoine), Evêque de Limoges 1706-1729), chanoine-comte de Lyon, abbé de Pébrac et grand vicaire de St-Flour.

Oncle de Louise-Hectorine de Charpin de Génetines, mariée, en 1773, à Gabrielle de Morel de la Colombe, écuyer, seigneur de Lachapelle sur l'Esson. Peinture sur toile de 0 m. 62 sur 0 m. 52, en buste, de 3/4 à droite. A Mme la comtesse de Lachapelle d'Apchier, à Bournoncle (Haute-Loire).

CHASSAIGNE-LAGRANGE, notaire à St-Amand-Roche-Savine, vers 1812, marié à Julie Durif (Voir ce nom).

Portrait à Haut-Teyras, chez M. Teyras de Grandval.

CHARTIER (Pierre), né à Riom, le 15 juin 1791, mort curé de la cathédrale de Clermont-Fd, le 28 novembre 1847. Prêtre d'une grande charité.

1 Lith. in-folio, par A. Pilinski (1847) ; 2 Lithog. Paris-Beaulieu, signée Robert, in-f.

CHARVILHAT (Edouard-Jérome-Annet), né à Bromont-Lamothe. Inspecteur d'Enregistrement (1889).

Le cardinal Charles
de BOURBON,
évêque de Clermont
mort en 1488.

Mgr Antoine COUDERT
né en 1861 à Manglieu (P.d.D.)
évêque de Kamas (Ceylan)

Mgr Gilbert de Veyny
d'ARBOUSE, évêque
de Clermont, mort
en 1682.

L'Abbé CROIZET,
curé de Neschers,
savant, mort en 1855.

Mgr Gustave-Adolphe de PELACOT
évêque de Troyes, né au Puy (Haute-Loire), en 1850.

Dom GERLE
prieur des Chartreux
du Port Ste-Marie
1789.

Mgr Damien GRANGEON
évêque d'Utine, né à Commol
près Gelles, (P.d.D.), en 1857

Le cardinal GIRAUD
archev. de Cambrai,
mort en 1850.

Le cardinal H. AY-
CELIN, dit de Billom
mort en 1298.

Photogravé dans 1.

CHARVILHAT (Gaston), né à Bromont-Lamothe, le 30 juin 1869. Docteur en médecine à Clermont-Ferrand. Auteur.

Photogravé dans 1 et dans ce Dictionnaire.

DE CHASLUS ou **DE CHALUS DE SANSAT** (Françoise), dame d'atour de Mᵐᵉ Adélaïde.

Mariée, en 1780, au duc de Narbonne-Lara. Issue des de Chalus de Sansat, d'antique noblesse d'Auvergne. Morte en 1821. — Dessinée et gravée par Quenedey au physionotrace, in-18 rare.

DE CHASLUS (Voir DE CHALUS).

CHASSAIGNE-GOYON (Alexandre), né à Thiers le 10 déc. 1814. Maire de Thiers (1848) ; conseiller général, député du Puy-de-Dôme en 1849. Maître des requêtes en 1852. Préfet de la Marne (1864). Conseiller d'Etat.

1. Son portrait gravé dans cet ouvrage d'après sa photographie ; mais celle-ci a été faite sur une belle peinture sur toile, de 1870, due à Lefebvre, au château de Lamothe, près Châteldon (P.-de-D.) ; 2 Gravé sur bois dans 1.

CHASSAIGNE-GOYON (Paul), fils du précédent, né le 2 août 1855. Docteur en droit, avocat à la Cour d'appel de Paris, conseiller municipal de cette ville.

1 Photogravé dans 1. 2 Phot. dans cet Dictionnaire.

CHASSAIGNE (J.-B.-Emile), né à Clermont-Ferrand, le 18 mai 1866. Architecte à Clermont-Ferrand.

Photogravé dans 1.

CHASSAING (Augustin), né à Pontaumur, le 25 déc. 1830. Mort au Puy (Hte-Loire), le 3 mai 1892. Archiviste paléographe. Juge au tribunal du Puy. (✳). Erudit.

Photographié, dans le présent Dictionnaire, d'après sa photographie faite à Paris.

CHASTELLUS (Anne), née à Clermont-Ferrand, le 29 août 1731, décédée au dit lieu, le 15 février 1800.

Mariée à Etienne Huguet, secrétaire du roi en la chancellerie près la cour des aides de Clermont-Fd. Peinture sur toile chez M. C. Barreyre, percepteur à Brioude (1900).

DE CHATEAUNEUF-RANDON (Voir D'APCHIER).

DE CHATEAUNEUF-ROCHEBONNE (Guillaume), Grand-maître de l'ordre de St-Jean de Jérusalem (1244-1250).

1 Portrait gravé par Cars, médaillon de 0 m. 16 sur 0 m. 11, buste de profil à droite, armure et casque. Galerie de M. Grellet de la Deyte, à Allègre. 2 Autre portrait gravé dans une suite de 55 portraits suivis de notices ; 3 Thomassinus, in-8, de profil à g. avec trois autres grand-maîtres, in-fol. ; 4 N. in-8, copie à droite ; 5 in-8 de profil, dans un rond, au bas 17 lignes italiennes. 6 Reprod. du n. 1 dans cet Diction.

DE CHATEAUNEUF DE ROCHEBONNE (Charles-François, comte), chanoine comte de Lyon, évêque et duc de Noyon, pair de France (1708-1722), commandeur des ordres du roi, aumônier du roi Louis XV, archevêque de Lyon en 1731.

Miniature à la sépia, ovale, en buste 3 4 à droite. Galerie de M. Grellet de la Deyte, à Allègre : 2 Peinture sur toile, ovale, en buste de 0 m. 70 sur 0 m. 55. Galerie de l'archevêché de Lyon ; 3 Gravure à mi-corps, de face, bibliothèque de la ville de Lyon ; 4 Parisel sculpt. in-fol., avec ses armes.

DE CHATEAUNEUF DE ROCHEBONNE (Nicolas), seigneur de la La Bouranges, du Peyron, capitaine de cent hommes de pied, envoyé, en 1657, du baron de Saint-Didier, aux Etats du Velay.

A mi-corps, en cuirasse, de 3 4 à droite, peinture sur toile, ovale, de 0 m. 70 sur 0 m. 56, cadre du temps. Galerie du château de Bayssac (Haute-Loire).

DE CHATEAUNEUF, marquis de Rochebonne (Jacques-Jean-Pierre), chevalier, seigneur de Cortial, en 1773, capitaine au régiment de Bourbon, chevalier de St-Louis.

Miniature sur ivoire, en uniforme du régiment de Bourbon. Galerie du château de Bayssac (Hte-Loire).

DE CHATEAUNEUF, comte de Rochebonne (Eugène), capitaine-commandant de chasseurs à cheval, chevalier de St-Louis, mort à Paris du choléra, en 1831.

Miniature sur ivoire, de face, en uniforme de capitaine de chasseurs à cheval. Galerie du château de Bayssac (Haute-Loire).

DE CHATEAUNEUF DE ROCHEBONNE (Françoise-Louise-Eléonore), mariée, le 5 mai 1833, à Claude Grellet de la Deyte, maire d'Allègre, conseiller général, morte la dernière de son nom, le 16 juin 1844.

Peinture sur toile, ovale, de 0,70 sur 0,52 ; en buste de face, décolletée, armes au haut de la toile, galerie de M. Grellet de la Deyte à Allègre.

DE CHAUDESAIGUES DE CHATEAUVIEUX (Anne-Claire), mariée, le 15 septembre 1807, à Alexandre, comte de Montaignac-Chauvance.

Miniature sur ivoire, en buste, galerie du vicomte de Sereys, château de Plauzat (Puy-de-Dôme).

CHAUDESSOLLE (Jean), notaire royal à Clermont-Ferrand, marié, en 1764, à Françoise Goyon (Voir ce nom).

Peinture sur toile, chez Mme veuve Rispal, née Chaudessolle, à Clermont-Fd., en 1860.

DE CHAULIAC (Guy). Né à Chauliac (Lozère), au XIVᵉ siècle, médecin du pape Clément VI, à Avignon.

Gravé par Ambroise Tardieu (mort 1851) in-8.

DE CHAULNES (Voir D'ALBERT).

DE CHAUVIGNY DE BLOT, l'abbé. Fils de Jacques et de Marie-Claude de la Roche-Aymon. Cousin-germain du cardinal de la Roche-Aymon.

Peinture sur toile au château de Mainsat (Creuse).

CHAUZIT (Barthélemy), chanoine d'Artonne, vers 1280.

Fresque du XIIIᵉ siècle d'une chapelle du chœur, dans la cathédrale de Clermont-Ferrand. Il est debout avec son saint patron et d'autres personnages. Copie en aquarelle au musée de Clermont-Ferrand.

Mgr PAGÈS, évêque de
Verdun, né à Pleaux
en 1835.

L'abbé Blaise FAYDIT,
aumônier de Mesdames,
de France, en 1789.

L'abbé ROCHE
curé de Lamontgie,
mort en 1877.

Mgr le Comte de BOURGADE de la DARDYE,
camerier secret de sa Sainteté le Pape,
né en 1850.

Ch. de DOUHET d'AUZERS,
évêque de Nevers, mort
en 1831.

Mgr Roch-Etienne, comte
de VICHY, évêque d'Autun,
né en 1753, à Paulhaguet
(Haute-Loire).

L'abbé François BOURGADE,
aumônier de St-Louis de
Carthage, mort en 1866.

Catherine de LANGEAC,
abbesse de Ste-Claire
à Clermont-Fd (1743-1785).

DE CHAVAGNAC (Gaspard), seigneur du Bousquet, maréchal de camp, en 1652.

Peinture à mi-corps, grandeur naturelle, hôtel du comte de Chavagnac, à Moulins (Allier). En cuirasse, son casque près de lui ; de la droite, il tient le bâton de maréchal de camp.

DE CHAVAGNAC (La Marquise).

Peinture de 0,75 sur 0,60. Au musée de Clermont-Ferrand. Acquise par ce musée.

CHAVAGNAT (Guillaume), né à Clermont-Ferrand, le 20 février 1720, négociant. Il a publié, en 1755, un *Traité de la Jauge*, à Clermont-Ferrand et un *Calendrier d'Auvergne historique*, en 1762. Mort à Paris, le 4 octobre 1764.

1 Peinture sur toile, de 0, 82 sur 0,65, au musée de Clermont-Ferrand ; 2 Dessin dans la collection Desbouts ; 3 Photogr. voir D ; 4 Photogr. dans ce Dictionnaire.

DE CHAVANAT.

Antique maison de haute noblesse qui a possédé, longtemps, le fief de Montgourd, près d'Auzances (Creuse). Il existait en 1860, au château de Lavaud-blanche (Creuse), près de la terre de Montgourd, plusieurs beaux portraits des de Chavanat, seigneurs de Montgourd. Cette famille serait représentée actuellement par M. Montgourd, à St-Étienne (Loire).

DE CHAVANIAC DE SUAT (Claude), mariée, le 15 mai 1684, à Guillaume, comte de la Rochelambert, seigneur du Fieu.

Peinture sur toile, ovale, de 0,90 sur 0,80. Galerie du château d'Esternay (Marne).

DE CHAZELLES (Voir Berard).

DE CHAZERAT (Ch.-Antoine-Claude), né à Clermont-Ferrand, le 20 avril 1729, mort dans cette ville, le 17 sept. 1824. Dernier premier président à la Cour des aides de Clermont-Fd. Intendant d'Auvergne, en 1789.

1 Huile peinture sur toile le représentant vers l'âge de 20 ans, chez M. Pouyet, artiste sculpteur à Clermont-Fd (en 1904) ; 2 Lithogr. dans « l'Histoire de Clermont-Fd, par A. Tardieu ; 3 Lithog. médaillon, voir A ; 4 Lith. Voir H ; 5 Peinture sur toile au musée de Riom.

DE CHAZERON (Gilbert), né au château de Chazeron, seigneur de Chazeron, Pionsat, Roche-d'Agoux. Maréchal de camp, gouverneur et sénéchal du Bourbonnais. Chevalier du St-Esprit (1595).

1 Peinture sur toile au château de Chazeron ; 2 Gravé dans « l'Auvergne illustrée ».

DE CHEMINADES (Louis - Philibert), comte de Lormet, seigneur de Courbières, le Monet, Duret, Aubaron. Brigadier des armées du roi. Maréchal de camp, en 1790. Président du conseil général d'administration du département de la Hte-Loire, en 1790. Mort en 1805.

Peinture sur toile de 0,66 sur 0,52, en buste, de 3 à gauche, en uniforme de lieutenant-colonel du régiment d'Orléans. Au comte de Fornel du Roure de Paulin, à Cusset (Allier).

CHIRAC-JARSAILLON (Ant. - Félix), né à St-Clément de Valorgues, en 1848. Propriétaire du château de la Frédière. Directeur de la Société générale à Ambert.

Photogravé dans I.

CHIROL DE LA BROUSSE (Pauline), née à Châlons, le 18 brumaire, an IX, fille de Jean.-Ant., vérificateur de l'enregistrement et de Geneviève de Chapt de Rastignac. Mariée, en 1835, à Hippolyte de Loisel, mort en 1853 (Voir de Loisel).

Petit portrait peint à l'huile, en buste, chez Mme Barrière, château de Comits, près Volvic (P.-d.-D.). Cette dernière est la nièce de Mme de Loisel ; elle est née Chirol de la Brousse de Labsale.

CHIROL DE LA BROUSSE (Joseph), frère de la précédente. Conseiller à la cour de Riom.

Beau portrait peint conservé dans sa famille.

DE CHOISEUL - PRASLIN (Renaud-César-Louis). Dernier seigneur de Randan, en 1789. Duc, pair de France. Député de la noblesse d'Anjou à l'Assemblée nationale, en 1789. Né en 1735, mort en 1796.

1 Dessiné et gravé par Queneley, in-8 l., 75. 2 Voir H.

CHOLLET-BEAUFORT (Pierre), né à Aigueperse, le 31 janvier 1762, avocat au bailliage de Montpensier, en 1789 ; du Conseil des 500 (1799). Membre du corps législatif. Mort célibataire, à Paris, le 18 octobre 1813.

1 Gravé à la manière noire, par Gonord ; 2 Lithogr. médaillon dans A.

CHOMEL (J.-B.-Pierre), né à Paris, le 2 septembre 1771, mort le 3 juillet 1740. Célèbre médecin. Sa famille originaire de Gannat (Allier). Il vint herboriser en Auvergne, en 1740 et fit l'analyse des eaux minérales de l'Auvergne.

1 Tournière p. J. Daullé sc. in-8 ; 2 Gann sc. in-8 ; 3 Reproduction du n° 1 dans l' «Auvergne illustrée ».

CHOMETTE (l'abbé Régis), né à Eglisolles, en 1854. Curé d'Arlanc.

Photogr. dans I.

CHOPPIN (Nicolas), magistrat de la cour des grands Jours d'Auvergne, en 1665-1666.

Gravé sur la planche représentant les magistrats de ces Grands Jours, reproduite dans cet ouvrage.

CHRISTOPHLE (Bertrand), Né à Issoire, en 1827. Député du Puy-de-Dôme.

1 Gravé sur bois dans I ; 2 gravé sur bois, dans Notice général. de la famille Bonnefoy, in-4.

CIBAUD (Louis-Albert), né à Brousse (Puy-de-Dôme), le 28 novembre 1819, Auteur. Curé de Montferrand (1889). Mort en 1874.

Photogravure in-12.

CIBRAND (Jules-François-Joseph), né à St-Babel, le 12 mars 1867. Avoué à Issoire.

Photogravé dans I.

CINQ-MARS (Voir Coéffier d'Effiat).

CIVIALLE (Jean). Né à Thiezac, en juillet 1792, médecin-chirurgien, célèbre membre de

Gaspard de COURTILHE,
baron de Glat, en 1770.

J.-B. PAGES des LUTTES,
garde du corps, trassacte à la porte des appartements de Marie-Antoinette, en 1789.

F.-J. du PEYROUX,
chevalier de Malte, commandeur de Fortchausse, en 1789.

Christophe de MICHEL du ROC,
général de division,
l'ami de Napoléon I. Mort en 1813.

Etienne FALCON,
député, né à Riom, en 1836,
Président de Chambre
à la Cour de Lyon.

Marie de BOURBON de POMEYROL,
mariée, en 1723,
à J.-P. de Surel de St-Julien.

Le docteur Antoine LIZET,
médecin, mort à Clermont-Fd,
en 1852.

Augustin CHASSAING, érudit,
juge au trib. du Puy, mort en 1890.

J.-P. de SUREL,
seigneur de St-Julien, mort en 1756.

l'Académie de médecine et de l'Académie des sciences. Inventeur de la lithotritie. Mort le 13 juin 1867.

Lithogr. de Delpech, in-4. *Mouron delineavit.*

CLAUSELS (Marie-Jean), né à Vic-sur-Cère (Cantal), en 1840. Avocat à la cour de Riom.

Photogravé dans I.

DE CLAVIÉRES (Marie-Albertine-Josephine-Amour), épouse de Guillaume-Antoine, marquis de Bouillé et du Cluzel-St-Eble, baron d'Alleret, morte en 1740.

Galerie du château de Cluzel (Haute-Loire).

CLÉMENT VI (Voyez ROGER Pierre).

CLÉMENTEL (Etienne), né à Riom, en 1864, notaire à Riom; député du Puy-de-Dôme.

1 Photogravé dans I.

DE CLERMONT DE CHASTE GESSANS (Annet). Elu, en 1660, 58e grand-maître de Malte. Bailli de Lyon.

1 In-8 des 3/4 à g. dans un rond à claire voie, au bas 3 lignes italiennes; 2 Cars sc. in-4.

DE CLÉVES (Jean III, duc, gouverneur d'Auvergne, mort en 1539.

Photolith. Voir II.

CLUZEL (L'abbé, né à St-Saturnin, le 4 février 1846. Curé de St-Joseph, à Clermont-Ferrand.

Artiste de goût, architecte de haute valeur. Archéologue savant. A été l'intelligent promoteur de la belle église de St-Joseph, à Clermont-Ferrand, ce qui l'honore grandement. 1 Portrait photogravé dans I. 2 Photogravé dans ce dictionnaire.

COCHET DE ST-VALLIER (Melchior), président au parlement de Paris, chanoine-honoraire comte de Brioude, mort en 1738.

1 Simonneau in-12, 2 Gravé par Thomassin.

DE COEFFIER D'EFFIAT (Antoine), dit Rezé. Marquis d'Effiat.

Né au château d'Effiat. Chevalier du St-Esprit. Maréchal de France (1631), Lieutenant-général de l'armée du roi en Allemagne, où il mourut de maladie près de Trèves, en 1632. Il fut enterré dans l'église d'Effiat. 1 Boissevin, in-4. 2 Callot, à l'armée. 3 Lithographie médaillon, voir A. 4 Gravé en petit, voir C. 5 Gravé, voir B. 6 Médaille procédé Collas. 7 Reproduction du n° 6 dans l' "Auvergne illustrée" et l' "histoire d'Auzances et de Crocq", par A. Tardieu. 8 Peinture, par Simon Vouet, sur toile, donnée par lui, à son ami de Champflour, conservée actuellement par M. de Champflour, à Riom, descendant de ce dernier et reproduite dans cet ouvrage. 9 Gravé en petit dans le "Guide d'Auvergne" (Puy-de-Dôme), par A. Tardieu. 10 Portrait peint chez M. Rodde de Chalaniat, à la Sauvetat (Puy-de-Dôme).

DE COEFFIER D'EFFIAT (Henri), dit Cinq-Mars, né au château d'Effiat, mort la tête tranchée à Lyon, le 7 sept. 1642, à 22 ans, victime des vengeances de Richelieu, s'étant trouvé engagé dans les menées de Gaston duc d'Orléans.

1 Daret in-8, façon de Mellan. 2 Boissevin in-4. 3 Moncornet. 4 Dans Odieuvre. 5 Lithogr. in-folio. 6 Lithogr. médaillon, voir A. 7 Gravé (très petit) dans le "Guide d'Auvergne" (Puy-de-Dôme), par A. Tardieu.

COEFFIER D'EFFIAT (Antoine), marquis d'Effiat, seigneur de Longjumeau, chevalier du St-Esprit, en 1688. Mort en 1719.

1 Portrait dessiné à l'encre de chine, fonds du St-Esprit, Bibliothèque nationale, à Paris. (T. 56), n. 2930.

COHADON (L'abbé). Né au Mont-Dore, en 1797. Mort à Riom, en 1861. Curé du Mont-Dore (1830), de Bourg-Lastic (1837), de St-Amable de Riom (1844). Auteur. Erudit.

1 Lithogr. dans A. (médaillon) d'après sa photographie. 2 Gravé dans l' "Auvergne illustrée", in-8, signé P. A. V. Varin).

COHENDY (Oscar-Jean-Marie), né à Clermont-Ferrand, en 1842. Pharmacien à Clermont-Ferrand.

Photogravé dans I.

COHENDY (Claude), né à Clermont-Ferrand, fils du précédent.

A cheval, rôle du comte d'Auvergne, en armure dans le "Livre d'or du cortège des croisés à Clermont-Ferrand", par A. Tardieu.

COHENDY (Michel), né à Clermont-Fd. Frère du précédent.

A cheval, rôle de Beraud II, dauphin d'Auvergne. Dans le "Livre d'or du cortège des croisés à Clermont-Ferrand".

COHENDY (Frédéric), né à Clermont-Fd., en 1867. Docteur-médecin à Clermont-Fd.

Photogravé dans I.

COHENDY (Jean), né à Royat, en 1844. Maire de Royat. Propriétaire.

Photogravé dans I.

COL (Dom Claude-Joseph-Balthazar), bénédictin de l'abbaye de St-Alyre, à Clermont-Ferrand.

Né en 1745 à Roure, près St-Anthème (Puy-de-Dôme), mort au petit séminaire de Clermont-Ferrand, à l'infirmerie, le 16 février 1795. 1 Peinture sur toile conservée à Ambert (Puy-de-Dôme), par Mme Chanat, sa petite nièce. 2 Photogravé dans ce dictionnaire, d'après le n° 1, en costume de prêtre.

DE COLLANGES (Gabriel), né à Tours, près de St-Dier, en 1524. Valet de Chambre du roi Charles IX. Savant mathématicien. Auteur. Tué par erreur à la St-Barthélemy, en 1572, ayant été pris pour huguenot.

1 Gravé sur bois, in-4, en 1561, d'après un crayon original présumé de François Clouet. 2 Reproduction du n° 1 dans l' "Auvergne illustrée".

COLLANGE (L'abbé). Né le 18 avril 1807, mort le 13 février 1839. Curé de la paroisse de St-Genès de Thiers. Fondateur de la maison du Sauveur.

Lithographie in-folio, imprimerie de Thibaud Laudriot, à Clermont-Ferrand.

COLLIN (Eugène, né à Billom, en 1825. Docteur-médecin à St-Honoré-les-Bains.

Photogravé dans I.

Galerie de M. le Comte de SAMPIGNY château de la Forêt. Allier .

Louis-Ignace de REHEZ,
comte de Sampigny, marquis
d'Effiat, mort en 1712.

Gabriel-Fçois, comte de REHEZ
de SAMPIGNY, marquis d'Effiat.
Né en 1697.

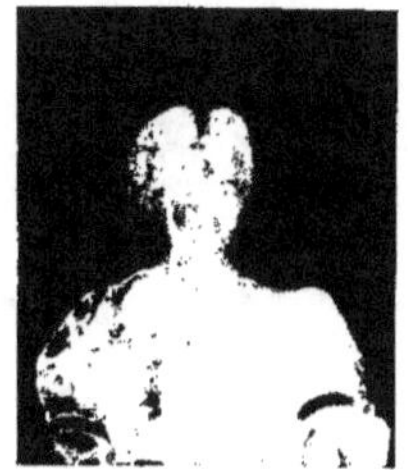

Henriette-Claire ORYOT
d'ASPREMONT, mariée, en 1693,
à Louis-Ignace de Rehez,
comte de Sampigny.

de Rehez
de Sampigny.

Antoinette de VERNAISON,
mariée, en 1732,
à Gabriel-François de Rehez,
comte de Sampigny.

Ignace-Hyacinthe de REHEZ,
comte de Sampigny-Bussières,
mort en 1819.

Jean-Baptiste de REHEZ,
comte de Sampigny de Denones,
capitaine de dragons 1749.

DE COLLONGES (Hugues), chanoine et comte de Brioude.

De la Boussière sculps., in-folio, dir. à droite, dans une bordure carrée, formée de feuilles de chêne.

DE COLLOMB DE LA TOUR BEAU-ZAC (Marie-Françoise-Marthe), mariée, en 1712, à Gilbert, comte de la Rochelambert.

Peinture sur toile de 0 m. 80 sur 0 m. 62. Galerie du château de Thévalles (Mayenne).

DE COMBAREL DE LEYVAL (Mathieu-Louis-Désiré, comte), né au château du Vernet (Puy-de-Dôme), en 1808, mort à Paris, en 1869. Député du Puy-de-Dôme en 1839-1848.

Gravé sur bois dans J.

DE COMBES (Armande-Gabrielle), mariée, en 1640, à Georges de Chabron, seigneur de Limandres.

Peinture sur toile, ovale, de 0, 70 sur 0 58, à mi-corps, de 3 4 à gauche, décolletée. Galerie de M. de Chabron de Solilhac, à St-Paulien (Haute-Loire).

DE COMBRES (Noble Jean-Michel).

Fils d'Hector et de Léonore du Cluzel. Peinture sur toile, ex-voto, à genoux, en costume de l'époque Louis XIV, rendant son vœu. Musée religieux de la cathédrale du Puy.

COMMANDOIRE (Etienne), né le 18 janvier 1759, décédé le 22 novembre 1825. Curé de Montferrand.

Dessiné au lit de mort par Bonhomme. Lith. de Thibaud Landriot, in-folio.

COMPAGNON (Léon), architecte à Clermont-Ferrand, où il est mort, le 5 juin 1890, à 68 ans. Il était né à Phalsbourg (Meurthe).

1 Lithographie (charge) dans la « Mouche Clermontoise », in-folio, 1887. 2 Reproduction du n° 1 dans cet ouvrage.

CONCHON, dit **CONCHON DE RO-CHEVERT** (Claude-François-Marie), né à Volvic, marié, en 1799, à Marguerite-Pierrette Valette de Rochevert.

Portrait à l'huile, sur toile, de 0,80 sur 0,65. A M. Joseph Barrière, ingénieur, à la sucrerie de Bourdon (Puy-de-Dôme).

CONCHON (Hippolyte), maire de Clermont-Ferrand (1835-1848). Conseiller à la cour de Riom (✳)

Né à Aubusson (Creuse) en 1794. Mort à Paris en 1865. Gravé sur bois dans J.

CONCHON (André Philibert-Joseph), né à Volvic en 1864. Docteur-médecin à Châtelguyon.

Photogravé dans I.

CONTRASTIN (P. P.), vicaire de Saint-Roch, exilé à Aurillac, sa patrie, en 1753.

Adeline sc. in-folio.

COQUELUT (Michel-P.-B.), né à Clermont-Ferrand. Pharmacien à Clermont-Fd.

Photogravé dans I.

DU CORAIL (Voir DE SABLON DU CORAIL).

DE CORBIE (Voir Ste-FLORE).

DE CORDEMOY (Gérard), d'une famille fixée à Paris, mais originaire de Royat (Puy-de-Dôme), où elle existe encore, représentée par des paysans. Né à Paris en 1626, mort au dit lieu, le 8 oct. 1684. Lecteur du Dauphin ; de l'Académie française 1675.

1 Peint par un de ses fils ; de Rochefort, sc. 1703, in-4 ; 2 Gravé d'après le n. 1 dans l'Histoire de Royat, par A. Tardieu ; 3 le n. 2 dans cet ouvrage.

DE CORDÈS.

Sous ce nom, il y a un portrait in-18, médaillon, gravé au physionotrace par Quenedey. Serait-ce Pierre GRANGIER, baron de Cordès, près d'Orcival (P.-de-D.) en 1789 ? (Voir GRANGIER).

DE CORDEBŒUF DE BEAUVERGER DE MONTGON (L'abbé Charles-Alexandre), né à Versailles le 24 septembre 1690. Mort à Sarlière (Pays-Bas), en 1770. Diplomate, agent de Philippe V, en France. Il a publié des *Mémoires*.

Habert pinxit 1746, Taujé sc. 1748, in-12, dans un ovale.

DE CORDEBŒUF DE BEAUVERGER DE MONTGON (Charlotte), dame de Montfort, mariée en 1721, à Claude, comte de la Rochelambert, seigneur du Fieu. Fille de Charles-Ignace et de Marie de Bonnevie.

Peinture sur toile de 0,80 sur 0,70 ; galerie du château d'Esternay (Marne).

CORNUDET (Le comte Joseph, né à Crocq (Creuse) le 15 sept. 1755, mort à Paris en 1834. Sénateur, pair de France. Comte de l'Empire.

Photogravé in-16 (de 1888), dans l'Hist. d'Auzances et de Crocq, par A. Tardieu et Boyer.

CORNUDET (Le comte Emile), né à Paris le 19 février 1855. Petit-fils du précédent. Député de la Creuse.

1 Gravure sur bois, ovale, très petit ; 2 Photogr. du n. 1 ; 3 Gravé dans le Dictionnaire des Contemporains, par St-Lame.

CORNY (Adolphe), né à Pont-du-Château en 1834. Pharmacien à Pont-du-Château.

Photogravé dans I.

CORNY (Victor), né à Pont-du-Château en 1866. Docteur en médecine à Lezoux.

Photogravé dans I.

CORRET DE LA TOUR-D'AUVERGNE (Théophile-Malo). Célèbre guerrier.

Né à Carhaix (Finistère), le 23 nov. 1743, tué à Oberhausen (Bavière), en 1800. Descendant d'une branche bâtarde de la maison de la Tour-d'Auvergne. — 1 Lithog. in-4 ; 2 Portrait peint à St-Servain, chez M. le prince de la Tour-d'Auvergne ; 3 Gravure sur bois signée M. Trichon, in-8.

DE COSNAC (Daniel), seigneur de la Guesle, près Vic-le-Comte et du Charioles. Evêque de Valence (1654), archevêque d'Aix (1687), en Provence. Mort à Aix, en 1708, à 84 ans.

1 g. Boulanger, 1666, d'après J. Le Febvre, in-fol. 2 in-8, photogravé d'après le n° 1.

Dom GERLE,
prieur de la Chartreuse du
Port Ste-Marie, en 1789.

Mgr Jean-Georges LE FRANC de POMPIGNAN,
évêque du Puy (1742-1774).

Dom VERDIER LATOUR
savant bénédictin en 1789.

André IMBERDIS,
magistrat, auteur, érudit. Né à Ambert en 1810.

L'abbé L.J.J. GRIVEL,
aumônier de la Chambre des pairs.
Savant collectionneur, Auteur.
Né à Ambert en 1880.

Dom COL, bénédictin, érudit, mort en 1795.

Le Père BRIDAINE,
célèbre prédicateur, à Clermont-Fd
en 1750.

DE COSNAC (Louis). Fils de Daniel-Joseph, seigneur de la Guesle et de Marie-Anne de Lostanges. Chevalier de Malte, puis capitaine de cavalerie, en 1789.

Portrait gravé au physionotrace, in-18, par Quenedey.

DE COSNAC (Gabriel-Jules, comte, marquis de Guillaumanches), né à Clermont-Fd., le 13 avril 1819. Historien (?). Agriculteur.

1 Gravé dans le « Dictionnaire des Contemporains », par St-Lanne ; 2 Sa photographie, par Wallery, in-12, dans notre collection.

DE COSNET (Voir Laissé).

COSTES (Thomas.-J.-B.-Antoine-Adolphe), banquier, né à Ambert en 1813, mort en 1886. Député du Puy-de-Dôme, (1876-1885).

Gravé sur bois dans J.

COTE-BLATIN (Joseph), né à Lyon, le 25 mai 1845, conseiller général de Clermont-Ferrand. Censeur à la banque de France de cette ville.

1 Photogravé dans E ; 2 Photogr. dans cet ouvrage.

COUDERT (Antoine), né le 20 mars 1851, à Manglieu. Évêque de Banias, coadjuteur de Mgr Melizan, archevêque de Colombo (Ceylan). Sacré, en 1898, dans la cathédrale de Colombo.

Photogravé dans l' « Almanach de la Croix d'Auvergne », en 1899 (voir la reproduction dans ce Dictionnaire).

COUPAT (Jean-Baptiste), né à Brousse, en 1852. Maire et notaire de St-Jean-des-Ollières.

Photogravé dans 1.

COURBAIRE DE MARCILLAT (Victor-H.). Vivant.

Peint sur toile, château de Marcillat (Puy-de-Dôme).

COURBAIRE DE MARCILLAT Conseiller à la cour de Riom, mort avant 1868.

Peint sur toile de 20, Au château de Marcillat (P.d.D).

COURBAIRE DE MARCILLAT, ancien curé-doyen de Courpière (xixᵉ siècle).

Peinture sur toile, au château de Marcillat (P.-d.-D.).

COURBY DE COGNARD (Pierre-Louis), né à Thiers, le 26 août 1799. Général de brigade. Mort près de Tarbes, en 1863.

1 Lithographie de 1845. 2 Lithogr. en médaillon voir A, d'après le n° 1).

COURTADE (Antoine), né à Thiers en 1857. Docteur-médecin à Paris. Auteur fécond.

Photogravé dans 1.

DE COURTENAY (Anne), épouse de Maximilien de Béthune, duc de Sully, le ministre d'Henri IV, mort en 1641.

Van Schuppen, 1660, in-folio.

DE COURTILHE (Gaspard), baron de Giat, en 1770.

1 Peinture sur toile, à Felletin (Creuse), chez M. le comte de Brmon ; 2 Gravé dans le présent volume, sur le n. 1.

COURTIN (Antoine), né à Riom, en 1622. Mort à Paris en 1683. Trésorier de France à Riom. Ambassadeur en Suède. Auteur.

1 Ch. Chevrier pinx. Vermeulen sculpsit ; 2 Peinture sur toile chez M. Paul de Bellague, à Clermont-Fd ; 3 H. Chevrier p. Vermeulen, sc. in-4.

COURTIN (Jean-Paul), trésorier de France à Riom. Fondateur de l'hôpital des Incurables de cette ville. Mort en 1737.

Peinture sur toile à l'hôpital général de Riom.

DE COUSIN DE LA TOUR-FONDUE.

Il existe divers portraits de cette famille, des xviiᵉ et xviiiᵉ siècles, au château de St-Amand-Tallende (Puy-de-Dôme).

DE COUSIN DE LA TOUR-FONDUE. (Le baron Claude), né à St-Amant-Tallende. Grand croix de St-Lazare et de N.-D. du Mont-Carmel. Seigneur de Murol, des Salles. Mort le 18 janvier 1763.

1 Peinture sur toile, château de Murols, au comte Anatole de Cousin de la Tour-Fondue, à St-Amand-Tallende ; 2 Lithog. médaillon, voir H ; 3 Phot.-lith. voir D.

COUTHON (Georges-Auguste), né à Orcet, le 22 déc. 1756. Avocat. Député du Puy-de-Dôme à la Convention (1792). Se distingua par sa férocité. Mort décapité par la Révolution, en 1794.

1 Blaisot, lith. in-4 ; 2 Lith. in-8 ; 3 F. Gauthier sc. Ch. Bonneville in-8 ; 4 Dessiné par Gabriel d'après nature in-8 ; 5 Portman sc. 6 Robinson sc. in-8, publié par Furne. 7 Berlonnier sc. dir. à droite. 8 Bonneville sc. dir. à droite ; 9 Duflos sc. dir. à dr. 10 Ficquet sc. gr. in-8 ; 11 Galerie de Versailles ; 12 Opwood sc. ; 13 Ingouf junior sc. 1784 ; 14 Petit sc. ; 15 Cathelin sc. chez Crépy médaille ; 16 Delignon sc. ; 17 Buste gravé par Delvaux ; 18 Estuon sc. Hopwood gr. dir. à dr. ; 19 Ingouf Junior ; 20 Landon, dir. in-18 au trait ; 21 Massard sc. ; 22 A sc. A. profil ; 23 Poule sc. in-18 ; 24 Poule sc. in-fol. (*Les illustres français*) ; 25 Gravé d'après un dessin de la collection Desbouis ; 26 Lith. médaillon dans A. 27 Gravé en petit, *Guide d'Auvergne* (Puy-de-Dôme), par A. Tardieu.

COUTURIER (Jean), né en 1730, mort en 1799. Abbé de Pibrac.

Sloquart sc. in-8, dans un ovale.

DE CRESSAC DE LA BACHÉLERIE (Le vicomte Joseph). Conseiller au présidial du Dorat en 1789.

Pastel ovale, en buste, de 35 sur 28. A Mme la baronne de Cressac, née de Cressac de la Bachélerie, château de Châteaubrun (Puy-de-Dôme).

DE CRESSAC DE LA BACHELLERIE, Voir Regnault du Moutier Malcard, Peyronnet).

DE CRESSAC DE LA BACHELERIE (Jacques-Edouard, vicomte). Ingénieur-civil. Chevalier de Saint-Grégoire-le-Grand, de St-Maurice et St-Lazare. Mort au château de Châteaubrun, le 29 octobre 1896. Marié à Mlle Blanche Peyronnet. (Voir ce nom).

Peinture sur toile de 1 m. 80 sur 1 m. 20, par Mlle Forget, représenté en pied, assis devant son bureau, un livre à la main, regardant à dr. ; galerie du château de Châteaubrun (Puy-de-Dôme).

Gilles TOURNYOL,
qui accompagna St-Louis
à la croisade (1270).

Guillaume Philippe TOURNYOL,
premier président
du présidial de la Marche (1680).

Gérard TOURNYOL, chambellan
du roi Louis XI (1460).

François de NOAILLES,
comte d'AYEN, né en 1584,
chevalier des ordres du roi,
mort en 1645.

David, vicomte de BOUCHARD,
d'AUBETERRE, ami du roi Henri IV,
tué au siège de Lisle, en 1593.

Louis du BOUCHET,
marquis de Sourches,
prévôt de l'hôtel du roi,
en 1719.

Augustin de BEAUFRANCHET,
chanoine-comte du noble chapitre
de St-Julien de Brioude, en 1776.

J.-J. VAISSIÈRES,
poète, imprimeur, etc.,
Mort à Clermont-Fd, en 1855.

Marie-Joséphine de SERVIÈRES,
mariée, en 1680, à Gilbert-Antoine
de Beaufranchet, seign. d'Ayat.

DU CROC (Anne), dame du Fieu, mariée, en 1635, a Charles II, comte de la Rochelambert, seigneur de Marsillac, etc.

Peinture sur bois, de 2 m. sur 1 m. 50, en pied, de 3/4 à droite. Au marquis de la Rochelambert-Montfort, château d'Esternay (Marne). 2 Copie du même, galerie du château de la Rochelambert.

DU CROC DE BRASSAC (Marie-Gabriel-le-Jeanne-Adelaïde), dame de Brassac, etc., mariée, en 1802, à Charles-Nicolas-Auguste, marquis d'Apchier; née en 1774, morte en 1834.

Miniature sur ivoire, de profil, à Mme la comtesse de Lachapelle d'Apchier, à Bournoncle (Hte-Loire).

DU CROC (François), chevalier, seigneur de Bressouillières, marié, en 1681, à Louise de la Rochefoucauld, dame de Brassac.

Peinture sur toile, ovale, en buste, et en cuirasse, de 3/4 à gauche. A la comtesse de Lachapelle d'Apchier, à Bournoncle (Haute-Loire).

DU CROC, comte de Brassac, Antoine-Charles-François-Joseph), né en 1772, élève de l'école d'Effiat, officier en émigration, capitaine d'infanterie, mort en 1812.

Peinture sur toile de 0.64 sur 0.52, en buste de 3/4 à droite, uniforme noir à parements rouges. A la comtesse de Lachapelle d'Apchier, à Bournoncle (Haute-Loire).

CROIZET (l'abbé Jean-Baptiste), né à Cournon, le 12 janvier 1787. Curé de Neschers. Savant paléontologue. Mort en 1859.

1 G. Eck lith. de Engelman in-fol. dir. à droite. 2 G. Boilly, lith. de Thierry frères in-8. 3 Lith. médaillon voir A. 4 Gravé petit médaillon dans le « Guide d'Auvergne » (Puy-de-Dôme), par A. Tardieu. 5 Buste au musée de Clermont-Fd., par Chalonnax.

CROIZIER (Jean-François), né à Billom, en 1787, m. à Rodez, en 1855. Évêque de Rodez.

1 Lithographie vers 1825, dessin de Boilly, in-8. 2 Lith.-médaillon dans A. 3 Gravé en petit dans le « Guide d'Auvergne » (Puy-de-Dôme), par A. Tardieu.

DE ou **DU CROS** (Jean). Né à Calimafort.

Évêque de Limoges, en 1348, cardinal (1371). Sa famille paraît être originaire d'Auvergne et de Clermont-Ferrand. Gravé dans l' « Histoire des cardinaux Français », par Duchesne, in-4.

DE CROS (Pierre), frère du cardinal Jean de Cros, qui précède. Né à Calimafort. Prieur de la Voûte. Évêque de St-Papoul, archevêque d'Arles (1370).

Gravé in-4, dans l' « Histoire des cardinaux français », par Duchesne.

CROZAT (Mlle), vivant en 1704. Elle était de la famille du financier Crozat qui, en 1714, acheta la baronnie de Thiers, en Auvergne. (Ce dernier était né à Toulouse).

Paolo Mattei. G. Langlois sc. 1704. in-8.

DU CROZET, Marquis de Cumignat.

Noble et antique maison, connue dès 1233. Belle galerie de portraits au château de Cumignat (Hte-Loire).

DU CROZET (Claude-Antoine), écuyer, seigneur de Cumignat, Javaugues, Legrenoux, Orceyrolles, Chambillac-le-Bois, en 1693.

Peinture sur toile, en buste. Château de Cumignat (Haute-Loire).

DU CROZET DE CUMIGNAT (Jeanne-Thérèse). Mariée en 1716, à François Loup de Truchet de Chamberthac.

Pastel, buste. Château de Cumignat (Haute-Loire).

DU CROZET (Charles-François), écuyer, capitaine de cavalerie, chevalier de St-Louis, en 1754.

Peinture sur toile, en buste, château de Cumignat (Haute-Loire).

DU CROZET (François-Florimond), chevalier, comte de Cumignat, seigneur de Javaugues, Orceyrolles, etc. Lieutenant-colonel au régiment d'Aquitaine, Chevalier de Saint-Louis 1754.

Il épousa en 1754, Marie-Louise-Charlotte de Barentin de Montchal (Voir ce nom). Peinture sur toile, en buste, cadre du temps. Au château de Cumignat (Haute-Loire).

DU CROZET (Charles-J.-B.-François), marquis de Cumignat, seigneur de Javaugues, major au régiment Dauphin-cavalerie, chevalier de St-Louis, émigré.

Marié à Angélique de Caulet de Gramond (Voir ce nom). Peint sur toile, en buste. Château de Cumignat (Haute-Loire).

DU CROZET DE CUMIGNAT (Jeanne-Marie), soeur du précédent, veuve de J.-B. de la Salle, baron de Vals-le-Chastel, m. en 1808.

Peinture sur toile, buste. Château de Cumignat (Haute-Loire).

DU CROZET DE CUMIGNAT (Joseph-Marie-Charles-Adrien, marquis), ancien officier de la maison du roi (✳), maire de Javaugues, vivant en 1823, neveu de la précédente.

Peinture sur toile, buste, Château de Cumignat (Haute-Loire). Il avait épousé Mlle de Borne Saint-Etienne de St-Sernin (Voir ce nom).

DU CROZET DE CUMIGNAT (Voir DE BROSSIN DE MÉRÉ).

DE CRUSSOL (François, duc d'Uzès, seigneur de Serey, près le Puy (Haute-Loire).

Mort à 80 ans, le 14 juillet 1680. Premier pair de France, chevalier des ordres du roi en 1661, marié, en 1660, à Marguerite d'Apchier, dame de Sereys en Velay, fille unique de Jean, baron d'Apchier. Gravé par Montcornet, in-8.

DE CRUSSOL (Voir de FLAGHAC).

CULHAT, seigneur du Chamond (Louis) (Voir DE MALLET).

CULHAT DU CHAMOND (Angélique-Juliette), morte célibataire.

Fille du précédent, miniature. A M. Louis Culhat du Chamond, son neveu, château d'Allagnat (P.-d.-D.)

CUSSON, bouquiniste à Clermont-Fd.

Dessiné par Charles Silvain, lithogr. en 1896 (Collection Ch. Silvain).

DAILLOUX (Abel), né à St-Dier (P.-de-D.), en 1852. Instituteur à Valz-sous-Châteauneuf.

Photogr. dans I.

DE DAILLON DU LUDE (François), né en 1570, gouverneur d'Auvergna, mort en 1619. Seigneur de Pontgibaud, lieutenant-général de la province d'Auvergne.

Le XIXe siècle LES MINISTRES.

Philippe MÈGE, né en 1817, à Riom,
Ministre estimé de l'instruction publique

Eugène ROUHER,
célèbre homme d'État, né en 1814,
à Riom. Ministre.

F. ESQUIROU de PARIEU,
né en 1815, à Aurillac,
excellent ministre de l'Instruction publique.

Agénor BARDOUX, né à Bourges, en 1829.
Ministre de l'instruction publique
de grande valeur. Mort à Paris.

1 Stuerbell in-4 ; 2 Lith. in-8, dans « Pontgibaud, son Histoire », par A. Tardieu ; 3 Portrait au crayon à la Bibliothèque nationale, à Paris. En buste de 3/4 à g. porte une large collerette Louis XIII ; 5 Voir H.

DE DAILLON DU LUDE (Gaspard), fils du précédent, né en 1603, évêque d'Agen en 1631, puis d'Alby en 1635. Mort le 24 juillet 1676, à Alby. Il fut baron du Montel-de-Gelat, en Auvergne (1670).

1 R. Lochon, in-folio ; 2 Juste d'Egmont par Pitau sc. 1666, in-fol. de 3/4 à g. dans une bordure ovale, avec ses armes ; 3 Peinture sur un panneau (dessus de porte de l'archevêché d'Alby).

DE DAILLON DU LUDE (Henri), neveu du précédent, comte du Lude, seigneur de Pontgibaud, grand maître de l'artillerie, duc et pair, mort le 30 août 1685.

1 Moncornet ; 2 Larmessin ; 3 Lenfant. 1960, in-fol.

DE DAILLON DU LUDE (Charlotte-Marie), mariée à Gaston-J.-B., duc de Rauquelaure, seigneur de Pougibaud, mort en 1683. Dame de Pontgibaud. Fille du précédent.

1 Mariette, in-fol. ; 2 Trouvain in-fol. ; 3 Bonnart, in-fol. ; 4 Son épitaphe ; 5 In-fol. avec ornements ; 6 par Van Schuppen, allégorie française, in-fol.

DALBINE (l'abbé), curé du Marthuret à Riom.

J.-P. Valles. lith. in-folio.

DE DAMPIERRE (Voir DUVALK).

DANCHET (Antoine), né à Riom, mort à Paris, en 1748. Reçu à l'Académie française.

1 Desrochers ; 2 Gravé sur bois dans le *Dictionnaire du Théâtre* par Pougin, avec Campra et Bon Boulogne ; 3 Lith. médaillon, voir A.

DARCIMOLES (P. M.), évêque du Puy, de 1840 à 1846.

Portrait gravé par Tailland, in-4. (*Clergé Contemporain*).

DARCY (Henri), né à Job en 1859. Notaire et maire.

Photogravé dans L.

DARROT (J.-B. dit Prosper), né à Thiers en 1797. Notaire au dit lieu ; maire de Thiers, député du Puy-de-Dôme en 1847, 1848. Mort en 1870.

Gravé sur bois dans J.

DAUBRÉE (Edouard), grand industriel (usine), à Clermont-Fd.

Médaillon de profil à g. sur sa stèle funéraire, au cimetière des Carmes-Déchaux, à Clermont-Ferrand, du 18 mars 1851.

DAUDE (Jean), Avocat du roi au bailliage de St-Flour, né en Auvergne le 6 mars 1749.

Député pour le bailliage de St-Flour à l'Assemblée nationale 1789. Président du tribunal criminel du Cantal 1790, conseiller à la Cour de Riom (1811). mort à St-Flour le 6 oct. 1827. 1 Mercier del. Bostsor sculp. in-4 ; 2 Perrin del. Destiens. sc. in-8.

DAUPHINE (Anne, dauphine d'Auvergne, dame de Mercœur, fille de Beraud II et de Jeanne de Forez. Née en 1358. Mariée à Louis II. duc de Bourbon, en 1370. Morte en 1417.

1 In-8, dans la carte généalogique de la maison de Bourbon, avec ses armes ; 2 Dans le P. Montfaucon, t. III p. 33 en pied, en prière et les mains jointes ; 3 Moncornet excudit, in-8 ; 4 En pied tenant un faucon sur le doigt ; 5 Beaunier del. Bourgeois sculp. en pied avec une suivante en couleurs ; 6 Ed. Hargrave, in-4, en pied ; 6 Lanté delin. Gatine sc. en pied ; 8 Giraudet delin. Gerault sculp. (collect. des galeries historiques de Versailles) ; 9 Dans l'Histoire de Clermont-Fd, par A. Tardieu (H), ovale, lith. ; 10 Voir H.

DAUPHIN DE LEYVAL (Pierre-Félix-César-Robert), né à Clermont-Fd, en 1783, député du Puy-de-Dôme en 1827 et 1834 (✻). Mort à Clermont-Fd, en 1848.

1 Gravé sur bois dans J ; 2 Peinture au musée de Clermont-Fd.

DAURIER (Charles), baron, lieutenant-général (C. ✻), décoré de l'ordre de Cincinatus (Etats-Unis), né à St-Paulien, le 29 juin 1760, mort à Nancy le 29 mai 1833.

D'une naissance obscure ; mais homme de grand mérite. Engagé volontaire. Peinture sur toile, en buste. A la mairie de St-Paulien (Haute-Loire).

DAUVERGNE (Anatole), Peintre, architecte. Archéologue. A réparé diverses églises du Puy-de-Dôme. Né à Coulomiers. Vivait en 1858.

Lithog. de A. Colette, in-4, dans « l'Art en Province », publié chez Desrosiers, à Moulins (Allier).

DAVID (Charles-François), fils de M. David, conseiller à la cour des aides de Clermont-Fd, consul à Naples, et de Mlle Guerin de St-Bonnet.

Ancien commandant du régiment de Piémont, vivant en 1790. Portrait peint, à Manson (Puy-de-Dôme), chez M. Rochette de Lempdes.

DAWES (Mathilde), marquise de Chabannes-la-Palice.

1 Tableau orig. au château de la Palice ; 2 Photog. dans L.

DELALO (Claude-Emile), président du tribunal civil de Mauriac, né en 1778, mort en 1863.

Portrait dessiné à la plume, lith. in-12.

DELAPCHIER-DUCHASSEIN (Félix), connu sous le nom de Duchassein. Né à Lezoux, le 20 janvier 1814. Député du Puy-de-Dôme, en 1885.

1 Gravure sur bois, in-8 ; 2 gravure in-16 ; 3 Autre gravure in-64.

DELAPCHIER-DUCHASSIN (Claude-Martin-Louis), né à Lezoux, en 1856. Licencié en droit. Propriétaire à Lezoux. Naturaliste, collectionneur.

Photogravé dans L.

DELARBRE (Pierre), curé de Vichy, bienfaiteur de l'hôpital de Vichy ; chanoine de St-Genès-les-Carmes, à Clermont-Ferrand. Il testa en 1766.

1 Portrait peint au château de Miral (Puy-de-Dôme) ; 2 Photogravé d'après le n° 1 dans le volume (in-4), sur Vichy, par M. Decoret.

DELARBRE (Antoine), né à Clermont-

Exe-votos du Musée religieux du Puy Haute-Loire , avec portraits historiques
d'Auvergne et du Velay.

Françnis de ST-NECTAIRE, comte de la FERTE-NABERT,
mort en 1596, sa femme Jeanne de LAVAL,
leur jeune fils et Antoine de ST-NECTAIRE,
évêque du Puy (à genoux

Panneau sculpté avec le portrait d'Armand de
BETHUNE, évêque du Puy 1665-1703.

Françoise de MAILLY, femme du marquis
de POLIGNAC, mort en 1739, et leur jeune fils.

Ferrand, le 15 janvier 1724. Savant naturaliste, curé de Royat (1775-1777), de la cathédrale de Clermont-Ferrand (1779-1792) et 1801 au Concordat. Erudit. Mort à Clermont-Ferrand, le 27 mai 1807.

1 Lith. dans l'« Histoire de Clermont-Ferrand », par A. Tardieu ; 2 Lith. médaillon voir A ; 3 Gravé en petit dans le « Guide d'Auvergne » (Puy-de-Dôme), par A. Tardieu ; 4 gravé dans l'« Histoire de Royat », par A. Tardieu.

DELARUE (François), né à Manzat, le 17 août 1788. Docteur-médecin. Auteur. Mort à Paris, en 1842.

1 Lith. in-8 ; 2 Lith. médaillon voir A ; 3 Petite gravure du n° 2 dans le « Guide d'Auvergne » (Puy-de-Dôme), par A. Tardieu.

DELILLE (l'abbé Jacques), né à Clermont-Ferrand, le 22 juin 1738, mort à Paris, en 1813. Célèbre poète.

Fils naturel d'un avocat (M. Montanier) et d'une demoiselle Bérard de Chazelles. 1 Soliman Lieutenant dans son supplément des portraits gravés faisant suite à la liste du père Le Long, in-4, page 31 indique 24 portraits de Jacques Delille ; 2 J'ai un curieux dessin in-folio, en couleur, attribué à Carmontelle, en pied, de profil à gauche, se promenant dans un jardin, costume d'abbé laïc ; 3 Statuette par Chatoignax, au musée de Clermont-Ferrand.

DELMAS (Mme) (vers 1850).

Portrait peint sur toile par Degeorges, au musée de Clermont-Fd.

DELMAS (Albert), préfet du Puy-de-Dôme (1871-1873).

Né à Montsalvy (Cantal), en 1831. Gravé sur bois dans J.

DELPUITS (Voir Bourdier).

DELZONS (Alex-Joseph, baron), général de division. Né à Aurillac, le 26 mai 1775. Tué en 1812, sous les murs de Malaïaroslawitz. Créé baron du 1er Empire.

1 Lith. de Lemercier et Cie in-8, 1817 ; 2 Lith. à la plume dans les « Tablettes Historiques de l'Auvergne » par J.-B. Bouillet, in-8 ; 3 Beau portrait peint dans sa famille, à Aurillac (Cantal).

DELZONS (Jean-François, avocat à Aurillac. Député du Cantal en 1848. Né à Aurillac.

Lith. in-4, suite de Delarue.

DEMALET DE LAVEDRINE (N.). Auditeur au Conseil d'Etat, marié à Mlle de Trenqualye.

Peinture sur toile, reg. à g., en buste. A. M. J. Demalet de Lavedrine, château de Saulces (P.-d.-D.).

DEMALET DE LAVEDRINE (N.). Mariée à M. Neyron des Aulnats.

Fille de N. et de N. de Trenqualye. Peinture, en buste. A. M. J. Demalet de Lavedrine, château de Saulces (Puy-de-Dôme).

DEMALET DE LAVEDRINE (Marie-Cécile), mariée à M. Victor de Bellaigue de Bughas.

Peinture, même galerie. A Saulces (Puy-de-Dôme).

DEMALET DE LAVEDRINE (Henry), élève de l'école polytechnique, officier du génie (✱). Oncle de la précédente.

Peinture au château de Saulces (Puy-de-Dôme).

DE MALET DE LAVEDRINE (Félix), élève de l'école polytechnique, capitaine d'Etat-major. Marié à Élise Pellissier de Féligonde (Voir ce nom).

Fils de N. auditeur au Conseil d'Etat et de N. de Trenqualye. Peinture en buste, reg. à g. A. M. J. Demalet de Lavedrine, au château de Saulces (P.-d.-D.).

DESAIX (Louis-Charles-Antoine), né au château d'Ayat, le 17 août 1768, tué à la bataille de Marengo (14 juin 1800). Illustre général de Napoléon I.

1 Scène de sa mort, in-4, avec texte au bas P. des Fastes, gravé par Loquin, d'après Iwébach ; 2 In-4, en buste, gravé par Elbion ; In-8, en pied, lith. anon. de la galerie historique des Bulletins ; 4 Lith. en buste, lith. par Garnier ; 5 En pied, gravé sur chine, par Baueran, d'après Tony Johannot ; 6 In-4 ovale, en buste, gravé au pointillé ; 7 Le même en couleur ; 8 In-8, buste dans un encadrement ovale, gravé au pointillé par Portman ; 9 Gravé in-folio en pied, par Coqueret à l'aquateinte, débarquant tête nue, sabre en main, d'après Hilaire-le-Duc ; 10 In-8, en buste, grav. anonyme, le nom en blanc, sur un fond ombré. 11 Réduction in-folio du n. 8, gravé en pointillé par Lefort ; 12 In-folio ex pied par Monsaldi le chapeau sur la tête (rare) ; 13 Par Charron, en noir et en couleurs ; 14 Buste par Levachez, à l'aquattinte, médaillon rond, avec scène de sa mort, gravé à l'eau forte par Duplessi-Bertaux, avec texte ; 15 Par Bonneville ; 16 Par Dutertre ; 17 Sa mort, bas-reliefs ; 18 Sa statue de bronze, place de Jaude, à Clermont-Fd ; 19 Lith. in-fol. ; 20 gr. in-32 ; 21 Médaillon, au musée de Clermont-Fd, d'après le buste de la fontaine de la place Dauphine, à Paris ; 22 Médaillon de bronze, par Morel. H. 0.17, au musée de Clermont.

DESAIX DE VEYGOUX (Louis-François, baron,) né à Charbonnières-les-Varennes, en 1790, mort en 1843, maréchal de camp, député du Puy-de-Dôme, en 1831-1834.

Gravé sur bois dans J.

DESAYMARD (Jean, né aux Aymards, près de Verneugheol (P.-de-D.), en 1845. Notable négociant à Clermont-Fd. Juge au tribunal de commerce.

1 Photogravé dans I ; 2 Gravé dans cet ouvrage.

DESBOUYS DE SALBRUNE (Marie-Antoine-Josephe), mariée au comte de Laboulaye-Marillac. Née à Clermont-Fd. S'est rendue célèbre lors de la première invasion du choléra, à Paris (1832) par son dévouement.

L. Dupré del Forster sc. in-8 ; au bas, une dame de charité.

DESCHAMPS (Jules), né à Clermont-Fd, en 1837. Pharmacien à Riom.

Photogravé dans J.

DESGILBERTS (Voir Mondori).

DESPLATS DE MONTACLIER (Marguerite-Philippine, mariée, en 1754, à Barthélemy Grellet de la Deyte, seigneur et baron de la Deyte et Châteauneuf du Drac, président de l'élection d'Issoire.

Née à Riom. Peinture sur toile de 0,72 sur 0,58 ; galerie de M. Grellet de la Deyte, à Allègre (Haute-Loire).

DERIÈGE (François-Félix), né à Clermont-

Le général marquis d'AURELLE
de PALADINES, mort en 1877,
a laissé un grand souvenir.

Alexandre CHASSAIGNE-GOYON,
conseiller d'Etat, de haute valeur,
né à Thiers en 1814.

E.-E.-G. comte de SARTIGES,
ambassadeur estimé près du Saint-Siège,
né en 1809.

Jean-Félix NOURISSON,
professeur, membre de l'Institut.
Né à Thiers en 1827, mort en 1899.
(Auteur très savant.

Le comte R.-Edmond PYRENT
de la PRADE, né en 1829,
à Clermont-Fd, Auteur.

Ferrand, le 18 août 1810. Mort à Paris en 1870. Journaliste, romancier.

Buste en plâtre au musée de Clermont-Fd. Donné par l'auteur A. Fautran, de Paris, en 1873.

DESGRANGES (Arthur), capitaine des pompiers de Parentignat (P.-de-D.).

Dessiné par Ch. Silvain, en 1896, d'après un dessin de 1857, collection Silvain.

DESRIBES (Jean-Marie-Austremoine), chevalier, né à St-Floret, en 1759, mort en 1814. Avocat à Issoire. Sous-préfet d'Issoire, député du Puy-de-Dôme de l'an XI à 1810 ✳.

Gravé sur bois dans J.

DESRIBES (Louis-Joseph, frère des Ecoles chrétiennes, né à Issoire le 8 juin 1821, mort à Clermont-Fd en 1874. Premier directeur de l'Orphelinat de Clermont-Fd, dès 1850.

Sa photographie dans ma collection.

DESRIOUX (Paul), né au Montel-de-Gelat en 1865. Avoué à Riom.

Photogravé dans I.

DESTRAPPES, l'un des magistrats des Grands Jours d'Auvergne, en 1665-1666.

Gravé sur la planche des magistrats des Grands Jours et que nous donnons dans cet ouvrage.

DEVAL (Antoine), né à Clermont-Fd, vers 1739, fils de Blaise, tailleur d'habits et d'Antoinette Giron. Architecte de talent.

Il a élevé, à Clermont-Fd, et donné le plan de la rue Neuve. Il sauva, en 1794, de la démolition entière, la cathédrale de Clermont-Fd, lors des plus mauvais jours de la Révolution, de concert avec Verdier-Latour. Mort à Clermont-Fd, âgé de 69 ans, en sa maison de la rue de la Poterne, le 15 sept. 1808. Epousa, en 1766, Anne-Henriette Langlois (voir LANGLOIS). Pastel de 1766 (environ) joli, possédé par Mme de Lagaye de Nanteuil, sa descendante, à Clermont-Fd, née Mallay ; 2 Miniature du temps du Directoire, possédée aussi par Mme de Lagaye ; 3 Gravé dans ce Dictionnaire, d'après les n° 1 et 2.

DEVAL (Jean-Michel), féodiste, marié à Clermont-Fd, le 16 Janvier 1787 à Jeanne Fressanges. Il habita Mirefleurs (P.-de-D.).

Portrait peint sur toile à Mirefleurs (P.-de-D.) chez Mme Vve Féron, née Lizet, sa petite fille.

DEVAL (Jean), né à Pontaumur, le 15 mars 1775. Docteur-médecin à Riom. Médecin inspecteur de Châtel-Guyon. Mort en 1857, à Riom.

1 Peinture sur toile dans sa famille ; 2 Lithog. médaillon, voir A. 3 Gravé in-16 dans le « Guide d'Auvergne (Puy-de-Dôme) », par A. Tardieu.

DEVEDEUX (Louis), né à Clermont-Fd, le 8 juillet 1820. Peintre de talent. Mort à Passy-lès-Paris, le 8 août 1874.

1 Son portrait sur toile, par lui-même, en 1847, jadis dans ma collection, puis à feu M. F. Boyer) ; 2 Lith. médaillon, voir A, d'après une photographie transmise par sa veuve ; 3 Photogravure du n. 1 dans ce Dictionnaire.

DEVILLE, limonadier (Café du Globe), en 1867, à Clermont-Fd.

Dans la Mouche Clermontoise. Caricature.

DE DIENNE.

L'une des plus illustres maisons nobles d'Auvergne, qui a été aux croisades.

DE DIENNE (François), comte de Cheyladet, lieutenant général des armées du roi. Mort âgé de 87 ans, en son château d'Allanche (Cantal), en 1742.

1 Peinture attribuée à Largilière. Appartient au marquis de Balathier-Lantage, au château de Villargois (Côte-d'Or) ; 2 Gravé dans le présent volume d'après le n. 1.

DE DIENNE (Jean), comte de St-Eustache, seigneur de Moissac, député de la noblesse d'Auvergne aux Etats provinciaux tenues à Clermont-Ferrand, en 1788. Mort à St-Flour en 1801.

1 Peint, par Marlet, au marquis de Rabar-Sauvagnac à Libourne ; 2 Miniature en jeune officier, à Mme la comtesse de Dienne, à Servilly (Allier) ; 3 Gravé dans cet ouvrage d'après le numéro 1.

DE DIENNE (M.-C.-Félicité), mariée, en 1817, à François-Marie Aymé, comte de Noyant. Fille du précédent.

1 Peinture par Marlet, regard, des 3/4 à g. A Mlle Marie Aymé de Noyant à Chamalières (P.-de-D.) ; 2 Peinture par Cozel, de face. A la même.

DE DIENNE, sœur de la précédente, mariée à M. Ferluc de Sauvagnat (Voir ce nom).

Miniature à Mlle Marie Aymé de Noyant, à Chamalières (Puy-de-Dôme).

DE DIENNE (Artémise), épouse de M. Bonnet de Champlaurent, à St-Saturnin (Puy-de-Dôme).

Peinture à Mlle Marie Aymé de Noyant, à Chamalières (Puy-de-Dôme).

DE DIENNE (Voir MARLET).

DIEUDONNÉ DE LA CHENAYE DE LA CONDAMINE (Marguerite), épouse du marquis de Barthelats.

Fille de Pierre-Girand Marie et de Marie-Antoinette Bastide du Mercadier. Peinture sur toile. Costume du Directoire. Au château de Salornay (Seine-et-Loire) ; à M. le baron d'Ariemples (reproduite dans ce Dictionnaire.

DISSANDES.

Ancienne et noble famille de la Haute-Marche, dont la filiation se suit depuis le règne de Louis XII. Armes, coupé au 1ᵉ de vair ; au 2ᵉ d'azur, à la licorne d'argent couchée sur une terrasse de même, couronne de comte (voir ces armes gravées avec d'autres, en tête de cet ouvrage). Citons outre les personnages ci-dessous : Jehan, seigneur de Villecorbet, né vers 1515, marié à Marguerite Voysin, fille du vice-sénéchal de la Marche, Jehan D. de Villecorbet qui précède, fut officier du sénéchal de la Marche. Antoine-Félix D. de Monlevade, né en 1791, chargé d'une mission au Brésil s'y fixa en se mariant à Mlle de Souza. Sa descendance existe au Brésil.

DISSANDES DE BOGENET (Philippe-Jean), maître particulier des eaux et forêts de la Marche (1786), marié à Anne Laisné de Cosnet (Voir ce nom).

Né dans la Marche, en 1741, seigneur de Bogenet, de Piontat, de Bailleyte, etc. mort en 1809. Peinture à M. Henri Dissandes de Lavilatte, son petit neveu, reproduite dans ce Dictionnaire.

Le maréchal de
la Tour-d'Auvergne (1555-1623),
père de Turenne.

Le maréchal
Coeffier d'Effiat
mort en 1632.

Jacques-Antoine DULAURE,
célèbre historien (1755-1835).

Henri Coeffier
dit Cinq-Mars,
mort en 1642.

J. de Boissières,
poète,
né en 1557.

J.-J. Berger,
préfet,
mort en 1859.

J.-F. Gaultier de
Biauzat, député,
mort en 1815.

Dr Delarue
(1788-1842)

Blaise PASCAL, le plus grand
génie de l'Auvergne,
né à Clermont-Fd. en 1623,
mort à Paris en 1662.

Gilberte PASCAL
(soeur de Blaise, mariée en 1641,
à Florin Perier, seigneur de
Bien-Assis.

Le Dr Bertrand,
né à Pont-du-
Château en 1777.

L'abbé Bonnefoy,
député,
mort en 1797.

H.-H. Thévenot,
peintre-verrier,
né en 1797.

Prosper Marilhat,
peintre célèbre,
mort en 1847.

A.-J. ROY,
poète patois (1773-1853).

Antoine BOIROT,
avocat, député, mort
en 1831.

Le maréchal de
Marillac,
mort en 1632.

Le Dr Blancheton,
mort en 1830.

DISSANDES DE LAVILATTE François, frère du précédent. Président.

Né dans la Haute-Marche, en 1758, mort au château de Lavilatte (Creuse), en 1820, épousa en 1783, Marie des Bajoux. Peinture au château de Lavilatte (Creuse), reproduite dans cet ouvrage.

DISSANDES DE BOGENET J.-B.-Léopold, né à Guéret, le 2 novembre 1805, mort à Limoges, le 18 août 1897.

Vicaire-général très vénéré du diocèse de Limoges (1837). Il refusa deux évêchés, et resta 60 ans vicaire-général de Limoges. Enterré au château de Bogenet (Creuse). Portrait peint au château de Lavilatte; 2 Photogravé dans l'"Armorial du XIX siècle"; 3 Photogravé dans cet ouvrage d'après le n° 2.

DOMAT Jean, né à Clermont-Ferrand, le 30 novembre 1625. Mort pauvre, à Paris, le 14 mai 1696. Président au présidial de Clermont-Ferrand. Célèbre juriconsulte. Auteur des *Lois civiles*.

1 Suite d'Odieuvre; 2 Fac simile de son portrait. Mauduison, 1845, in-8, dessin par E. Thibaud, sur l'original; 3 Lith. médaillon voir A; 4 Gravé avec d'autres, in-16, dans le "Guide d'Auvergne" (Puy-de-Dôme), par A. Tardieu; 5 Sa statue en pied, à la mairie de Clermont-Ferrand, par Chatonnax; 6 Peint par Bachellery 0,75 sur 0,60, don de M. Duvernin-Montservier, au musée de Clermont-Ferrand, en 1827.

DONIOL (Henri), membre de l'Institut. Auteur, directeur de l'imprimerie nationale, à Paris. Préfet (C. ✱). Né à Riom, le 20 avril 1818.

1 Sa photographie, en pied, grand format, au musée de Riom; 2 Photog. dans J.

DOSFANT (Jean-Antoine), né à Chassignoles (Haute-Loire), le 14 juillet 1724.

Notaire à Paris où il y est mort. Député de la ville de Paris à l'Assemblée nationale (1789). Aug. Delorme del., Letellier sc. in-8.

DOUARRE (Guillaume), né à la Forie, près d'Ambert, le 16 décembre 1810, mort à la Nouvelle-Calédonie, en 1853.

Évêque d'Amata, *in-partibus*, (1842). Il avait été curé d'Yssac-la-Tourette (Puy-de-Dôme), de 1838 à 1842.
1 Lith. in-4, par Renault; 2 Lith. médaillon, voir A; 3 Peinture en pied, par Magaud, dans la sacristie de l'église d'Yssac-la-Tourette (Puy-de-Dôme).

DOUET (Claude-Gabriel). Seigneur de Châteldon, en 1752, mort victime de la Révolution, le 25 floréal an II. Fermier général.

1 Gravé in-8 dans le volume Châteldon, 189, par M. Aug. de la Faige, médaillon.

DE DOUHET D'AUZERS (Madeleine). Abbesse des Bénédictines de Brageac, près de Mauriac.

Portrait peint en costume de religieuse, au château d'Auzers (Cantal).

DE DOUHET D'AUZERS (Jeanne-Jacqueline-Françoise), nièce de la précédente.

Elle épousa François de la Motte, baron de Flamont, seigneur de Meissac. Morte au château d'Auzers, en 1861. 1 Portrait au pastel, en homme; 2 Portrait au pastel, en femme, costume de l'époque Louis XV, au château d'Auzers (Cantal).

DE DOUHET D'AUZERS (Joseph), baron d'Auzers, neveu de la précédente.

Né en 1766; fils de Jacques-François, baron d'Auzers et de Marlat et de Marie-Charlotte de Saint-Chamans. Capitaine au régiment de la Fère infanterie, en 1787, commandant la garde nationale de Mauriac, en 1817. Mort à Auzers, le 4 janvier 1840. Portrait peint, costume du rég. de la Fère; au château d'Auzers (Cantal).

DE DOUHET D'AUZERS (Jean-Louis), dit le chevalier d'Auzers, frère du précédent, né le 22 juillet 1769, à Pazaya. Mort à Turin, le 17 décembre 1831.

D'abord chevalier de Malte, puis sous Napoléon 1, directeur général de la police dans les départements des Alpes, à Turin. 1 Portrait lithographié in-4; 2 Gravé dans ce Dictionnaire d'après le n° 1.

DE DOUHET D'AUZERS Françoise-Augustine), sœur du précédent. Née en 1755, morte à Nevers, le 6 mai 1845.

Portrait peint, ovale, costume du temps de la Révolution, au château d'Auzers (Cantal).

DE DOUHET D'AUZERS (Charles, frère de la précédente, né au château d'Auzers, en 1771.

Curé de Mauriac, en 1816, vicaire-général d'Amiens, en 1823, évêque de Nevers, en 1829. Mort en 1834, enterré dans la cathédrale de Nevers. 1 Portrait peint, costume d'évêque, château d'Auzers (Cantal); 2 Lith. in-12, reproduit dans ce Dictionnaire).

DE DOUHET (le comte Guillaume-Ferdinand). Page du roi Charles X (1826-1829), député du Puy-de-Dôme (1871-1873). Sénateur, Né à Clermont-Ferrand, en 1811, mort à Versailles, en 1884.

1 Gravure sur bois, in-12; 2 Gravé en petit sur le placard du "Monde illustré", en 1873, n° 351; 3 Gravé sur bois dans J.

DOUHET (L'abbé Pierre), né à Châteaugay, (P.d.D) le 24 novembre 1847. Chanoine et curé de la cathédrale de Moulins (Allier). A été professeur savant de philosophie, au petit séminaire de Moulins.

Photogr. dans 1; 2 Photogr. dans ce Dictionnaire.

DOURIF (Guillaume-Henri), né à Saint-Amand-Tallende en 1824. Docteur en médecine à Clermont-Fd (✱). Archéologue, collectionneur.

Photogravé dans 1.

DOUSSAN (Antoinette-Elisabeth), comtesse Alfred d'Apchier Le Maugin.

1 Pastel par Revel, 0,35 sur 0,15. Buste jusqu'au dessous de la gorge. A M. le comte d'Apchier Le Maugin; 2 la même âgée. Peinture par della Sudda, 0,40 sur 0,25. Jusqu'aux genoux. Dans un salon. A M. le vicomte d'Apchier Le Maugin.

DE DREUX (Robert V), comte de Dreux et de Braine, seigneur de St-Valéry, château du Loir.

Fils de Jean II, baron d'Herment, en Auvergne et de Jeanne de Beaujeu, dame de Montpensier et d'Herment. Il mourut le 22 mars 1329 et fut enterré dans la collégiale de St-Etienne de Dreux. N. in-8, dans le père Montfaucon.

DE DREUX-BRÉZÉ Charlotte-Marie), mariée, en 1788, à Gabriel-René-François, comte de la Rochelambert.

René TEILLARD,
né en 1637. Lieut.-général
au bailliage de Murat
(Cantal).

Pierre de REVEILHES,
abbé du monastère d'Aurillac (1598-1600).

F. TEILLARD-CHAUMEIL,
dernier prévôt de Murat
(Cantal).

Elisabeth de PASSEFOND,
de CARBONAT, mariée à
P. de Fortet-St-Paul.

E.-L.-G. BONNEFONS,
président du tribunal civil d'Aurillac (1860-1888)

Marie-Elisabeth de FONTAN-
GES, mariée, en 1727,
à Charles de Sartiges, seig.
de Sourniac.

Le baron G.-J. de VINOLS
de MONTFLEURY, député,
né à Craponne(Hte-Loire)
en 1820.

Le vicomte G.-M.-S.
ARAGONNÈS D'ORCET,
né en 1835. Général.

F.-Joseph RUDEL du MIRAL,
mort en 1855,
colonel de cavalerie

13

1 Miniature sur vélin, ovale, de 0,41 sur 0,36. En buste, de profil à g.; galerie du château de la Rochelambert; 2 Représentée avec deux de ses enfants Henri-Michel, né en 1789, et Gabrielle, marquise de Vausserre, née en 1791. Miniature, galerie du château d'Esternay (Marne).

DUBEST (Michel Hippolyte), né à Clermont-Fd. en 1822. Docteur en médecine à Pont-du-Château (✳). Mort en 1900.

Photogravé dans I.

DUBOIS (Léger-Joseph), né à Bourg-Lastic, en 1864. Docteur en médecine à Clermont-Fd.

Photogravé dans I.

DUCHASSEINT (Voir Delapchier).

DUFAL (Mgr Pierre), né à St-Gervais-d'Auvergne, le 8 novembre 1822. Évêque de Deleon.

Gravé dans l' « Histoire de St-Gervais-d'Auvergne », par A. Tardieu.

DUFOUR (Voir du Four).

DUFRESSE (Gabriel-Taurin), né à Lezoux, le 8 décembre 1750, évêque de Tabarca (Chine), en 1800, martyrisé en chine (1815). En 1843, sa cause de béatification a été introduite par Grégoire XVI.

1 Lith. in-fol.; 2 Lith. médaillon, voir A.

DUJARDIN-BEAUMETZ (Urbain-Hippolyte), préfet du Puy-de-Dôme (1849-1852). Né en 1802, mort en 1877.

Portrait gravé dans l' « Illustration » n° du 24 mai 1862.

DULAURE (Jacques-Antoine), né à Clermont-Ferrand, le 3 décembre 1755. Député de la Convention (1792), du Conseil des 500. Érudit; historien. Auteur savant et célèbre. Mort à Paris en 1835.

1 Peinture sur toile, très belle, attribuée à Caraffe, élève de David, possédée par M. Marcellin Boudet (copie dans ma collection), le représentant à la Convention, jeune; 2 Gravé par Chrétien, vers 1800, au physionotrace (reproduction dans l' « Auvergne illustrée »; 3 Son buste, au musée de Clermont-Ferrand, donné par Mme veuve Larbaud, fait en 1792 gravé dans l' « Auvergne illustrée »; 4 Gravé par Couché, in-8; 5 Soliman (Lieutaud) sculp.; 6 Médaillon de profil, de 0,13, par Martin d'Angers 1829; 7 Gravé par Dequevauviller, in-8. Morin del.; 8 Gravé sur bois in-8, par Philiboteaux, imp. Claye, in-4, (âgé); 9 Gravé in-8, par Trichon; 10 Leclerc sc., partant pour la Suisse, à pied, in-8; 11 in-8; 12 carré in-8 dir. à dr.; 13 Pilltrez sc. in-8, biographie universelle; 14 in-8, en buste, gr. anonyme; 15 en pied, après le 31 mai 1793, gravé en couleur par Lethière (rare); 16 Portrait peint par David, en pied, grandeur naturelle, assis à sa table de travail, âgé de 70 ans, au musée de Clermont-Fd.; le même chez M. Dauzat, château de Bellevue, près Billom (Puy-de-Dôme).

DULIER (Jean), né à Lezoux, en 1819. Agent voyer en chef du Puy-de-Dôme (✳). Maire de Lezoux.

Photogravé dans I.

DUPERELLE (Francisque), né à Cournon. Artiste peintre (1900).

Photogravé dans I.

DUPIC (Antoinette-Jeanne-Marie), fille de Joseph, bailli de Bertignat (Puy-de-Dôme).

Née en 1693, décédée en 1761, mariée, en 1715, à Philippe-Philibert Treille de Grandsaigne, écuyer, seigneur de Chassagnes, avocat au Parlement, bailli du Montier de Thiers. Portrait peint au château du Miral (Puy-de-Dôme), par Jacques Bailly, peintre du roi, 1735.

DUPUY DE LA GRAND'RIVE (Claude-Thomas), né à la Grand'rive, près d'Ambert, en 1686, avocat général au conseil du roi, puis intendant de la Nouvelle France au Canada. Mort en 1738.

Portrait peint avec sa femme et autres chez M. Emmanuel Dupuy de la Grand'rive, à Libourne (Gironde), reproduction (réduite) dans ce Dictionnaire.

DUPUY DE LA GRAND'RIVE (Thomas-Joseph), né le 30 août 1746, mort en 1823, Seigneur de la Grand'rive, marié à Marie-Anne du Vernay de Byon.

Portrait peint chez M. Louis Peyronnet, à Herment (Puy-de-Dôme).

DUPUY DE LA FRÉDIÈRE (Gérôme). Propriétaire du château de la Frédière.

Portrait peint chez M. Louis Peyronnet, à Herment (Puy-de-Dôme).

DUPUY DE LA GRAND'RIVE (Joseph-Marie). Chanoine prémontré. Fut aussi chanoine du chapitre de Montferrand.

portrait peint chez M. Louis Peyronnet à Herment (Puy-de-Dôme).

DUPUY DE LA GRAND'RIVE (Joseph-Marie-Thomas), né en 1802, à Clermont-Fd., mort à la Grand'rive, le 20 mars 1845.

Portrait dessiné par Robert, à Clermont-Fd., possédé à Alger (1894) par M. Dupuy de la Grand'rive, in-fol.

DURANT DE JUVISY (Thérèse). Mariée à M. Félix Esquirou de Parieu, sénateur, ministre de l'Instruction publique, membre de l'Institut, etc.

Portrait peint par Cordes, 1852 ou 1853. Château de Fabrègues (Cantal), chez M. de Parieu.

DE DURAT

Antique et noble maison d'Auvergne, considérable par ses charges et ses alliances. Remonte à un chevalier croisé, au XIIIe siècle.

DE DURAT (Jacques), abbé de Bellaigue (1756-1772). Doyen du chapitre de St-Nicolas de Montluçon. Mort en sept. 1772.

1 Peinture sur toile au château du Ludaix (Allier), à M. le comte de Durat; 2 Photogr. dans cet ouvrage, d'après le n° 1.

DE DURAT (Jacques-Balthazar-Sébastien, comte), capitaine de cavalerie, dernier bailli du pays de Combrailles, en 1789. Né le 30 octobre 1734, mort en 1801. Marié à Marie-Angélique de Vasson (Voir de Vasson).

Peinture au château du Ludaix (Allier); Reproduite dans cet ouvrage.

DE DURAT (François-César), comte de Durat, capitaine de mousquetaires gris, en 1814, attaché d'Ambassade (✳). Né en 1789.

Peinture au château du Ludaix, à Marcillat (Allier), à M. le comte de Durat, belle toile de Ladurner, peintre russe.

DE DURAT (le comte Jean-François), seigneur des Portes, Vauchaussade, etc.

Né au château de Vauchaussade (Creuse), le 3 oct. 1736. Maréchal de camp en 1788. Mort au château de Vauchaussade en 1830. 1 Miniature possédée, au château d'Aubiat (Puy-de-Dôme), par M. le comte de Bonnevie, son descendant ; 2 Gravé d'après le n° 1, dans l' « Auvergne illustrée » ; 3 Gravé dans l' « Histoire d'Auzances et de Crocq » (cliché du n°2) ; 4 Reproduction du n° 2 dans cet ouvrage.

DUREL (l'abbé Étienne), né à St-Gervais-d'Auvergne, le 9 octobre 1765, mort à Clermont-Ferrand, en 1849, vice-général du diocèse de Clermont.

Gravé dans l' « Histoire de St-Gervais d'Auvergne », par A. Tardieu et Madebène.

DE DURFORT (Guy-Michel), comte de Lorges, seigneur de Randan (1723). Maréchal de France (1768). Mort en 1773.

Gravé dans la suite des galeries de Versailles ; 2 Voir II.

DURIEU, député du Cantal en 1848. Né à Mauriac en 1812.

Lith. in-folio.

DURIEU, député du Cantal en 1873.

Portrait gravé, n. 681 du placard du « Monde illustré » année 1873, gravé en petit.

DURIF (ou du Rif) (Claude), sieur de la Bretoigne, dit le capitaine la Bretoigne.

Capitaine de la ville de St-Paulien et capitaine des gardes du vicomte de Polignac (1600-1630). Peinture sur toile de 0, 64 sur 0, 52, en buste, en justaucorps et gorgerin armes. Galerie de M. de Chabron de Solilhac, à St-Paulien (Hte-Loire).

DURIF (Julie). Mariée vers 1812, à M. Chassaigne, connu sous le nom de Lagrange, notaire à St-Amand-Roche-Savine.

Portrait peint à l'huile, en buste, 0, 60 sur 0, 50, au château d'Haut-Teyras (Puy-de-Dôme).

DUROC ou **DU ROC** (Voir de Michel).

DUVALK DE DAMPIERRE (Ch.-Antoine-Henri, baron), né à Hans (Marne), le 18 août 1746, mort en 1833. Évêque de Clermont (1802-1833).

1 Physionotrace, in-18 F. 90 ; 2 Lith. in-fol. 1825, de Delorieux, imp. Thibaud Landriot, à Clermont-Fd ; 3 Réduction in-12 du n° 2, imp. de Thibaud-Landriot. Signé E. T. (Émile Thibaud) ; 4 Dans l' « Histoire de Clermont-Ferrand », par A. Tardieu, d'après la peinture de la Bibliothèque de Clermont-Ferrand ; 5 Voir II ; 6 Son épitaphe avec buste, en marbre blanc, dans la cathédrale de Clermont-Ferrand ; 7 Peinture de 0, 65 sur 0, 55. Donnée au musée de Clermont-Fd., par M. le comte de Dampierre ; 8 Médaillon par Morel, sculpteur à Clermont-Ferrand, au musée de Clermont-Fd. ; 9 Réduction dans cet ouvrage du n° 4.

DUVERNIN (Toussaint), né à Vic-le-Comte, le 14 septembre 1713. Évêque d'Arath, en Arabie (1757).

Abbé de Clairefontaine (diocèse de Chartres), prieur de Châtenoy. Mort en 1787. 1 Dessiné par Lefebvre, gravé par Verthet, à la manière noire à Manheim, in-folio ; 2 Lithogr. médaillon, voir A.

D'EFFIAT (Voir de Coéffier).

D'EFFIAT (Voir Ruzé).

ENJELVIN (Joseph-Prosper), né à Pontgibaud, en janvier 1796. Mort à Clermont-Ferrand, le 23 août 1861.

Curé de Pontgibaud. Se fit moine franciscain, à Jérusalem en 1852. Écrivain. 1 Lith. in-4 ; 2 Lith. médaillon, voir A ; 3 Lith. in-8, par G. Mercier imp. Becquet Paris (dans Pontgibaud son histoire), par A. Tardieu ; 4 Photolith. (Voir D) ; 5 Sur son lit de mort, lith. in-8 ; 6 Peinture sur toile au musée de Clermont-Ferrand, par Richoux, 0, 45 sur 0, 52.

ENJOBERT DE MARTILLAT (Joachim), né à Clermont-Ferrand, le 17 juin 1706, mort à Rome, le 25 août 1755. Évêque d'Ecriné, en Chine.

Peinture de 1754, sur toile, à St-Amand-Tallende, chez Meyras de Grandval ; 2 Lithogr. médaillon, voir A. ; 3 Lith. dans l' « Histoire de Clermont-Fd. », par A. Tardieu ; 4 Photolith. voir D.

D'ENTRAGUES (Voir de Balzac).

D'ESCOUBLEAU DE SOURDIS (Madeleine), épouse de Louis de la Rochefoucauld, comte de Lauras.

à Paris, chez Trouvain, 1694, in-fol., en habit d'été (très rare).

D'ESPEUILLES (le colonel). Du 3° Hussards, en 1870, Héros de Wissembourg.

Gravé sur bois, in-12.

D'ESPINCHAL (Le comte François).

Peinture sur toile au musée de Clermont-Fd, 1m25 sur 0m93. Acquisition du musée. Il doit s'agir de François II d'Espinchal, marié en 1687 à Anne de Montmorin-St-Herem et mestre de camp en 1701, qui contribua à la bataille de Denain.

D'ESPINCHAL (Marie-Diane), fille du célèbre Gaspard, mort en 1686 au château de Massiac (Cantal, mariée au marquis d'Albon de Galles (Thomas), seigneur de St-Marcel, Urfé, etc., sous le roi Louis XIV.

Peinture sur toile à M. le marquis d'Albon, château d'Avauges (Rhône), reproduit dans cet ouvrage.

D'ESPINCHAL (Joseph-Thomas, comte) seigneur de Massiac, né en 1748, maréchal de camp, en 1792, émigré 1792, marié en 1772, à Louise-Gabrielle de Goncourt. Lieutenant général à l'armée de Condé.

Gravé dans son costume de l'armée de Condé. Un exemplaire au château des Connils (P.-de-D.), près de Volvic, chez Mme Barrière, repr. dans cet ouvrage.

D'ESPINCHAL (le marquis Hippolyte), fils du précédent. Né à Paris le 14 août 1779. A l'armée de Condé, puis gendarme de l'empereur I (1806). Retraité lieutenant-colonel. Marié à Catherine-Geneviève de Montorcier). Officier d'ordonn. du prince Eugène, en 1813. (C. ✳). Mort à Clermont-Fd le 19 mars 1864.

A laissé des *Mémoires* de ses campagnes. Chez M. Barrière, château des Connils, près Volvic (P.-de-D.). Petite miniature, le représentant en cavalier noble de l'armée de Condé. A M. Barrière, château des Connils, près Volvic (P.-de-D.), reprod. dans cet ouvrage.

D'ESPINCHAL (Léonie). Fille du précédent. Fillette de 12 à 15 ans vers 1825).

Aquarelle, petit portrait. A M. Barrière, château des Connils, près Volvic (Puy-de-Dôme).

D'ESPINCHAL (La marquise).

Buste d'albâtre, de 1817, de 0.40 de haut. Don au musée de Clermont-Fd du marquis d'Espinchal. Ce doit être le portrait de Catherine-Geneviève de Montorcier, qui figure à la notice précédente.

ESQUIROU DE PARIEU (Hippolyte), député du Cantal, maire d'Aurillac.

Portrait peint, par Éloi Chapsal. A. M. de Parieu, château de Fabrègues (Cantal).

ESQUIROU DE PARIEU (Marie-Louis-Pierre-Félix), fils du précédent, né à Aurillac le 13 avril 1815, mort le 14 avril 1893. Marié à Thérèse Durant de Juvisy (voir ce nom). Avocat à Riom, député du Cantal (1848-1851), Ministre de l'Instruction publique, sénateur, vice-président du Sénat (1853), président du Conseil d'État (1870), membre de l'Institut. (G. C. ✳).

1 Lithog. in-4, suite des députés de 1848 ; 2 Lith. 2 Lith. charge in-4 ; 3 gravure sur bois, in-18 ; 4 L.D. gravure in-18, 1849 ; 5 E. Bocourt, I. Chapon, gr. sur bois in-18 ; 6 Portrait peint (très remarquable) par Th. Fonture, 1849, château de Fabrègues ; à M. de Parieu, son fils, reproduit dans ce dictionnaire ; 7 Gravure sur bois, in-4, signée A. Richard, 1893 (dans les *Contemporains*, avec sa biographie ; reproduite dans ce dictionnaire.

ESQUIROU DE PARIEU (Marie-Louise-Pierre-Claire), mariée en 1840, à M. le comte Jean-Hyacinthe-Alfred d'Ussel. Sœur du précédent.

Portrait peint par Th. Couture, 1848 ou 1849. Château de Fabrègues (Cantal), à M. de Parieu.

ESQUIROU DE PARIEU. Mariée à M. Victor de Laprade. Sœur de la précédente.

Portrait peint par Codes, 1852 ou 1853. Château de Fabrègues (Cantal), à M. de Parieu.

D'ESTAING (Pierre), appelé Pierre de l'Estang (par erreur). D'abord bénédictin cluniste, évêque de St-Four (1361-1367), archevêque de Bourges, puis évêque d'Ostie, cardinal (1370).

Gravé dans l'Histoire des cardinaux français, par Duchesne.

D'ESTAING (le bienheureux François), fils de Gaspard et de Jeanne de Murol, dame de Murol (Auvergne).

Né en 1462, dans l'hôtel d'Estaing, à Rodez, où son père était sénéchal du Rouergue. Mort en 1529. Abbé de St-Chaffre, évêque de Rodez (1501), ambassadeur à Rome, vice-légat d'Avignon, gouverneur du comtat. — 1 N. in-8, cité dans le P. Le Long ; 2 Lith. in-12 de 1839 ?, lith. de Jusky, Nismes, avec ses armes.

D'ESTAING (Louis), évêque de Clermont (1651-1664).

1 Gravé in-4, dans un ovale sans nom (fort rare), non cité par le Père Le Long. Se trouve dans la collection de la Biblioth. Nationale et chez le comte de Cousin de la Tour-Fondue (Anatole), à St-Amand-Tallende ; 2 Lith. dans l'Histoire de Clermont-Fd, par A. Tardieu, d'après le n. 1 ; 3 gravé dans le présent volume, reproduction du n. 1 (réduit).

D'ESTAING (Marie), épouse du comte de Cousin de la Tour-Fondue.

1 Peinture chez le comte Anatole de Cousin de la Tour-Fondue à St-Amand-Tallende ; 2 chez Mme de Sauret d'Auliac (St-Flour).

D'ESTAING (Jehan), chevalier de Saint-Louis, frère de la précédente.

Peint en 1764. Chez Mme de Sauret d'Auliac (A St-Flour (Cantal).

D'ESTAING (François III, comte), né au château de Murol en 1651. Mort le 20 mars 1732. Marié à Marie de Nettancourt (Voir ce nom). Seigneur de Murol, lieutenant-général d'armée (1704), chevalier du St-Esprit.

1 Peinture sur toile, du temps, (belle), à M. le comte Anatole de Cousin de la Tour-Fondue, à St-Amand-Tallende ; 2 Lith. médaillon voir A, d'après le n° 1 ; 3 Photolith. voir D, d'après le n° 1 ; 4 Reproduction du n° 3 dans ce Dictionnaire.

D'ESTAING DE SAILLANT (Joachim-Joseph), Évêque de St-Flour (1693-1742). Né au château de Ravel en 1653. Comte-chanoine de St-Jean de Lyon. Mort le 13 avril 1742. Seigneur de Lavaur (Puy-de-Dôme).

1 Costume de chanoine-comte de Lyon, peint sur toile, au château de Lavaur (Puy-de-Dôme) ; 2 Gravé in-folio, sur une thèse passée par un Tassin de Montluc, thèse qui lui est dédiée ; 3 Galerie des évêques, à St-Flour ; 4 Peint sur toile, en buste, armoires, à M. Paul Le Blanc, à Brioude (Hte-Loire) ; 5 Copie du n. 4. Galerie de M. le vicomte de Sereys, à Planzat (Puy-de-Dôme).

D'ESTAING (J.-B.-Hector-Charles, comte), né au château de Ravel, le 28 novembre 1729. Amiral (1792) ; victime de la Révolution (28 avril 1794).

1 A mi-corps, in-fol., en couleurs ; 2 Gravé par Gaucher, d'après Sablet, in-4, buste dans un encadrement ; 3 par Barbier in-8 ; 4 La valeur récompensée in-fol. (allégorie) et réduction in-4 ; 5 Dans l' « Auvergne illustrée » reproduction d'une gravure du XVIII° siècle ; 6 Voir D. ; 7 Gravure sur bois, in-64 dans le « Monde illustré » avec d'autres marins célèbres ; 8 Grand in-8, buste dans un encadrement, gravé dans « l'Auvergne illustrée » ; 9 Reproduction du n° 5 dans ce Dictionnaire.

D'ESTRESSES (Antoinette), dame de St-Jal, mariée à Antoine de Lastic, en 1625, seigneur de Gabriac.

Peinture. Galerie de M. le comte de Lastic de St-Jal, château de Lencloître (Vienne).

D'EXEA (Ant.-Achille), général de division, à Clermont-Ferrand (1866-1867).

Gravure sur bois, in-12.

FABRE (Gabriel), avocat au Parlement, marié à Issoire, en 1789, à Catherine-Jurie de Vergonghon.

Peinture à M. Pierre Martial, à Paulhaguet (Hte-Loire).

FABRE (Barthélmy), fils du précédent, né en 1790, marié, en 1822, à Irène Pélissier de Montredon.

Peinture à M. Pierre Martial, à Paulhaguet (Hte-Loire).

FABRE (Guillaume), peintre sur verre, collectionneur à Royat. Né à Vodable, en 1823, mort à Royat, en 1894.

1 Lith. dans la « Mouche Clermontoise », en 1867,

Louise de la CHASSAIGNE
de SEREYS, mariée en 1582
à Armand de la Rochelambert.

Blaise de VIGENÈRE, érudit,
né à St-Pourçain (Allier), en 1523.

F.-M. de la CHASSAIGNE
de SEREYS, chanoine-comte
et prévôt de Brioude 1696-1775.

Antoine du BOURG,
chancelier de France, mort en 1538

Géraud de CHAMPFLOUR,
seigneur de Loradoux,
mort en 1662.

Le Père ARNOUX, jésuite savant,
confesseur du roi Louis XIII.

Louis DEVEDEUX,
artiste peintre de grand
talent, né à Clermont-Fd
en 1820, mort en 1874.

Antoine DEVAL,
architecte, mort en 1808.
A sauvé de la destruction entière
la cathédrale de Clermont-Fd
en 1794. Portrait jeune, de 1766.

Antoine DEVAL,
architecte, mort en 1808,
(voir ci-contre)
d'après une miniature
de 1795 environ.

in-folio. 2 Gravé dans l' « Histoire de Royat », par A. Tardieu.

DE FALVARD (Gilbert), né au Mont-Dore. en 1827. Adjoint au maire du Mont-Dore.

Photogravé dans I.

DE FARGUES (Voir DE MEALET).

FARJON Adrien), né à Ambert. le 20 janvier 1851. Banquier. Député 1789-1793).

1 Photogravé dans « Nos députés » in-12 ; 2 gr. sur bois dans I ; 3 gr. sur bois dans le « Dictionnaire des contemporains », par Émile Saint-Lanne.

FAUCON Amable, né à Riom. en 1726, mort pauvre, à Riom, en 1808. Poète patois de talent.

1 Lith. médaillon voir A. (d'après un beau dessin); 2 Photolith. voir B. ; 3 Photogr. Michel, photographe, à Avignon. in-8 ; 4 Gravé dans l' « Auvergne historique ». publiée à Riom. in-8.

DU FAUR (Guy), seigneur de Pybrac. Né à Toulouse, en 1529. Avocat général au Parlement de Paris (1565), président à mortier au Parlement. Mort à Paris, en 1584.

1 L.. Gaultier, 1586. in-4 ; 2 Idem 1617, in-8 ; 3 Boissevin ; 4 Gr. Thome, in-8 ; 5 N. en petit ; 6 Deux dessins à la Bibliothèque nationale. à Paris.

FAURE (Louis), né à Riom, en 1838. Docteur en médecine à Riom.

Photogravé dans I.

DE FAUTRIÈRES, abbé de Cluny. Evêque de St-Flour (1319-1320).

Portrait peint dans la galerie des évêques de St-Flour.

FAVARD DE LANGLADE (le baron Guillaume-Jean), né à St-Floret. le 20 avril 1762. Député du Conseil des 500 (1795). Membre du Tribunal. Député (1815). (C. ✳). Conseiller à la Cour de cassation. Mort à Paris, en 1831.

1 Lithogr. in-fol. ; 2 Lith. médaillon. Voir A ; 3 Photolith voir B. ; 4 Peinture sur toile, au musée de Clermont-Ferrand, haut de 0. 43 sur 0. 33. Don de M. Christophle, à Issoire ; 5 Peinture de Dégeorges, au musée de Clermont-Ferrand. 0. 32 sur 0. 24. Donnée par Mme Thierry, née Breschet.

DE FAY DE LA TOUR-MAUBOURG (Marie-Anne-Huguette), mariée à Damien-Louis-Antoine, comte de Matharel du Chéry.

Portrait peint en 1750. Galerie de la Grangefort (P.-de-D.), à M. le vicomte Jean de Matharel.

DE FAY (Lucrèce), dame de Paulin, (en Velay). Mariée, en 1631, à Nicolas de Châteauneuf de Rochebonne, écuyer, seig. de la Bouranges, capitaine de 100 hommes de pied, etc.

Peinture sur toile de 0,72 sur 0,52, à mi-corps, de 3 4 à g. Galerie du château de Bayssac (Hte-Loire).

FAYDIT (Bonne), née en 1705, morte en 1764. mariée, en 1729, à Maurice Rochette de Malauzat.

Peinture à l'huile. carrée 80 sur 65 ; galerie de M. Robert de S. du Corail, à Riom.

FAYDIT (Maurice), écuyer, seigneur de Chalusset. Né le 6 février 1743. chevalier de St-Louis. capitaine au régim. de Soissonnais. Mort sans alliance, massacré à Quiberon.

Peinture à l'huile, carrée 67 sur 55. A M. Robert de S. du Corail, à Riom.

FAYDIT (Blaise), frère du précédent, chanoine de la Ste-Chapelle de Riom, chapelain de la princesse de Toulouse, prieur d'Isey et de Straslon, aumônier de Mesdames de France.

1 Peinture à l'huile, carrée, 70 sur 58. A M. Robert de S. du Corail, à Riom ; 2 Photogr. du n. 1 dans cet ouvrage.

DE FAYE (Jacques), seigneur d'Espesses (P.-de-D.).

Portrait gravé dans la Chronologie collée, par Léonard Gaultier. in-18.

FAYET (Marie), femme de Jean de Champflour, garde des sceaux à la cour des aides de Clermont-Fd. (Voir DE CHAMPFLOUR).

Peinture, costume Louis XIII. colerette à la robe, toile de 0,60 sur 0,50 ; galerie de M. de Champflour, à Riom.

DE FÉLIGONDE (Voir PELLISSIER).

FERON (Charles), évêque de Clermont. (1833-1879). Mort à Clermont-Fd ; enterré dans la cathédrale.

1 voir B ; 2 voir H ; 3 Son épitaphe avec buste, en marbre blanc. dans la cathédrale de Clermont-Fd. 4 (voir la notice alphabétique Cathédrale du Puy de ce Dictionnaire) ; 5 Peinture sur toile chez M. Féron, avocat à Clermont-Fd ; 6 Sa photogr. gravée dans ce Dictionnaire.

FEU (François), né à Riom le 17 nov. 1672, mort le 3 avril 1761 à Paris Docteur en théologie, curé de St-Gervais, à Paris (1689-1697). Doyen des curés de Paris.

1 gravé par Mutel, vers 1730, in-fol., à Paris chez Vanheck, rue St-Jacques. 2 Son tombeau (sa statue), 3 Cann, sc in-4, 4 gravé par Audran (B.) in-fol. d'après la peinture de Piauger ; 5 Copie du n. 1, in-8 ; 6 Photolith. voir D.

FEU (François), docteur en Sorbonne, curé de St-Gervais, à Paris. Né à Massiac (Cantal, mort à Paris, le 26 décembre 1699.

1 Muller in-fol. ; 2 A Paris. chez Vanhek, in-fol. ; 3 ovale, in-8. dir. à g.. 3 à lignes sur la tablette.

DE FIENNES (Adélaïde-Félicité), épouse du marquis Marie-Joseph de Matharel, gouverneur de Honfleur.

Portrait peint dans la galerie du château de la Grangefort, à M. le vicomte Jean de Matharel.

FIGEAC (Mlle), née à Paris, en 1823, d'une famille originaire d'Auvergne.

Fille d'un marchand de fer, à Paris. Débuta à la Comédie française en 1855 et fut sociétaire de 1860 à 1865. Épousa M. Jaluzot, directeur des magasins du printemps. à Paris. Morte le 29 avril 1883. Eustache Lorchay pinxit. A. Collette lith. en pied, in-8. dans les Théâtres de Paris, Gymnase.

DE FILHOL DE BELVIALAR (Magdeleine). femme du comte de Christophe II, comte d'Apchier.

1 Portrait peint par un inconnu. 0. 80 sur 0, 60. Buste. Costume en tunique blanche, drapée dans un manteau de velour bleu. A M. le vicomte Jehan

d'Apchier Le Maugin ; 2 Peinture 0. 82 sur 0, 65, en buste de 3/4 à droite. Au comte de Lachapelle d'Apchier, à Montchanin (Saône-et-Loire).

FIRBACH (Joseph-Laurent-Louis-Alfred), préfet du Puy-de-Dôme, de 1888-1889.

Né à Paris, en 1831, gravé sur bois dans J. d'après une photographie.

FITZ-JAMES (Jacques), duc de Berwick, fils naturel de Jacques II, roi d'Angleterre.

Né en 1670, à Moulins (Allier), maréchal de France. Commandant en chef les provinces de Bourbonnais, Forez, Auvergne ; tué devant Philisbourg, en 1734. 1 Chez Bonart, en pied, in-fol. : 3 Chez Chiquet, en pied in-fol. 3 Chez J. Mariette, en pied, in-fol. collect. des galeries de Versailles. 5 Drevet sc. in-fol. 6 Vangelisty, sc. 1775, in-4. 7 Roger sc. 1787, in-4. 8 Gravé par Anselin ; 9 in-12, collect. des galeries historiques de Versailles.

DE FLAGHAC (Marguerite). Elle épousa Conan de Crussol, duc d'Uzès, et vivait en 1660. V** en 1** noces, de Christophe d'Apchier.

Peinture sur toile au château de St-Cirgues (P.-d.D).

DE FLAGHAC (Voir Lenormand).

FLÉCHIER (Esprit), né à Perne (Comtat d'Avignon), en 1632, mort en 1710, à Montpellier. Evêque de Nîmes (1687).

Accompagna, étant précepteur, en 1665-1666, la cour des Grands Jours d'Auvergne, à Clermont, dont il a écrit une relation célèbre. 1 Edelinck, 1605, in-fol. ; 2 N. en Hollande, in-8, copie du n° 1. 3 suite d'Odieuvre. 4 Gravure in-12, cadre ovale, au trait. 5 A. Tardieu (mort 1844) direxit, grav. in-12 ovale. 6 Peinture (belle) 0, 90 sur 0, 70, attribuée à Philippe de Champagne. Galerie de M. de Champflour, à Riom.

FLEURY (J.-B.), né à Gerzat, le 15 avril 1777. Mort à Lyde, près de Billom, le 8 août 1843. Docteur-médecin. Chirurgien de l'Hôtel-Dieu de Clermont-Fd. Auteur.

1 Peinture sur toile de Degeorges, possédée par le docteur Fleury, son fils, à Clermont-Fd ; 2 Lithogr. médaillon. Voir A (d'après le n. 1) ; 4 Photolith. voir D.

DU FLOQUET DE CHAMÉANE (Marguerite), mariée en 1631, à René de Girard-Sainte-Radegonde, chevalier, seigneur de la Tour-Vidal et maître d'hôtel ordinaire du Roi. Née le 6 juin 1607.

1 Peinture sur toile. Blason entouré du collier de Saint-Michel. A M. de Chalambel, à St-Germain-Lembron ; 2 Copie à Plauzat, chez M. le vicomte de Sereys.

FLOTTE (Pierre), né au château de Ravel (P.-de-D.) vers 1300, mort vers la fin de 1350. Amiral (1345).

1 Gravé dans la suite des Galeries de Versailles. 2 Lith. médaillon V. A. (pris sur le n. 1) ; 3 Photolith. du n. 1 voir D.

FLOUVAT (Marie), épouse de Jean-Joseph Vimal, député en 1787. Fille de M. Flouvat, d'Ambert.

Peinture, chez M. Vimal-Montrouge, à Ambert.

DE FOIX (Isabeau), épouse de Guillaume de Bosredont, baron d'Herment. Morte en 1508, au château d'Herment.

Sur l'épitaphe en parchemin de son mari en 1497,

à genoux derrière celui-ci. Parchemin original en mains de Mme la marquise de Lisa de Châteaubrun, au château de Noironte (Doubs). (Voir la réduction dans ce volume).

DE FOIX (Germaine), femme de Michel d'Anjony, baron de Faussimagnes, née en 1527.

1 Peinture en pied, portant les armes accolées d'Anjony et de Foix-Béarny avec : « Germaine de Foix fille de Louis et de Gabrielle de Dienne ». 1557. — 2 Autre au château de Fontanges (Cantal), à M. Salvage de la Margé.

DE FOIX (Gabrielle), dame de Mardogne, Lastic. Mariée, en 1592, à Philibert, comte d'Apchier, vicomte de Vazeilles, gouverneur de la Haute-Auvergne, chevalier de l'ordre du roi.

Peinture du château du Thiolant (Haute-Loire), reproduite dans cet ouvrage.

DE FOIX (Louis-Charles-Gaston), duc de la Valette et de Candale. Gouverneur d'Auvergne (1650-1655), né en 1627 à Metz, mort à Lyon en 1658, enterré à Cadillac. Gouverneur de Bourgogne et de Bresse.

1 Gravé par Moncornet, in-4, 1656 ; 2 Mathieu fecit, in-f. à cheval pour son entrée dans la ville de Dijon le 8 mai 1656 ; 3 voir H,

DE FOIX (Henri), duc de Randan et de Candale, reçu chevalier du St-Esprit en 1688.

1 Dessin à l'encre de Chine, collect. Clairambault à la Bibliothèque nationale, tome 51 ; 2 Peinture sur toile à M. le duc de Bauffremont, au château de Brienne (Aube), reproduite dans ce volume.

DE FONTANGES

Antique maison d'Auvergne qui remonte aux croisades, où elle a figuré.

DE FONTANGES (Marie-Elisabeth), dame de Vernines, Villejacques, Fournols, mariée en 1727, à Charles, comte de Sartiges, seigneur de Sourniac, Morte en 1778.

1 Peinture au château de Sourniac (Cantal). 2 Reproduction du n. 1 dans cet ouvrage.

DE FONTANGES (François II).

Général de division, gouverneur de St-Domingue, en 1789, chevalier de St-Louis. Peinture au château d'Urçay (Allier), à M. le marquis de Fontanges.

DE FONTANGES (Mgr François). Confesseur de la reine Marie-Antoinette.

Evêque de Nancy (1783), archevêque de Bourges (1787), de Toulouse (1788), d'Autun (1802-1806). Frère du précédent. Peinture sur toile au château d'Urçay.

DE FONTANGES (le marquis).

Portrait peint étant enfant, au château d'Urçay (Allier).

DE FONTANGES (Mme) xixe siècle.

Portrait peint au château d'Urçay (Allier).

DE FONTANGES (Mlle). Chanoinesse de Neuville.

Portrait peint au château d'Urçay (Allier).

DE FONTANGES (Voir de Scorailles).

FOMBERTASSE (Antoine-Hippolytte),

né à Clermont-Ferrand, en 1836. Adjoint au maire de cette ville. Propriétaire.

Photogravé dans I.

DE FONTENILHES (Jean), lieut.-général au bailliage de Montferrand (1607-1624).

1 Peinture sur toile, de 0,85 sur 0,65, au musée de Clermont-Ferrand, donnée par M. Desbouis, Bibliothécaire. 2 Lith. dans l' « Histoire de Montferrand », par A. Tardieu.

DE FONTENILHES (Amable), fils du précédent, lieutenant-général au bailliage de Montferrand (1643-1681).

1 Peinture signée (excellente), du à F. Lombard. Cette peinture nous a appartenu ; elle a passé chez M. F. Boyer; elle a été vendue par lui au musée de Clermont-Ferrand. 2 Lith. dans l' « Histoire de Montferrand, par A. Tardieu, d'après le n° 1.

DE FONTFREYDE (Bernard), conseiller à la cour des aides de Clermont-Ferrand, mort en 1669.

Âgé de 40 ans, en 1639. Peinture sur toile, avec armoiries (d'or, à trois troncs d'arbre de gueules, chez M. Paul de Bellaigue, à Clermont-Ferrand.

DE FONTFREYDE (Guillaume), conseiller à la cour des aides de Clermont-Fd., en 1653-1697.

Peinture sur toile chez M. Paul de Bellaigue, à Clermont-Ferrand.

DE FONTFREYDE DU SAUZET (Bernard), fils du précédent, conseiller à la cour des aides de Clermont, en 1697.

Peinture sur toile, à M. Paul de Bellaigue, à Clermont-Ferrand.

DES FORÊTS (Voir PINET DE BORDE DES FORETS).

DE FOREZ (Guy IV, comte). Seigneur de Maumont, en Auvergne. Général d'armée. Fondateur de l'église de Montbrison. Mort en 1241.

Dardelet in-8 en pied, dessiné par H. Gonnard, d'après une statue faisant partie du tombeau du comte, dans l'église de Montbrison (tiré de l'Hist. des ducs de Bourbon, par de Chantelauze).

DE FORGET (Le chevalier Claude), né en 1759, mort en 1844. Capitaine. Emigra en 1791. Marié, en 1784, à Amable de Rebez de Sampigny.

Gravé in-18, avec ses armes, dans les Châteaux de Mon enfance, par le comte d'Ideville.

DE FORGET (Perrette-Adelaïde), mariée, en 1795, à Michel-Jean-Claude Pellissier de Féligonde.

1 Miniature à la sepia, 0,20 sur 0,15. A M. Demalet de Lavedrine, château de Saulces (P.-de-D.) 2 Plusieurs copies au crayon, dans la famille Pellissier de Féligonde.

FORISSIER DES BLANCS (Annet-Marie), seigneur des Blancs, de Longeville, etc. L'un des cent gendarmes de la garde du roi Louis XV, vers 1740.

Peinture de 0,94 sur 0,73, costume d'officier des gendarmes de la maison du roi : habit et gilet rouge, brandebourgs et galons d'or : sous le bras, chapeau tricorne bordé d'or, une cocarde et plume blanche. Galerie de M. Grellet de la Deyte, à Allègre (Haute-Loire).

FORISSIER DES BLANCS DE LONGEVILLE (Antoinette), mariée, en 1774, à Jean-Baptiste Grellet de Moranges, seigneur de Moranges, Beaulieu, etc., maître des eaux et forêts à Ambert. Née à Ris, en 1745. Fille du précédent.

Pastel 0,57 sur 0,56 ; costume de gala Louis XV, blanc et bleu, bouquet sur l'épaule gauche, assise de face, les mains croisées tenant un éventail. Cadre du temps. Galerie de M. Grellet de la Deyte, à Allègre (Hte-Loire).

DE FOUDRAS (Anne-Joachim), mariée à François de la Rochefoucauld, baron d'Ambert, marquis de Rochebaron, mort en 1766.

Peinture sur toile à l'hôpital d'Ambert (P.-de-D.), la représentant avec ses deux filles.

DU FOUR (Jean), baron de Villeneuve, lieutenant-général de la sénéchaussée de Clermont. Né en 1699, mort en 1753.

Peinture sur toile, buste, reg. à dr., armoiries à dr. en haut. A M. J. Demalet de Lavedrine, château de Saulces (Puy-de-Dôme).

DU FOUR (Jean-François), baron de Villeneuve, seigneur de Chaslus-Lembron.

Intendant de Bourgogne, lieut. civil au Châtelet de Paris, conseiller d'Etat (1774). Mort à Paris, en son hôtel, rue St-Gilles, en 1781. Fils de Jean qui précède. Ovale, buste. A M. Henri Pellissier de Féligonde, château de Villeneuve (P.-de-D).

DU FOUR (J.-B.-Claude), baron de Villeneuve, seigneur de Chaslus-Lembron.

Lieutenant-général de la sénéchaussée de Clermont (1735-1747), maître des requêtes (1743), intendant du Berry (1767). Fils du précédent. Mort en 1797. — 1 gravure in-4 avec ses titres et armes, reproduite (réduite), dans cet ouvrage ; 2 gravé dans l'Auvergne illustrée d'après le numéro 1 ; 3 Photolith. (voir I). 3 Pastel ovale, buste à Mlle Pellissier de Féligonde, à Riom.

DU FOUR DU PRADT (L'abbé Dominique), fils du seigneur de Pradt, et de Marie de Lastic

Né en 1789 à Allanches, grand vicaire de Rouen, député (1791). Evêque de Poitiers (1805). Archevêque de Malines. Aumônier de Napoléon I. Ambassadeur à Varsovie. Sénateur. Mort en 1835. 1 gravé par Amb. Tardieu (mort 1844), in-8, suite de députés de 1820. 2 gravé dans l'Atlas de la France (Cantal) par Villemann. 3 Sa caricature en perroquet. 4 Beau médaillon de bronze de 1830, par David d'Angers, diamètre 0,15 (A M. le vicomte d'Apchier Le Maugin).

FOURNIER DE LEMPDES (François), né à Lempdes en 1783. Mort en 1851. Docteur-médecin.

1 Peinture possédée par son fils ; 2 Lithog. médaillon voir A (d'après le n. 1). 3 Portrait peint au musée de Clermont-Fd. 1ᵐ sur 0,80.

FOURNIER (la mère), qui tenait un restaurant en renom à Royat, en 1867.

Portrait chargé dans K

DU FRAISSE DU CHEIX (Claudine), mariée en 1766 à François Arnoux, seigneur de Maisonrouge, trésorier de France à Riom.

Marie CHABOSSON,
morte en 1835 à Aurières
(P.-de-D.), mariée, en 1781,
à Michel Hugon, notaire
puis juge de paix
à Rochefort-Montagne.

Charles-Gilbert TARDIEU, âgé de 31 ans,
mort en 1884, ingénieur, marié, en 1838,
à Marie Peyronnet.

Marie PEYRONNET, âgée de 21 ans,
morte en 1885, mariée, en 1838,
à Charles-Gilbert Tardieu, ingénieur.

Tardieu

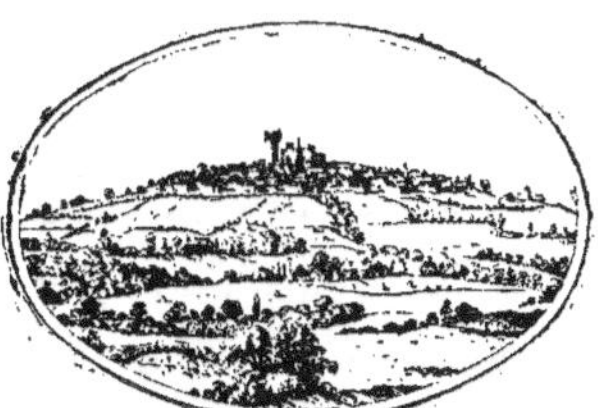

Herment (Puy-de-Dôme)
(au Moyen-Age, côté de l'Est).

Peyronnet

Portrait peint à Ennezat (Puy-de-Dôme), à M. le baron d'Arnoux de Maison-Rouge.

DE FRAISSY DE VAYRAC (Marie-Louise), baronne de Veilhan.

Peinte avec ses 5 filles, au château d'Anjony (Cantal).

DE FRANCE (Voir DE BERRY).

DE FRANCE (Anne), duchesse de Bourbon et d'Auvergne, femme de Pierre II, duc de Bourbon.

Femme du roi Louis XI, mariée, en 1473. Morte en 1523, au château de Chantelle, en Bourbonnais. 1 Dessin à la Bibliothèque nationale (venant du cabinet de Forlette ; 2 In-8 carte généal. de la maison de Bourbon ; 3 Migneret sc. in-4 en pied ; 4 Best. médaillon in 18, dans l' « Histoire des ducs de Bourbon », par de Chantelauze. 5 Lith. in-4, dans l' « Histoire de Chantelle », publiée, à Moulins, par Desrosiers.

FRANCON (Antoine), docteur-médecin. Né a Cournon. Mort vers 1889.

Portrait charge, lith. dans K. avec ces mots « défenseur de l'humanité », année 1867.

FREDET (Gilbert-Edmond), né à St-Saturnin, le 25 mars 1841. Docteur-médecin très estimé de la station thermale de Royat, où sa nombreuse et riche clientèle proclame son talent (✳).

Ancien interne des hôpitaux de Paris, professeur honoraire à l'École de Médecine de Clermont-Fd., etc. Commandeur de Charles III (Espagne), chevalier de l'ordre du sauveur, officier de l'instruction publique. Auteur de nombreuses publications sur la médecine et spécialement sur Royat (Voir son portrait).

FRESSANGES (Guillaume-Antoine), inventeur d'une machine à écrire, dite polygraphique, espèce de piano. Marié à Amable Boyer de Ruvière. Mort en 1783.

Peint le 17 septembre 1764, par son ami Lhoyer de Livanges (voir dans ce Dictionnaire, la reproduction). Possédé à Mirefleurs par Mme veuve Féron, née Lizet.

FRESSANGES (Jeanne-Reine), née en 1760. Fille du précédent. Mariée à Jean-Michel Deval, féodiste, en 1787. Morte à Mirefleurs, le 20 décembre 1828 (Voir DEVAL).

Peinture de 1778, à Mirefleurs (Puy-de-Dôme). Possédée par Mme veuve Féron, née Lizet (Voir la reproduction.

FRESSANGES (Jacques), frère de la précédente. Mort en septembre 1784 sans postérité.

Peint en 1778 Portrait chez Mme veuve Féron, née Lizet, sa petite nièce, à Mirefleurs (Puy-de-Dôme).

DE FRETAT (N.), Élève de l'école militaire d'Effiat, en 1789.

Pastel de 0 m. 38 sur 0 m. 47. Costume de l'école d'Effiat. Il épousa Mlle de Brujas. A Mlle Pellissier de Féligonde, à Riom (Puy-de-Dôme).

DE FREYDEFONT (Jean), écuyer, seigneur de Marcillat, mort en 1758, à 51 ans.

Portrait peint, à Maison (Puy-de-Dôme), chez M. Rochette de Lempdes.

DE FREYDEFONT DE MARCILLAT (Marie-Anne-Félicité), mariée, en 1770, à Jean-Jacques Rochette de Lempdes.

Fille de Jean, écuyer, seigneur de Marcillat et de Jeanne Duval. 1 Peinture sur toile, à M. Rochette de Lempdes, à Prompsat (Puy-de-Dôme) ; 2 Chez M. Rochette de Lempdes, à Maison (Puy-de-Dôme).

GAGNON (J.-B.-Alphonse), né à Aigueperse, en 1828. Docteur en médecine à Clermont-Ferrand. Professeur de chirurgie à l'école de médecine de cette ville.

1 Photogravé dans I ; 2 Photogravé dans ce Dictionnaire.

GAILLARD (Gilbert), né à Maringues, en 1843. Industriel, maire de Clermont (✳). Député du Puy-de-Dôme. Sénateur de ce département en 1889, 1891.

1 Gravure sur bois, in-8, signée Lucien ; 2 Gravure ovale, en petit ; 3 Gravé sur bois dans J ; 4 Photogr. dans « Nos Sénateurs », par Grenier, in-16.

DE GALLES (Edmond, prince), fils d'Édouard III, roi d'Angleterre.

Marié en 1359, mort en Angleterre, en 1376, dit le PRINCE NOIR. Fit le sac de Limoges (1370). Ses troupes ont envahi l'Auvergne après la bataille de Poitiers (1356). 1 Gravé en 1554, dans Thevet, in-4 ; 2 Gravé dans l' « Auvergne illustrée », reproduisant le n° 1 ; 3 Gravé dans le « Dictionnaire de la Haute-Marche et l'Histoire d'Auzances et du Crocq », par Tardieu ; 4 Ovale, avec casque ouvert et plumes, en armure in-4 ; 5 Le n° 1 reproduit dans ce Dictionnaire.

GALLO (Flavien), né à Courpière, en 1871.

Pharmacien à Clermont-Ferrand. Photogravé dans I.

GALVAING (Pierre), (✳). XIXᵉ siècle. Epousa Rose Vacher de Tournemire (Voir ce nom).

Peinture au château de Fontanges (Cantal), à M. Salvaige de la Margé.

GANNAT (l'abbé), vicaire-général de l'évêché de Clermont. Mort en 1846, âgé de 58 ans.

Lithographie in-folio.

GAIRAL (Monsieur), conseiller ou président de chambre à la cour de Lyon, second mari de Mme Humblot, mère de la marquise de Lastic (Voir Humblot).

Peinture, signée L. Lipeulle, 1835, au château de Parentignat (Puy-de-Dôme).

GARACHON (l'abbé Charles), né à St-Gervais, en 1832, mort en 1891. Curé de Maringues (Puy-de-Dôme).

Gravé dans l' « Histoire de St-Gervais d'Auvergne », par A. Tardieu et Madebène.

GARNAUD DE GOURDON (Anne), mariée, en 1655, à Antoine Amable de Chardon des Roys.

Peinture sur toile, de 0,74 sur 0.63. Galerie du vicomte de St-Genys, château de Chirat (Allier).

GASCHON (François, né à la Molette, commune d'Auzelle (Puy-de-Dôme), le 30 août 1732. Mort à Ambert le 28 novembre 1815, en odeur de Sainteté.

Missionnaire. Aumônier de l'hôpital d'Ambert, où il est enterré. 1 Gravé in-12, lith. de Brunet et Cie, à Lyon ; 2 Lithogr. médaillon voir A ; 3 Photolith. voir D.

GASQUET (Amédée), né à Clermont-Fd, en janvier 1852, professeur et historien.

Maire de Clermont-Ferrand (1888-1893). Recteur de l'Université de Nancy, en 1893. 1 Dans la « Revue universelle » n° du 3 juillet 1901, photogr. in-12, librairie Larousse, Paris ; 2 Gravé dans le présent volume d'après le n° 1 ; 3 Gravé sur bois dans J.

GATY (Léonard et André).

Deux jeunes frères, enfants de 14 à 15 ans, du Cantal, qui quittèrent leur pays et arrivés en Espagne, à la frontière, le 11 septembre 1791., le corigidor leur disant de renoncer à leur pays, s'ils voulaient rentrer, ces deux enfants s'écrièrent : nous ne serons jamais assez lâches et refusèrent. Gravure in-4, avec leurs portraits, Labrousse sculpsit.

GAUBERT (Louis-Léonard), né à Thiers, en 1821, conseiller à la cour de Riom (1881). (✳).

Photogravé dans 1.

DE GRANDON (Marie), femme de François de Matharel, seigneur de Lasteyras, 1650.

Portrait peint au château de la Grangefort, à M. le vicomte de Matharel.

GAULT DE ST-GERMAIN (Pierre-Marie), né à Paris, le 19 février 1754, y mourut, en 1842.

Peintre. Auteur. Professeur d'architecture à Clermont-Ferrand, en 1793. 1 Lithogr. in-8 ; 2 Gravé dans l' « Auvergne illustrée », d'après le n° 1.

GAULTIER DE BIAUZAT (Jean-François), né à Nodable, le 23 oct. 1739. Avocat à Clermont-Ferrand.

Député du Tiers-État de la sénéchaussée de Clermont-Ferrand, en 1789. Juge au tribunal du 4e arrondissement de Paris, au tribunal de cassation (1799), commissaire du gouvernement près le tribunal de la Seine, juge de la cour d'appel de Paris, mort à Paris, en 1815. 1 Moreau del. Letellier. sc. in-8 ; 2 Boze pinxit, vérité. sc. in 8 ; 3 Lith. médaillon voir A ; 4 Gravé en petit dans le « Guide d'Auvergne », par A. Tardieu ; 5 Photolith. voir D.

GAUTHIER (Eugène), né à Issoire, en 1835. Négociant, maire d'Issoire.

Photogravé dans 1.

DE GAY DE PLANHOL-SALEZUIT (Catherine-Joséphine), mariée, en 1802, à Jacques de la Chassaigne, comte de Sercys.

1 Peinture sur toile de 0.65 sur 0,50, de 3/4 à g. Au comte de Sercys, château de Vieq (Allier) ; 2 Copie du même, galerie du vicomte de Sercys, château de Plauzat (Puy-de-Dôme).

GÉNÉBRARD (Gilbert), né à Riom, en 1535, archevêque d'Aix (1592).

Dabord moine dans l'abbaye de Mozat. Professeur de langue hébraïque au collège royal (1569), célèbre ligueur. Mort en exil (comme ligueur), dans son prieuré de Semur, en Bourgogne, le 16 février 1597. Auteur. 1 Peinture sur toile, chez M. le comte de Bonnevie, château d'Aubiat (Puy-de-Dôme) ; 2 Lith. médaillon voir A. ; 3 Photolith. voir D.

DE GENESTET (Palamède). Marquis de St-Didier. Né en 1792. Mort en 1839.

Officier de cavalerie, marié, en 1811, à sa cousine-germaine Laure de Bessé de la Richardie, Grand portrait en pied où il est représenté en officier, à M. le comte de Genestet de St-Dier.

DE GENESTET DE SAINT-DIDIER (Louise). Née en 1823, morte en 1872. Mariée à Amable-Jacques-Philippe-Frédéric vicomte de Lauzanne.

Grand portrait à l'huile peint par Devedeux, artiste clermontois, 1850. A Mme Alphonse de S. du Corail, née de Lauzanne, à Riom.

GENESTIER (Alph.), né à St-Germain-l'Hern, en 1863. Notaire à Châtel-Guyon.|

Photogravé dans 1.

GENTON (Michel), né à Brioude en 1866, Docteur en médecine, à Isssoire.

Photogravé dans 1.

DE GERAUD DE CAMINADE (Jeanne-Françoise), épouse du maréchal Yves V, marquis d'Allègre, mort en 1733.

Peinture sur toile au château de St-Cirgues (P.-de-Dôme).

GERBERT. Pape sous le nom de Sylvestre II. Né à Belliac, près d'Aurillac en 940 ; archevêque de Reims, puis de Ravenne ensuite pape (Sylvestre II). Mort le 12 mai 1003, à Rome. L'un des plus grands esprits du X° siècle.

1 N. in-8 dans Cavaleriis ; 2 N. in-12 sur bois ; 3 dans l'Hist. des papes d'André Duchesne ; 3 N. dans l'Histoire des cardinaux français par Duchesne ; 4 in-fol. assis, dirigé à g. ; 5 N. in-8 d. à dr. au bas 4 lignes ; 6 in-8 dans l'Hist. des Papes, de l'abbé Novaes ; 7 Dessiné par Pingar, gravé par Allais, in-4, assis ; 8 in-4, lith. de C. Motte ; 9 autre de C. Motte, en pied, lith. de Gigoux, d'après E. Tudot, petit in-fol. ; 10 Grand médaillon en bronze, à son buste, par David d'Angers. Diam. 18 centimètres ; 11 Peinture au musée de Riom.

GERLE (dom Christophe-Antoine), né à Riom, le 25 oct. 1736. Prieur de la Chartreuse du Port-Ste-Marie (Auvergne), député à l'Assemblée nationale (1789). Mort à Paris, obscur, vers 1805.

1 Figure sur le 1er plan du tableau de David, dans le serment du Jeu de paume ; 2 Coqueret sc. in-8 ; 3 Le Telfier, in-8 ; 4 Levachez, in-4, gravure ; 5 Dejabin, sc. ; 6 Lith., médaillon, voir A. ; 7 Photolith. voir D. ; 8 Gravure en petit, voir C ; Gr. sur bois M. Dietrich, imp. Saintin, in-8.

GERMAIN (Jean-Emile-Francisque), né à Maringues, 1866. Notaire à Maringues.

Photogravé dans 1.

GESSEN (André), né à Bas (Hte-Loire) en 1854. Pharmacien à Clermont-Fd ; docteur en médecine.

Photogravé dans 1.

DE GIAC (Pierre I), né à Riom, vers 1330, seigneur de Châteaugay, de Giat, Jozerand. Chancelier de France (1383). Mort en 1407.

1 Gravé en petit, suite des Chanceliers publiée en 1616 ; 2 Lith. médaillon voir A, d'après le n° 1 ; 3 Reproduction du n° 1, dans l'Histoire d'Auzances et de Crocq, par A. Tardieu.

DE GIAC (Pierre II), seigneur de Giac et de Châteaugay, 1er chambellan du roi Charles VII, que lui confia l'administration des finances en 1424. Mort en 1426 à Châteaudun par la vengeance de 2 ennemis : Georges de la Trémoille et le connétable de Richemont, petit-fils du précéd.

1 Dans les Costumes historiques de la France, par Paul Lacroix, in-8, d'après les portefeuilles de Gaignières et un manuscrit du XV° siècle offert à Charles de Bourgogne ; 2 Reproduction du n° 1, réduite, dans le présent dictionnaire.

GILHARD Pierre , poète, né 1789, mort en 1869. Maire d'Aigueperse.

Buste au musée de Clermont-Ferrand, don de Victor Salneuve, son neveu.

DE GINESTOUS DE LA TOURETTE (Marguerite), comtesse de Rochefort d'Ailly, dame du Thiolant, etc.

Peinture sur toile, ovale, de 0,46 sur 0,36. Château de Thiolant (Haute-Loire).

GIRARD (Antoine), né à Clermont-Fd., vers 1656. Mort en 1702, à Poitiers.

Abbé de Pontlevois, précepteur des enfants de Louis XIV. Évêque de Toul (1697), puis de Boulogne (1698), de Poitiers (1398). 1 Gravé in-8 par Gautrel ; 2 Lith. médaillon voir A. (d'après le n° 1).

GIRARD DE SURVILLE (Henriette), mariée, en 1811, au chevalier François-Joseph de Bouyonnet de Lavillatte, cap.-commandant des Grenadiers de la Garde-Royale.

Miniature sur ivoire, à mi-corps, de face, galerie du vicomte de Sereys, château de Planzat (P.-d.-D.).

GIRARD (Jean), né à Fohet, en 1770.

De l'Académie de médecine, mort à l'école d'Alfort, le 5 avril 1852. Auteur. Directeur de l'école vétérinaire d'Alfort (1814-1831). 1 Lith. in-4 ; 2 Lith. médaillon voir A.

GIRARD (Jean-Joseph-Amédée), né à Riom, en 1826. Docteur-médecin à Riom. Député du Puy-de-Dôme (✳). Mort à Riom, le 26 juillet 1900.

1 Photogravé dans I ; 2 Gravé sur bois dans J.

GIRAUD (Pierre), né à Montferrand, le 11 août 1791, mort à Cambrai, le 17 avril 1850.

Curé de la Cathédrale de Clermont-Ferrand (1823), évêque de Rodez (1830). Archevêque de Cambrai (1841), cardinal (1847). 1 Lith. médaillon voir A ; 2 Gravé en petit, voir D ; 3 Buste en plâtre au musée de Clermont-Ferrand ; 4 On a aussi de ce cardinal divers portraits gravés ; 5 Peinture sur toile, de 0,82 sur 0,60, au musée de Clermont-Ferrand ; 6 Lith. dans l' « Histoire de Montferrand », par A. Tardieu ; 7 Buste au musée de Clermont-Ferrand, par Cordier, statuaire.

GIRARD, curé de Ménétrol (Puy-de-Dôme), mort le 12 mars 1733. Bienfaiteur de l'hôpital général de Riom.

Portrait peint, à l'hôpital général de Riom.

GIROT-POUZOL (J.-B.), né à Vodable, le 23 août 1753, mort au Broc, le 29 janvier 1822.

Député du Tiers-État en 1789, à la Convention, au Conseil des 500, Sous-préfet d'Issoire. 1 Coqueret sc. in-4 ; 2 Letellier sc. in-8 ; 3 Lith. médaillon, voir A.

GIROT-POUZOL (Maurice-Camille), fils du précédent, né au Broc, en 1796.

Député du Puy-de-Dôme, en 1848. Mort en janvier 1858. 1 Lith. suite des Députés de 1848, in-fol. ; 2 Gravé sur bois dans J.

GIROT-POUZOL François-Jean-Amédée, préfet du Puy-de-Dôme de 1870-1871. Né au Broc (Puy-de-Dôme), le 18 avril 1832.

Gravé sur bois dans J.

GIROT DE LANGLADE le baron Henri-Joseph), né à Issoire en 1782, mort en 1855.

Sous-préfet à St-Gaudens, Issoire. Pair de France (1855). 1 Lithog. in-fol par Léon Noël ; 2 Lith., médaillon voir A. ; 3 Gravé voir C., réduction du n° 2.

GLAIZE (Jean-Marie-Paul), préfet du Puy-de-Dôme de 1877 à 1883.

Né en 1832 à Montpellier. Gravé sur bois dans J.

GOBERT (François) né à Clermont-Fd en 1838. Pharmacien, chimiste.

Photogravé dans I.

DE GOLEFER (Suzanne , fille de Jean, conseiller au présidial de Riom et de Clauda de Bonnaire, dame de Bourassol, mariée en 1600 à Jacques Soubrany, sgr. du Cheix.

Peinture à l'huile, carrée, à Mme de S. du Corail (Alphonse), née de Lauzanne, à Riom.

GOMOT (Pierre-Eugène-Hippolyte), né à Riom, le 12 oct. 1837.

Avocat, procureur de la république à Riom, conseiller à la Cour d'appel, député du Puy-de-Dôme (1881-1885). Ministre de l'agriculture, sénateur, auteur. Érudit. 1 Gravure in-8, signée Lucien ; 2 Gravure in-18, ovale, sur bois ; 3 le n° 2 reproduit dans l'Histoire de St-Gervais d'Auvergne, par A. Tardieu et Malebène.

GONOD (Benoit), né à Artemare (Ain) le 12 déc. 1792 (✳) Bibliothécaire savant de la ville de Clermont-Fd. Mort le 13 février 1849.

La ville de Clermont-F a donné son nom à une rue. Enterré à Theix (Puy-de-Dôme) dans une chapelle à sa famille. 1 Lith. in-8 ; 2 Lith. in-4 signée E. T. (Émile Thibaud) ; 3 Buste au musée de Clermont-Fd par Chalonnax ; 4 médaillon de Morel, ou de face, au musée de Clermont-Fd.

GONY (Joseph), dit Naca, journalier, qui rechercha un soi-disant trésor aux pieds de la tour de Montrognon.

Il fut enseveli vivant 2 jours dans le puits qu'il avait foré (avril 1884) ; ce qui fit un bruit énorme dans la presse et amena à Montrognon des milliers de curieux. Mais il fut retiré vivant. Portrait dans l'Auvergne thermale (n° du 18 mai 1884). Nous le reproduisons dans cet ouvrage.

DE GONTAUD (Jeanne , femme d'Antoine de Noailles, mort en 1562.

Dessin au Cabinet de Fontête, indiqué dans le P. Le Long.

GORCE (J.-B.-Léon), né à Riom, en 1835. Avoué à Riom. Juge au tribunal civil.

Photogravé dans I.

GORGE Marie), mariée le 24 février 1796, à Honoré Bérard du Bourget, lieutenant des Gardes de la porte du roi, mort en 1728.

1 Portrait (superbe) peint sur toile, par H. Rigaud, château de la Canière (Puy-de-Dôme). A M. E. de

Charles-Gilbert TARDIEU,
savant ingénieur, né à Messeix
(P.-de-D.), en 1810,
mort à Herment (P.-de-D.), en 1889.
Âgé de 57 ans. (A découvert les
mines de charbon d'Herment.)

J.-M.-V. Édith TARDIEU,
née à Herment en 1847, morte à Messeix en 1853,
âgée de 6 ans.

A 14 ans, à Paris,
en 1854.

A 59 ans, à Alger,
en 1899.

A 18 ans, à Paris,
en 1858

L'AUTEUR A TROIS AGES

Chazelles. Reproduit dans ce Dictionnaire : 2 En robe bleu, chez M. Paul de Bellaigue, à Clermont-Fd.

GORSSE François-Charles-Henri, né à Clermont-Ferrand, en 1849. Licencié en droit. Président du tribunal de commerce de Clermont-Ferrand.

Photogravé dans I.

GOURBEYRE (J.-B.-Marie-Augustin).

Né à Riom, le 30 octobre 1786. Gouverneur de la Guyanne et de la Guadeloupe. Vice-Amiral (1831). Mort en 1845 à la Basse-Terre. 1 Peinture sur toile dans sa famille ; 2 Lith. médaillon, voir A ; 3 Lith. in-8.

DE GOURDON DE GENOUILLAC DE VAILLAC (La mère Gaillotte), née le 5 novembre 1588, au château de Vaillac.

Religieuse maltaise au monastère de l'hôpital Beaulieu, près d'Issendolus. Lot qui faisait partie du grand fief d'Auvergne (ordre de Malte). Elle mourut en odeur de sainteté, le jour qu'elle avait prédit, le 24 juin 1618, à 80 ans. 1 M. Lasne, in-8 ; 2 J. Picart in-4 ; 3 Cars sc. in-4 ; 4 Matheus, in-4 ; 5 Van Lochon in-8 ; 6 Gravé in-8, par Barome, d'après une gravure de la Bibliothèque Nationale (En tête de sa vie), par l'abbé Lacarrière, curé d'Issendolus, 1869, in-12.

GOURGOUILLON (Henri), né à Olliergues, en 1858. Artiste-sculpteur à Clermont-Ferrand, où il y est mort en 1902.

1 Photogravé dans I ; 2 Son buste sur son stèle funéraire au cimetière des Carmes-Déchaux, à Clermont-Ferrand.

GOUTAY (R.-T), né à St-Mandé, près Paris, le 21 novembre 1805. Avocat à Thiers. Député du Puy-de-Dôme (1848). Sénateur (1882). Mort en 1889, à Paris.

1 Lith. d'après nature, par Lemoine, in-fol., suite des Députés de 1848 ; Photogravé dans J.

DE GOUZEL DE LAURIAT (Françoise), mariée, à François-Philibert de Laurie, chevalier, seigneur d'Esplats, vivant en 1670.

Pastel ovale appartenant au comte de Sereys, château de Vieu (Allier).

GOYET DE LIVRON (Voir de Vicq).

GOYON Françoise, épouse, en 1764, de Jean Chaudessolle, notaire à Clermont-Ferrand (voir Chaudessolle).

Peinture sur toile, chez Mme veuve Rispal, née Chaudessolle, à Clermont-Fd, en 1860.

DE GOYON DE MATIGNON (Jacques I), prince de Monaco, comte de Carladez (1732-1733), duc de Valentinois.

Marié en 1715 à Louise-Hippolyte de Grimaldi, princesse de Monaco. 1 Portrait peint par Largillière, palais de Monaco ; 2 Peint avec sa femme et ses enfants, dont deux portèrent successivement le titre de comtes de Carladez ; l'un de ces derniers, mort en 1749, est aussi peint en travesti.

DE GOYON DE MATIGNON (HonoréIII) substitué aux nom et armes des de Grimaldi.

Fils des précédents, prince de Monaco, marquis de Baux. Il épousa, en 1757, Marie-Catherine de Brignole (voir ce nom). Portrait peint Louis Tocqué, au palais de Monaco.

DE GRAMONT (Charlotte) épouse de Louis I de Grimaldi, prince de Monaco, comte de Carladez.

Portrait peint au Palais de Monaco, attribué à Sébastien Bourdon.

GRAND (Jean), né à Royat, le 10 mai 1867, mort à Madagascar, le 30 mai 1896.

Bienfaiteur de l'école laïque de Royat, à laquelle il fait une rente. Gravé dans l'Histoire de Royat, par A. Tardieu.

GRANET (Antoine), né à Arlanc en 1849, artiste peintre.

Photogravé dans I.

GRANGE (Gustave), né à Clermont-Fd, où il est mort en 1903. Marchand antiquaire à Clermont-Fd. Auteur.

Lithographie de 1867 (charge) dans K.

GRANGEON (Damien), évêque d'Utine, vicaire apostolique de la Cochinchine Orientale (Annam), né à Commot, près de Gelles (Puy-de-D.), le 27 sept. 1857, sacré en 1902.

1 Phot. in-12, ovale ; 2 Phot. dans ce dictionnaire.

DES GRANGES Marie-Gabrielle), mariée le 22 juin 1664, à Antoine de Sablon du Corail.

Peinture à l'huile, carrée, 50 sur 73. Galerie de M. Robert de S. du Corail, à Riom.

GRANGIER (voir DE CORDÈS).

GRANGIER (François, baron de la Motte, capitaine au régiment des deux Ponts.

Né à Riom ; maire de Clermont-Fd (1809-1815). Épousa, le 7 mars 1791, Marguerite Mallet (voir Mallet). 1 Portrait peint sur toile, de 1791 environ, en costume de capitaine) chez Mlle des Forêts, à Clermont-Ferrand ; 2 Photogravure du n° 1 dans ce dictionnaire.

DE GRANDSAIGNE (voir TREILLE DE GRANDSAIGNE).

GRASSET (Edmond), né à Riom en 1864. Docteur-médecin à Riom.

Photogravé dans I.

DE GRASDEPAIN (Amable), mariée en 1572, à François de la Rochelambert, chevalier de Saint-Michel, capitaine de cent arquebusiers à cheval.

Fille de Jean, seigneur de Manoux, général des finances à Riom et d'Antoinette Gayte de Nohanent, dame en partie de la Courtine. Miniature originale sur vélin, de 0,08 sur 0,08, de 3/4 à gauche, en buste. Galerie du château de la Rochelambert.

GRÉGOIRE DE TOURS, né dans la ville d'Auvergne (Clermont-Fd), le 10 nov. 539. Évêque de Tours (573). Historien célèbre. Mort le 27 nov. 595.

1 Dans Thevet, 1584, in-4 ; 2 Lith. médaillon voir A. ; 3 Copie du n° 2 ; 4 Dessiné par L. Boulanger, gravé par Dequevauviller, in-4, assis ; 5 en pied in-8, dir. à d. avec « Grégoire, évêque de Tours ».

GRÉGOIRE XI, pape (voir ROGER PIERRE).

GRELLET DE LA DEYTE.

Antique famille établie à Allègre depuis 5 siècles, et considérable par ses belles alliances. La galerie de portraits de M. Emmanuel Grellet de la Deyte est l'une des plus belles de notre province. Elle a plus de 40 portraits intéressant l'Auvergne, une foule d'autres qui concernent les provinces voisines ou éloignées lui sont venus par alliance.

GRELLET (Barthélemy), seigneur de la Marconnerye, de la baronnie de la Deyte-sur-Arlanc, de Moranges.

Né en 1665, à Chabannes, près d'Allègre. Peinture sur toile de 0,m 80 sur 0.m 60, costume et perruque Louis XIV, drapé dans un manteau ; inscription au sommet de la toile ; cadre ancien. 1 Galerie de M. Grellet de la Deyte, à Allègre (Haute-Loire) ; 2 Miniature ovale, sous verre, dans un cercle d'or. A M. le colonel Grellet de la Deyte à Constantine.

GRELLET DE LA DEYTE (François), seigneur-baron Grellet de la Deyte-sur-Arlanc, Moranges, Ronnaye, Fayet, Chabannes, du Mas du Chomeil, co-seigneur de St-Germain-l'Herm, Doranges, St-Bonnet-le-Bourg.

Conseiller du roi, Président de l'élection d'Issoire de 1755 à 1767 ; fils du précédent et de Catherine de Montservier d'Orsonnette. Peinture sur toile, ovale, de 0, 62 sur 0, 52 ; perruque à marteau, manteau rouge, cadre ancien ; galerie de M. Grellet de la Deyte à Allègre (Haute-Loire).

GRELLET (Julien), docteur en théologie, chanoine, archiprêtre de St-Georges de St-Paulien, curé-prieur d'Allègre en 1753, où il mourut en odeur de sainteté, en 1771.

Fils de Barthélemy, sieur de Chardas, Chambarel et de Catherine Roncon. Peinture sur toile de 0, 80 sur 0, 60. Coiffure poudrée, costume ecclésiastique, avec manteau, l'une des mains tenant un gant à crispin. Galerie de M. Grellet de la Deyte, à Allègre (Hte-Loire).

GRELET DE LA DEYTE (Barthélemy), écuyer, seigneur et baron de la Deyte, Moranges et de Châteauneuf du Drac, seigneur de Chabannes, du Mas, de Chomeil, co-seigneur de St-Germain-l'Herm, Doranges, etc.

Conseiller du Roi, président de l'élection d'Issoire (1767-1790), né à St-Germain-l'Herm en 1723, mort en 1811, fils de François, seigneur de la Deyte et de Françoise Blanchard. Peinture sur toile de 0,72 sur 0,58 ; coiffure poudrée catogan, gilet de drap d'or à paillettes, habit de velours noir, galerie de M. Grelet de la Deyte, à Allègre (Haute-Loire).

GRELLET (Benoit-François), seigneur de la Collange, abbé de St-Quentin-sur-Somme, doct. en Sorbonne, chapelain des rois Louis XV et Louis XVI. maître des cérémonies de la Chapelle de Versailles.

Maître des requêtes du conseil de Monsieur frère du roi, chanoine de la cathédrale de Versailles, député du clergé aux assemblées provinciales d'Auvergne (1787). Frère du précéd., né à Saint-Germain-l'Herm en 1726, mort à Versailles en 1815. 1 Peinture sur toile 0.75 sur 0.59 ; en costume de chapelain du roi, blason et inscription. Galerie de M. Grellet de la Deyte, à Allègre (Haute-Loire) ; 2 Portrait avec la croix et le camail des chanoines de Versailles ; 3 Peinture sur toile 0.73 sur 0,58, blason et inscription au sommet de la toile, à g. (reproduit dans le Dict. biog. du Puy-de-Dôme par A. Tardieu et dans le Guide illustré du Puy-de-Dôme du même auteur. L'original est à M. le colonel Grellet de la Deyte, à Constantine.

GRELLET DE LA DEYTE (Claude-Barthélemy), né à Allègre, le 30 avril 1772, mort le 31 déc. 1862.

Officier d'infanterie, commandant des gardes nationales du canton d'Allègre en 1815, maire d'Allègre (Haute-Loire) ; neveu du précéd. 1 Peinture sur toile, ovale, 0,63 sur 0,51, en habit noir, gilet blanc, à col droit et jabot. Galerie de M. Grellet de la Deyte, à Allègre (Haute-Loire) ; 2 Miniature à M. le colonel Grellet de la Deyte, à Constantine.

GRELLET DE MORANGES (Marie), née à Ambert le 12 oct. 1775, fille de J.-B. Grellet, seigneur de Moranges, etc., maître des eaux et forêts à Ambert et d'Antoinette Forissier des Blancs de Longeville.

Epousa Claude-Barthélemy Grellet de la Deyte, son cousin qui précède. 1 Peinture sur toile, ovale, 0,63 sur 0,51, costume de la Restauration ; grand chapeau cabriolet. Galerie de M. Grellet de la Deyte, à Allègre (Haute-Loire) ; 2 Miniature, à M. le colonel Grellet de la Deyte, à Constantine.

GRELLET DE LA DEYTE (Félix), fils des précédents. Né à Allègre, le 25 mai 1813, mort à Riom, le 17 janvier 1879.

Docteur en droit, bâtonnier de l'ordre des avocats, près la cour de Riom, député de la Haute-Loire, en 1848, etc. Administrateur des hospices de la ville de Riom, etc. 1 Peinture sur toile, ovale, de 0, 72 sur 0, 58, galerie de M. Grellet de la Deyte, à Allègre (Haute-Loire) ; 2 Lithogr. in-folio, suite des députés de 1848 ; 3 Buste au musée du Puy, par Chatonnax ; 4 Gravé dans l' « Auvergne illustrée », publiée par A. Tardieu.

GRELLET DE LA DEYTE (Voir DE CHATEAUNEUF DE ROCHEBONNE, PEYRONNET DE LA RIBIÈRE, DE MONTSERVIER, FORISSIER DE LONGEVILLE, DE CHARDON, DE LANDRIAN DU DU MONTET).

GRELLICHE (Camille), prêtre, vers 1840.

Lithogr., de profil à droite, in-4, signé A. Greliche.

GRELICHE Albert), né à Pont-du-Château, en 1870. Docteur-médecin à Billom.

Photogravé dans 1.

GRENIER (Jean), né à Brioude, le 16 Septembre 1753.

Du conseil des 500 (1798). Membre du Tribunal, 1er président à la cour de Riom (1819), baron de l'Empire (1810), par de France (Com. de la Légion d'honneur), décédé à Riom, le 30 janvier 1841. Fils de Benoît, notaire, bailli de Langeac et de Jeanne Triollier. 1 Peinture sur toile de 1, 23 sur 0, 97. En pied, costume de 1er président de la cour de Riom ; à la cour de Riom ; 2 Même costume, peinture sur toile à M. Emile Grenier, avocat à Brioude, son petit neveu ; 3 Autre à M. Antoine Grenier, conseiller à la cour de Paris, son petit neveu ; 4 Buste, peinture sur toile, au musée de la ville de Riom ; 5 Peinture, buste, à Mme de Chaulesaignes de Tarrieux, à Clermont-Ferrand ; 6 gravé sur bois dans J.

GRENIER, homme de lettres, né à Brioude, rédacteur en chef de la *Situation*

D'abord professeur de Lycée. Epousa la fille du chef d'orchestre Georges Hainl. Portrait chargé dans K. lithographie. 1867.

DE GRIMALDI (Honoré II), prince de Monaco, comte de Carladez, en Haute-Auvergne (1642), mort en 1662 de la goutte. Premier comte de Carladez de son nom.

1 Portrait peint par Philippe de Champagne, au palais de Monaco ; 2 Belle gravure du temps, que nous reproduisons.

DE GRIMALDI (Louis I), prince de Monaco, comte de Carladez (1662-1701).

Il épousa, en 1659, Charlotte de Gramont (voir ce nom). Petit-fils d'Honoré II. Né le 25 juillet 1642. — 1 Portrait peint du palais de Monaco, par François de Troy ; 2 Photogravé d'après un dessin du portefeuille de l'Ordre du St-Esprit à la Biblioth. nation. à Paris.

DE GRIMALDI (Antoine I), prince de Monaco, comte de Carladez (1701-1731).

Né le 25 janvier 1661, à Paris. Fils de Louis qui précède. 1 Portrait peint par Hyacinthe Rigaud, au palais de Monaco ; 2 Gravure du n. 1, in-12. Il épousa Marie de Lorraine (voir de Lorraine), en 1688.

DE GRIMALDI (Louise-Hyppolyte), princesse de Monaco, comtesse de Carladez (1731-1732).

Mariée, en 1715, à Jacques I de Goyon de Martignon (voir ce nom). Fille aînée d'Antoine de Grimaldi qui précède. 1 Peinture sur toile du palais de Monaco, par J.-B. Vanloo ; 2 Portrait peint par Pierre Gobert, au palais de Monaco, avec ses 6 enfants et son mari.

GRIMARDIAS (Pierre-Alfred), né à Maringues, le 19 sept. 1813. D'abord curé de la cathédrale de Clermont-Fd (1847), vicaire général du diocèse de Clermont (1859). Evêque de Cahors en 1865 (✳), comte romain. Mort en 1896.

1 Gravure sur bois, in-8.

GRIVEL (l'abbé Louis-Jean-Joseph), né à Ambert le 8 sept. 1800. Mort en sa propriété de la Vernadelle, près d'Ambert, en 1866.

Prédicateur. Aumônier de la chambre des pairs. Auteur. Créa un musée à la Vernadelle, vendu à un marchand, de Lyon, après sa mort. 1 Lith. in-8 dans la Chaire catholique ; 2 Hus feld, lith. in-fol. ; 3 Tailhand sc. in-18 (Biographie du Clergé contemporain ; 4 Lithog. médaillon, voir A, d'après sa dernière photographie ; 5 gravé en petit, Voir C.

GROSLIER (Michel) né à Châtelguyon, en 1851. Médecin. Maire de Chatelguyon.

Photogravé dans I.

DE GUALY (François-Marie-Edouard), né en 1786, au château de Cressel (Aveyron). Sacré le 30 nov. 1829, évêque de St-Flour de 1829 à 1833, archevêque d'Alby en 1834.

Peinture. Galerie des évêques de St-Flour.

GUARIGUE, coiffeur qui s'intitule « Cicérone, gardien des termes du Mont-Dore, etc » (vers 1830).

In-8, lith. de Aug. Veysset, en pied, de profil à d. (Se trouve dans la collection de M. Silvain, lithogr. à Clermont-Ferrand, en 1904).

GUELON (Pierre-François), né à Vollore-Ville en 1835. Curé de la Sauvetat. Auteur.

Photogravé dans I.

DE GUÉNÉGAUD (Henri) marquis de Plancy, comte de Montbrison. Garde des sceaux. Mort en 1676, à 67 ans.

Sa famille est originaire de St-Pourçain (Allier), où était l'ancien fief de Guénégaud. 1 Nanteuil, in-folio ; 2 Moncornet in-4.

GUÉRIN-VÉRAND. Peintre de talent. Littérateur qui vint habiter Clermont l'an III et mourut à Chamalières, vers 1807.

Pastel par lui-même 0, 56 sur 0, 46. Donné au musée de Clermont, par M. Desbouis.

GUÉRIN (le baron Pierre-Narcisse), célèbre peintre (histoire, portraits). Né à Paris, le 12 mars 1777. Mort à Rome en 1833.

D'une famille originaire de Thiers (son père y résidait). Membre de l'Institut. Directeur de l'Ecole de Rome (1822-1828). L'un des premiers membres de la Légion d'honneur. Créé baron. 1 Lith. de Delpech. L. Cognet in-fol. ; 2 Gourdy lith. de Chaber, in-fol. 3 J. Boilly, lith. in-fol. ; 4 Pauquet, gr. sur bois. in-12 ; 5 Antonin, lith. de Ducarme, in-8 ; 6 Jourdy lith. in-fol.

DU GUESCLIN (Bertrand), illustre guerrier, né en Bretagne, en 1311, mort pendant le siège de Châteauneuf-Randon, en Gévaudas (1380).

Il passa, en 1371, à Herment (Puy-de-Dôme), en allant faire le siège d'Ussel (Corrèze) contre les Anglais. En 1380, il traversa l'Auvergne en allant assiéger Châteauneuf-Randon. 1 in-4 dans Thevet, 1584 ; 2 Dans le livre de la galerie du Palais Cardinal, in-f. 3 réduction du n. 2, in-15 ; 4 in-4 ; 5 Ant. Loir d'après Hallé, in-folio.

GUILLAUME-MAURY (Pierre), géomètre en chef du cadastre. Conseiller de préfecture faisant fonctions de secrétaire général du Puy-de-Dôme, percepteur à Clermont-Fd.

Habita Clermont-Fd de 1830 à 1854 qu'il mourut. Marié à Joséphine Maury (voir ce nom). 1 Portrait au crayon, au château de la Valette, près Sauxillanges, à M. Vaissière.

GUILLAUME-MAURY (Mlle) mariée à J. Joseph Vaissière. Morte en 1890.

Grand portrait à l'huile au château de la Valette, près Sauxillanges (Puy-de-Dôme).

GUILLAUME (Adolphe).

Résida à Clermont-Fd de 1830 à 1833. Directeur des contributions directes de la Marne. Mort en 1880, à St-Mihiel (Meuse). Grand portrait à l'huile, au château de la Valette, près de Sauxillanges (P.-de-D.).

GUILLAUME MAURY (Mlle), mariée à M. de Kermaingant, décédé à Paris, inspecteur gén. des Ponts et Chaussées.

Elle a résidé à Clermont-Fd, de 1832 à 1840 et de 1854 à 1860. Portrait au crayon au château de la Valette, près de Sauxillanges (Puy-de-Dôme).

DE GUILLAUMANCHES DU BOSCAGES (Le marquis Guillaume-Isidore-Pierre), né au château de Perier, en novembre 1766, mort à Nice en 1886. Lieutenant-général d'armée (1819).

1 Peinture possédée par M. le comte de Cosnac, à Paris ; 2 Lith. médaillon, voir A, d'après le n° 2.

GUILLEMOT (Gabriel), homme de lettres, journaliste (*Charivari*). Né à Thiers (P.-d.-D.). Agé de 34 ans, en 1867.

Portrait chargé dans K.

GUILLEMOT (Gabriel), né à Thiers, en 1846. Docteur en médecine dans cette ville.

Photogravé dans I.

GUILLEMIN (Louis-Michel), né à Clermont-Ferrand, en 1854. Docteur en médecine à Clermont-Ferrand.

Photogravé dans I.

Jean II de CHARDON des ROYS
et sa femme Marie de ROCHEBARON.

Jean SAVARON, mort en 1622.

Blaise SAVARON, seig. de
Villars, mort en 1651.

Blaise PASCAL, illustre philosophe,
mort en 1662.

Marguerite PERIER,
nièce de Blaise Pascal, morte
en 1733.

Gilberte PASCAL, morte en 1687,
sœur de l'illustre Blaise Pascal.

Pierre BELLAIGUE,
conseiller au présidial de Clermont,
en 1713.

Marguerite PERIER, nièce de Blaise Pascal,
morte en 1733.

Jacqueline LE GRAS,
mariée, en 1760, à Joseph Morin,
seigneur de Bughas.

Etuis ayant appartenu à Marguerite Perier.

15

GUY LE GROS, né à St-Gilles, dans la province de Narbonne.

Évêque du Puy, archevêque de Narbonne. Cardinal, en 1261. Élu pape à Pérouse, en 1265, sous le nom de Clément IV. Mort à Viterbe, en 1268. 1 In-8, dans Cavalerijs ; 2 In-12 sur bois, dans l'« Histoire des papes », par Duchesne ; 3 In-4, « Histoire des cardinaux français », de Duchesne ; 4 In-8, « Histoire des cardinaux », de l'abbé Roy ; 5 In-8, « Histoire des papes », de l'abbé Novaes ; 6 En petit dans la Chronologie collée, suite des papes, n° 180.

GUYON l'abbé, qui prêcha une mission, à Clermont-Ferrand (vers 1840).

Lith. in-4, de Thibaud-Landriot.

GUYOT-LAVALINE (J.-B.-Charles), né à Vic-le-Comte, le 15 juillet 1827. Maire de Vic-le-Comte. Sénateur (1879).

Photogravé dans « Nos Sénateurs », par Grenier, in-16

GUYOT-DESSAIGNE (Jean-François-Edmond), né à Brioude, le 26 décembre 1833. (✻). Juge au Tribunal de la Seine. Ministre de la justice et des cultes (1889), des travaux publics (1896). Député.

1 Gravure sur bois, signée Laugeon ; 2 Gravure sur bois, ovale, in-18 ; 3 Photogravé dans « Nos Députés », in-16 ; 4 Gravé sur bois dans J., dans le Dictionnaire des contemporains, par E. St-Lanne ; 5 Dessiné en 1896, par Ch. Silvain (collection Silvain).

GUYOT-MONTPAYROUX, frère du précédent. Député, en 1876, pour la Hte-Loire.

Gravure sur bois, in-18.

HAINL (Georges-François), né à Issoire, le 16 novembre 1807. Musicien-compositeur. Chef d'orchestre de l'Opéra, à Paris, et chef d'orchestre du Conservatoire (1863).

1 Lith. médaillon, voir A, d'après la photographie de Boulinger, à Paris ; 2 Lith. dans K.

D'HARCOURT (François, duc), maréchal de France, baron de Cordès, en Auvergne, mort en 1750.

Buste, reproduit dans ce Dictionnaire, à M. le comte d'Haussonville, de l'Académie française à Paris.

DU HARLAY (Achille), né le 5 mars 1536. Mort en 1616. Illustre magistrat.

Premier président du parlement de Paris. Connu par sa fermeté envers les ligueurs (1588). Servit Henri IV. Chevalier, comte de Beaumont. 1 Van Schuppen, 1790, in-fol. ; 2 Vannerlen, 1652, in-fol. ; 3 In-8, ovale ; 4 Jouay. Galerie universelle de Blaisot, in-4 ; 5 Lith. dans l'« Histoire de Clermont-Fd », in-4, médaillon.

DE HAUTEFORT (Catherine), fille de Gilbert, chevalier de l'ordre du roi.

Elle épousa en 1575, François-Robert de Lignerac, seigneur de Pleaux (Cantal), St-Chamans, baron de Lignerac, lieutenant du roi dans la Haute-Auvergne (1587), grand ligueur. Ce fut lui qui conduisit la reine Margot d'Agen à Carlat (1585), il mourut en 1643. Portrait au crayon à la Bibliothèque nationale 24 a, fol. 95 (Voir F). En buste des 3/4 à gauche. Elle porte une collerette fort large et la tête découverte. En haut « Mme de Lignerac ».

DU HAUVEL (Louise-Marie-Aline), comtesse de Chabannes de la Palice.

Photog. dans L., assise.

HEBERT (Guillaume), l'un des magistrats des grands Jours tenus à Clermont-Fd (1665-1666).

Gravé, avec d'autres sur la planche représentant la cour des Grands Jours d'Auvergne (donnée dans cet ouvrage).

HÉBRARD DU FAU (Pierre), avocat, citoyen d'Aurillac, né le 29 août 1750, député du Tiers-Etat au baillage de St-Flour à l'Assemblée nationale (1789).

1 Chez Levachez, in-4 ; 2 Massard sc. Rey direx, in-8 ; 3 Gravé par Friessinger, au bas, 4 vers ; 4 Profil à droite, dans un ovale, au bas, 2 lignes.

HENRI DE LOLLIÈRE (Marie-Elisabeth), mariée à Jacques de Champflour-Jozerand, conseiller à la cour des aides de Clermont, mort en 1814.

Grand portrait en pied ; jouant de la mandoline. Tête poudrée, toile de 1,65 sur 1,05, attribuée à Tocqué. Galerie de M. de Champflour, à Riom.

HÉRAUD, tenant un café et restaurant, rue Ste-Claire, à Clermont-Ferrand.

Dessiné par Ch. Silvain, en 1898 (collection Ch. Silvain).

HERVIER (Etienne, né à Pontgibaud, en 1790. Mort à Clermont-Ferrand, en 1871.

Capitaine au 45e de ligne (1832). Chevalier de la Légion d'honneur. Auteur. 1 Peinture sur toile conservée dans sa famille ; 2 Lith. médaillon, voir A, d'après le n° 1 ; 3 Photolith., voir D.

HIVER (Ch.-M.-Edouard), né à Cunlhat, en 1834. Directeur des contributions directes.

Photogravé dans I.

✻ **HOSPITAL** (le docteur Pierre), né à Clermont-Ferrand, le 17 mai 1836. Docteur-médecin. (✻). Auteur fécond et savant.

1 Gravé dans la « Vie illustrée » (1 juin 1895) ; 2 Gravé dans le « Livre d'or du cortège des Croisés », par A. Tardieu, 1895 ; 3 Photogravé (buste de Gourgouillon, sculpteur, de profil), dans le Dictionnaire du Puy-de-Dôme, par Flammarion. (Reproduit dans notre Dictionnaire).

DE HOUDETOT (Césarine-Marie). Epouse de M. Brugière, baron de Barante. Née en 1794, morte en 1877.

1 Miniature, d'après Guérin ; 2 Autre miniature, signée Delorme (château de Barante) ; 3 Peinture, par Mlle Bouteiller (château de Barante) ; 4 Peinture, par Court, 1837, à St-Pétersbourg ; 5 Peinture au château de Montarve (Puy-de-Dôme) ; 6 Buste en marbre, par Bosio (château de Barante).

HUGON (Michel), né à Pont-du-Château, le 29 avril 1825, mort à Clermont-Fd, le 20 février 1892, colonel du génie (O. ✻).

Buste de face, par Larroche, sur sa stèle funéraire, au cimetière des Carmes-Déchaux, à Clermont-Fd.

HUGUET (Etienne), secrétaire du roi, à la cour des aides de Clermont-Fd, en 1766. Juge au tribunal du district de Besse, en 1790.

Né à Moissat (P.-de-D.) le 27 juillet 1727. Mort à Clermont-Ferrand le 28 janvier 1799. Marié à Anne de Chastellux (voir ce nom). Peinture sur toile. A M. C. Barreyre, percepteur à Brioude (en 1900).

HUGUET (Voir DE CHASTELLUX).

HUGUET (J.-Antoine), né le 16 mars 1751 à Billom.

Maire de Billom, député du Tiers-État de la sénéchaussée de Clermont-Fd, à l'Assemblée nationale (1789); du Conseil des Anciens. Préfet de l'Allier (1800), conservateur des eaux et forêts (1801). 1 Beljambe, sc. in-8; 2 Dess. par Quenedey, gr. in-18. Lettre E. 12.

HUGUET (Robert), né à Moissat, en 1851. Docteur en médecine. Pharmacien à Clermont-Fd.

Photogravé dans I.

HUMBLOT (Monsieur), frère du pair de France ; en costume de député ou préfet.

Père de la marquise de Lastic. D'autres disent que le portrait est celui du comte de Lastic-Vigouroux, député du Cantal et inspecteur général des haras. Portrait peint. Au château de Parentignat (P.-de-D.).

HUMBLOT (Amélie), femme d'Antoine-Annet, marquis de Lastic, page du roi Charles X. Née en 1810, morte en 1888.

1 Peinture carrée. Au château de Parentignat (Puy-de-Dôme) ; 2 Peinte avec son fils Alphonse. Château de Parentignat (Puy-de-D).

HULSTAERT (Marie), mariée, en 1816, à Ant. Missonier, lieutenant-colonel d'infanterie.

Peinture sur toile de 0,48 sur 0,38, robe blanche décolletée, du temps de l'empire, écharpe écarlate, diadème de perles dans les cheveux. A M. Émile Grenier, avocat à Brioude.

IMBERDIS (Jean), né à Ambert le 2 août 1667. Jésuite, poète. Auteur. Mort à Billom, le 9 janvier 1738.

1 Lith. dans les Tablettes hist. de l'Auvergue par J.-B. Bouillet, in-8 ; 2 Lith. médaillon, voir A (d'après le n. 1.

IMBERDIS (André), né à Ambert, le 7 juillet 1810, mort à Agen, le 17 janvier 1876. Président de Chambre à Alger (1857). Auteur. Erudit. Il a publié *l'Histoire des guerres religieuses en Auvergne*.

1 Lith. in-8 d. à dr. Chez Desesserts, éditeur, lith. Delannois, rue du Bouloi, 19. Au-dessous, André Imberdis, rédacteur du « Patriote du Puy-de-Dôme », (très rare) ; 2 Lith. médaillon, d'après une photographie, voir A ; 3 Gravé en petit, voir C ; 4 Reproduction du n° 1 dans ce Dictionnaire.

IMBERDIS (Pierre-Marie-Victor), né à Ambert, fils du précédent. Ancien magistrat. Auteur.

1 Photogravé dans I : 2 Photogravé dans ce Diction.

D'IMBERT DE MONT-RUFFET (François-Joseph), préfet de la Lozère et de la Haute-Loire. (✳).

Miniature ovale 0, 06 sur 0, 03 1 2. En uniforme. A M. le vicomte Jehan d'Apchier Le Maugin.

D'IMBERT DE MONT-RUFFET (Adrien) receveur particulier des finances, à Paris. (✳). Né en 1810, mort en 1868.

Peinture par Léon Mayer 0, 20 sur 0, 15. En redingote. A M. le vicomte Jehan d'Apchier Le Mangin.

D'IMBERT DE MONT-RUFFET (Julie-Louise-Jacquette-Alphonsine).

Fille de François, préfet de la Haute-Loire et de Hermine Brun de Villeret. Née en 1812, morte le 31 décembre 1895. Epouse de Ch.-Denis-Frédéric, comte d'Apchier Le Maugin. Peinture par Léon Mayer 0, 80 sur 0, 70. Buste. En robe de soie noire. A M. le comte d'Apchier Le Maugin.

IMBERT DE TRÉMIOLLES (Sidonie-Gustine), mariée en 1845 au baron d'Arnoux de Maisonrouge.

Peinture à M. le baron de Maisonrouge, à Ennezat (Puy-de-Dôme).

IMBERT (Henri), né à Clermont-Fd, en 1871. Docteur en médecine à Paris.

Photogravé dans I.

D'IRUMBERRY DE SALLABERRY (Ch.-Marie, comte), né en 1766 à Paris, mort dans sa terre le 7 juillet 1847, à Fossé, près Blois.

Député du Loir-et-Cher (1815-1830). A publié *Mon voyage au Mont-Dore*. 1 Grav. in-8 avec ces mots : « M. le comte de Sallaberry », profil à g. eau-forte in-12 ; 2 Montaut del. et sc. au trait in-8.

ISABELLE, aéronaute, qui a fait une ascension en ballon à Clermont-Fd, vers 1800.

Voir le Catalogue Desbouis.

JARLETON (Antoine), né à Ambert en 1734. Négociant. Président du tribunal de commerce d'Ambert.

Photogravé dans I.

JARRIER, musicien, joueur de flageolet, à Clermont-Fd.

Sa caricature dans la *Mouche clermontoise*, 1867.

DE JAUCOURT (Laurette), femme de Michel de Changy, chevalier, seigneur de Roussillon, etc., mariée vers 1450.

1 Peinte sur bois sur un tryptique, de l'église d'Ambierle (Loire) ; 2 Gravé dans le *Roannais illustré*, d'après le n. 1.

JAY (Noel-J.-B.), né à Sayat en 1866. Docteur en médecine. Maire de Sayat.

Photogravé dans I.

JEHANNOT DE BARTILLAT (Anne-Clotilde), née en 1748, morte au château de Laage-Bartillat, en 1785, mariée à Paris, en 1770, au marquis Claude de Bosredont, baron d'Herment, seigneur de Combrailles, etc.

1 Peinture sur toile au château de Neuville (Allier) chez M. le baron de Rochefort ; 2 Gravé dans cet ouvrage, d'après le n. 1.

DE JEU (J), de Billom, vers 1280.

Peinture à la fresque du XIIIe siècle, d'une chapelle à droite du chœur, dans la cathédrale de Clermont-Fd. Il est représenté debout, avec son saint patron. Une aquarelle de cette fresque, par Lamy, existe au musée de Clermont-Fd.

DE JEU (Guillaume), doyen du chapitre d'Herment, en 1278, chantre de la cathédrale de Clermont, en 1295. Mort en 1302.

1 Une peinture murale avec son épitaphe au-dessus de la porte de la sacristie de la cathédrale de Clermont-Fd ; 2 Lith. dans l'Hist. de Clermont-Fd, par A. Tardieu, d'après le n. 1 ; 3 Gravé dans C, d'après le n° 2.

JEUDI-DUMONTEIX (Joseph , né à Clermont-Fd. le 12 octobre 1759. Avocat à Clermont-Fd. Jurisconsulte savant. Mort le 24 avril 1832, à Clermont-Fd.

1 Lith. in-4.

JOLY DE FLEURY. l'un des magistrats des Grands Jours d'Auvergne, en 1665-1666.

Gravé sur la planche qui représente les magistrats et que nous donnons.

DE JONCOUX (Françoise-Marguerite , née à Paris, le 28 octobre 1668. morte le 27 sept. 1715. On cite ses talents, son attachement aux religieuses du Port-Royal.

1 Pittau 1716, in-4 ; 2 Chez Desrochers, in-folio.

DU JOUHANEL DE JENZAT, conseiller au Parlement, marié à Mlle Tailbout (XVIII° siècle).

Peinture, château de Jenzat (Puy-de-Dôme).

JOURDE (Gilbert-Amable, chevalier), né à Riom, en 1757, mort à Versailles, en 1863, député du Puy-de-Dôme, en 1848.

Gravé sur bois dans J.

JOURDE (François , membre de la commune à Paris, en 1874, où il fut délégué au ministère des finances. Né à Chassagne (Puy-de-Dôme, en 1845. Mort à Nice, en 1893. On cite son intégrité.

Gravure de Desfosses, in-8.

JOURNET (Amédée), né à Ambert, en 1828. Licencié en droit. Avoué à Ambert.

Photogravé dans 1.

JOUVET (Louis-Antoine), écuyer, seigneur de la Fouilhouse.

Capitaine au régiment de Poitou-infanterie (1726), né le 10 septembre 1696, mort en 1768. Portrait peint au château de Miral (Puy-de-Dôme).

JOUVET, maire de Clermont-Ferrand, 1848. Avocat. Représentant du peuple. Mort en 1869, à Clermont-Ferrand.

Gravé sur bois dans J.

DE JOYEUSE (Henriette-Catherine), mariée, à Charles de Lorraine, duc de Guise et de Joyeuse, prince de Joinville, gouverneur d'Auvergne, en 1617. Morte à Paris, en 1656, 71 ans.

1 M. Lasne, 1650 ; 5 Gravé par Jeanneret, in-4 ; 3 B. Moncornet, 1657, in-8.

DE JOYEUSE (François), cardinal (1583), abbé d'Aurillac. né en 1562, archevêque de Narbonne 1581, de Rouen (1605, mort à Avignon, en 1615, doyen du sacré collège.

1 H. in-4 ; 2 E. V. W. in-8 ; 3 N. in-8.

DE JOYEUSE (Voir de BOURBON-MONT-PENSIER).

DE JOYEUSE (Catherine-Henriette), femme d'Henri de Bourbon, duc de Montpensier, mort en 1608.

1 Gravé par Moncornet ; 2 Voir II ; 3 Collection des gal. de Versailles, gravure.

JUGE DE SOLAGNAT (Martial), maire de Clermont-Ferrand (1805-1809). Mort à Chamalières, près Clermont-Ferrand, le 22 janvier 1848.

Peinture sur toile, chez M. Malherbe, à Clermont-Ferrand ; portrait en demi pied, costume officiel de maire, reproduit dans cet ouvrage.

JULIEN (Pierre), né en 1731, à St-Paulien (Haute-Loire), statuaire. Membre de l'institut.

1 Lith. in-fol. dans l'« Ancienne Auvergne et le Velay » ; 2 Sa nymphe et le Poussin ; 3 Profil à g. au trait, in-48, 95-60 (Biographie universelle) ; 4 Son médaillon en bronze avec son buste, par David d'Angers, diam. 17 cent.

JULIEN (Pierre-Alphonse), né à Clermont-Ferrand, en 1838. Professeur de géologie et de minéralogie à la faculté de Clermont-Ferrand. Auteur fécond et savant.

Photogravé dans 1 ; 2 Photogravé dans ce Diction.

DE JULIEN DE BINEZAC DE RO-CHEVINE (Marie), mariée, le 12 mars 1674, à Claude de Rochefort d'Ally.

Peinture sur toile de 0,80 sur 0,65, château de Thiolant (Haute-Loire).

JURIE (Antoine), bailli de Mallhat, de la Montgie, de Rilhac (1682-1731).

Peinture sur toile, ovale ; perruque et costume Louis XIV ; cadre du temps. Galerie de M. Doniol, membre de l'Institut, à Paris.

JURIE (Claude-Barthélemy , commissaire des guerres. Né à Auzon le 9 oct. 1759).

Fils de Claude, seigneur de Vergongheon, et de Catherine Grellet de la Deyte. Peinture 0,65 sur 0,54, par Hensius, signée ; costume de commissaire des guerres. Galerie de M. Henri Doniol, membre de l'Institut, à Paris.

JURIE (Barthélemy), frère du précédent ; majeur en 1781.

Miniature vers 1800 ; galerie de M. Grellet de la Deyte, à Allègre (Haute-Loire).

JURIE (Catherine), sœur des précédents, mariée, en 1789, à Issoire, à Gabriel Fabre, avocat au parlement.

Peinture sur toile de 1795 environ, à M. Pierre Martial, à Paulhaguet (Haute-Loire).

JURIE (Hippolyte-Auguste), né avant 1781, mort en 1840.

Fils de Claude-Barthélemy, qui précède. Peinture sur toile, ovale, 0, 57, sur 0,47, signée Othon 1828. Galerie de M. Grellet de la Deyte, à Allègre (Hte-Loire).

JURIEN DE LA GRAVIÈRE (Pierre-Roch), vice-amiral, pair de France (G. C. ✻). Né le 5 novembre 1772, à Gannat (Allier), mort à Paris, le 15 janvier 1849.

Bonneman fecit lith. in-folio, imprimerie Lemercier et C° Paris.

JURIEN DE LA GRAVIÈRE (Jean-Pierre), né à Brest, le 17 novembre 1812. Fils du précédent, mort en mars 1892, à Paris, vice-amiral en 1862, de l'Académie française. Auteur. (G. C. ✻).

1 Bonnemann fecit, in-fol. (Frond-Panthéon) ; M. Valette, in-48, ovale, équarie (Panthéon de l'industrie)

Galerie de la famille de BELLAIGUE

Louise de MARILLAC, épouse
d'Antoine LE GRAS, morte en 1660,
fondatrice des sœurs de St-Vincent-
de-Paul.

Jean d'AUMONT, maréchal de France,
mort en 1593.

Éléonore TEILLARD,
mariée, en 1639, à Guillaume Savaron,
seigneur de Villars.

Antoine d'ASTIER,
directeur général des fermes
du grand duc de Toscane, mort en 1750.

Le vicomte Alcide du BOIS
de BEAUCHESNE, gentilhomme de la
chambre du roi Charles X,
mort en 1873.

Marguerite BESNIER de VILLENEUVE,
mariée en 1710 à Antoine d'Astier.

Susanne MORIN de BUGHAS,
mariée, en 1755, à P.-A. Bellaigue,
conseiller au présidial de Clermont.

Mélanie BÉRARD de CHAZELLES,
mariée, en 1819, à Augustin Bellaigue
de Bughas.

Bernard BELLAIGUE de BUGHAS,
conseiller au présidial de Clermont,
en 1787.

5 mars 1876, n° 48 ; 3 Litho en petit presque de face, dans « Nos écrivains », par St-Patrice, Paris, G. Hurtrel, 1887 ; 4 H. Meyer, en uniforme, presque de face, dans le « Journal illustré », du 12 février 1888. (portrait reproduit dans le « Monde illustré ».

JUSSERAUD (Francisque), député du Puy-de-Dôme, en 1848-1852.

1 Lith, in-folio, suite des députés de Basset, en 1848 ; 2 Peinture au musée de Riom.

DE KERSAINT (Guy - Gabriel - Henri COETNEMPREN, comte, né à Paris en 1829, mort à Menton en 1880 ; député du Puy-de-Dôme en 1857-1860 (✳.

Gravé sur bois dans J.

KNODERER, bourgeois de la ville de Srasbourg, fils de Frédéric, né à Westkofen, en 1742 ; vint se fixer à Clermont-Fd, où il apporta les méthodes nouvelles pour la tannerie. Mort le 9 oct. 1816.

1 Pastel, costume Louis XVI ; Miniature sur ivoire par Marie-Gabrielle Capet, 1795 (appartenant à son arrière-petit-fils, M. Louis Lesmaris ; 3 Grand pastel, mi-corps, par Mme Hitsekler, née Juliette Knoderer, à Landau (Palatinat).

KNODERER (Salomé), fille de Philippe-Jacques et de Salomé Pfauth, mariée à Louis-Joseph Séneschal, industriel à Clermont-Fd. Née à Strasbourg, le 7 mars 1784, décédée à Clermont-Fd, le 13 août 1844.

Peinture portrait mi-corps (à son petit-fils M. Louis Lesmaris).

KUHN (Jacques-Emile), né à Chamalières, le 19 septembre 1834.

Ingénieur civil, négociant brasseur. Maire de Chamalières. Bibliophile. Archéologue. Poète. Gravé sur cuivre par Ragou, in-12, 1870.

DE LA BARGE (André), abbé des Prémontrés de Saint-André de Clermont-Fd et d'Ydrac (1585-1598), chanoine et comte de Lyon, seigneur et prieur de Sauviat et d'Augerolles.

A genoux sur un prie-Dieu, sur un vitrail de la chapelle du château de la Barge (Puy-de-Dôme) : reproduit dans ce Dictionnaire.

DE LA BARGE (François), chevalier, seigneur de la Barge, Meymont, la Freydière, chevalier de l'ordre du roi, capit. de 50 hommes d'armes, gouverneur du Vivarais (1585).

1 A genoux, à côté, ses armoiries, sur un prie-Dieu le collier de l'ordre de St-Michel, un manteau ; sur un vitrail de la chapelle du château de la Barge ; 2 Gravé dans l'Auvergne illustrée, d'après le n. 1.

DE LA BARGE (Loys), abbé d'Ydrac, chanoine-comte de Lyon, prieur de Saulmyer.

A genoux, devant un prie-Dieu, ayant l'aumusse de chanoine. Sur un vitrail de la fin du XVIe siècle, chapelle du château de la Barge (P.-de-D).

DE LA BARGE (Voir DE RIVOIRE).

DE LA BARRE (Catherine), mariée à Mauriac, en 1718, à M Paul de Bonnefon, seigneur de la Barre, conseiller en l'élection particulière de Mauriac.

Elle était la prés parente du chevalier de la Barre défendu par Voltaire ; elle eût avec ce dernier une longue et savante correspondance. Portrait sur toile à M. Jean de Bonnefon (reproduit dans cet ouvrage).

DE LA BASTIDE (Guillaume, chanoine de St-Flour, député aux Etats-généraux (1789).

Né à Chillhac (Haute-Loire), en 1743, mort à Paulhaguet en 1827. Gravé sur bois dans J d'après un portrait de Mme la comtesse de Riollet de Morteuil, née de la Bastide, sa petite nièce.

DE LA BASTIDE (Guillemine), mariée en 1813, à Antoine Grenier, neveu du baron Grenier, pair de France.

Miniature époque de la Restauration par Isabey, cadre du temps. A M. Emile Grenier, avocat à Brioude.

DE LA BATIE (Julien), député de la Haute-Loire, en 1885.

Gravure sur bois, en petit, ovale, in-18.

LA BOULAYE-MARILLAC (Voir DESBOUYS DE SALBRUNE).

DE LA BROSSE (Pierre), écuyer du duc d'Orléans (1720). Marié à Anne de la Chapelle (voir ce nom).

Peinture sur toile à M. Jouvet des Marands, lieutenant au 3e hussards à Verdun (Meuse), reproduite dans le présent dictionnaire. Pierre de la Brosse demeurait à Paris, paroisse de St-Roch.

DE LA CARRIÈRE (Pierre), évêque de la Guadeloupe, né le 10 juin 1808, à Aurillac, chanoine de St-Denis (1850).

Ch. Vogt, Paris, 1853, lith. de Thierry frères, in-f.

DE LA CASSIÈRE (Voir LEVESQUE DE LA CASSIÈRE).

DE LA CHAISE DES GARETS (Marguerite), épouse d'Annet-Marie Forissier des Blancs, seigneur de Longeville, l'un des cent gendarmes de la garde du roi Louis XV, demeurant à Ris, en Auvergne (1738).

Pastel, 0,57 sur 0,46. Galerie de M. Grellet de la Deyte, à Allegre (Haute-Loire).

DE LA CHAPELLE (Anne, épouse de Pierre de la Brosse, écuyer du duc d'Orléans (1720), demeurant paroisse de St-Roch, à Paris.

Peinture sur toile, à M. Jouvet des Marands, lieutenant au 3e hussards à Verdun (reproduite dans cet ouvrage).

DE LA CHASSAIGNE DE SEREYS (Louise), mariée, en 1482, à Armand de la Rochelambert, chevalier, seigneur dudit lieu ; morte vers 1540.

Miniature originale sur vélin, de 0,08 sur 0,06 ; de 3/4 à droite, en buste, galerie du château de la Rochelambert ; 2 Copie du même, au vicomte de Sereys, château de Planzat (Puy-de-Dôme). V. la reproduction.

DE LA CHASSAIGNE DE SEREYS (Jacques, chevalier, seigneur de Sereys, Crenillac, Villedieu, Prissac, Chomelix-le-Bas.

Peinture sur toile 0,82 sur 0,65, en buste, de 3/4 à ganche et en cuirasse, avec inscription, au vicomte de Sereys, château de Planzat (P.-d-D). Autre portrait du même. A Mme de Rioux, château d'Ibois (P.-d-D.)

DE LA CHASSAIGNE DE SEREYS (François-Marie, comte), chanoine-comte de Brioude, en 1717, prévôt du chapitre, en 1756, abbé commanditaire du Moustier de Thiers. Vicaire-général du diocèse du Puy, mort en 1776.

Peinture sur toile, en pied. . jusqu'au genou, de 3/4 à gauche (en costume de prévôt du chapitre de Brioude avec la croix), armes, inscription. A M. de Chalambel, à St-Germain-Lembron (Puy-de-Dôme). 2 Copie du même portrait, au vicomte de Sereys, château de Plauzat (Puy-de-Dôme).

DE LA CHASSAIGNE, comte de Sereys, (Jacques). Page de la petite écurie du roi, en 1781, lieutenant au régiment Dauphin-cavalerie, émigré, capitaine, chevalier de St-Louis, mort en 1844.

Miniature de profil à g. en uniforme de l'armée de Condé. Galerie du vicomte de Sereys, château de Plauzat (Puy-de-Dôme).

DE LA CHASSAIGNE DE SEREYS (Benoît), chevalier de Sereys ; chevalier de Malte. en 1789 ; marié, en 1797, à Elisabeth de la Salle de Farges ; mort en 1861.

Peinture sur toile, en officier des gardes Nationales sous la Restauration, avec la croix de Malte. à M. Liogier, château de Sereys (Haute-Loire).

DE LA CHASSAIGNE DE SEREYS (Irène), mariée, en 1826, à Jean-Auguste Papon de Beaurepaire de Vicq.

Miniature sur ivoire, en buste, de 3/4 à g. Au vicomte de Sereys, château de Plauzat (Puy-de-Dôme).

DE LA CHASSAIGNE, comte de Sereys, (Benoît-Ernest), mort en 1871, marié, en 1834, à Antoinette de Montaignac-Chauvance, frère de la précédente.

Miniature de profil, même galerie.

DE LA CHASSAIGNE DE SEREYS (la comtesse, née de Pons de Frugières). Voir DE PONS).

DE LA CHESNAYE DE LA CONDAMINE (Voir DIEUDONNÉ DE LA CHESNAYE DE LA CONDAMINE.)

DE LA COLOMBE DE LA CHAPELLE (Voir MOREL).

LACOSTE (L'abbé), né à Plaisance, près de Toulouse en 1751, mort à Clermont-Fd le 18 avril 1826.

Professeur d'histoire naturelle à Clermont-Fd. A donné, à la ville de Clermont-Fd, son cabinet d'histoire naturelle. Portrait lithographié et dessiné par Delorieux in-4, imprimé chez Thibaud-Landriot, le représentant à son lit de mort. Peinture au musée de Clermont-Ferrand, par Bachellery.

LACROIX (François), né à Riom en 1841, Négociant à Versailles. Propriétaire à Chatelguyon.

Photogravé dans I.

LACOSTE, célèbre conventionnel, de Mauriac (Cantal).

Portrait chez M. Jean Delmas, à Aurillac.

DE LA CROIX DE CASTRIES (Ch.-Eugène-Gabriel, marquis de Castries).

Né à Paris en 1827. Ministre de la Marine, maréchal de France (1783, lieutenant-général du Lyonnais, Forez, Beaujolais, mort en 1801. Seigneur de Tauves, Granges, en Auvergne. Portrait en pied, collection des Gal. hist. de Versailles

DE LA FAYETTE (Voyez MOTIER DE LA FAYETTE).

DE LA FAYETTE (Voir CALEMARD).

DE LA GARDE (Marie), mariée en 1660, à Jean de Sartiges, dit de Lavandès, seigneur de Lavandès, seigneur de Chassaigne.

Peinture au château de Sourniac, à M. le comte de Sartiges. Reproduite dans cet ouvrage.

DE LA GARLAYE (Monseigneur François-Marie LE MAISTRE), évêque de Clermont (1742-1776).

1 Peinture de 0.80 sur 0,65. Don au musée de Clermont du comte de Dampierre ; 2 Lith. dans l'Hist. de Clermont-Fd, par A. Tardieu.

LAGAYE (Ant.-Arthur), né au Mont-Dore, en 1858. Négociant à Riom. Juge au tribunal de commerce.

Photogravé dans I.

DE LA GRAVIÈRE (Voir JURIEN DE LA GRAVIÈRE).

DE LA GUESLE (Jean), né au château de la Guesle, près de Vic-le-Comte.

Seigneur de la Chaux-Montgros. Fils d'un bailli du comté d'Auvergne, gouverneur de la ville de Clermont. Procureur général au Parlement de Paris (1570). Garde du Trésor des Chartes (1582). Président à mortier au parlement de Paris. Mort en 1588 dans son château de Lauveau, près Epinay. 1 Gravé dans la Chronologie collée par L. Gaultier, in-18, 2 Reproduction dans l'Auvergne illust. du n. 1 ; 3 Photolith. voir D.

DE LA GUICHE (Marie), femme de Charles de Lévis, duc de Ventadour, mariée, en 1645, morte en 1701. Baronne d'Herment, en Auvergne. Se fit chanoinesse.

1 Larmessin 1660. d'après Beaubrun, in-f. ; 2 En pied, in-f. chez Mariette, avec un éventail à la main; 3 Gravure de 1673, en chanoinesse, chez le marquis de la Guiche.

DE LAIRE (J.-B), avocat à Cusset, (1810).

Portrait chez M. Malbet, au Cheix, près Riom (Puy-de-Dôme).

LAISNÉ DE COSNAY (Anne), mariée, en 1774 à Philippe-Jean Dissandes de Bogenet, maître particulier des eaux et forêts de la Marche).

Portrait peint au château de Lavillate (Creuse): reproduit dans cet ouvrage.

DE LA JONCHÈRE (Mme), d'une famille qui a donné A.-S. Lécuyer de la Jonchère, savant ingénieur mort en 1747 et qui habitait Clermont-Fd au XVIIIe siècle.

Gravé par Quenedey, médaillon in-18, vers 1790.

DE LA MARCK (Charlotte), duchesse de Bouillon, morte sans enfant, épouse d'Henri I de la Tour-d'Auvergne, maréchal de France, vicomte de Turenne, mort en 1623.

1 Portrait au crayon à la Biblioth. des arts et métiers ; 2 Warmes, fec. 1794, in-8.

DE LA MARCHE (Sylvain), comte de Crozant et des Places, sgr. de Puy-Guillon, etc.

Officier au régiment de Bretagne, chevalier de Malte, un des 5 commissaires pour la formation du départ. de la Creuse, en 1789. Marié à Marie-Antoinette de St-Julien. Voir in. St-Julien S. 1 Peinture sur toile, chez M. de Mareilly, à Dijon ; 2 Gravé dans le Dictionnaire de la Haute-Marche, par Tardieu.

DE LA MICHODIÈRE (Jean-Baptiste-François, comte), comte d'Hauteville, né à Paris, en 1720, mort en avril 1797.

Intendant d'Auvergne (1753-1757), de Rouen (1762), prévot des marchands de Paris (1772-1778), Conseiller d'État. 1 Portrait (beau) peint sur toile, au musée de Clermont-Ferrand, sous le nom de comte d'Hauteville, de 0,83 sur 0,65. Don de M. Dalmas, ancien garde du corps ; 2 Gravé par Moles, 1771, in-4 ; 3 Gravé dans le Diction. iconographique des Parisiens, par A. Tardieu et dans l'Auvergne illustrée du même, réduction du n. 2 ; 4 Voir II ; 5 Lith., dans les Anciennes Bibliothèques de la ville de Paris, in-4.

DE LAMOIGNON (Chrétien), frère du chancelier de France Guillaume de Lamoignon.

Il fut seigneur du Broc, St-Yvoine, Bergonne, Gignat, Auterive, la Queuille, Marquis de Basville. Président à mortier au Parlement de Paris. Mort en 1729. Il vendit le Broc, Bergonne, St-Yvoine, à M. de Lastic. Il avait épousé en 1708, Marie-Louise Gon, morte en 1728, dame de Gignat, le Broc. Portrait gravé par A. Trouvain, 1688, in-12, âgé de 12 ans (indiqué dans le Père Le Long).

DE LA MOLIÈRE DE GRANDVAL (Marie), mariée, à Mathieu de Julien, comte de Vinczac, résidant en 1780, au château de Bayssac, en Auvergne.

Peinture costume Louis XV ; à la main un masque de velours noir. Blason ; au château de Bayssac (Haute-Loire).

DE LA MORELIE M.-Madeleine-Louise), mariée, le 7 janvier 1811, à Augustin Porral de St-Vidal, conseiller à la cour de Riom.

Peinture sur toile de 0,54 sur 0,45, représentée dans un cadre ovale, posé sur un chevalet. Devant le chevalet elle est assise de 3/4 a droite, peignant. A Mlle Porral de St-Vidal, à Riom.

DE LAMOTHE (Jeanne-Catherine), épouse de Charles de Sauret de Montlouby.

Pastel chez Mme de Sauret d'Auliac, à St-Flour.

DE LA MOTHE-HOUDANCOURT (Ch.-Eléonore-Madeleine), épousa, en 1671, Louis-Charles de Lévis, duc de Ventadour, baron d'Herment, en Auvergne. Gouvernante des enfants de France.

1 Bonnart, en pied, in-fol. ; 2 Guérard, in-fol., en pied, tenant devant elle Mme Victoire, infante d'Espagne ; 3 Laudry, in-fol. assise ; 4 Chez Mariette, en pied, in-fol.

LAMOUROUX DE POMPIGNAC (P.-Antoine-Marie), évêque de St-Flour (1857).

Peinture, galerie des évêques de St-Flour.

LAMOUROUX (J.-Marie-François), évêque de St-Flour (1892), à nos jours.

Portrait peint, galerie du palais épiscopal de St-Flour.

LAMY (Claude), né à Lempdes, en 1764, mort à Menton, en 1842. Membre du Conseil des 500, Juge au tribunal civil de Clermont-Fd.

1 Lith. à la plume dans les « Tablettes historiques de l'Auvergne », par J. Baptiste Bouillet, 2 Photolith, voir D. d'après le n. D ; 3 Gravure sur bois dans J.

LAMY (France), né à Clermont-Ferrand, en 1855, peintre. 2 médailles d'honneur au salon, en 1890.

Gravure signée G. Bonault dans la bicyclette et l'Auvergne thermale, en 1892.

LANDRIOT (Pierre), né à Franoy, près Besançon, mort à 69 ans, à Clermont-Ferrand, le 28 juillet 1821. Imprimeur du roi à Clermont-Ferrand.

Lithographié à Clermont-Ferrand, imp. lith. de Thibaud Landriot, d'après le dessin d'Émile Thibaud, son petit-fils, en 1824, in-4 (fort rare dans notre collection). Reproduit dans cet ouvrage.

DE LANGEAC (Louis), né à Langeac, vers 1527. Abbé général de St-Antoine de Vienne (1562).

Gravé avec ses armes à g., à la Bibliothèque nationale, sur l'ovale est écrit : *Sancti Antoni Vienensis Ludovicus Langiaco abbas* ; 2 Gravé dans « l'Auvergne illustrée », d'après le n. 1.

DE LANGEAC (Marie), épouse de l'Estrange.

D'une antique famille d'Auvergne. Elle épousa, en 1527, Louis de Lestrange, baron de Lestrange, échanson du roi François I, chevalier de son ordre et lieutenant de S. M., en Languedoc. Elle était vicomtesse de Cheylane, en Auvergne ; veuve en 1574 ; 1 Portrait peint au château de Beauregard, près de Blois ; 2 Portrait au crayon, voir G.

DE LANGEAC (Catherine), abbesse des Clarisses de Ste-Claire, à Clermont-Fd (1743-1785).

En premier lieu, religieuse Cistérienne de l'abbaye de l'Éclache, à Clermont-Ferrand, où elle avait fait profession, en 1729, sœur de Gilbert-Allyre de Langeac, marié à Gilberte de La Queuille, en 1733. 1 Portrait peint au château de la Barge (Puy-de-Dôme) ; 2 Reproduction du n. 1 dans ce Dictionnaire.

DE LANGEAC (le marquis Gilbert-Allyre), sgr. de Préchonnet (Puy-de-Dôme), sénéchal d'Auvergne (1740).

En costume civil riche, avec vêtement à brandebourgs. Chez Mme la marquise de Scorailles-Langeac, à Clermont-Ferrand, en 1879.

DE LANGEAC (Jean-Magdelon-Gilbert-Allyre), comte de Langeac.

Peinture sur toile, au château de la Barge (P.-d.-D).

DE LANGEAC (Gilbert-Allyre VII), marquis de Langeac, maréchal de camp (1767).

Peinture au château de la Barge (Puy-de-Dôme).

DE LANGEAC Voir DE LA QUEUILLE).

LANGLOIS (Anne-Henriette), mariée, en février 1766, à Paris, à Antoine Deval, architecte de la ville de Clermont-Fd, mort en 1808.

Pastel chez Mme de Lagaye de Nanteuil, née Mallay, sa descendante, à Clermont-Fd. Voir la reproduction dans ce Dictionnaire.

Pierre LANDRIOT,
imprimeur
à Clermont-Fd, mort
en 1821.

Auguste RICARD, dit de MONTFERRAND,
illustre architecte, établi à St-Petersbourg (Russie). Mort en 1858.

Le Dr M. BERTRAND
savant médecin,
qui a fait connaître
le Mont-Dore
Mort en 1857.

Victor ASTAIX, avocat très estimé,
5 fois bâtonnier de l'Ordre, conseiller général, etc,
mort en 1895.

Auguste RICARD
architecte, mort en
1858 (v. ci-dessus
caricature à St-Peters-
bourg (statuette). 4

P. A. TACHE,
président de la chambre des notaires
à Clermont. Député 1815.

DE LANTAGES (Charles-Louis), né à Troyes, en 1616, mort au Puy en odeur de sainteté le 1er avril 1694. Catéchiste de St-Sulpice. Supérieur du Grand Séminaire de Clermont-Ferrand, de 1658 à 1661.

1 Dulongpré sc. in-8, d'après une peinture faite après sa mort ; 2 Gravé in-8 au Puy ; 3 Dequevauvillers sculp. in-12 ; 4 Le n. 3 avec encadrement, in-4.

DE LA PORTE, duc **DE LA MEILLE-RAYE** (Charles).

Né en 1602. Pair et maréchal de France, Grand maître de l'artillerie. Mort à Paris en 1664. Il épousa en 1630 Marie Coëffier-Ruzé, fille d'Ant. maréchal de France, marquis d'Effiat, et de Marie de Fourcy, morte en 1636. 1 N. Dans le Triomphe de Louis-le-Juste, in-f. ; 2 Juste pinxit, 1648, Nanteuil sc. 1650, in-f. ; 3 C. Duflos, 1700, in-f. ; 4 Moncornet, in-4, à cheval ; 5 Blen, in-8 ; 6 Jougman, in-12 ; 7 Larmessin 1655 ; 8 dans Odieuvre.

DE LA PORTE duc **DE LA MEILLE-RAYE** (Armand-Charles), fils des précédents.

Baron de Croeq. Grand maître de l'artillerie. Né en 1632, mort en 1713. Il épousa Hortense Mancini (voyez Mancini). 1 Larmessin, 1661 in-f. ; 2 Antoine Paillet, El. Picard sc. in-f. ; 3 Moncornet ; 4 Gravé dans l'Hist. d'Auzances et Croeq, par A. Tardieu et Boyer, d'après le n. 3.

: / DE LA QUEUILLE

Noble et antique maison. Il existe des portraits intéressants, au château de la Barge (Puy-de-Dôme).

DE LA QUEUILLE (Guillaume), seigneur de Châteaugay, Jozerand, capitaine de chevau-léger (1639).

Peinture sur toile au château de la Barge (P.-d.-D.).

DE LA QUEUILLE (Claude), fils du précédent, seigneur de Châteaugay, en 1663.

Peinture sur toile, au château de la Barge (P.-d.-D.).

DE LA QUEUILLE (Le marquis, J.-Ch.-Marie), né au château de Châteaugay, le 2 janvier 1742.

Fils de Claude-Gaspard, marquis de Châteaugay et de Jacqueline de Lastic St-Jal. Maréchal de camp. Député de la noblesse d'Auvergne aux Etats-généraux de 1789. Seigneur de Châteaugay, Cébazat. Mort en 1810. 1 Miniature sur une tabatière dans sa famille, à Paris (1885) ; 2 Gravé dans l'Auvergne illustrée, d'après le n° 1 ; 3 Le n° 1 reproduit dans cet ouvrage, réduit.

DE LA QUEUILLE (Armand-J.-L.), frère du précédent, mort en 1801. Commandeur de Tortebesse (ordre de Malte) en 1788. Reçu dans l'ordre en 1758.

1 Miniature conservée dans sa famille, à Paris ; 2 Gravé d'après le n° 1, dans l'« Auvergne illustrée » ; 3 Dans l'« Histoire de St-Gervais d'Auvergne », par A. Tardieu et Madebène.

DE LA QUEUILLE (Anne-Nicole). Prieure de Marsigny.

Peinte en janvier 1766, avec sa nièce Anne-Louise de la Queuille, à l'âge de 10 ans, plus tard, mariée, en 1772, au marquis Armand de Montmorin, seigneur de Vollore. Au château de la Barge (Puy-de-Dôme).

DE LA QUEUILLE (Gilberte), dame de Pramenoux.

Femme de Gilbert-Allyre-Jean-Joachim, comte de Langeac. Née en 1714, morte en 1766. Peinture au château de la Barge (Puy-de-Dôme).

DE LA QUEUILLE (Voir de Chabannes).

: / DE LA ROCHE-AYMON

Illustre et antique maison noble, qui tire son nom du château de la Roche-Aymon, près d'Evaux (Creuse).

DE LA ROCHE-AYMON (Renaud II), né en 1580, mort en 1630, marié à Henriette de Brichanteau (Voir de Brichanteau).

Peinture sur toile. Galerie du château de Mainsat (Creuse).

DE LA ROCHE-AYMON (Antoine), fils du précéd. M. en 1697. Marié à Marie de Lizet.

Peinture sur toile, au château de Mainsat.

DE LA ROCHE-AYMON (Claude), femme de Jacques de Chauvigny, mère de l'abbé de Chauvigny.

Fille d'Antoine qui précède. Peinture sur toile, au château de Mainsat.

DE LA ROCHE-AYMON (Renaud-Nicolas), né en 1652, mort 1716.

Frère de la précédente. Il épousa Françoise-Geneviève de Baudry de Piencourt (Voir de Baudry de Piencourt). 1 Peinture au château de Mainsat ; 2 Peinture au château de Parentignat (Puy-de-Dôme), reproduite dans cet ouvrage.

DE LA ROCHE-AYMON (René-François), né en 1660, mort en 1696.

Peinture sur toile, au château de Mainsat.

DE LA ROCHE-AYMON (Charles-Antoine), fils de Renaud-Nicolas, qui précède.

Né le 17 février 1697, au château de Mainsat (Creuse). Evêque de Tarbes (1729), archevêque de Toulouse (1730), de Narbonne (1752), de Reims (1762). Mort le 26 octobre 1777, dans l'abbaye de St-Germain-des-Prés, à Paris, doyen des évêques de France, Cardinal, Pair, Commandeur du St-Esprit. Abbé de St-Germain-des-Prés. Grand aumônier de France. 1 Cathelin 1773, in-fol. ; 2 Le précédent in-4 ; 3 Capellan médaillon ovale, in-4 ; 4 Hubert sc. ovale, in-3 ; 5 Gravé in-8, à Paris, chez Daumont ; 6 Ovale, in-8, dir. à g. 4 lignes ; 7 Médaillon avec emblèmes oblong ; 8 Chenu sculps. oblong, in-8 ; 9 Patas, sc. in-8, en pied, avec bordure, in-4, au bas : Habillement du 1er pair ecclésiastique faisant fonction de sacrer le roi ; 10 Berdalix, lith. in-8, copie du n° 9 ; 11 Peinture sur toile, galerie du château de Mainsat ; 12 Peinture sur toile, château de Parentignat (à M. le marquis de Lastic) ; 13 en haute tenue d'évêque, au château de Parentignat, qui précède, peinture carrée ; 14 Peinture (bonne), signée Pinson, 1767, au château de Parentignat ; 15 Peinture reprod. du n° 14, au château de Parentignat, en Auvergne.

DE LA ROCHE-AYMON (Paul-Philippe, marquis), né en 1685, mort en 1745.

Fils de Renaud-Nicolas, qui précède et de Mlle de Baudry de Piencourt, marié à Charlotte-Françoise Mascarani (Voir Mascarani). Peinture sur toile, au château de Mainsat.

DE LA ROCHE-AYMON (Marie), femme de François II, marquis de Lastic-Sieujac.

Sœur du précédent. Peinte sur toile, château de Parentignat (P.-d.-D.), signé Guillaume Roussel 1712.

DE LA ROCHE-AYMON (René-Claude), chevalier de Malte, né en 1717, mort à Montluçon, en 1772.

Peinture sur toile, au château de Mainsat.

DE LA ROCHE-AYMON (Jacques-Antoine-Charles-François) né en 1720. Chevalier de Malte.

Frère du précédent. Peinture sur toile, au château de Mainsat.

DE LA ROCHE-AYMON (Antoine-François), né en 1714.

Lieutenant-général d'armée (1780). Chevalier du St-Esprit en 1778, mort en 1790. Frère des 2 précédents. Père de Mme la duchesse de Narbonne. Il épousa Françoise-Charlotte Bidon d'Asfeld (Voir BIDON D'ASFELD). Peinture au château de Mainsat (Creuse).

DE LA ROCHE-AYMON (Antoine-Ch.-Guillaume, marquis), né en 1751. Lieutenant d'armée en 1814.

Fils du précédent. Marié à Mlle de Beauvilliers. Peinture sur toile, au château de Mainsat.

DE LA ROCHE-AYMON (Antoinette-Françoise-Claudine), Mariée en 1771, au duc de Narbonne.

Née en 1750, morte en 1838. Sœur de précédent. Peinture sur toile, au château de Mainsat.

DE LA ROCHE-AYMON (Marie, vicomte), né en 1753, lieutenant-général d'armée, en 1814, mort en 1824. Frère de la précédent.

Peinture sur toile au château de Mainsat.

DE LA ROCHE-AYMON (Ant.-Ch.-Etienne-Paul), frère d'Antoine-Charles-Guillaume, qui précède.

Lieutenant-général d'armée en 1823. (Commandeur de la Légion d'honneur). Auteur sur l'art militaire. Né en 1792. Peinture sur toile au château de Mainsat.

DE LA ROHE-AYMON (Antoine-Marie-Paul-Casimir), marié à Emma de Villeneuve (Voir DE VILLENEUVE).

Fils d'Ant.-Ch.-Guillaume, marquis de la Roche-Aymon qui précède et de Mlle de Beauvilliers. Peinture sur toile au château de Mainsat.

DE LA ROCHE-AYMON (François-Marie-Paul-Renaud), fils du précédent.

Peinture sur toile au château de Mainsat.

DE LA ROCHE-AYMON (Marie-Magdeleine), mariée à Nicolas de la Roche-Aymon, seigneur de Barmont.

Peinture sur toile au château de Mainsat.

DE LA ROCHE-AYMON (Marie), femme du marquis François II de Lastic-Sieujac.

Fille de Renaud-Nicolas, qui précède. Sœur du cardinal. Peinte sur toile au château de Parentignat (P.-de-D), chez M. le marquis de Lastic.

DE LA ROCHE-AYMON (François-Marie-Paul-Renaud, marquis), né à Paris le 29 nov. 1817. Député de la Creuse (1871).

Gravé dans le « Monde illustré », en 1873, sur un placard avec d'autres députés.

DE ROCHEBONNE (Voir DE CHATEAUNEUF).

DE LA ROCHEBRIANT (Henriette), mariée, en 1692, à Michel de la Roche-Aymon, baron de Barmont, mort en 1738.

Portrait peint. Gal. du château de Mainsat (Creuse).

DE LA ROCHEFOUCAULD (François), prince de Marcillac, seigneur de Randan, mort en 1572. Epousa Anne de Polignac. eu 1518 (Voir DE POLIGNAC).

1 Portrait au crayon à la Bibliothèque des Arts et Métiers, à Paris ; 2 Gravé collection des galeries de Versailles.

DE LA ROCHEFOUCAULD (François), seigneur de Ravel (Puy-de-Dôme), marié, vers 1566, à Eléonore de Vienne.

1 Portrait au crayon à la Bibliothèque des arts et métiers, à Paris ; 2 Portrait au crayon des dessins du Louvre.

DE LA ROCHEFOUCAULD (Charles), seigneur de Randan, né en 1525, mort en 1562. Lieutenant-général d'armée, ambassadeur.

Fils de François, qui précède et d'Anne de Polignac. Seigneur du Luguet, Ennezat, Vaux et Limagne. Epousa Falvie Pic de la Mirandole (Voir ce nom) ; 1 Gravé, collection des galeries de Versailles ; 2 Peint au château de Beauregard, près Blois ; 3 Voir II.

DE LA ROCHEFOUCAULD (Jean-Louis), comte de Randan.

Fils du précédent, gouverneur d'Auvergne, chef du parti de la Ligue dans cette province. Guerrier célèbre, mort en 1590, à la bataille d'Issoire. Portrait au crayon du XVIIe siècle, à la Bibliothèque nat.. En buste de 3/4 à gauche. Il porte une toque à plumes et une collerette en fraise. Dessin au crayon de couleur.

DE LA ROCHEFOUCAULD (François). Frère du précédent, né à Paris, le 8 décembre 1558, y mourut en 1645, dans l'abbaye de Ste-Geneviève dont il était abbé.

Evêque de Clermont (1585-1609), l'un des chefs de la ligue, en Auvergne. Evêque de Senlis (1611), cardinal (1607. Grand aumônier de France. 1 Le Père Le Long cite 8 portraits de lui ; 2 Voici la liste de ceux de mon Diction. iconogr. des Parisiens : 2 Harel, in-fol. ; 4 M Lasne, sc. in-fol. ; 5 Lasne in-12, à 68 ans ; 6 Roussel in-4 ; 7 Jollain, in-4 ; 8 Van Lochon, in-12, en son lit funèbre ; 9 Chez Daret, in-4, ovale ; 10 in-4, avec vers ; 11 in-24 ; 12 Lith. in-12, ovale ; 13 Michel Direx, son tombeau ; 14 L. Hon, 4 vers ; 15 in-12 Landon direx, au trait.

DE LA ROCHEFOUCAULD (Marie-Catherine), duchesse de Randan, dame de Pragoulin, Maumont, St-Priest-Bramefant, St-Sylvestre, etc.

Gouvernante du roi Louis XIV, en 1638. Née au château de Randan en 1588. Morte à Paris, en son hôtel, en 1677. Fille de Jean-Louis, qui précède Epousa en 1607, Henri de Buffremont, marquis de Sennecey, chevalier du St-Esprit, maréchal de camp, président de la noblesse aux Etats de Paris en 1614. 1 Peinture sur toile, au château de Brienne (Aube), reproduite dans ce Dictionnaire ; 2 Peinture sur toile, à la mairie de Riom ; 3 Gravée dans l'Auvergne illustrée, d'après le n° 1.

DE LA ROCHEFOUCAULD - LANGEAC (Marie-Marguerite).

Fille de Louis, marquis de Chaumont et de Langeac et de Louise de la Guiche, mariée en 1638, à Philibert-Christophe d'Apchier (voir ce nom). Portrait peint par un inconnu, 0.80 sur 0.60. Buste. Costume en velours bleu brodé d'or ; elle est enveloppée d'un voile de gaze blanche camée d'or. A M. le vicomte Jehan d'Apchier Le Maugin.

DE LA ROCHEFOUCAULD (Antoinette, mariée, le 23 août 1743, à Joseph, comte d'Apchier, etc. Morte en 1751.

Fille de Jean-Antoine, comte de Saint-Ilpize, Rochegonde, etc., et de M.-M. de Michel de Lachaump. — 1 Pastel de 0,65 sur 56, Galerie de Mme la marquise d'Apchier de Prins, à Brassac (Puy-de-Dôme) ; 2 Peinture 0,73 sur 0,57, en buste, de face. Au comte de la Chapelle d'Apchier, à Bournoncle (Hte-Loire) ; 3 Reproduction dans cet ouvrage.

DE LA ROCHEFOUCAULD - LANGEAC (Antoinette). Sœur de la précédente.

Morte en 1751, mariée, le 23 août 1747, à Jean-Joseph, marquis d'Apchier, maréchal de camp, baron des États du Languedoc, etc. 1 Portrait peint (original) 1 sur 0,80, École de Nattier, de 3/4 jusqu'aux genoux, robe négligée, en brocard gris, à ornements marrons, en train de lire. A M. le comte d'Apchier Le Mangin ; 2 Copie au château de Thiolant (Hte-Loire).

DE LA ROCHEFOUCAULD DE LANGEAC (Dominique).

Né à St-Ilpize en 1711, archevêque d'Alby, en 1747, abbé de Cluny en 1757, archevêque de Rouen en 1759, cardinal, député, en 1788, Commandeur du St-Esprit. Frère des deux précédentes. Mort en 1800, à Munster. 1 Gravé par Dupin, d'après Drox in-8 ; 2 Gr. par Courbe ; 3 D'après Labadye, collect. Dejabin, in-4 ; peinture très belle de l'école de Vanloo, au château de Parentignat (Puy-de-Dôme) ; 4 buste à l'encre de Chine, dans un cadre, à la sépia, par Sergent Marceau, 0,20 sur 0,12. A M. le vicomte Johan d'Apchier Le Mangin ; 5 Peinture sur toile, au château de Thiolant (en archevêque d'Alby) 0,72 sur 0,60 ; 6 Peinture ovale, 0,95 sur 0,80, en buste 3/4 à g, en costume de chœur. 7 Peint par Destoys de Colleville, peintre du roi, 1780. Au comte de la Chapelle d'Apchier, à Montchanin (Saône-et-Loire).

DE LA ROCHEFOUCAULD (la marquise). Voir de ROCHEBARON, DE SOURDIS et D'ESCOUBLEAU.

DE LA ROCHEFOUCAULD (François), marquis de Rochebaron.

Fils de Louis, comte de Lauras, et de Madeleine d'Escoubleau de Sourdis, dame de Sury-le-Comtal. Lieutenant général à Lyon et en Lyonnais, Forez, Beaujolais, en 1730, mort à Lyon sans enfants, le 26 déc. 1766, âgé de 89 ans. Marié à Marie-Anne-Joachim de Foudras (v. ce nom). 1 Peinture sur toile à l'Hôtel-Dieu d'Ambert (P.-de-D.) dont il est bienfaiteur ; 2 C. Grandon, pinxit, Seraucourt, sculp, in-fol., avec ses armes ; 3 Photogr. dans ce Dictionnaire d'après le n. 1.

DE LA ROCHEFOUCAULD - LANGEAC (Marie), dame de Montfort, mariée à Pierre de Cordebœuf de Beauverger de Montgonce.

Peinture sur toile. Galerie du château d'Esternay (Marne).

DE LA ROCHEFOUCAULD (X...) marquis d'Urfé, époux de Mlle Camus de Pontcarré. Beau-frère du marquis François III de Lastic-Sieujac (celui-ci mort en 1772).

Peinture carrée au château de Parentignat (P.-de-D).

DE LA ROCHELAMBERT (Charles II, comte), chevalier, seigneur de Marsillac, Mirandes, etc. Cornette de la compagnie du duc de Guise (1627).

Peinture sur toile de 0,80 sur 0,70. Galerie du château d'Esternay (Marne).

DE LA ROCHELAMBERT (Charles III, comte), chevalier, seigneur de Marsillac, du Fieu, du Monteil, etc, en 1664, Mousquetaire du Roi.

Peinture sur toile de 0,75 sur 0,57, à mi-corps, de 3/4 à gauche, regardant en face (armure et manteau rouge, armoiries et inscription, cadre du temps. Galerie du château de la Rochelambert.

DE LA ROCHELAMBERT (Gilbert, comte), chevalier, seigneur du Monteil, Orsonnette, la Roche-Mirefleur, Mousquetaire du roi, 1712.

Peinture sur toile de 0,80 sur 0,62 (en cuirasse et manteau rouge). Galerie du château de Thévalles (Mayenne).

DE LA ROCHELAMBERT (Jean-Paul). Bénédictin de Cluny, prieur de la Trinité d'Eu, décédé à Paris, en 1792.

Peinture sur toile de 0,89 sur 0,70. Galerie du château de Thévalles (Mayenne).

DE LA ROCHELAMBERT (Laurent-François-Scipion, comte), chevalier, seigneur dudit lieu, Marsillac, marquis de Thévalles.

Capitaine au régiment de Moulmorin, en 1721, mort en 1807. Frère du précédent. Peinture sur toile de 0,80 sur 0,62. Galerie du château de Thévalles (Mayenne)

DE LA ROCHELAMRERT (Gabriel-Armand-Benoit, marquis), seigneur de Dreuil, la Roche-Mirefleur, maréchal de camp. (Admis dans les carosses du roi en 1764). Frère du précédent.

Peinture sur toile, de 0,75 sur 0,61. Galerie du château de Thévalles (Mayenne).

DE LA ROCHELAMBERT (Charles), chevalier, seigneur dudit lieu, co-seigneur de Lissac, etc, en 1536.

Peinture sur bois, de 0,35 sur 0,28, ovale, en buste, de 3/4 à droite (coiffé d'une toque), manche à crevés et fraise. Galerie du château de la Rochelambert (Haute-Loire).

DE LA ROCHELAMBERT (Claudine). Religieuse Bénédictine dans l'abbaye de Varey, diocèse du Puy, en 1540. Sœur du précédent.

Miniature sur Vélin, de 0,08 sur 0,06, à mi-corps, en costume de Bénédictine. Galerie du château de la Rochelambert.

DE LA ROCHELAMBERT (Louis), chevalier, seigneur dudit lieu, gentilhomme de la reine Margot, en 1598, écuyer du vicomte de Polignac, en 1605.

Peinture sur bois, de 0,20 sur 0,17, en buste, de face, cadre ancien. Inscription. Galerie du château de la Rochelambert.

DE LA ROCHELAMBERT (Marie-Françoise), religieuse de l'abbaye de Clavas, en 1634, puis abbesse de la Seauve.

Peinture sur toile, en buste, de 3/4 à gauche, regardant en face, costume de Bénédictine et croix pectorale, inscription, cadre du temps. Galerie du château de la Rochelambert.

DE LA ROCHELAMBERT (André-Laurent, baron), né en 1728, mort à Issoire, en 1787. Commandant pour le roi à Bonifacio.

Gilbert de TISSANDIER,
conseiller à la cour des aides
de Clermont-Fd (1766-1776).

Le comte ROUGANE de CHANTE-
LOUP, colonel, maire de Clermont-Fd
mort en 1810.

Martial JUGE de SOLAGNIAT,
maire de Clermont-Fd (1805-1809).

S.C.S. BERNARD de BALLAIN-
VILLIERS, intendant d'Au-
vergne de haute valeur,
mort en 1767 à Clermont-Fd.

Léger BOURGOIGNON D'ALES, maire de Royat,
né en 1771, mort en 1847.

J.-B. Joseph, baron de TIXIER,
maire de Clermont-Fd,
mort en 1823.

J.-B. de SCEY de MONT-
BELLIARD, abbé de St-André
de Clermont en 1770.

Gilbert-F.-Théodore du PEYROUX
de SALMAGNE, vicaire-général du diocèse
de Bourges, mort en 1878.

L'abbé Jules-Antoine PAC,
curé de Bort (Corrèze), savant
collectionneur, érudit,
mort en 1901.

Frère du précédent. Galerie du château de Thévalles (Mayenne).

DE LA ROCHELAMBERT (Françoise-Charlotte), née en 1715.

Peinte à l'âge de neuf ans et en robe décolletée, bleue brodée d'or, manteau rouge, sur toile de 0,55 sur 0,45, inscription, cadre du temps. Galerie du château de la Rochelambert.

DE LA ROCHELAMBERT (Françoise-Xavière). Bénédictine de l'abbaye de Cusset (1765). Abbesse de St-Jean du Buits à Aurillac, née en 1727, morte en 1806. Sœur de la précédente.

Peinture sur toile de 0,74 sur 0,60, en costume d'abbesse. 1 Galerie du château de la Rochelambert ; 2 Autre portrait de la même. Galerie du château de Thévalles (Mayenne).

DE LA ROCHELAMBERT (Paul-Laurent-François, marquis, chevalier, marquis de Thévalles, lieutenant-colonel du régiment de Bourgogne. Né en 1753, mort en 1796.

Miniature ovale, sur vélin de 0,11 sur 0,09 ; de profil à gauche, en buste. Galerie du château de la Rochelambert.

DE LA ROCHELAMBERT (Gabriel-René-François, comte), né en 1765. Page du roi Louis XVI, colonel à l'armée de Condé. Frère du précédent.

Miniature ovale, sur parchemin, de profil à gauche, en buste de 0,10 sur 0,08, peint en 1788, en uniforme de Royal-Picardie-cavalerie. 1 Galerie du château de la Rochelambert ; 2 Autre portrait du même, peinture de 0,23 sur 0,20. Galerie du château de Thévalles (Mayenne) ; 3 Autre portrait du même, peinture sur toile de 1 m. sur 0,90. Galerie du château d'Esternay (Marne).

DE LA ROCHELAMBERT (Gabrielle-Laurence), mariée, en 1810, à François de Corbeau, marquis de Vaulserre.

Peinture à l'huile, de 0,23 sur 0,20. Galerie du château de Thévalles (Mayenne).

DE LA ROCHELAMBERT, mariée, en 1818, à Armand de Moré, comte de Pontgibaud, Pair de France. Sœur de la précédente.

Miniature sur ivoire de 0,09 sur 0,07 ; ovale, assise à mi-corps, regardant de face (toilette empire). Galerie du château de la Rochelambert.

DE LA ROCHELAMBERT (Henri-Michel-Scipion, marquis, Officier supérieur de cavalerie.

Sénateur, Officier de la Légion d'honneur, né en 1789. Frère de la précédente. Peinture sur toile de 1 m. sur 0,77, en pied jusqu'au genou, de 3/4 à gauche, regardant en face ; costume de sénateur. Galerie du château de la Rochelambert.

DE LA ROCHELAMBERT (Clotilde), mariée : 1° au comte Huchet de la Bédoyère ; 2° au général Edgard Ney, prince de la Moskowa, général de division, Sénateur, G. C. ✳.

Aquarelle ovale, en pied, de face. Inscription sur le cadre. Galerie du château de la Rochelambert.

DE LA ROCHELAMBERT (Laurence-Françoise-Staouëly), Mariée au comte Ollivier de la Poëze. Sœur de la précédente.

Pastel de de 0,39 sur 0,26. Galerie du château de la Rochelambert (Mayenne).

DE LA ROCHELAMBERT (Appolonie), mariée au comte Léon de Valon d'Ambrugeac. Sœur de la précédente.

Pastel de 0,32 sur 0,27. Galerie du château de Thévalles (Mayenne).

DE LA ROCHELANBERT (Aimé-Alexandre, marquis, Secrétaire d'Ambassade. Trésorier-général du Loiret (✳). Frère de la précédente.

1 Pastel de 0,41 sur 0,35. Galerie du château de Thévalles (Mayenne) ; 2 Autre portrait du même, en uniforme de secrétaire d'Ambassade. Galerie du château de la Rochelambert.

DE LA ROCHELAMBERT (Guillaume, comte), chevalier, seigneur du Fieu, etc, en 1684. Capitaine au régiment de Normandie.

Peinture sur toile, ovale, de 8,90 sur 0,80. Galerie du château d'Esternay (Marne).

DE LA ROCHELAMBERT (Jacques-Roch, marquis). Capitaine de cavalerie, mort à 20 ans, en 1690.

Peinture sur toile de 0,80 sur 0,70. Galerie du château d'Esternay (Marne).

DE LA ROCHELAMBERT (Claude, comte), seigneur du Fieu, la Valette, Montfort, Vinzelles ; reçu chanoine-comte de Brioude, en 1696.

Marié : 1° à Catherine de Boulieu Montpensier ; 2° en 1721 à Charlotte de Beauverger-Montgon, dame de Montfort. Frère du précédent. Peinture sur toile, de 0,80 sur 0,60, de face, à mi-corps, en cuirasse et manteau rouge. Inscription, cadre du temps. Galerie du château de la Rochelambert ; 2 Autre du même, en pied jusqu'au genou. Peinture sur toile de 1,40 sur 1,20. Galerie du château d'Esternay (Marne).

DE LA ROCHELAMBERT-MONTFORT (Henri-Gilbert, marquis, chevalier, seigneur de Montfort, etc.

Commissaire de l'Assemblée provinciale de la noblesse d'Auvergne, en 1788. Mort en 1808. 1 Peinture sur toile de 1 m. sur 0,90. Château d'Esternay ; 2 Gravure sur bois dans J.

DE LA ROCHELAMBERT - MONTFORT Joseph, marquis, colonel en émigration, maréchal de camp.

Peinture sur toile de 1 m. sur 0,90. Galerie du château d'Esternay (Marne).

DE LA ROCHELAMBERT - MONTFORT (Auguste, marquis, officier à l'armée de Condé, mort en 1853.

Peinture sur toile ovale, de 0,80 sur 0,70. Galerie du château d'Esternay.

DE LA ROCHELAMBERT (Henriette), mariée, en 1810, à son cousin Auguste, marquis de la Rochelambert-Montfort, qui précède.

Peinture sur toile de 0,80 sur 0,70. Galerie du château d'Esternay (Marne) ; 2 Autre portrait de la même, miniature sur ivoire. Galerie du château d'Esternay (Marne).

DE LA ROCHELAMBERT - MONTFORT (Gabriel, marquis, page du roi Charles X, né au château d'Esternay en 1811, mort en 1861.

Miniature. Galerie du château d'Esternay (Marne).

DE LA ROCHELAMBERT (Voyez D'ANTERROCHE, DE BOULIEU-MONTPENSIER, DE BRUGES, DU CROC, DE COLOMB DE LA TOUR-BEAUZAC, DE DREUX-BRÉZÉ, DE LOSTANGES, DE LA CHASSAIGNE DE SEREYS, DE MORÉ DE PONT-GIBAUD, DE PRONSAC, GRASDEPAIN, DE SALERS, DE BONVOUST DE PRUSLE, DE LESTRANGE.

LASSAGNE (Auguste), curé de Sillery en Champagne, puis bénédictin à l'abbaye de Solesme, puis à Liguyé sous le nom de dom Augustin.

Né à Jumeaux le 26 avril 1828, décédé à Liguyé, le 13 juillet 1875. Peinture, grand portrait à M. l'abbé Gasquet, économe au Petit Séminaire de Clermont-Fd son parent.

DE LA ROMAGÉRE (voir LE GROING).

DE LA SALLE

Antique et noble maison que la tradition fait remonter à Johan Salla, della Salla, en 818, chef des armées d'Alphonse, roi des Asturies. La galerie de M. le duc de la Salle de Rochemaure est remarquable à tous les points de vue.

DE LA SALLE (Bernard), baron de la Faurge, grand homme de guerre (1330-1391).

Lieutenant de du Guesclin ; chef des armées pontificales. Sa statue en marbre. Voir M. (Galerie de M. le duc de la Salle de Rochemaure). Reproduction dans cet ouvrage.

DE LA SALLE (Pierre), baron de la Faurge.

Seigneur de Chaussenac (Cantal), capitaine de Bourges, etc. ; épousa, en 1430, Jeanne de Scoralles (voir ce nom), dame de Chaussenac. Il accompagna Jeanne d'Arc. Galerie M.

DE LA SALLE (Jean-Héliot), seigneur de Chaussenac, baron de Larodde, etc.

Voir M.

DE LA SALLE (Antoine), baron de Larodde, de la Faurge, etc.

Capitaine de 50 hommes d'armes, marié, en 1489, à Anne de Bouhet d'Anzers. Voir M.

DE LA SALLE (Claude), conseiller au Grand Conseil des rois Louis XII et François I.

Frère cadet du précédent. Sa fille unique fut mariée au terrible baron des Adrets. Voir M.

DE LA SALLE (Damien), baron de Larodde. Capitaine de 50 hommes d'armes.

Tué en Italie. Marié en 1514 à Marguerite Autier de Villemontée. Galerie M.

DE LA SALLE (Jean), évêque de Couserans (1480-1515).

Sa statue tombale dans l'église de Buzy, près Pau.

DE LA SALLE (Jean), évêque de Lescars (1519-1527).

Poète latin. 1 Portrait du temps, Voir M. ; 2 Galerie M.

DE LA SALLE (Guillaume), 1548.

Baron de Larodde. Capitaine d'une compagnie de 40 lances. Voir M.

DE LA SALLE (Jean), baron de Larodde (1578),

Gentilhomme ordinaire de la chambre du roi, chevalier de l'Ordre, gouverneur de Poissy, etc. Marié en 1578 à Gabrielle de Faye. (Voir au supplément). Sa statue en marbre. Voir M.

DE LA SALLE (Jean), baron de Larodde (1519).

Portrait du XVIe siècle. Voir M. Il était chevalier de l'Ordre, gentilhomme de la chambre, etc.

DE LA SALLE (Claude), commandeur de Feniers de Montbrison, grand prieur d'Auvergne.

Il fut grand maréchal de l'ordre de Malte (1596), ambassadeur, grand maître désigné de son Ordre ; il mourut empoisonné en 1601, le jour de l'élection. Buste en marbre. Voir M. (reproduction dans cet ouvrage).

DE LA SALLE (Claudinet), commandeur de Feniers, grand prieur d'Auvergne.

Mort en 1650. Buste en marbre. Voir M. Reproduction dans cet ouvrage.

DE LA SALLE (Louis), comte de la Salle, baron de Larodde, etc.

Capitaine des gardes de Louis XIII, né en 1590, au château de Larodde, y mourut en 1669. Son portrait peint en 1639. Voir M. Reproduit dans cet ouvrage.

DE LA SALLE (Marie), mariée, en 1645, à Claude, comte de Damas.

Peinture de 1650. Voir M.

DE LA SALLE (Robert), né en 1632, mort en 1667.

Commandeur de Montbrison (Ordre de Malte, en 1665, tué au siège de Candie, en 1667. Son buste, en marbre. Voir M. Reproduit dans cet ouvrage.

DE LA SALLE (Joseph, comte), marquis de Marzes (1692).

Capitaine au Royal-Auvergne. Voir M.

DE LA SALLE (Louis).

Chanoine-comte de Brioude. Beau portrait de la fin du XVIIe siècle. 1 Voir M. ; 2 Reproduit dans cet ouvrage.

DE LA SALLE (Marie), dame de Larodde (1688).

Mariée, en 1688, à François, marquis de Salvert de Montrognon. Voir M.

DE LA SALLE (François, comte), marquis de Rochemaure

Né en 1694. Lieutenant-colonel au Royal-Comtois. Peinture de 1745. Voir M.

DE LA SALLE (Elisatbeth), Abbesse de Lavassin (ordre de Citeaux),

Née en 1697, morte en 1793. Son portrait fut enlevé, en 1790, de Lavassin. Reproduit dans cet ouvrage d'après la galerie de M. le duc de la Salle de R.

DE LA SALLE (Guillaume, marquis de Rochemaure).

Seigneur de Chavigné, né en 1724, mort en 1816. Colonel de cavalerie. Peinture de 1772. Voir M.

DE LA SALLE (Magdeleine), abbesse de Lavassin (1761-1790).

Fut abbesse sur démission de sa tante qui précède. Peinte avant son entrée en religion. Reproduite dans cet ouvrage. Voir M.

DE LA SALLE (Marie), abbesse du Lieu N.-D. lès Romorantin (1765).

Morte à Clermont-Ferrand, en 1826. 1 Gravé en 1895 dans l' « Histoire de l'abbaye du Lieu N.-D. », par l'abbé Plat. 2 Reproduit dans cet ouvrage.

DE LA SALLE (François), mort à Clermont-Ferrand, en 1831.

Né en 1739. Colonel au Royal-Comtois, mestre de camp. Voir M.

DE LA SALLE (J.-B.), chanoine-comte de Brioude.

Prieur de Tauves, vicaire-général de Vienne. Né en 1723, mort en 1812. Peinture de 1780. 1 Voir M ; 2 Reproduit dans cet ouvrage.

DE LA SALLE (Louis-Bernard, comte), marquis de Rochemaure, mort en 1839.

Colonel de cavalerie, commandant un des corps de l'armée de Condé, député de la noblesse d'Auvergne. 1 Peint en 1788. Voir M ; 2 Reproduit dans cet ouvrage.

DE LA SALLE (Jeanne-Rose).

Née en 1770, morte en 1853, au Port-Dieu. Dame de St-Cyr. Peinte avant son entrée en religion. Voir M.

DE LA SALLE (Pierre-Joseph).

Né en 1766. Mort curé de Port-Dieu, en 1826, en odeur de Sainteté. Voir M.

DE LA SALLE (Gaspard-Edouard, comte).

Né en 1789. Capitaine de cavalerie. Mort en 1846. Miniature de 1825. Voir M.

DE LA SALLE (Maximilienne), mariée, en 1808, à G.-F, marquis de Selve d'Audeville.

Peinture. Voir M.

DE LA SALLE (Louis-Désiré, comte), mort en 1868.

Né en 1820, marié à Marie de Pollalion de Glavenas (voir ce nom). Peinture de 1855. Voir M.

DE LA SALLE (Louis-Félix, comte de la Salle de Rochemaure, duc de la Salle.

Né à Aurillac, en 1856, marié, en 1882, à Marie de Forceville (Voir ce nom), *au supplément final*. Chambellan de S. S. Léon XIII. Créé duc Romain héréditaire par bref de 1899. Grand officier de St-Grégoire, etc. Portrait photogr. dans cet ouvrage, d'après une photographie.

DE LASTIC

L'une des plus illustres maison d'Auvergne. Galerie de tableaux splendide au château de Parentignat (Puy-de-Dôme).

DE LASTIC (François I), baron, puis marquis de Sieujac, mort en 1716.

Guidon de la compagnie du duc de Candalle (1665). Marié en 1673 à Louise Peyronnenc de St-Chamarand. Peinture, Château de Parentignat (P.-de-D.).

DE LASTIC (François II), marquis de Sieujac, capitaine dans le régiment du roi-infanterie, mort vers 1749.

Marié à Marie de la Roche-Aymon (voir ce nom). Peinture carrée. Château de Parentignat (P.-de-D.).

DE LASTIC (François III), marquis de Sieujac, lieutenant-général des armées, commandeur de l'ordre de St-Louis. Mort en 1772. Fils du précédent.

1 Peint en buste, en cuirasse avec le cordon rouge;
carré (bon portrait), au château de Parentignat (Puy-de-Dôme) ; 2 Peinture médiocre, mais décorative, carrée. Château de Parentignat (P.-de-D.) ; 3 Peinture. Il est représenté en corps de lapin ; assez gentille peinture ; carrée. Château de Parentignat (Puy-de-Dôme). On a cru que ce dernier portrait était celui de son frère, Charles-Antoine, vicomte de Lastic, gouverneur de Carcassonne.

DE LASTIC (Angélique-Isabelle), mariée, en 1742, à Policrate de Pérusse, marquis des Cars. Sœur de François III qui précède.

Peinture assez bonne ; carrée ; château de Parentignat (P.-de-D).

DE LASTIC (Charles-Antoine).

Prieur d'Allanches, puis abbé de St-Guilhem du Désert, évêque de Comminges, ensuite comte et pair de Châlons-sur-Marne, mort en 1763, frère de François III qui précède. 1 Peint par Louis-Michel Van-Loo (signé), carré. Château de Parentignat (P.-de-D). 2 Plus jeune.

DE LASTIC (François IV), dit le comte de Lastic, lieutenant-général des armées du roi (1784). Anne Charron de Menars, sa femme (voir CHARRON DE MENARS).

1 A l'âge de 9 ans, costume militaire, en pied (bonne peinture carrée), au château de Parentignat (P.-de-D.) ; 2 En costume de mousquetaire (bonne peinture, carrée). Château de Parentignat (P.-de-D).

DE LASTIC (Charles-Antoine), chevalier puis vicomte de Lastic, 1er gentilhomme de S. A. I. Mgr le duc de Penthièvre, brigadier des armées du roi, gouvern. de Carcassonne.

Epoux de Françoise-Pauline-Jeanne-Renée Le Prestre de Châteangiron. Il mourut assassiné au camp en 1791. Frère du précédent. 1 Bonne peinture, carrée, au château de Parentignat (P.-de-D.) ; 2 Peinture médiocre (on la croit apocryphe), au château de Parentignat (P.-de-D).

DE LASTIC (Jeanne-Antoinette), mariée, en 1755, au comte de Montaignac des Linières.

Sœur du précédent. Peinture (mauvaise). Faisant de la tapisserie avec ses deux filles, à ses pieds. Au château de Parentignat (P.-de-D).

DE LASTIC (Anne-François, marquis), marié à Louise-Angélique de Montesquiou-Fézensac (voir ce nom). Mort en 1783, à 24 ans.

Fils de François IV qui précède. 1 Portrait peint attribué à Mme Vigée-Lebrun, d'après ses *Mémoires*, ovale, au château de Parentignat (P.-de-D.) ; 2 Portrait peint, ovale, enfant.

DE LASTIC (Alexandre-Esprit-Jean-François). Né en 1766, mort en 1784. Dit le chevalier de Lastic. Il avait été chevalier de Malte.

Frère du précédent. Peinture ovale, au château de Parentignat (P.-de-D).

DE LASTIC (Annet IV), comte de Lastic Vigouroux, époux d'Adrienne de Coulomb de Loumagne en 1res noces et de Pétronille de Véalle de Blau en 2es noces (Voir VEALLE DE BLAU).

Peinture carrée. Château de Parentignat (P.-d.-D.).

DE LASTIC-VIGOUROUX (le comte Annet-Joseph), né en 1769, député. Inspec-

Michel du PEYROUX
de SALMAGNE (1789)

Le comte A.-L. de BOURGADE
de la DARDYE
Docteur-médecin, (✶). Né en 1820

Le comte Ch.-F.-Marie du PEYROUX
de SALMAGNE, mort en 1832.

Léonce PEYRONNET,
mort en 1858.

Blanche PEYRONNET, décédée,
mariée en 1872 à Édouard de CRESSAC
vicomte de la BACHELLERIE.

Marie-Diane d'ESPINCHAL,
mariée au marquis Thomas d'ALBON
de GALLES, vivant sous Louis XIV.

Mgr. Pierre BOURGADE,
né en 1845, archevêque de Santa-Fé.

Le comte E.-R.-L. de BOURGADE
de la DARDYE, né en 1859,
Docteur-médecin.

Le comte A.-G.-A.-François du
PEYROUX de SALMAGNE,
lieut.-colonel d'art., mort en 1886.

teur général des haras, marié à Octavie de Lastic-Sieujac (Voir ci-après).

Mort en 1815. Fils du précédent. Peinture, buste, en costume de député. Château de Parentignat (Puy-de-Dôme).

DE LASTIC-SIEUJAC (Gertrude-Charlotte-Marie-Octavie). Épousa, en 1807, Annet VII, comte de Lastic de Vigouroux. Dame d'honneur de l'Impératrice Joséphine.

1 Peinture intéressante, âgée de 7 à 8 ans ; ovale, château de Parentignat (Puy-de-Dôme) ; 2 Peinture, même galerie.

DE LASTIC-SIEUJAC (Amédée), frère de la précédente. Mort en bas âge.

Peinture, ovale. Château de Parentignat (P.-d.-D.).

DE LASTIC (Antoine-Annet), marquis de Lastic. 1er Page du roi Charles X. Né en 1810, mort en 1888. Fils du comte Annet-Joseph, qui précède. Marié à Amélie Humblot (Voir HUMBLOT).

Peinture (mauvaise), carrée. Château de Parentignat (Puy-de-Dôme).

DE LASTIC (Dominique), né dans le diocèse de Mende, le 16 octobre 1742, mort en Espagne, en 1800. Évêque de Couserans.

Député de Couserans à l'Assemblée nationale de 1789 ; de la branche des Lastic de Fournels. Fils de Hyacinthe, comte de Fournels et de Mlle de la Rochefoucauld-Langeac. 1 Grav. par Voyer, Labadye del. ; 2 Labadye del., in-8 Dessin à la Biblioth. nationale ; 3 Portrait peint, buste, grandeur naturelle au château de Fournels (Lozère), à M. le marquis de Brion ; 4 Portrait au pastel, au même château (le prélat est représenté dans son cabinet de travail, en grand costume officiel. Château de Fournels (Lozère).

DE LA TOUR D'AUVERGNE

Très illustre et antique maison d'Auvergne qui est encore représentée, de nos jours, en plusieurs branches, soit directement, soit par substitution.

DE LA TOUR D'AUVERGNE (Anne), femme de Jean Stuart, duc d'Albany, comte d'Auvergne.

Née en 1495, mariée en 1505. Morte en 1524. Comtesse d'Auvergne, terre qu'elle apporta à son mari. 1 Gravé avec son mari dans Baluze, « Histoire de la maison d'Auvergne » ; 2 Buste en jais de 50 cent. de haut et provenant de Vic-le-Comte (de la Sainte chapelle), publié dans l' « Auvergne illustrée », par A. Tardieu ; 3 Voir H.

DE LA TOUR D'AUVERGNE (Françoise), femme de Gilbert de Chabannes, baron de Curton, mort en 1493.

1 En pied, galerie du musée de Versailles ; 2 Copie du n. 1 au château de la Palice ; 3 Photogr. dans L.

DE LA TOUR D'AUVERGNE (Jean), religieux de Cluny.

Né au château d'Olliergues ou à celui de la Tour d'Auvergne vers 1336, abbé de Fleury-sur-Loire. Cardinal (1371). Mort à Avignon, le 15 avril 1374. On croit qu'il y fut enterré. Gravé dans l'Histoire des Cardinaux français, par Duchesne, in-4, d'après un tableau qui se trouvait en 1690, dans l'abbaye de Cîteaux.

DE LA TOUR D'AUVERGNE (Henri), évêque de Clermont (1376-1415).

Frère du précédent. Mort en 1415. Né au château de la Tour d'Auvergne vers 1335. 1 Une bague de

cet évêque avait son portrait et il s'en servait comme sceau ; 2 Lith. voir B. (d'après le n. 1 ; 3 Voir H. (d'après le n. 1).

DE LA TOUR D'AUVERGNE (Jean III), comte d'Auvergne, mort en 1501. Il épousa Jeanne de Bourbon-Vendôme (voir ce nom).

1 Gravé dans l'Hist. de la maison d'Auvergne, par Baluze, à genoux ; 2 Voir H.

DE LA TOUR D'AUVERGNE (François II, vicomte de Turenne, seigneur de Montgascon et d'Olliergues. Baron de Crocq.

Né en 1497, mort en 1532 Ambassadeur en Angleterre. Il avait épousé, en 1528, Anne de la Tour d'Auvergne, dame de Montgascon. 1 Portrait au crayon (Voir G) ; Gravé d'après le n. 1, dans l'Hist. d'Auzances et de Crocq, par A. Tardieu, in-12 ; sur ce portrait on lit : « le vicomte de Turenne, grand-père. »

DE LA TOUR D'AUVERGNE (François III), fils du précédent. Seigneur de Montgascon, Olliergues, etc. mort en 1557.

Il épousa Eléonore de Montmorency (voir ce nom). 1 Portrait au crayon voir F ; 2 Portrait au crayon, Biblioth. nat., Clairambault. 1206, fol. 16 ; 3 Portrait au crayon, Bibl. nat. N. 26, fol. 31 ; 4 Portrait au crayon, Bibl. des arts et métiers, à Paris, série M.C. 3, vol. 11) ; 5 Portrait peint au musée de Versailles, type du n. 4.

DE LA TOUR D'AUVERGNE (Isabeau), dite Mlle de Limueil, demoiselle d'honneur de Catherine de Médicis, mariée, à Scipion de Sardini.

Portrait au crayon (Voir F).

DE LA TOUR D'AUVERGNE (Henri), fils de François III, qui précède.

Né au château de Joze (Puy-de-Dôme), le 28 septembre 1555, mort en 1623, à Sedan, le 25 mars. Maréchal de France, vicomte de Turenne, baron de Montgascon, Olliergues, Limueil, Crocq, Faye, Ferrières, duc de Bouillon, Prince de Sedan. Il avait épousé Charlotte de la Marck, duchesse de Bouillon (Voir de la Marck). 1 Moncornet in-4 de 3/4 à dr. 1650 ; 2 Suite d'Odieuvre, Gaillard. sc. A. P. pinxit ; 3 Lithogr médaillon, voir A ; 4 Gravé en petit, voir D. ; 5 Peinture sur toile à St-Servan, chez M. le prince de la Tour d'Auvergne ; 6 Gravé dans l'Histoire d'Auzances et Crocq, par A. Tardieu et Madebene ; 7 Réduction du n. 1.

DE LA TOUR D'AUVERGNE (Frédéric-Maurice), duc de Bouillon, prince de Sedan, comte d'Auvergne, vicomte de Turenne, baron de Crocq, seigneur de Montrognon, etc.

Né à Sedan, en 1605 ; fils du précédent. Mort en 1652, à Pontoise, enterré dans l'église Taurin d'Evreux. Il avait épousé Eléonore-Catherine-Fébronie de Bergh (Voir de Bergh). 1 Nanteuil, 1649, in-fol. ; 2 Nanteuil in-fol. avec des vers en bas ; 3 Moncornet, 1659, avec ses armes ; 4 Réduction dans l'Auvergne illustrée du n. 3 ; 4 Grav. in-12, ovale ; 6 voir H. ; 7 Gr, Muller sc. 1772, copie in-folio du n. 2 ; 8 Tardieu, 1773, copie à g. in-fol. du n. 2. ; 9 Aubry excid, in-8 3/4 à g. ; 10 Peinture, à St-Servan, chez M. le prince de la Tour d'Auvergne ; 11 d'après le monument de Cluny, portrait chez M. le prince de la Tour d'Auvergne, à St-Servan (1904).

DE LA TOUR D'AUVERGNE (Henri II), vicomte de Turenne, maréchal de France. C'est l'illustre Turenne.

Né à Sedan, en 1611, tué d'un coup de canon, en 1675. Baron d'Olliergues. Gouverneur du haut et du bas Limousin. Héros des plus célèbres. Frère du précédent. Peinture sur toile, tête-nu. 1643. à M. le prince de la Tour d'Auvergne, duc de Bouillon, à St-Servan (1904) ; 2 P. de Jode ou Flandre, in-8 ; 3 Nanteuil sc. in-fol. 1663 ; 4 Nanteuil 1665 in-fol. maj. ; 5 Corn. Meyssens, à Vienne, in-fol. : 6 Moncornet ; 7 Larmessin ; 8 Jac Lubin 1695, in-fol. (dans Perrault) ; 9 Suite d'Odieuvre ; 10 Vignette de son oraison funébre ; 11 Simonneau sculp. ; 12 Marcenay 1767, in-12 (beau) : 13 Soliman Lieutaud, dans la liste des portraits de Champagne, cite 120 portraits de lui ; et de fait, ses portraits sont bien plus nombreux : 14 Portrait peint chez M. le prince de la Tour d'Auvergne, à St-Servan : idem chez M. le comte de la Tour d'Auvergne, au château de Montjoly ; 15 Il y a à la calcographie du Louvre, une gravure représentant son mausolée pour le frontispice de la pompe funébre à la gloire de Turenne, frontispice, gravé in-4. Sevin del. Trouvain sc. 1675 ; 16 Peinture en costume de guerre, chez M. le comte de la Tour d'Auvergne au château de Montjoly (Cantal) ; 18 En buste, tête-nue, peinture à M. le prince de la Tour d'Auvergne, à St-Servan (1904) : 19 Peinture, par Duplessis Bertaux 0,20 sur 0,12, à M. le vicomte d'Apchier Le Maugin.

DE LA TOUR D'AUVERGNE (Marie), mariée, en 1619, à Henri, duc de la Trémouille et de Thouars, pair de France, etc. morte en 1665.

Sœur du précédent. Peinture attribuée à Mignard, sur toile de 1 m. 30 sur 0,99, cadre du temps. Elle est représentée assise, jusqu'aux genoux, en robe de cour Provenant de la galerie du marquis d'Apchier, allié des la Tour d'Auvergne, et appartenant à son descendant, le vicomte de Lachapelle d'Apchier, à la Dalgonne, par Pierrelatte (Drôme) ; 2 Peinture de 1,25 sur 0,93, en habit de cour décolletée, des 3/4 à g. ; assise jusqu'aux genoux. A la comtesse de Lachapelle d'Apchier, à Bournoncle (Haute-Loire).

DE LA TOUR D'AUVERGNE (Godefroy-Frédéric-Maurice).

Né en 1641, duc de Bouillon, comte d'Auvergne, vicomte de Turenne, mort en 1721. Gouverneur d'Auvergne (1662). Grand chambellan de France. 1 Nanteuil sc. 1657, in-fol. ; 2 Voir II.

DE LA TOUR D'AUVERGNE (Emmanuel-Théodose), duc d'Albret et de Bouillon, fils aîné du précédent, duc de Bouillon, vicomte de Turenne. Pair (1713).

Né en 1668. Mort à Paris en 1730. Grand chambellan. Il avait épousé M.-A.-Victoire de la Trémoille (voir DE LA TRÉMOILLE). 1. Trouvain, 1697 in-f.; 2 suite d'Odieuvre, in-12 ; 3 Gravé pour le sacre de Louis XV, en 1722, en pied, in-f. Caleographie du Louvre n. 3577. Habillement du Grand Chambellan.

DE LA TOUR D'AUVERGNE (Henri-Oswald), 2e fils de Frédéric-Maurice, qui précède.

Né en 1671, coadjuteur de Cluny, archevêque de Tours (1719), de Vienne (1722), cardinal (1737). 1 Cars 1699, in-f. ; 2 Drevet, 1749, in-f.

DE LA TOUR D'AUVERGNE (Henri-Louis), comte d'Evreux, né en 1679. Lieutenant-général en 1708.

Fils de Godefroy-Frédéric-Maurice, qui précède. Mort en 1713. 1 Rigaud p. Schmidt sculp. in-f. (beau) ; 2 Peinture (superbe) de 22.500 fr. sur toile, à M. le prince de la Tour d'Auvergne à St-Servan (Ille-et-Vilaine).

DE LA TOUR D'AUVERGNE (Frédéric-Constantin), comte d'Olliergues.

Dit le prince Frédéric, né en 1652, grand doyen de l'église de Strasbourg, prieur-commanditaire de la Charité-sur-Loire, etc. Grand prévôt de l'église de Liège. Fils de Frédéric-Maurice, duc de Bouillon qui précède. C. Allou p. Thomassin sc. 1716.

DE LA TOUR D'AUVERGNE (Mauricette-Fébronie), sœur du précédent.

Née à Paris en 1652. Epousa en 1658 Max-Phillippe, prince Palatin, duc de Bavière. Morte en 1706. Sœur du précédent. Herdegen Van Calm. Zimmermann sc. in-fol.

DE LA TOUR D'AUVERGNE (Anne-Marie), mariée, en 1734, à Charles de Rohan, prince de Soubise, maréchal de France.

Née en août 1722, fille d'Emmanuel-Théodose de la Tour, duc de Bouillon et d'Albret et d'Anne-Marie-Christine de Simiane de Gordes. 1 Bonnart in-fol. assise devant le feu avec un écran : 2 Se vend à Paris chez Berey, graveur, in-fol. debout, dans un parc ; 3 Se vend à Paris, chez Trouvain, in-fol. dans un parc se regardant dans une petite glace.

DE LA TOUR D'AUVERGNE (Constantin-Ignace). Dit le chevalier de Bouillon.

Né à Rome, en 1646. Grand Croix de Malte. Général des galères, mort en 1670. Trouvain in-fol.

DE LA TOUR D'AUVERGNE (Emmanuel-Théodose). Cardinal (1669).

Grand aumônier de France, mort à Rome en 1715, à 72 ans, né en 1644. Le P. Le Long cite 13 portraits gravés de lui, ajoutons celui qui est possédé, en 1904, par le prince de la Tour d'Auvergne, à St-Servan. Ce dernier a aussi de ce cardinal un portrait sur une médaille.

DE LA TOUR D'AUVERGNE (Godefroy-Charles-Henri), appelé prince de Turenne.

Fils de Charles-Godefroy, grand Chambellan. Né le 26 janvier 1728. Comte d'Auvergne, baron d'Olliergues, Montgascon. Amateur d'objets d'art. Gouverneur d'Auvergne (1771-1789). Mort en 1792. 1 Ch. Nic Cochin del. sc. 1756, médaillon in-4 : 2 Gravé in-8, en pied, costume de grand Chambellan, pour le sacre de Louis XVI (1775) ; 3 Voir H.

DE LA TOUR D'AUVERGNE (le comte, Jean-Maurice), baron de Margeride, marquis d'Apchier-Montbrun, en 1710.

Peinture sur toile de 0,55 sur 0,45. Galerie du château du Thiolant (Haute-Loire).

DE LA TOUR D'AUVERGNE (le prince Nicolas-François-Jules), baron de Margeride, etc, maréchal de camp en 1761, lieutenant-général en 1780. Mort en 1791.

Peinture sur toile (en uniforme de colonel), 0,90 sur 0,85. Au château du Thiolant.

DE LA TOUR D'AUVERGNE (le comte Antoine-Raymond), Capitaine-commandant au Royal-Vaisseaux en 1784.

Il est le trisaïeul de M. le comte de la Tour d'Auvergne au château de Montjoly (Cantal), vivant actuellement. Il avait épousé Rose de Molé. Joli médaillon peint, en garde du corps. A M. le comte de la Tour d'Auvergne, château de Montjoly (Cantal).

DE LA TOUR D'AUVERGNE, duc de Bouillon (le comte Mathieu de Fossey), né le 8 janvier 1832. Colonel en retraite, etc. (O. ✱).

1 Portrait peint à M. le prince de la Tour d'Auvergne, son fils à St-Servan (Ille-et-Vilaine : 2 Photogravé dans cet ouvrage.

DE LA TOUR D'AUVERGNE, duc de Bouillon, baron de Fossey (Frédéric-René-Enguerrand).

Né le 25 février 1869. Fils du précédent. Portrait peint à St-Servan (Ille-et-Vilaine).

DE LA TOUR D'AUVERGNE (Voir d'Apchier).

DE LA TOUR D'AUVERGNE (Voir CORRET DE LA TOUR D'AUVERGNE).

DE LA TOUR-FONDUE (Voir DE CORSIN).

DE LA TOUR DU PIN-GOUVERNET (Émilie-Esther). Femme d'Alexandre-Emmanuel de Cassagnes de Beaufort, marquis de Miramon.

Portrait peinture sur toile, par Carle Van Loo (très joli). Daté de 1785, à M. le vicomte de Miramon-Fargues.

DE LA TOUR DE ST-VIDAL (Antoine, baron), célèbre chef des Ligueurs dans le Velay.

Buste de chic au musée du Puy.

DE LA TRÉMOILLE (Isabelle), mariée en 1461 à Pierre de Tourzel, baron de Precy et de Busset, chevalier, sénéchal d'Auvergne.

Fille de Guillaume, comte de Thouars et de Marie de Sully de Craon. Portrait original en pied avec inscription. Provient de la galerie du marquis d'Apchier. Appartient à Mme Teillard de Chazelles, née d'Apchier de Prads. Château de Brassac (P.-de-D).

DE LA TRÉMOILLE (Henri), duc de Thouars, prince de Talmond, comte de Laval, etc.

Pair de France, chevalier des ordres du Roi, Grand maître de France, représentant le prince de Condé aux obsèques du roi Louis XIII. Né en 1599, marié en 1619 à Marie de la Tour d'Auvergne, mort en 1674. Belle peinture attribuée à Mignard, sur toile de 1.30 sur 0.99. Représenté en pied jusqu'aux genoux, âgé de 3/4 à droite, riche armature damasquinée, avec le cordon du St-Esprit, dans sa tente. Provenant de la galerie du marquis d'Apchier ; au comte Raoul de la Chapelle d'Apchier, à Moulins (Allier).

DE LA TRÉMOILLE (Marie-Armande-Victoire), mariée, en 1696, à Emmanuel-Théodose de la Tour d'Auvergne, duc d'Albret.

1 Berey, in-folio ; 2 Arnould, in-folio, en négligé ; 3 Bonnart, 1696, in-f., sur un canapé.

LAURENT (François-Xavier), curé d'Hulliaux.

Né en 1755 à Marcenat (Cantal), député du Clergé de la Sénéchaussée du Bourbonnais en 1789 à l'Assemblée nationale. Nommé évêque constitutionnel de l'Allier (1791). Mort à Clermont-Fd, en 1822. Perrin delin Lebellier, sc. in 8.

LAUS DE BOISSY. Né à Vic-sur-Cère, le 26 nov. 1694. Poète comique. A donné plus de 40 comédies.

Membre de l'Académie française. Mort le 19 août 1758. Directeur du « Mercure » et de la « Gazette de France ». 1 Portrait pour l'édition Fouquet, in-12 ; 2 Cochin fils, del. et sc. in 8 (médaillon).

DE LAUZANNE (Amable-Anne, comte), fils de Pierre, brigadier des gardes du corps du roi et de Anne-Joséphine Soubrany de Bénistant.

Miniature ronde à Mme Alphonse de S. du Corail, née de Lauzanne, à Riom.

DE LAUZANNE (Marie), mariée en 1873, à Pierre-Alphonse de Sablon du Corail.

Fille du comte Jacques-Amable Frédéric et de Louise de Genestel de St-Didier. Peinture, ovale 0.80 sur 0.84, signée de Laperriere. 1885. A M. Robert de S. du Corail, à Riom.

DE LAUZUN (le duc). (V. DE CAUMONT).

DE LA VAISSIÈRE - CANTOINET (Marie-Ursule), comtesse de Beauclair.

Copie d'une peinture sur un original de Nattier, 0.40 sur 0.25. En robe marron, fanchon noir.

DE LAVAL (Jeanne), mariée à François de St-Nectaire (voir ce nom), mort en 1596.

A genoux à côté de son mari sur le tableau votif de la cathédrale du Puy, décrit dans la notice de François de St-Nectaire (voir ce nom) ; 2 Portrait au crayon (voir F) ; 3 Reproduction du n. 1 dans ce Dictionnaire.

DE LAVAL (Voir DE BOUILLÉ).

DE LAVAL.

Famille d'excellente noblesse et distinguée par ses hautes situations. Elle a possédé la vicomté de Beaufort, la baronnie d'Arlempdes et contracté des alliances en Basse-Auvergne. Elle est représentée en Mâconnais, au château de Salornay.

DE LAVAL (Antoine, résidant à Celleneuve actuellement faubourg de Montpellier), né vers 1627, mort le 28 octobre 1707, inhumé dans la chapelle des Jacobins de Celleneuve. Il avait épousé Marie Reyne.

Portrait peint sur toile. Galerie du château d'Arlempdes, à M. le baron d'Arlempdes.

DE LAVAL (Jean), vicomte de Beaufort, baron d'Arlempdes (Velay), conseiller secrétaire du roi, maison couronne de France, en la chancellerie de la cour des aides de Montpellier.

Né à Celleneuve, près Montpellier, le 6 mars 1672, mort au Puy, en Velay, le 19 octobre 1750. Fils du précédent. Peinture sur toile, grandeur naturelle, attribuée à Bouchet, au château de Salornay (Saône-et-Loire).

DE LAVAL (Louis, écuyer, vicomte de Beaufort, baron d'Arlempdes, seigneur de Vielprat et autres places.

Premier président et lieutenant-général d'épée en la sénéchaussée et siège présidial du Puy. Juge-mage de ladite sénéchaussée près Montpellier, le 3 novembre 1703, décédé à Crapoune (Haute-Loire), le 6 juillet 1782. Fils de Jean, qui précède. De Bonnefoux (Françoise-Hyacinthe), sa femme, mariée en 1727 (Voir DE BONNEFOUX). 1 Peinture sur toile, par le chevalier Bailly, grandeur naturelle. Galerie de M. le baron d'Arlempdes, au château de Salornay. On voit dans le fond du tableau, la façade du château d'Arlempdes, dont il reste quelques vestiges.

DE LAVAL (Jean-Noël, chevalier, vicomte de Beaufort, baron d'Arlempdes, seigneur de Vielprat.

Premier président et lieutenant-général d'épée en la sénéchaussée et siège présidial du Puy-en-Velay, juge-mage de cette ville. Né au Puy, le 20 avril 1731, décédé vers 1769. Fils de Louis, vicomte de Beaufort, etc., qui précède. Peinture sur toile (grandeur naturelle). Galerie de M. le baron d'Arlempdes, au château de Salornay.

DE LAVAL (Jean-Louis-François), chevalier, baron d'Arlempdes, lieutenant, puis capitaine au régiment de Beaune, infanterie, né au Puy, le 18 avril 1762, décédé vers 1800. Il était fils de Jean-Noël, baron d'Arlempdes, qui précède.

Peinture sur toile. Galerie de M. le baron d'Arlempdes. Château de Salornay.

DE LAVAL (Augustin-Jérôme-Emmanuel), vicomte de Beaufort, baron d'Arlempdes.

Receveur particulier des finances à Roanne. Né au Puy, le 2 messidor, an VIII, décédé le 23 nov. 1870. Fils de Jean-Louis-François, baron d'Arlempdes, qui précède. Marié en 1829, à Anne. M. A. Jeanne de de Barthelats, fille du marquis Gilbert (Voir DE BARTHELATS) et de Marguerite Dieudonné de la Chesnaye de la Condamine (Voir ce nom). Peinture sur toile, à M. le baron d'Arlempdes, château de Salornay (Saône-et-Loire).

DE LAVERGNE, député de la Creuse en 1873.

N. 261, placard du « Monde illustré », année 1873, gravure en petit.

DE LAVEYRIE (Yvonne), née en 1870, morte en 1894.

Pastel à Mme de Laveyrie à Aurillac.

DE LAVEYRIE (Maurice), mort au château de La Barthe, près Laroquebrou, en 1897.

Portrait à Mme de Laveyrie, sa veuve, à Aurillac.

DE LAVILATTE (Voir DE BOUYONNET).

DE LAVILATTE (Voir DISSANDES).

LAVILLE (Clauda), dame de Saulces, mariée, le 25 mai 1653, à François Pellissier, écuyer, seigneur de Féligonde, conseiller au présidial de Clermont-Ferrand.

Fille de Michel, seigneur de Saulces, les Vergnes et de St-Sauves, conseiller à la cour des aides de Clermont-Ferrand et de Jeanne Chaduc. 1 Peinture sur toile, ovale, en buste, de face, s'incline à gauche ; cadre du temps. Riche costume du milieu du XVIIe siècle. Provient de la galerie de Féligonde. A M. Henri Pélissier de Féligonde, château de Villeneuve ; 2 Autre peinture plus jeune, buste, carrée, 3/4 à droite, armoiries (de sable, semé de grelots d'or, au lion d'argent brochant). Costume du commencement du XVIe siècle. A M. Demallet de Lavédrine, château de Saulces.

LAVILLE (Gabrielle), dame de Saulces, sœur de la précédente, mariée en 1676, à Martial de Clary, baron de St-Angel, conseiller à la cour des aides de Clermont-Ferrand, mort en 1712, morte en 1709, âgée de 60 ans.

Peinture sur toile, carrée, en buste 0,70 sur 0,00. Cheveux noirs, en boucles pendantes, yeux bleus, robe velours noir, collier de perles, guimpe blanche. De face inclinée à droite ; cadre du temps. Provient du château de Saulces ; à Mme Cuilhat de Chamond, née Pellissier de Féligonde. Ce portrait décorait une cheminée avec ces mots : *Sunt la lara mei pignora bina Turri* (Voilà les 2 chers gages de mon mariage).

LAVILLE (Jeanne), fille de Jean, seigneur de la Plagne, mariée vers 1775, à Gilbert-François Peghoux, seigneur de Merdogne.

Peinture sur toile, armoiries. A Mme veuve Peghoux, née Dumas, à Clermont-Ferrand, en 1800.

LAVILLE (Le chevalier), de la famille des précédents.

Portrait peint au château d'Anjony (Cantal).

LAVILLE DE CHIGNAT (Jeanne), mariée en 1735, à François de Varenes de Champfleury, chevalier, seigneur de Bien-Assis.

Peinture sur toile de 0,72 sur 0,58, coiffure poudrée, robe de velours cramoisi, brodée d'or, décolletée, écharpe de satin jaune, blason et inscription. 1 Galerie de M. le vicomte de Sereys, à Plauzat (Puy-de-Dôme) ; 2 Copie du même, peinture sur toile de 0,91 sur 0,64. Galerie de M. Grellet de la Deyte, à Allègre (Haute-Loire).

LAVILLE (Adolphe), né à Montaigut-en-Combrailles en 1831. Député du Puy-de-Dôme (✳). Propriétaire à Montaigut-en-C. Maire.

1 Gravure sur bois in-8 ; 2 Grav. en petit sur bois ; 3 Grav. en petit dans l'Hist. de St-Gervais-d'Auvergne, par A. Tardieu et Madebène ; 4 Photogravé dans *Nos députés*, in-18.

LAVOISIER (Antoine-Laurent), illustre chimiste, né à Paris en 1743.

Il épousa Mlle Paulze (du Forez), parente des de Ramey de Sugny et c'est ainsi que ses instruments de physique et de chimie se trouvent au château de la Canière (P.-de-D.), dans la famille Berard de Chazelles ; car en 1834, M. Léon B. de Chazelles épousa Mlle de Ramey de Sugny, fille du baron de Sugny et de Mlle Paulze d'Ivoy. 1 H. Garnier, lith. de Ducarme, in-4 Galerie universelle de Blaisot ; 2 Boll sc., buste in-8, ovale ; 3 Gr. en petit médaillon ; 4 Levachez sc. in-f. médaillon, allégorie ; 5 Fontaine gr in-8 ; 6 Duplessis Bertaux del. Landon dir., trait in-12 ; 7 P. par David en 1788, dess. et gravé par A. Tardieu, in-8 ; 8 Sa maison boulevard de la Madeleine, 11, à Paris, gr. sur bois, in-8.

DE LA VRILLIÈRE (V. PHELYPEAUX).

LAW (Jean), marquis d'Effiat, comte de Lauriston. Né à Edimbourg (Ecosse). Mort en 1729, à Venise, presque pauvre.

Auteur du fameux système ; créateur de la Banque générale ; 1 Langlois sc. in-folio. ; 2 dans Odieuvre d'après Schmidt ; 3 Landon direxit, in-12, reproduit dans l'Auvergne illustrée.

LÉANDRE, limonadier (Café de Paris), en 1867, à Clermont-Fd.

Lithographie (charge) dans K.

LEBŒUF (L'abbé Jean), érudit, auteur, membre de l'Académie des inscriptions.

Né en 1687 à Auxerre, mort à Paris en 1760. S'est occupé des antiquités de l'Auvergne. 1 Ovale in-8 dir. à dr. 4 lignes ; 2 Lithogr. par Vogt in-4, pour l'Histoire d'Auxerre.

LE BLANC (Claude), né en 1669, mort à Versailles en 1728.

Ministre de la guerre (1718). Chevalier, seigneur de Passy, etc. Mis à la Bastille (1723). Rappelé au ministère (1726). Intendant d'Auvergne (1704-1707), de Dunkerque (1708). 1 Brevet sc. in-f. ; 2 In-12 ; 3 réduction du n. 1 dans l'Auvergne illustrée, reproduite dans le présent ouvrage ; 4 Voir H ; 5 chez Crepy, in-8 ; 6 Desrochers, in-8 ; 7 Ovale in-8 ; 8 in-12

ovale : 9 M Poo sc. in-12 ; 10 Ovale in-12 dir. à g. ;
11 ovale in-18 dir. à g.

LEBOYER (Gilbert), né à Clermont-Fd en
1828, imprimeur à Riom.

Président du tribunal de commerce. Inventeur de
la machine imprimant les cartes de visite à la mi-
nute. 1 Photogravé dans 1 ; 2 Photogr. dans cet ouvrage, d'après une photographie prêtée par son fils,
sous bibliothécaire de la ville de Clermont-Fd.

LE BRUN DE LANTHENAS (Anne-
Marie-Julienne), mariée, en 1740, à Antoine
Amable de Chardon des Roys.

Peinture sur toile de 0,74 sur 0,62 de 3/4 à g., à
mi-corps. Signée de Guibert, 1749. Au baron F. de
Vinols, château de Volhac (Hte-Loire).

LEBRUN (Antoine-Alexandre), seigneur
de Chards, conseiller à la cour des aides de
Clermont-Fd (1770).

Peinture sur toile chez M. le comte Rougane de
Chauteloup, à Clermont-Fd.

LE CAMUS (Anne), morte en 1661,
femme de François-Christophe de Levis, duc
d'Amville.

Daret, 1651, in-4.

LE CAMUS (Jean), né à Paris, y mourut
le 28 juillet 1710. Lieutenant civil au Chatelet. Intendant d'Auvergne (1669-1671).

1 Gravé par Nanteuil ad vivum 1674, Offer. Joannes
Deshayettes. De grandeur naturelle (ovale) ; 2 Gravé
sur bois dans J.

LE CIRIER (Claude), femme d'Augustin
de Matharel, seigneur de Manneville et de la
Rivière, en 1620.

Peinture : galerie du château de la Grangefort, à
M. le vicomte Jean de Matharel.

LECOQ (Henri), né à Avesne (Nord), en
1802. Mort à Clermont-Fd en 1871. Savant
naturaliste

Professeur à la Faculté de Clermont-Fd. A créé le
jardin botanique actuel de Clermont-Ferrand (Jardin
Lecoq) où l'on voit son buste en marbre blanc. —
1 Lith. in-8 vers 1825, dessiné par Boilly ; 2 Lith.
in-8 ; 3 Réduction du n. 2 dans le Guide d'Auvergne (Puy-de-Dôme), par A. Tardieu et dans l'Auvergne illustrée ; 4 Son buste en marbre au Jardin Lecoq, à Clermont-Fd ; 5 Médaillon de bronze de 0m22,
au musée de Clermont, donné par son frère Félix
Lecoq.

LECOURT (Antoinette), mariée vers 1592,
à Jean III du Prat, seigneur de St-Agnès.

Fille de Jacques, seigneur de Montdory, et de
Philiberte de Boniol de Binezat. Peinture à l'huile
ovale, de 0,51 sur 0,45, cadre du temps. Riche et
curieux costume. Provenant de la galerie de Féligonde
(P.-de-D). A M. Alphonse Pellissier de Féligonde, son
descendant à Clermont-Fd.

LE COURT DE ST-AGNÈS (Anne),
mariée, le 24 déc. 1723, à Pierre Péllissier de
Féligonde, écuyer, seigneur de Féligonde,
Saulces, Beaurepaire.

Fille de Victor, écuyer, seigneur de St-Agnès, cons.
à la cour des aides de Clermont et d'Anne de Montorcier. Portrait au pastel. Corsage rose, nœud rouge,
manteau bleu, doublé de jaune, guimpes blanches,
yeux bleus, 0,44 sur 0,35. A M. Alphonse Pellissier
de Féligonde.

LECUELLÉ (Pierre), maire de Clermont-
Fd. Né en 1849. Professeur au lycée de Clermont (✳) Mort en 1904.

Photogravé dans 1.

LEDIEU-BAZIN (Antoine), né à Ambert en 1834. Banquier ; maire d'Ambert.

Photogravé dans 1.

LEDRU (Agis-Léon), né à Clermont-Fd,
le 31 mai 1826, mort au dit lieu le 5 oct. 1885.

Architecte, maire de Clermont. Trésorier général
du Puy-de-Dôme. Médaillon en marbre blanc, de
profil à dr., sur sa stèle funéraire au cimetière des
Carmes-Déchaux, à Clermont-Fd.

LEFEBVRE DE LA BARRE (Made-
leine, fille de l'intendant des finances d'Auvergne, à Riom, sous Louis XIV.

Peinture à Marsat (P.-de-D), à M. le vicomte d'Aubeterre, son descendant.

LEFEBVRE DE GROSNIEZ (Henri-
Hector-Albéric), préfet du Puy-de-Dôme (1882-
1883. Né en 1843.

Gravé sur bois dans J.

LE FÈVRE DE CAUMARTIN (L.), intendant d'Auvergne (1594-1597). Né en 1552,
mort en 1623.

Portrait gravé sur bois dans J.

LE FEVRE DE CAUMARTIN (Louis),
maître des requêtes, conseiller d'Etat, ambassadeur, etc.

Il tint les sceaux aux Grands Jours d'Auvergne
1665-1666). Mort en 1667. Gravé par L. Boudan, in-f.

LEGENDRE DE COLLANDRES, beau-
père d'Armand-Marc, comte de Montmorin,
ministre sous Louis XVI.

Peinture sur toile au château de la Barge (P.-de-D).

LE GOUX DE LA BERCHÈRE (Char-
les, évêque de Lavaur, près d'Alby, en 1687,
archevêque de Narbonne (1703, mort en 1719.

1 Cars, 1702, in-f. maj. ; 2 Boulogne l'aîné p. Audran 1705 in-f. ; Auran et Montbart, 1708, in-f.

LE GRAS (Mme). (Voir de MARILLAC).

LE GRAS (Jacqueline), mariée le 9 janv.
1700, à Joseph Morin, écuyer, seigneur de
Bughas.

1 Peinture à M. Alexandre de Bellaigue, à Gray
(Hte-Saône) ; 2 Autre chez M. Paul de Bellaigue, à
Clermont-Fd.

LE GROING DE LA ROMAGÉRE
(Mathias), fils de Charles, seigneur de la Romagère et de Claire de la Trollière.

Né en 1756, au château de la Romagère (Allier),
vicaire général de Bourges et de Clermont, nommé
évêque de St-Brieuc en 1817. Mort à St-Brieuc en 1841.
1 Guezan pinxit, Javelot delin. imp. lith. de Landais
à Rennes, in-fol. dir. à d. regarde de face ; 2 Guezan
pinxit, lith. de Landais, a Rennes, in-fol. dir. à g.
regarde de face.

LE GUAY (Gilbert), député du Puy-de-
Dôme), en 1872. Préfet de la Corse. Directeur

de l'administration départementale, conseiller d'Etat.

1 Gravure in-8 sur bois ; 2 Gravé en petit in-18, ovale, sur bois.

LE LIEUR (Etiennette), femme d'Antoine de Matharel, procureur général de la reine Catherine de Médicis, 1585.

Portrait peint, au château de la Grangefort (P.-de-D) à M. le vicomte Jean de Matharel.

LE LOUP DE PRÉCHONNET (Anne-Thérèse), née au château de Préchonnet le 24 juin 1593, morte dans son couvent de Montferrand le 31 janvier 1654.

D'abord, mariée à M. de Langeac. Elle était dame de Préchonnet, fille de Gaspard Le Loup, seigneur de Préchonnet, célèbre ligueur : fonda les Visitandines de Montferrand, dont elle fut supérieure. 1 Peinture sur toile, du temps, au château d'Aubiat (P.-de-D) ; âgée de 51 ans, l'année 1644 ; 2 Lith. dans l'Hist. de Montferrand, par A. Tardieu ; 3 Miniature peinte sur vélin, possédée en 1872, à Clermont-Fd par Mme la marquise de Scorailles Langeac ; 4 Lith. médaillon, voir A, d'après le n. 3,

LE LOUP (Marie).

Fille de Claude, seigneur de Bellenave (mort en 1645) et de Madeleine Floriselli d'Anthun ; épousa, en 1640, François de Rochechouart, marquis de Chandenier, baron de la Tour-d'Auvergne. 1 Portrait peint au château de Bussy-le-Grand (Côte-d'Or) ; 2 Photog. dans la Revue de l'Art.

LE MAISTRE DE LA GARLAYE, évêque de Clermont (1742-1776).

1 Peinture sur toile à la Bibliothèque de Clermont; 2 Lith. dans l'Hist. de Clermont-Fd par A. Tardieu : d'après le n. 1 ; 3 Voir B.

LE MALLIER (Gustave-Louis-Nicolas), préfet du Puy-de-Dôme (1883-1885).

Né en 1841. Gravé sur bois dans J.

LE MAUGIN (Marie-Denis), commissaire ordonnateur des guerres divisionnaire. Gouverneur de Turin.

Né le 2 décembre 1767, mort à Turin du typhus, le 31 mars 1814. Marié à l'héritière des d'Apchier. (Voir ce mot). Miniature ovale 0,06 sur 0,3 1/2. Redingote bleue. Légion d'honneur à la boutonnière, gilet blanc. Dans un médaillon, derrière mèche de cheveux. A M. le vicomte d'Apchier le Maugin.

LE MAUGIN (Voir d'APCHIER LE MAUGIN).

LE MEINGRE, dit **BOUCICAUT** (Jean), né à Tours vers 1364. Mort prisonnier de guerre en Angleterre, en 1421.

Gouverneur d'Auvergne (1392) dont il chassa définitivement (1393) les Anglais qui avaient envahi cette province pendant la guerre de cent ans. Héros. Il était seigneur de Pontgibaud, Granges, Tauves, Nébouzat ; par sa femme Antoinette de Roger de Beaufort de Turenne. En 1393, il passa l'été à Herment (Puy-de-Dôme), avec ses troupes. 1 Dans Thevet « Vie des hommes illustres » (1584) ; 2 Dans le livre d'or de la galerie du palais cardinal, in-fol. et in-12 ; 3 N. in-4 ; 4 Gravure de la fin du XVIe siècle, in-8, ovale, portant « Boucicaut » ; 5 Dans l' « Auvergne illustrée » gravure reproduite du n. 4 ; 6 Il existe des portraits au crayon à la Bibliothèque nationale.

☞ **LE NORMANT DE FLAGHAC**

Famille qui a eu pour berceau la ville de Paris. Elle possédait dans les environs, en 1700, la terre de Fontenelles.

LE NORMANT (Jean-Jacques), baron de Flaghac, capitaine de dragons avant 1789, maire de St-Georges-d'Aurac, conseiller général du Puy-de-Dôme (1815-1820).

Né à Riom, le 15 avril 1754, fils de François-Nicolas et de Madeleine Rollet de Lauriat. Marié à Mlle Réchignat des Marands (Voir Réchignat des Marands). Miniature à M. Ernest de Chevarier.

LE NORMANT DE FLAGHAC (Jean-Jacques-Louis-Symphorien), baron de Flaghac.

Né le 5 novembre 1816, à St-Amand-Tallende, député de la Haute-Loire en 1871 (36.847 voix). 1 Gravé dans le placard du « Monde illustré », avec d'autres, année 1873, n° 210 ; 2 Portrait humoristique, par Dubuisson, député de l'Aude, eau forte, in-4 ; Peinture sur toile, dans la famille, reproduite dans ce Dictionnaire.

LE NORMANT DE FLAGHAC (Constance), mariée à M. de Chevarrier. Fille de Jean-Jacques, qui précède .

Miniature signée Chevarrier, datée de 1860, à M. Ernest de Chevarrier.

LE NORMANT (Louis-Philibert), baron de Flaghac, marié à Joséphine de Bosredont de Vatanges (Voir DE BOSREDONT).

Miniature sur ivoire, à Mme la baronne du Martroy, née Le Normant de Flaghac.

DE LÉOTOING D'ANJONY DE FOIX (Robert), chevalier, seigneur de Charmensac, capitaine au régiment Royal d'artillerie, commissaire provincial, etc.

Peinture au château d'Anjony (Cantal).

DE LÉOTOING-CHARMENSAT, marquis d'Anjony ; (Robert, comte), substitué, en 1743, aux noms et armes de Claude, marquis d'Anjony de Foix, capitaine d'artillerie.

Fils de Gabriel d'Anjony, seigneur de Charmensat, la Perronnée et à Gabrielle d'Anjony de Foix. 1 Portrait peint sur toile, au château d'Anjony (Cantal), en armure, avec armoiries, reproduit dans cet ouvrage ; 2 Peinture de 0,82 sur 0,60, reg. à dr. En armure, la main gauche appuyée sur son casque. A Mlle Pélissier de Féligonde, à Riom (Puy-de-Dôme).

DE LÉOTOING D'ANJONY DE FOIX (Jean-André-Marie, marquis), garde du corps du roi Charles X.

Chevalier de Malte et de St-Louis, né en 1775, mort en 1864. Lieutenant dans l'armée de Condé (1795). Marié à Joséphine de Veilhan. Fils de Claude-Louis, comte de Léotoing, marquis d'Anjony de Foix et de Mlle de Meallet de Fargues. 1 Peint. sur toile de 0,92 sur 9,72, à mi-corps, regard à gauche, en uniforme de garde du corps, la main droite appuyée sur son casque. A M. Henri Pellissier de Féligonde, château de Villeneuve (Puy-de-Dôme) ; 2 Copie du même, à Mlle Pellissier de Féligonde, à Riom (Puy-de-Dôme) ; 3 Peinture au château d'Anjony (Cantal) ; 4 Peinture au château de Fontanges (Cantal), à M. Salvaige de La Margé.

DE LÉOTOING D'ANJONY DE FOIX (Catherine-Marie), mariée en 1830, à Jacques-Michel Pellissier de Féligonde, conseiller à la cour de Riom (✳).

Fille du marquis Léotoing d'Anjony de Foix et de Joséphine de Veilhan. Peinture à l'huile, sur toile carrée, 0,72 sur 0,58, reg. à g. en toilette de bal. A Mlle Pellissier de Féligonde, à Riom (P.-de-D).

DE LÉOTOING D'ANJONY DE FOIX
(Louise-Marthe-Joséphine), mariée à Paul-
Ange Pellissier de Féligonde, né en 1799, ad-
joint au maire de Clermont-Fd en 1828.

Portrait peint. Château d'Anjony (Cantal).

LESMARIS (Jean), négociant à Orléans et
propriétaire à Montclar, né à Salins, près
Mauriac le 3 sept. 1781.

Fils d'Antoine et de Françoise Dufayet. Mort le 8
janvier 1861. Peinture à mi-corps, à son petit-fils
Louis Lesmaris.

LESMARIS (Antoine), industriel et négociant, à Clermont-Fd, fils de Jean et de Jeanne
Maury, né le 3 frimaire an XIV, mort à Clermont-Fd le 19 avril 1874.

Peinture à mi-corps à M. Louis Lesmaris, son fils.

LESMARIS (Louis), notaire, ancien président de la chambre des notaires à Clermont-
Fd, vice-président de la commission des hospices, administrateur de la caisse d'épargne
et de la Banque de France à Clermont-Fd.

Fils du précédent et de Sophie Seneschal. Né à
Clermont-Fd le 17 juillet 1836. 1 Peinture, Portrait
en pied par A. Hodgkiss, 1881 ; 2 Gravé en buste dans
1, reproduit dans cet ouvrage.

LESMARIS (Albert), docteur en droit,
avocat à la cour d'appel de Paris, fils du précéd. et de Léonie Astel, né à Clermont-Fd, le
13 avril 1874.

Peint par H. Hoegkiss, 1881.

LESMARIS (Berthe, sœur du précéd.,
née à Clermont-Fd, le 8 janvier 1871, morte
le 7 juillet 1892,

1 Peinte par Hodgkiss, 1881 ; 2 Miniature sur ivoire, par J.-P. Blanc.

DE LESTANG (voir D'ESTAING).

DE LESTRANGE (Hélène), mariée en
1574, à François de La Rochelambert, chevalier de Saint-Michel, veuf d'Amable de Grasdepain.

Miniature originale sur vélin de 0,08 sur 0,06, en
buste de 3/4 à droite, (très riche costume). Galerie
du château de La Rochelambert.

DE LESTRANGE (voir DE LANGEAC).

LEVÉ DU MONTAT (J.-B. Numa), né à
Issoire en 1814, avocat général à la cour de
Riom (1860) (✳).

Peint en costume d'avocat général à la Cour. A
Mme Chassaigne, à Riom, sa parente.

LEVESQUE DE LA CASSIÈRE (Jean).

Né en Auvergne, 50ᵉ grand maître de Malte. Était
maréchal de l'ordre quand il fut élu grand maître
(1572). Mort à Rome en 1582. 1 Ph. Thomassinus,
in-8, avec 3 autres grands maîtres ; 2 copie in-8, à
droite ; 3 in-8, à g. 19 lignes italiennes ; 4 En petit
sur une feuille in-16, publié en Italie ; 5 Gars sc, in-4

DE LEVIS (Gilbert III, duc de Ventadour,
père d'Anne-Louis de Levis, qui suit.

1 Portrait au crayon. Collection de M. Courajod
(en 1880). Il porte sur l'original : « Le comte de
Ventadour. »

DE LEVIS (Anne-Louis), duc de Ventadour.

Il fut baron d'Herment, en Auvergne, gouverneur
du Limousin et sénéchal de cette province, comte
de la Voulte, seigneur de Donzenac, d'Annonay, etc.,
pair de France, fils du président ; chevalier du Saint-
Esprit en 1596. Mort en 1622. Il avait épousé, en 1593,
Marguerite de Montmorency. (Voir de Montmorency).
1 Son portrait dessiné à l'encre de Chine se trouve à
la bibliothèque nationale, à Paris, aux manuscrits,
fonds des chevaliers du Saint-Esprit ; 2 Gravé dans
le Bulletin archéologique de la Corrèze, à Brive,
année 1894, in-8, d'après le n° 1 ; 3 Portrait peint sur
un ex-voto, au musée religieux de la cathédrale du
Puy. A genoux, les mains jointes, en grand habit de
cour, manteau d'hermine, couronne en tête, collier
des ordres du roi, un chien à côté du duc. A côté
du duc, également, les duchesses de Levis-Ventadour (sa femme Marguerite de Montmorency) et la
belle-fille de ce duc, la duchesse de Ventadour,
femme de Gilbert III, duc de Ventadour. Cet ex-voto
représente l'adoration des bergers. Peinture sur toile
armoriée de 1,45 sur 1,68, datée de 1600, cadre du
temps.

DE LEVIS (Charles II), comte de Charlus
et de Saignes, capitaine des gardes du corps
(1631). Marié, en 1620, à Antoinette de l'Hospital.

Portrait photogravé dans Charlus-Champagnac, par
le docteur de Ribier, p. 149, d'après le tableau original au château de Leran (Ariège).

DE LEVIS (le duc Charles-Eugène), comte
de Charlus et de Saignes, pair de France. Né
en 1669, mort en 1734.

Portrait gravé dans Charlus-Champagnac, par le
docteur de Ribier, p. 170, d'après le tableau original
de la galerie de Leran (Ariège).

DE LEVIS (Charles, duc de Ventadour).

Baron d'Herment. Pair de France, mort en 1649.
Chevalier du St-Esprit. Il avait épousé en 1645 Marie de la Guiche (Voyez DE LA GUICHE). 1 Portrait
dessiné à l'encre de chine à la Biblioth. Nat. Fonds
du St-Esprit (tome XXVII n° 1437 ; folio 242) ; 2 Gravé
dans le Bulletin archéologique de la Corrèze, à Brive,
en 1903, d'après le n° 1.

DE LEVIS-VENTADOUR (François-
Christophe), frère de précédent.

Duc d'Auville, pair de France. Gouverneur du
Limousin, sénéchal du pays. Mort à Paris, le 19 septembre 1661, sans enfants. Marié à Anne Le Camus
(Voir LE CAMUS). 1 Tournier, chez Boissevin in-4 ;
2 Moncornet ; 3 A Paris, chez M. Jollain (tirage sur
le cuivre n. 1 avec F. Jollain ajouté).

DE LEVIS (Louis-Hercule), duc de Ventadour, frère du précédent, évêque de Mirepoix (1655). Mort en 1679.

Grégoire Hurel, 1656, in-fol.

DE LEVIS-VENTADOUR (Anne, duc
de Ventadour. Frère du précéd., gouverneur
du Limousin, archevêque de Bourges (1649).
Mort en 1662 à Bourges à 57 ans.

1 Jollain in-fol., en abbé ; 2 Mellan in-fol., en archevêque.

DE LEVIS-VENTADOUR (Louis-Charles, (voir DE LA MOTHE-HOUDANCOURT).

DE LÉVIS-VENTADOUR (Anne-Geneviève), duchesse de Ventadour.

Pierre SALVAIGE de la MARGE,
Conseiller à la cour des aides de Clermont-Fd., mort en 1781.

François de la ROCHEFOUCAULD,
marquis de Rochebaron, mort en 1766.

Claudine Françoise de MOSSIER
de PALMONT, femme de P. Salvaige
de la Marge, morte en 1783.

Ch.-L.-J.-F.-Michel de VAL,
gendarme de la garde du roi,
tué à la bataille de Fontenay
en 1745.

Jean de VAL, baron de SAUNADE
mort en 1770.

Jean-Ferdinand-Arthur, baron
de VAL de GUYMONT,
magistrat distingué ※

Jean, baron de VAL de GUYMONT,
président à la cour de Riom,
mort en 1833.

Fernand, baron de VAL de GUYMONT
mort le 3 juin 1886, marié à Mlle Buer

Guillaume-Jean de VAL,
conseiller à la cour de Riom, en 1839,
mort en 1863.

Fille de Louis-Charles, duc de Ventadour et de Madeleine de la Mothe-Houdancourt, mariée 1° en 1691 à L.-Ch. de la Tour, prince de Turenne, mort en 1692; 2° en 1694 à Hercule-Mériadec de Rohan, prince de Soubise. Elle mourut en 1727 dans la nuit du 20 au 21 mars. 1 chez Trouvain, in-folio, assise sur un canapé (bis); 2 reproduction réduite du n° 1 dans l'Auvergne illustrée, année 1883; 3 in-folio debout par H. Bonnart, dans un parc, un éventail à la main près d'une colonne, regarde vers la gauche.

DE LEVIS-MIREPOIX (Ch. Philibert-Marie-Gaston, marquis), seigneur de Cheylade, député de la noblesse en 1789.

Né à St-Martin d'Esteaux (Loire), mort en 1794. Gravé sur bois dans J.

L'HERMITE (Pierre), solitaire célèbre qui a prêché en 1095 la 1re croisade à Clermont.

Né à Amiens, mort à Huy le 8 juin 1115. On a écrit que son père était comte d'Auvergne, seigneur d'Herment, où l'on montre encore une antique maison dite « chez l'Hermite » que l'on croit celle de sa famille. 1 dans Thevet, 1584, in-4; 2 Blossant; 3 Froste; 4 Moncornet, in-8; 5 Gravé par Duret; 6 Thevet in-11, réduct. du n. 1; 7 Galerie de Versailles, in-8; 8 Th. Galle etc., in-8, dans la Vie d'Outreman.

L'HOSPITAL (Michel), né, dit-on, à Aigueperse, mort à Champmoteux en 1573. Illustre chancelier de France.

Son père était bailli de Montpensier, de 1503 à 1506. 1 Le Gaulthier 1586, in-4; 2 par Rabel; 3 Duflos, in-4; 4 Vivien et Le Blond in-fol.; 5 par Daret; 6 N. in-4 en rouge; 7 Mercenay; 8 Dans Odieuvre; 9 Desrochers; 10 Tilliard 1761, à la tête de sa vie écrite par Dussigny; 11 par Boissard; 12 par Sergent; 13 par Philippeaux; 14 par Ambroise Tardieu (mort en 1841); 15 Lith, médaillon, voir A pris sur le n° 14; 16 E. de Boulonois, sculp, in-4, dans un volume portant pour titre courant Académie des Sciences); 17 Vangelisti, le, in-4; 18 Peint sur toile, très âgé, Château de la Canière (Puy-de-Dôme) à M. Bérard de Chazelles; 19 statuette au musée de Clermont, d'ap. la statue de Debay, à l'Hôtel de ville d'Aigueperse; Buste au musée de Clermont, par E. Lahaye.

DE LIGNERAC (voir DE ROBERT).

DE LIGNY, intendant d'Auvergne 1645-1648. Mort 1682.

1 Gravure à la Biblioth. nationale à Paris; 2 Gravé sur bois dans J.

DU LIGONDÉS (Gaspard, comte) capitaine de vaisseau qui remporta un combat naval sur les Anglais, le 20 oct. 1768, commandant le vais. le Triton. Mort à Brest, 1779.

1 Peinture sur toile le représentant avec le combat ci-dessus (gr. tableau) au château de Connives (Indre), chez Mlle du Ligondés; 2 Miniature dans la famille.

DU LIGONDÉS (Antoine), frère du précédent, commandeur (Ordre de Malte) de Maisonnisse en 1787.

Portrait peint au château de Connives (Indre).

DU LIGONDÉS (Gabriel), chevalier de Malte grand'croix de son ordre (1773).

Lithographié au château de Connives (Indre).

DU LIGONDÉS (Hercule), chevalier de Malte, en 1754 commandeur de Courtesserre, capitaine de vaisseau.

Portrait sur toile au château de Connives (Indre).

DU LIGONDÉS (Ferdinand, v°), neveu du préc., né en 1806, capitaine en 1834, m. 1851.

Portrait au château de Connives (Indre).

DU LIGONDÉS.

Il existe chez le marquis de Ligondés à Ste-Feyre (Creuse) de beaux portraits sur toile, de la branche de sa famille.

LIZET (le docteur Antoine), médecin, inspecteur des eaux thermales de Royat. Né à Murat-le-Quaire. Mort à Clermont-Ferrand, le 26 nov. 1852.

Portrait peint chez Mme veuve Lizet, à Clermont. Voir la reproduction dans ce dictionnaire.

DE LOISEL (Marie-Louis-Hippolyte), né en 1806, capitaine au 16° de ligne (✻), aide de camp du général Courtier, à Clermont-Fd, mort en 1853.

Marié, en 1835, à Pauline Chirol de la Brousse, (voir ce nom). Portrait peint chez Mme Barrière, nièce par alliance de M. de Loisel, château des Connils, près Volvic (P.-de-D.) 0,80 sur 0,65.

LOLIER (Etienne), docteur de la Sorbonne, curé d'Aurillac.

Né le 1er juillet 1724, à Aurillac, député du clergé, du bailliage de St-Flour, à l'Assemblée nationale en 1789. Dessin in-8 à la Biblioth. nationale.

LOMBARD (François), né dit-on vers 1606, au village de Rouaire, près de St-Flour (Cantal); mais que je crois d'une famille de peintres parisiens. Peintre de tableaux historiques estimés.

A peint la Présentation des mages, église paroissiale de St-Flour, très belle toile, et à Clermont, rue B. Pascal. Cléopâtre, Thalès, philosophe. On dit qu'il séjourna à Rouaire, près de St-Flour. Le musée de Clermont possède de lui et signé le portrait d'Amable de Fontenilles (Voir ce nom). Ce portrait provient de ma collection et je l'ai cédé jadis à feu M. F. Boyer, à Volvic, qui l'a vendu audit musée.

LOMBARD DES EVERS (Antoine), prêtre de St-Flour. Né le 11 nov. 1721. Mort le 4 avril 1780, à Paris, de la famille du précédent.

Gravé in-4, par Duflos, Beauvais del.

DE LONGWIC (Jacqueline), femme de Louis II de Bourbon, comte de Montpensier, Dauphin d'Auvergne, mort en 1582.

1 Portrait au crayon (inédit), à la Biblioth. nat., à Paris. Voir F.; 2 Voir G.

DE LORGES (Voir DE DURFORT).

DE LORGNIAC DE LA DEVÈZE (François), maréchal de camp, Baron de Cardaliac, la Devèze, en 1739.

Portrait peint au château d'Anjony (Cantal).

DE LORRAINE (Antoine, duc), baron de Mercœur, mort en 1544, à Bar-le-Duc. Il épousa Renée de Bourbon (Voir DE BOURBON).

1 Médaille gravée de la collection de la Biblioth. Nationale; 2 Photolith. dans H. en petit, d'après le n° 1; 3 Guil. Trabaltesi del. P. A. Pazzi sculp. in-f.; 4 Médaille et revers profil à droite, in-8, dans G. G. Luck.

DE LORRAINE (Nicolas), baron de Mercœur, duc de Mercœur (1539). Mort en 1577, comte de Vaudémont, marquis de Noméuy.

1 Gravure à la Biblioth. nationale, à Paris ; 2 Photolith. dans H. d'après le n° 1. ; 3 P. W. B. (Weiriat de Bouzey) grav. in-18, en pied ; 4 Dessin aux 3 crayons Biblioth. nationale N° 142, a page 20 ; 5 Dessin à la Biblioth. de l'Université, à Paris, R. IV. 137, p. 52.

DE LORRAINE (Philippe - Emmanuel), duc de Mercœur, mort à Nuremberg en **1602**. Fils du précédent. Marquis de Nomény, pair de France.

1 Ph. Thomassinus, 1595, in-f., à cheval ; 2 Th. de Leu in-4 ; 3 Hier Wierx. in-f. avec 4 vers ; 4 Ant. Wierx. in-8 ; 5 P. Gourdelle, in-4 ; 6 in-4 ; 7 Moncornet ; 8 Dans Odieuvre ; 9 Dans l'Auvergne illustrée, reproduction (réduite) du n° 3 ; 10 in-12, gravé par Huys, 1691, sur un titre ; 11 Soliman Lieutaud cite 22 portraits gravés ou dessinés dans sa liste des portraits de Lorraine (pages 211-212).

DE LORRAINE (Françoise), duchesse de Mercœur, fille du précédent.

Elle épousa, en 1609, César de Bourbon, duc de Vendôme (voir DE BOURBON). Morte à Paris en 1669. 1 Gravé par Boissevin in-4 ; 2 Dans le Dictionnaire hist. du Puy-de-Dôme, par A. Tardieu.

DE LORRAINE (Charles), duc de Guise et de Joyeuse, prince de Joinville.

Grand maître de France, amiral des armées du Levant, gouverneur d'Auvergne en 1617. Né en 1571, à Joinville, mort en Italie en 1640. Marié à H. Catherine de Joyeuse (voir ce nom). 1 Lasne in-f. ; 2 par Leblond, in-f. ; 3 Dans les Triomphes de Louis-le-Juste, in-f. ; 4 A Paris, chez Daret, in-4 ; 5 Jacopsen, in-4 ; 6 ovale in-4 ; 7 ovale à coins, in-4 ; 8 ovale, in-4, 2 vers latin ; 9 ovale in-4, les noms en latin sur l'ovale ; 10 ovale in-4, les noms en français sur l'ovale ; 11 Franco format in-8 ; 12 Léonard Gaultier, in-8 ; 13 Th. de Leu, in-8 ; 14 B. Moncornet, in-8 ; 15 ovale in-8, copie du n. 13 ; 16 Th. de Leu, dans un carré ; 17 M. Van Lochon, excud, in-18.

DE LORRAINE (Claude), duc de Chevreuse, mort à Paris en 1651 à 79 ans. Gouverneur d'Auvergne (1605-1631), de la Marche, du Bourbonnais et de la Picardie. Grand fauconnier de France. Il épousa Marie de Rohan-Montbazon (voir DE ROHAN).

1 Juste d'Egmont p. Lochon sc. 1654, in-f ; 2 in-12 ; 3 Monteornet, in-8, dite à dr. 4 vers ; 4 par Daret ; 5 Voir H ; 6 Van Lochon exc. in-18 ; 7 Jaspas Isac, in-18, 4 vers ; 8 Gaultier in-4, sur la bordure M. le prince d'Anville, 4 vers en bas ; 9 Galerie de Versailles. 2129 in-8.

DE LORRAINE (Marie), mariée, en 1688, à Antoine I de Grimaldi, prince de Monaco, comte de Carladez, morte en 1724.

Gravure contemporaine.

DE LOSTANGES SAINTE-ALVÈRE (Louise-Elisabeth), dame de Madame Adélaïde de France, mariée, en 1778, à Paul-Laurent-François, marquis de la Rochelambert.

1 Pastel ovale, de 0,56 sur 0,47. Galerie du château de Thévalles (Mayenne) ; 2 Autre portrait de la même, miniature sur ivoire, galerie du château d'Esternay (Marne).

DE LOUBENS DE VERDALE (Hugues) grand maître de l'Ordre de Malte (1582).

Né à Auch. Cardinal (1587). Mort en 1592. Il appartient à une famille noble de la Marche, qui remonte à 1090, dans le Languedoc. 1 in-fol. dir. a dr. ; 2 Thomassinus, in-8 ; 3 in-8 ; 4 en petit sur une

feuille à 56 ; 5 in-8, à dr. dans les éloges hist. de l'abbé Alby ; 6 in-8 ; 7 in-fol. à genoux aux pieds du pape Sixte Quint ; 8 in-folio.

LOUSSERT (Alfred), né à Murat (Cantal) en 1851, avoué à Issoire.

Photogravé dans I.

LOUIS XIII, roi de France. A été comte d'Auvergne de 1610 à sa mort, en 1643.

Pour ses portraits gravés on peut consulter ceux cités par le P. Le Long.

LOUIS XIV, roi de France, a été comte d'Auvergne de 1643 à 1651.

Voir le P. Le Long pour ses nombreux portraits les plus intéressants.

DE LUSTRAC (Marguerite) épouse de Jacques d'Albon, dit le maréchal de St-André (mort en 1562). Elle convola en secondes noces avec le baron de Caumont.

1 Dessin au crayon à la Bibliothèque des arts et métiers de Paris, ce dessin l'appelle dame de Caumont ; 2 Gravé dans l'Avergne illustrée, d'après le n. 1 ; 3 Portrait peint au château de Beauregard, près Blois.

DE LUXEMBOURG (Sébastien) duc de Penthièvre, mort en 1569. Baron de Boussac (Creuse).

Il avait épousé Marie de Beaucaire, veuve de François d'Antier de Villemontée en Auvergne, tué à la bataille de St-Quentin en 1557 (Voir de Beaucaire). 1 Portrait lithographié dans G ; 2 Reproduction du n° 1 dans notre Grand Diction. historique de la Haute Marche.

LYONNET (Jean-Paul-François-Marie), évêque de St-Flour de 1851 à 1857.

Peinture. Galerie des évêques de St-Flour.

DE MACON (voir DE MASCON).

MADEBÈNE (Augustin), né à St-Gervais d'Auvergne le 15 nov. 1858.

A publié en collaboration l'Histoire de St-Gervais d'Auvergne avec l'auteur de ce Dictionnaire. Portrait lithographié dans l'Institut populaire (Journal) n° du 1er août 1894.

MADIEU (Antoine-Amable), né à Thiers, en 1766, mort à Dorat (Puy-de-Dôme) en 1834.

Représentant de ce départ. aux Cent Jours, avocat à Thiers. Gravé sur bois dans J.

MADUR DU LAC (Julie), mariée, en 1790, à Denis Vimal-Flouvat, maire d'Ambert, conseiller Général.

Miniature sur ivoire, de 0,05 sur 0,04 dans un ovale d'argent, toilette décolletée, appartenant à Mme Balme de Mons, au Puy (Haute-Loire).

MADUR DU LAC (Mme).

Mère de la précédente. (même galerie). Miniature sur ivoire, en buste de 3 4 à droite, décolletée, couronnée de roses.

MAIGRET (Marie-Jeanne), fille de Bernard, mariée à Antoine d'Aragnes de Vaudricourt, morte en 1768.

Pastel signé Dumesnil, 1742, 0,55 sur 0,45. A M. Robert de S. du Corail, à Riom.

DE MAILLET-VACHÈRES (Zoé), mariée, en 1819, à Louis Hippolyte Jean, vicomte de Matharel, receveur général des finances.

Portrait peint. Galerie du château de la Grange-fort (Puy-de-Dôme), à M. le vicomte Jean de Matharel.

DE MAILLEBOIS Voir des Marets).

DE MAILLY (Françoise , mariée à Scipion-Sidoine-Apollinaire, marquis de Polignac, lieutenant-général d'armée, mort en 1739, dont elle était la seconde femme.

A genoux les mains jointes, rendant un vœu pour Monsieur son fils , qui est fort jeune et tient son cœur entre ses mains. Peinture sur toile, de 0,85 sur 0,70, ex-voto de la cathédrale du Puy (musée religieux de cette cathédrale).

MAILLOT (Antony-Joseph), né à Pérignat-les-Sarlièves en 1868. Docteur-médecin-dentiste à Paris.

Photogravé dans I.

MAISTRE (Bernard-Michel), médecin à Cébazat, né à Cournon, mort à Cébazat en 1830. Marié à Claudine Perette Chapel Voir Chapel).

Portrait au crayon, chez M. Maistre, médecin à Cébazat.

MAISTRE (Julien-Chéri), Docteur en médecine, né à Cébazat, le 4 octobre 1804, mort le 2 août 1884. Fils du précédent.

Peinture sur toile chez M. Maistre, médecin à Cébazat.

MALARTRE, député de la Haute-Loire, en 1873.

N. 206, placard du « Monde illustré », année 1873, gravé en petit.

MALET DE GRAVILLE (Anne).

Fille de Louis, amiral de France, mariée à Pierre de Balzac d'Entragues, lieutenant du roi dans la province d'Auvergne, qui l'avait enlevée. 1 Dessiné dans Gaignières, gravé in-fol., en pied, dans Montfaucon ; 2 Gravé in-8, en pied.

DE MALESIEUX (Louise - Charlotte-Françoise), mariée au marquis de St-Chamons du Peschier. Son père était lieutenant général des armées en 1743.

Portrait peint : costume Louis XV. Au château d'Auzers (Cantal).

MALLET (Marguerite).

Fille de Martial, conseiller à la cour des aides de Clermont et d'Anne Dumas de Chalendras, mariée, en 1791, à François Grangier, baron de la Mothe, capitaine au régiment des 2 Ponts. Portrait peint, chez Mlle des Forets, à Clermont-Fd.

DE MALLET (Mlle), mariée à Louis Culhat, seigneur de Chamond, secrétaire de l'intendant de Poitiers et conseiller général du Puy-de-Dôme, en 1814.

Pastel de l'époque Louis XVI. A M. Louis Culhat du Chamond, château d'Allagnat (P. de-D).

MALMENAYDE (Claude-Guillaume-Edgard), né à Thiers en 1846. Avocat. Sous-préfet, etc.

1 Photogravé dans I ; 2 Photogr. dans ce Dictionnaire.

MALOET (Pierre-Marie), né à Paris, mort en 1810.

Fils de Pierre, docteur-médecin à Paris (né à Clermont-Fd). Il fut docteur-médecin à Paris, professeur de physiologie. Médecin de Madame Victoire, conseiller d'État. Médecin en chef de l'hôpital de la Charité. Un des 4 médecins de Napoléon I. 1 Dess. par Cochin, gravé par M. Lingée, in-4 ; 2 Cochin del., A. de St-Aubin, in 4.

MALO (Charles), l'un des magistrats des Grands Jours tenus à Clermont-Fd en 1665-1666.

Gravé avec d'autres sur la planche représentant la cour des Grands Jours d'Auvergne (donnée dans cet ouvrage).

MALOUET (le baron Pierre-Victor), né à Riom le 11 fév 1740, mort le 7 sept. 1814. Ministre de la marine (1814).

1 Belliard, lith. de Delpech, buste de face, in-fol ; 2 Buste de face, Vander Berghe sc. in-f. ; 3 Allais sc. chez Levachez, in-4 ; 4 Bonneville gr. in-8 ; 5 Lith. de Delpech, in-8 ; 6 Letellier sc. in-8 ; 7 En buste. Mariage sc. in-8 ; 8 M. Lith. pr. à dr. ; 9 Profil à g., lith. in-8 ; 10 pr. à g. lith. in-8 ; 11 Gravé p. Vérité, in 8 ; 12 Voyez in-8 ; 13 pr. à g., dans un rond. in-8 ; 14 Gravé par Quenedey in-18 K. 74 ; 15 Lith. médaillon, voir A ; 16 in-8 buste à g. dans un encadrement, gravé au pointillé par Claessens.

MALROUX DES AURIÈRES DE VIXOUZE (Eugène , né en 1800, mort en 1873. Frère de la précédente.

Portrait chez M. de Sauret d'Auliac.

MALROUX DES AURIÈRES (Amédée), mariée à P.-H.-Frédéric de Sauret d'Auliac. Née en 1802, morte en 1886.

Peinture chez Mme de Sauret d'Auliac.

MANCINI (Hortense), femme d'Armand. Ch. de la Porte, duc de la Meilleraye, baronne de Crocq.

Elle fut mariée en 1660. Née à Rome en 1646 ; nièce de Mazarin. 1 Lely p., en Angleterre, c. Valck sc. 1678, in-fol. ; 2 In-4, manière noire ; 3 A. Trompson, d'après Lely. in-fol. manière noire ; 4 Chez Wischer, à Amsterdam ; 5 P. Stephani, en Hollande, in-fol. ; 6 Dans Odieuvre ; 7 Gravé dans l' « Histoire de Crocq et d'Anzaires », par A. Tardieu et Royer, in-16 ; 8 Lith. in-8 de Delpech.

MANDET (Francisque), né au Puy (Haute-Loire), en 1811, mort à Riom en 1885.

Conseiller à la cour de Riom (1850). Fondateur du musée et de la Société littéraire de Riom. Littérateur. Historien savant. 1 Gravé d'après sa photographie dans l' « Auvergne illustrée » ; 2 Peinture sur toile au musée de Riom ; 3 Son buste au musée de Riom.

MANDON.

Ancienne famille originaire des environs de La Palisse (Allier). Seigneurs des Martinanches. Existante en Auvergne au château de Fontanet (Puy-de-Dôme).

MANDON (Pierre), seigneur des Martinanches vers 1740, marié à Marie-Anne Ferrand.

1 Portrait peint à M. Norbert Mandon, château de Fontanet (Puy-de-Dôme) ; 2 Autre, galerie de M. le vicomte d'Aubeterre, à Marsat (Puy-de-Dôme).

MANDON (Blaise-Annet), Conseiller du

roi au présidial de Moulins (Allier), élu en l'élection de Gannat.

Marié le 18 mars 1767, à Marie-Anne de Benoid (Voir ce nom). Fils des précédents. 1 Portrait peint, à Effiat (Puy-de-Dôme) ; 2 Autre portrait, galerie de M. le vicomte d'Aubeterre, à Marsat (Puy-de-Dôme).

MANDON (Blaise).

Peint en 1869. Galerie de M. le vicomte d'Aubeterre à Marsat (Puy-de-Dôme).

MANDON (Mlle), mariée à M. Dulin-Lamothe, sœur du précédent.

Peinture. Galerie de M. le vicomte d'Aubeterre, à Marsat (Puy-de-Dôme).

MANDONNET (Louis), né à Veyre-Monton en 1869. Docteur-médecin à Clermont.

Photogravé dans 1.

MANDRIN (Louis), célèbre contrebandier.

En septembre 1754, il est venu à Thiers (Puy-de-Dôme) et a passé à Ambert. Il est né à St-Etienne, près de Romans, en 1724, et fut roué en 1755 à Valence. 1 X. in-4 en parallèle avec Cartouche ; 2 Petit ; 3 in-4 ; 4 Publié par Vignières. Reproduction du n° 4 dans l'Auvergne illustrée. L'iconographie par Sollman Lieutaud indique 11 portraits.

MANGEREL (Jean) né à Pionsat en 1771, mort en 1822.

Notaire et maire de Pionsat. Photogr. dans « le canton de Pionsat », par Maxime Mangerel, 1904.

MANGEREL (Gilbert-Joseph-Maxime), né à Pionsat en 1860, propriétaire-agriculteur, membre du conseil général.

1 Photogravé dans 1 ; 2 Photogr. dans cet ouvrage.

MANHÈS (le comte Charles-Antoine), général, né à Aurillac le 4 nov. 1777, fils de Simon et d'Hélène Amilhaud. Mort à Naples en 1854.

Avait été un des compagnons du roi Murat, sous Charles X. Inspecteur général de la gendarmerie. Marié à Laure Pignatelli Cerchiara, à Naples. Carrière lithogr. in-fol. imp. Lemercier.

MARC (Gabriel). Né à Lezoux, le 1ᵉʳ avril 1840, Poète de talent, collaborateur à un grand nombre de journaux (le Figaro, etc.). A publié des poésies.

1 Photogravure in-12 dans l'Auvergne Thermale (n° du 31 juillet 1892) ; 2 Photh. dans cet ouvrage.

DES MARETS ou DESMARETS DE MAILLEBOIS (J.-B.-François), marquis de Maillebois, seigneur de Nonette, en Auvergne, mort en 1762.

Epousa, en 1713, Emmanuelle d'Allègre (voir ce nom), dame de Nonette, fille du maréchal d'Allègre. Né à Paris, le 5 mai 1682, de Nicolas des Marets, neveu d grand Colbert, maréchal de France (1741), chevalier des ordres du roi. 1 Vangelisty sc. in-4 ; 2 Chez Charpentier, in-fol., à cheval ; 3 Par Caminade, galerie de Versailles, en pied, in-4 ; 4 Gravé en Allemagne ; 5 Gravé dans l'Auvergne illustrée, réduction du n° 2, reproduit dans le dictionnaire.

DE MARGENEY (Amarante-Thérèse-Zoé), épouse du baron de Nervo. (Voir DE NERVO). Née en 1778, morte en 1852.

Peinture sur toile au château de Montmarye (Puy-de-Dôme).

MARGNAT (Edouard), né à Plauzat en 1873. Docteur-médecin à Vichy.

Photogravé dans 1.

DE MARGERYE (Frédéric-Gabriel-Marie-François), évêque de St-Flour de 1837 à 1851.

Peinture, galerie des évêques de St-Flour.

MARIE (Mlle). Epouse d'Ignace Prohet, avocat à Riom, célèbre jursiconsulte (Voir PROHET).

1 Peinture originale à M. le comte de Rochefort d'Ally, château de Charbonnière (Allier) ; 2 Copie à M. Georges Malbet, au Cheix-sur-Morge (P.-d.-D.). Voir la reproduction dans ce Dictionnaire.

DE MARILLAC.

Famille originaire de l'Auvergne et du Cantal (éteinte au XVIIIᵉ siècle).

DE MARILLAC (Michel), né à Paris, le 9 octobre 1563, Cons. au parlement de Paris, garde des sceaux (1626). Chef du parti opposé à Richelieu (1636) ; destitué, arrêté ; mourut en prison.

1 M. Lasne sc. in-f. maj. (beau) ; 2 Lasne, in-8 ; 3 J. Morin, d'après Champagne in-f. ; 4 Moncornet ; 5 Gr. in-4 ; 6 A Paris, chez P. Mariette, gr. in-4, ovale ; 7 grav. Chronologie des chanceliers, in-24.

DE MARILLAC (Louis), né à Aigueperse en juillet 1572, fils de Guillaume, contrôleur des finances, et d'Antoinette Camus. Maréchal de France (1629).

Accusé d'un complot contre Richelieu, il fut condamné à mort, à Ruel, exécuté à Paris (1632), en place de Grève. 1 M. Lasne, in-fol. dir. à dr. ; 2 Jean de Lieuw in-12 ovale ; 3 Moncornet ; 4 Boissevas, 1652 in-4, chez Daret ; 5 Nous reproduisons dans l'Auvergne illustrée le n° 2 ; 6 Daret, dans une bordure cintrée, in-4 ; 7 Desrochers, ovale in-8 ; 8 Gravé pour les galeries de Versailles, in-12.

DE MARILLAC (Louise), née à Paris, le 12 août 1591, fille de Louis, seig. de Ferrières, et de Marg. Le Camus. Epousa, à Paris, (1613), Ant. Gras dit Le Gras, natif de Montferrand (Auvergne), m. en 1725, secrét. de la reine Marie de Médicis. Fonda (avec saint Vincent de Paul), les sœurs grises ; fut leur 1ʳᵉ supérieure. M. à Paris, (15 mars 1660).

1 G. D. C. sc. in-12, chez Odienvre ; 2 Lianta lith. in-4 ; 3 Bouasse-Lebel, édit. in-12 ; 4 Chrétien del. lith. in-4 ovale, d'ap. un tableau qu'elle a peint à l'âge de 52 ans ; 5 gr. in-12 ovale ; 7 gr. par Massard, in-8 ; 7 Boulanger. in-8, 8 Habert ; 9 H. Bonnart, in-12 ovale ; 8 Habert ; 9 H. Bonnart, in-12 ; 10 G. Duchange, sc. 1705, in-f. (rare), H. Desrochers ; 11 dans l'Histoire de Montferrand, par A. Tardieu ; 12 Portrait peint à la maison mère des sœurs de la charité, à Paris, rue du Bac ; copie au comte de Bellaigue, à Paris. (Reproduit dans cet ouvrage).

DE MARILLAC (René), né à Paris, y mourut le 15 sept. 1719 (81 ans). Avocat-gén.-au grand conseil (1663), cons. d'Etat (1682).

J. Lenfant ad vivum 1663 in-folio.

DE MARILLAC (Louis), né à Paris, y mourut le 25 fév. en 1696 en odeur de sainteté à 52 ans. Curé de St-Jacques-la-Boucherie (1674-1696). docteur de Sorbonne.

Dess. et gr. par Lochon, 1690, in-4, ovale.

MARILHAT (Prosper), ne à Vertaizon le 26 mars 1811, mort à Thiers où il est enterré le 12 sept. 1847. Peintre orientaliste célèbre et le plus complet paysagiste de l'école moderne.

1 Lith. in-8 avec fines moustaches (joli portrait) (rare); 2 Buste gravé par Chevalier pour le Musée des familles (année 1856) d'après le buste en plâtre plus grand que nature appartenant à M. Delotz; 3 son portrait peint en pied (aux 3 quarts) au musée de Riom; 4 Gravé dans l'Auvergne illustrée, in-8, dessin de Varin, à Paris; 5 Lith. médaillon (voir A) d'après la peinture du musée de Riom; 6 Gravé en petit, voir C.

MARIVAUX (voyez DE CARLET DE CHAMBLAIN DE MARIVAUX).

DE MARLE (Henri, chancelier de France, assassiné en 1418. Sa femme Mabaut le Barbier fut enterrée dans la chapelle des Jacobins de Clermont, où était le tombeau des de Marle.

Portrait gravé dans une suite des chanceliers, in-18.

MARLET (Raphaël fils de Jean-Henri Marlet, artiste graveur, peintre excellent, m. en 1842 et de Mlle de Dienne.

Gravure en couleur (superbe) par Marlet assis sous un arbre, vers 1808, à Mlle Marie-Aymée de Noyant à Chamalières (Puy-de-D.).

MARMOITON (Pierre-Julien), né au Cheix-sur-Morge en 1848. Procureur de la République à Brioude, puis à Riom. Auteur.

1 Photogravé dans J; 2 Photogravé dans cet ouvrage.

MARMONTEL (Louis-François), membre de l'Académie française, historiographe de France, né à Bort (Corrèze), en 1723, mort à Abbeville, près Gaillon (Eure), en 1799.

Cochin del, de St-Aubin sc. 1765 in-12.

MARMONTEL (François), né à Clermont-Ferrand, le 18 juillet 1816, petit-fils du frère du précédent. Mort en 1898. Qualifié de roi du piano. Professeur au Conservatoire de Paris.

1 Gravé dans le Bulletin archéologique de la Corrèze (T. 21).

MARTHA-BEKER, comte de Mons (Félix-Victor), né à Strasbourg, en 1808, mort à Clermont-Ferrand, le 14 octobre 1885. (O. ✻). Ingénieur des mines, Député (1846-1848).

1 Gravé sur bois dans J.; 2 peinture sur toile au château d'Aubiat (Puy-de-Dôme).

DE MARTIMPREY (Antoine-Auguste), né à Meaux, le 26 juin 1808. Général de division à Clermont-Ferrand (1860-1865).

1 Gravé sur bois, in-8; 2 Lafosse, 1867, lith. in-f.; 3 Kreutz lith. à la plume in-8.

MARTIN (Marius), né à Charensat, le 16 janvier 1848, ingénieur civil. Député (1889).

1 Dans le journal illustré du 20 oct. 1889 (n° 42); 2 Publié dans le grand musée National, par la librairie Dupuesne; 3 Gravé dans l'Univers illustré (octobre 1888); 4 Dans l'Histoire de St-Gervais-d'Auvergne, par A. Tardieu et Madebene, in-18.

MASCARAVNNI (Charlotte-Françoise, femme du marquis Paul-Philippe de la Roche-Aymon, mort en 1745.

Peinture sur toile au château de Mainsat.

DE MASCON (Le comte J.-B.), né au château de Ludesse (P.-de-D.), en 1737, seigneur de Ludesse, mousquetaire noir en 1789.

Député de la noblesse de la basse Auvergne aux Etats-généraux en 1789. Mort à Clermont-Ferrand, en août 1811. 1 Moreau delin, besliens, sc., in-8; 2 Lith. médaillon (Voir A.); 3 Peinture au château de la Canières (Puy-de-Dôme). Reproduit dans cet ouvrage.

MASSET François, fils d'Augustin et de Marie Bardy.

Professeur au collège de Brioude, puis curé de Vegezoux où il était né le 7 Ventose an VII. Mort à Vegezoux le 15 avril 1844. Peinture à mi-corps ça M. Léon Masset, son petit neveu. Copie à M. l'abbé Gasquet, économe au petit séminaire de Clermont-Ferrand.

MASSET (François), prêtre, préfet de discipline au Petit-Séminaire de Clermont-Fd.

Né à St-Just, près Brioude, le 22 décembre 1847, décédé le 16 mars 1880. Fils de François et de Catherine Mazen. Pastel par Le Tourneau. A son frère M. Léon Masset.

MASSILLON (Jean-Baptiste), illustre évêque de Clermont (1717-1742).

Né à Hières en 1663, mort au château de Beauregard (P.-de-D., en 1742. Célèbre orateur de la chaire. Oratorien. De l'Académie française (1719). 1 Bouys sc. 1705, in-f.; 2 De la Live sc. in-f.; 3 Bertonnier sc. in-8; 4 Gravé par Desrochers; 5 Gabriel sc. in-8; 6 Lecourbe sc. in-8; 7 Lignon sc. in-8; 8 Mougeot sc. in-8; 9 Roger sc. in-8; 10 Sysang sc. in-8; 11 A. Tardieu (mort 1844) direxit, 6 lignes; 12 Deveria delin. Bertonnier in-18; 13 Delvaux fecit, in-32; 14 Landon dir. gravé au trait, in-18; 15 Jourdain gravé sur bois, in-18; 16 A. de St-Aubin fecit in-18; 17 Simonet sc. 1822, in-18; 18 Gravé sur acier par Pollet, in-18; 19 Gravé dans l'Auvergne illustrée, in-4; 20 Peinture sur toile, âgé, à la Bibliothèque de Clermont-Fd; 21 Lith. d'après le n. 22 dans l'Hist. de Clermont-Fd par A. Tardieu; 22 Photolith. dans H; 23 Peinture de 0.80 sur 0.63, au musée de Clermont; provient de la Bibliothèque de la ville; 24 Pastel, 0.50 sur 0.37, don du comte de Dampierre au musée de Clermont-Fd; 25 Buste en biscuit de Sèvres, au musée de Clermont, haut. 0.35.

MASSON (Jean-Papire, né à St-Germain-Laval (Loire), en 1544, avocat au parlement de Paris. Mort à Paris en 1611.

Il avait appartenu à la compagnie de Jésus. Fut substitut du procureur général des Grands Jours d'Auvergne, à Clermont en 1582. 1 in-8 avec ses armes; 2 de Larmessin, in-4; 3 Lubin, sc. in-f.; 4 Chez Daumon, in-8; 5 Faulte, fecit in-8; 6 Desrosiers in-8; 7 L. Gaultier sc. 1612 in-8.

DE MATHAREL, Marquis.

Antique famille noble, l'une des plus anciennes de l'Auvergne. Originaire d'Italie, de la ville de Ravenne, en 1300. Branche transplantée en Auvergne en 1385, par les guerres civiles des Guelfes et des Gibelins.

DE MATHAREL (Antoine), né à Usson, le 26 septembre 1537. Mort vers 1586.

Avocat célèbre au Parlement de Paris. Conseiller au parlement de Bretagne, procureur général de la reine Catherine de Médicis (1573). Marié à Etiennette Le Lieur (voir ce nom). 1 Gravé dans la Chronologie collée, in-18 ; 2 Gravé dans l'Auvergne illustrée d'après le n. 3 ; 3 Lith. médaillon voir A ; 4 Gravé (voir G. en petit ; 5 Galerie du château de la Grangefort (P.-de-D).

DE MATHAREL (Augustin), seigneur de Manneville et de la Rivière, 1620. Claude Le Cirier sa femme (Voir ce nom).

Portrait peint au château de la Grangefort (Puy-de-Dôme). A M. le vicomte de Matharel.

DE MATHAREL (François), seigneur de Lasteyras, lieutenant-général au baillage d'Usson, 1650, marié à Marie de Grandon (Voir ce nom).

Portrait peint (1650). Galerie du château de la Grangefort, à M. le vicomte Jean de Matharel.

DE MATHAREL (Louis), Intendant général de la marine du Levant, en 1670. Né à Paris en 1619, mort à Toulon en 1673.

Portrait peint, au château de la Grangefort (Puy-de-Dôme), à M. le vicomte Jean de Matharel.

DE MATHAREL (Antoine), seigneur de Teyras et du Chéry, 1680. Fils du précédent.

Portrait peint en 1680. Galerie du château de la Grangefort (P.-de-D.), à M. le vicomte Jean de Matharel.

DE MATHAREL (J.-B.), écuyer, seigneur du Chéry, 1722, mort en 1743. Gabrielle de Champilour, sa femme (Voir ce nom).

Portrait peint. Au château de la Grangefort (Puy-de-Dôme), à M. le vicomte Jean de Matharel.

DE MATHAREL (Antoine), seigneur de Lasteyras, des Echarpies et de Plagne, capitaine de cavalerie, un des 200 chevau-légers de la garde du roi, marié à Marie de Combarel.

Portrait peint en 1715. Galerie de la Grangefort (Puy-de-Dôme, à M. le vicomte Jean de Matharel.

DE MATHAREL DU CHÉRY Damien-Louis-Antoine, comte), 1750. Fils de J.-B. qui précède, marié en 1745, à Marie-Anne-Huguette de Fay de la Tour-Maubourg (Voir ce nom).

Portrait peint en 1750. Galerie de la Grangefort, à M. le vicomte Jean de Matharel.

DE MATHAREL-FIENNES (Auguste-Joseph-Félicité, marquis), mousquetaire du roi avec Brevet de capitaine de cavalerie, marié à Gabrielle de Lambertye.

Portrait peint en 1774. Galerie du château de la Grangefort (Puy-de-Dôme). à M. le vicomte Jean de Matharel.

DE MATHAREL (Marie-Joseph, marquis) gouverneur de Honfleur, 1774. Marié à Adélaïde-Félicité de Fienne (voir ce nom).

Portrait peint. Galerie du château de la Grangefort à M. le vicomte Jean de Matharel.

DE MATHAREL (Armand-Joseph), comte de Fiennes, mousquetaire, chevalier de Malte, 1774.

Portrait peint, Galerie de la Grangefort. à M. le vicomte de Matharel.

DE MATHAREL DU CHÉRY (J.-B., comte), fils du précédent, l'un des 200 chevau-légers de la garde du roi, 1774.

Portrait peint. Galerie du château de la Grangefort (P.-de-D.), à M. le vicomte Jean de Matharel.

DE MATHAREL (Marie-Augustin-Melchior), né au château de Chéry le 15 mai 1781, mort au château de Pasredon, le 8 fév. 1843. Maréchal de camp (1821, C. ✳).

Fils du précédent. 1 Lith. médaillon voir A ; 2 Photolith. voir D ; 3 Reproduction du nᵒ 2 dans ce dictionnaire.

DE MATHAREL (Louis-Hippolyte-Jean, vicomte), frère du précédent, receveur des finances, Zoé de Mailher-Vachères, sa femme, mariée en 1819 (voir ce nom).

Galerie du château de la Grangefort, à M. le vicomte Jean de Matharel.

DE MATHAREL (Marie-Victor, vicomte) fils du précédent, trésorier-général, né à Paris en 1819, mort en 1885 au château de la Grangefort (P.-de-D.), marié à Lucie Richard de Soultrait (voir ce nom).

Portrait peint par Fantin, La Tour, vers 1859. Galerie de la Grangefort, à M. le vicomte Jean de Matharel.

DE MATHAREL (Jean-Maximilien, vicomte), capitaine de réserve d'artillerie 1895, fils du précédent, marié à Mlle Victoire de Montgolfier (v. ce nom).

Portrait peint de la galerie du château de la Grangefort (P.-de-D.), à M. le vicomte Jean de Matharel.

DE MATHAREL. Voyez LE LIEUR, LE CIRIER, DE GRANDON, DE CHAMPFLOUR, DE FAY DE LA TOUR-MAUBOURG, DE FIENNES, DE MAILHER-VACHÈRES, RICHARD DE SOULTRAIT, DE MONTGOLFIER.

MATHIAS (Antoine), né à Bourbon, dans la baulieu d'Issoire, le 2 déc. 1733.

Curé d'Eglisenenve près de Besse. Député du Clergé à l'Assemblée nationale (1789). Curé de Besse, au Concordat. Mort curé de Pont-du-Château le 4 mai 1828. 1 Labadye del. Courbe sc. in-8 ; 2 Lith. médaillon voir A.

MAUGUE (Benoît), né à St-Amant-Tallende en juillet 1657. Docteur-médecin.

Exerça à St-Amant-Tallende, puis médecin des troupes. Mort à Clermont, en 1749, à 92 ans. 1 Peinture sur toile ; 2 Lith. médaillon. Voir A.

DE MAUPEOU (Gilles-François), intendant d'Auvergne (1692-1695). Mort en 1721.

Gravé sur bois dans J.

MAYEURE DE CHAMPVIEUX (Anne-Marie-Sabine), mariée à J.-B. de Nervo, morte en 1822.

Peinture sur toile au château de Montmarye (Puy-de-Dôme).

DE MAYNARD (Girard), conseiller au parlement de Toulouse. Poète. Président au présidial d'Aurillac.

Né à Toulouse en 1582 ; y mourut en 1646. 1 Fr. de Mallery in-4, âgé de 4 ans ; 2 Lith. dans les Tablettes hist. de l'Auvergne, par J.-B. Bouillet.

DE MAUPAS (Voir CAUCHON).

MAURY (Joséphine), femme de Pierre

Guillaume, percepteur à Clermont-Fd. (Voir GUILLAUME). Morte à Clermont-Fd en 1843.

Grand portrait à l'huile, peint par Degeorges.

MAZARIN (Jules), né en 1602 au bourg de Piscina, dans l'Abruzze, mort à Vincennes en 1661. Cardinal 1641. Illustre ministre. Il fut abbé de la Chaise-Dieu, en Auvergne.

Il existe de lui une foule de portraits. Le Père Le Long en cite 16, dans la Bibl. hist. (tome IV, p. 230) et Soliman Lieutaud en donne 163 dans sa liste de Lorraine. Portrait photolith. dans H.

MAZOIRES (Jean-Antoine), né à Chamalières, notaire à Chamalières, depuis 1894.

Photogravé dans I.

DE MÉALLET.

Grande et noble maison d'Auvergne. Les de Méallet sont établis à Fargues depuis 1135.

DE MÉALLET DE FARGUES (Joseph). Fils du comte de Fargues et de Jeanne de Cayssac.

Chanoine-comte de Lyon (1725), abbé de St-Ambroise de Bourges (1736), Grand vicaire de Lyon (1739), évêque de St-Claude (1740). Sa sœur fut mère de Mgr de Bonal, évêque de Clermont. Né au château de Fargues en 1708. Mort en 1787 ou 1788. 1 Peinture de 1743. Galerie de M. le vicomte de Miramon-Fargues ; 2 Lithogr. in-4, ovale.

DE MÉALLET (Jean-Joseph), marquis de Fargues, neveu du précéd. Il représenta la noblesse de la Basse-Auvergne aux États provinciaux de 1787.

En émigration, il fut colonel propriétaire du régiment de dragons de Fargues. 1 Belle miniature dans l'uniforme de chevau-légers, à l'âge de 18 ans. Galerie de M. le vicomte de Miramon-Fargues ; 2 Pastel (remarquable), par le célèbre Latour, daté de 1776, avec habit de soie mauve, cheveux légèrement poudrés ; 3 Gravé sur bois dans J ; 4 Reproduction du n. 4 dans cet ouvrage.

DE MÉALLET (Joseph), comte de Fargues, maire de la ville de Lyon et député du Rhône, sous la Restauration. Fils du précédent.

1 Jolie miniature, âgé de 17 ans, à M. le vicomte de Miramon-Fargues ; 2 Portrait du même peint sur toile à M. le marquis de Miramon-Fargues.

DE MÉALLET DE FARGUES (Jean), frère de l'évêque de St-Claude, qui précède, grand maréchal de l'ordre de Malte (1772).

Portrait peint sur toile, à M. le vicomte de Miramon-Fargues.

DE MÉDICIS (Catherine), comtesse d'Auvergne et de Clermont, reine de France célèbre, morte en 1589.

1 Ses portraits gravés sont fort nombreux. Citons le beau portrait au crayon, in-folio, lithographié publié par le maréchal Niel, dans une suite au crayon.

MÈGE (J.-B.), né à St-Amant-Tallende, le 10 juin 1787, mort près de Tours au château de la Trésorière, le 15 juin 1871.

Docteur-médecin de l'Académie de médecine, Auteur. 1 En petit. gr. de 1843 ; 2 Pidoux lith. in-8, Paris, Petit et Cie ; 3 Lith. médaillon, voir A. d'après le n° 2 ; 4 Au physionotrace, profil à g., au bas 6 lignes.

MÈGE (Jacques-Philippe), avocat, maire de Clermont-Ferrand (1862-1870), ministre de l'Instruction publique (1870). Sénateur, homme d'intégrité rare, aimé, estimé.

Né à Riom en 1817. Mort à Clermont-Ferrand en 1878. 1 Gravé sur bois dans J. ; 2 Gravure sur bois, dans un journal illustré ; 3 Le n° 2 reproduit dans cet ouvrage.

MÈGE (Jean-Ferdinand), né à Clermont-Ferrand en 1847, député du Puy-de-Dôme en 1889-1893. Fils du précédent.

1 Sa photographie, âgé de 22 ans, dans notre collection ; 2 Gravé sur bois dans J.

MELCHISSEDECH (Léon), né à Clermont-Ferrand, le 7 mai 1843. Artiste lyrique, baryton au grand Opéra, à Paris. Professeur au Conservatoire de musique à Paris.

1 Gravure ovale, in-8 (1886), dans le « Monde illustré » ; 2 Sa photographie dans Paris-Théâtre, in-4 ; 3 Sa photographie, in-4, à nous donnée avec lignes autographes de sa main ; 4 Gravé in-8, reproduction dans le présent volume.

DE MELUN (Marie), 2me femme du maréchal de Chabannes de la Palisse.

1 Tableau original et copie au château de la Palice ; 2 Photogr. dans C.

MEINADIER (Numa-Alexandre). Préfet du Puy-de-Dôme de 1830 à 1848.

Né en 1795, mort en 1867. Gravé sur bois dans J. d'après une photographie du colonel Meinadier, à Versailles.

MENEBOODE (François-Gustave-Camille), né à Clermont en 1843, Capitaine au 4e bataillon d'Afrique. ✻.

Photogravé dans I.

MERCIER (Claude), fille d'Amable, avocat au présidial de Riom et d'Anne Consul de Chateauroux.

Mariée en 1730, à Blaise Valeix, seigneur d'Auteroche, conseiller au présidial de Riom. Peinture à l'huile 0,75 sur 0,60. A M. Robert de S. du Corail, à Riom.

MERCIER DE LACOMBE (Etienne-Charles), député du Puy-de-Dôme en 1871-1873. Né à Paris en 1832. Ami de Berryer.

Gravé sur le placard in-folio, publié en 1873, dans le « Monde illustré », n° 174.

DE MERCŒUR (voir de LORRAINE).

MERLE (le capitaine). Célèbre huguenot qui prit les villes d'Issoire, Ambert (16e siècle). Il s'appelait Mathieu Merle. Né en 1548, mort en 1590.

Les portraits (modernes) de lui sont de fantaisie.

MESCLARD (Giraud), doyen du chapitre du Port à Clermont-Ferrand (1395).

1 Miniature en couleurs dans le Terrier des doyens du Chapitre du Port, à Clermont-Ferrand, à genoux les mains jointes ; 2 Gravé dans l'Hist. de Clermont-Ferrand d'après le n° 1.

DE MESGRIGNY (Jean VIII, marquis), vicomte de Troyes.

Galerie de M. le duc de la SALLE de ROCHEMAURE.

Claude de la SALLE,
Conseiller au grand Conseil,
sous le roi Louis XII.

Louis-Armel de la SALLE,
baron de Larodde, mousquetaire,
capitaine de St-Germain-en-Laye
sous le roi Louis XIII.

Antoine de la SALLE,
marié en 1489, à Anne de Douhet-
d'Auzers.

Marguerite de ROQUELAURE
morte en 1813, mariée, en 1751, à
Alexis de la salle, comte de Viginet.

Louis-Félix, duc de la SALLE de
ROCHEMAURE, né en 1856 à Aurillac
chambellan de S.S. Léon XIII, etc.

Françoise de ROUSSILLON de CHAVI-
GNE, mariée, en 1751, à Guillaume
comte de la Salle de Rochemaure

Damien, baron de la SALLE
et de LARODDE, capitaine de
50 hommes d'armes, tué en Italie
marié en 1514, à Marguerite
d'Autier de Villemontée.

CHATEAU DE CLAVIERES
Ayrens (Cantal)

Guillaume de la SALLE de
ROCHEMAURE, marquis de Marzo,
lieutenant-colonel de cavalerie,
mort en 1816.

Intendant d'Auvergne et du Bourbonnais (1635-1637), intendant de Chalons-sur-Marne. Premier président du parlement de Provence (1645). Mort en 1678, doyen des conseillers d'Etat. 1 Frosne, in-fol. ; 2 R. Nanteuil, in-fol. ; 3 Gaudieu, 1721, in-fol. ; 4 Gravé dans l' « Auvergne Illustrée », par A. Tardieu ; 5 Gravé sur bois dans J.

MEYSSONNIER. banquier à Clermont-Ferrand. vers 1840.

Beau portrait, grandeur naturelle, mi-corps, à Volvic, chez M. Piron, dont il est le grand oncle maternel.

DE MICHEL DU ROC ou DUROC.

Né à Pont-a-Mousson en 1773, tué par un boulet de canon à la bataille de Wurtchen en Allemagne, en 1813, Général de division, duc de Frioul, G. C. de la Légion d'honneur). Grand maréchal du palais sous Napoléon I. Peinture sur toile au château de Fournel (Lozère), reproduite dans cet ouvrage.

MICHEL (Adolphe), avocat, auteur du bel ouvrage, l'*Ancien Bourbonnais* et de celui de l'*Ancienne Auvergne* et le *Velay*.

Peint par A. d'Auvergne, 0.60 sur 0.47. Donné par ce dernier au musée de Clermont-Ferrand.

MICHON (L'abbé), né à la Roche-Fressanges, près d'Eygurande (Corrèze), archéologue, promoteur de la graphologie. Mort vers 1890, dans la Charente-Inférieure.

1 Portrait dans le Bulletin archéologique de la Corrèze ; 2 Gravé dans l' « Histoire d'Eygurande, par le docteur Longy.

MICHON (Joseph-Louis-Alexis). Préfet du Puy-de-Dôme de 1874 à 1875.

Né à Paris en 1836. Gravé sur bois dans J.

MICOLON DE BLANVAL (L'abbé Joseph) né à Ambert en 1830, mort au château de Bourgnon en 1792. abbé commandataire de Beaulieu. chanoine de la cathédrale de Clermont-Ferrand Erudit.

gravé sur bois dans J.

MICOLON DE GUERINES (Jean-Michel-J.-B.-Paul-Augustin), né à Clermont-Ferrand en 1760. Evêque de Castres (1817), évêque de Nantes (1822). Mort à Nantes, en 1838.

Lith. médaillon, voir A.

DE MILLY (Jacques) 36° Grand maître de l'Ordre de St-Jean de Jérusalem en 1454.

Avait été grand prieur d'Auvergne. Il fut commandeur de Toratesse (P.-d.-D.), en 1445. 1 Thomassin in-8 avec 3 autres ; 2 In-8 ; 3 En petit, sur une feuille à 36, publiée en Italie ; 4 ins dans un rond, 16 lignes italiennes ; 5 Cars. sc. in-4.

MINCK (Mme Paule).

Née à Clermont-Ferrand, en 1843, d'un père polonais réfugié. Célèbre socialiste. A parlé avec talent dans les réunions publiques. Se montra patriote en 1870, pendant la guerre. Portrait gravé en 1893, sur bois dans un journal illustré et reproduit dans cet ouvrage.

MIRABEAU Voir RIQUETTI).

DU MIRAL Voyez RUDEL DU MIRAL .

MIRANDE (Nicolas), député du Cantal à la Convention, né en 1746, mort en 1815.

Portrait dessiné à la plume in-12. Lith.

MIRANDE (J.-B.-Dominique), agent national du district de Mauriac, né en 1762, mort en 1837.

Portrait dessiné à la plume, in-12. Lith.

MISSONIER (Antoine), né le 11 juillet 1773, lieut.-colonel (O. ✳). Mort à Brioude en 1852. Marié à Marie Hulstaërt (voir ce nom).

1 Peinture sur toile de 0.48 sur 0.38, costume d'officier supérieur. A M. Emile Grenier, avocat à Brioude ; 2 Miniature double cercle d'or, carrée. A M. Antoine Grenier, conseiller à la cour de Paris.

MOINIER (André), maire de Clermont-Fd de 1875 à 1880. (✳) avocat.

Né en 1829 à Clermont-Fd. Mort au dit lieu en 1880. Gravé sur bois dans J.

MOLÉ (Edouard), seig. de Champlatreux.

Président à mortier au Parlement de Paris. Mort en 1614. L'un des magistrats des Grands Jours d'Auvergne à Clermont (1582). 1 Nanteuil, in-fol. ; 2 Moncornet.

DE MOLEN DE ST-PONCY (le comte).

Né à Blesle. Littérateur. Frère ainé du comte Léon de Molen de St Poncy, préfet de la Hte-Loire en 1869-1870.

Alluys, 1841, in-4.

DE MOLETTE DE MORANGIÈS (Claude), chevalier des ordres du roi, ambassadeur du roi Henri II près la Sublime Porte, écuyer du roi Charles IX en 1565.

Peinture sur petite toile, représentant la tête d'un homme jeune, vêtu de satin gris, coiffé d'une toque de velours noir, à plume blanche, cadre noir à oiseau. Au château de Baysse (Hte-Loire).

MOLIN (André), né à Job en 1759, mort en 1823, à Viviers, curé de Job (1801-1810). Supérieur du séminaire de Clermont (1812-1814). Evêque de Viviers (1817).

1 Peinture sur toile dans la famille Molin ; 2 Lith. médaillon, voir A.

MOLIN (J.-B.-Louis), né à Riom en 1789. Propriétaire, mort à Paris en 1880. Député du Puy-de-Dôme de 1834 à 1836.

Gravé sur bois dans J.

DE MONACO (Princes).

Comtes de Carladez en Haute-Auvergne. L'antique et illustre maison souveraine des Grimaldi, princes de Monaco, comtes de Carladez, s'est fondue par mariage, en 1715, dans la noble maison (bretonne) des croisades, des de Goyon de Matignon, dont descend S. A. le prince de Monaco actuel. Nous renvoyons aux mots DE GRIMALDI et de GOYON DE MATIGNON.

MONATTE (G.-J.-B.-Eugène, né à Pont-du-Château, en 1844. Receveur de l'enregistrement.

Photogravé dans J.

MONDORI (Guillaume), né à Thiers, le 13 mars 1594. Son vrai nom est Desgilberts.

Acteur célèbre. Mort vers 1653. Portrait de fantaisie dess. par le peintre H. Lecomte et lith. en couleurs par Delpah. in-4 1825 environ ; représenté dans un rôle d'Hérode.

DE MONESTAY-CHAZERON François), né au château de Chazeron vers 1612.

Seigneur-comte de Chazeron, lieut. général d'armée (1677, chevalier des ordres du roi en 1688, gouverneur de Brest, mort à Agen, en 1697. 1 Peinture sur toile au château de Chazeron : 2 Gravé dans l'Auvergne illustrée. le Dictionnaire de la Haute-Marche et l'Histoire d'Auzances et Crocq par A. Tardieu ; 3 Cliché du n° 2 dans le présent volume : 4 Dessiné à l'encre de Chine dans la collect. Clairambault, chevalier du St-Esprit t. 57.

MONESTIER (J.-B. Benoit), né à Clermont-Fd en 1745, curé de la paroisse Saint-Pierre de Clermont-Fd. (1786-1791), député du Puy-de-Dôme (1792).

Commit de grandes atrocités à Tarbes, comme représentant du peuple. On le surnomma le Féroce. Propriétaire à La Saigne, près de Sauvetat (P.-de-D.), où il mourut aveugle, le 29 nov. 1820. 1 Gravé par Quenedey au physionotrace : 2 Lith. médaillon, voir A ; 3 Lith. voir B ; 4 Gravé dans le Diction. de la Haute-Marche, par A. Tardieu.

DE MONTAIGNAC DES LIGNIÈRES (François-Antoine-Étienne, marquis), né en 1764, mort en 1825, le 9 sept., à Clermont-Fd. Fils d'Antoine et de Lastic.

Député du Puy-de-Dôme, en 1816-1821. 1 Peint en peint., carrée château de Parentignat (P.-de-D.) ; 2 Portrait gravé au physionotrace, par Quenedey ; 3 Peinture sur toile, au marquis de Montaignac, château de la Couture (Creuse) ; 4 Copie du même, sur bois, galerie du vicomte de Sereys, château de Plauzat (Puy-de-Dôme) : 5 Le même aux trois crayons, à la vicomtesse de Bar, château de Sandoux (Puy-de-Dôme).

DE MONTAIGNAC - CHAUVANCE (Alexandre, comte), admis de minorité dans l'ordre de Malte, officier au régiment de la marine.

Miniature sur ivoire galerie du vicomte de Sereys, château de Plauzat (Puy-de-Dôme).

DE MONTAIGNAC - CHAUVANCE (Antoine) mariée, en 1834, à Benoit-Ernest de la Chassaigne, comte de Sereys.

Peinture sur toile, à mi-corps, au comte de Sereys, château de Vieq (Allier).

MONTAIGNE (Michel), né en 1533. Maire de Bordeaux, auteur, philosophe célèbre. Mort vers 1592.

1 Th. de Leu, in-8 : 2 N. in-fol. : 3 Jaspar Paul : 4 Chereau, 1723 : 5 Chereau, 1725 ; 6 Desrochers ; 7 Choffard del. Ficquet, sc., 1795 : 8 Lith. in-8 : 9 Lith. de Delpech, in-8 : 10 Dans l'Auvergne illustrée reproduction de la gravure au trait donnée dans la Biog. des hommes illustres sous la direction de Landon, in-12, Meysens, delin.

DE MONTAIGU (Guillemette), femme de Jean de Changy (1396-1407).

1 Peinture sur bois sur un tryptique de l'église d'Ambierle (Loire) ; 2 Gravé dans le Roannais illustré d'après le n° 1.

DE MONTAIGUT (Guérin - Pierre). 13° grand maitre de Malte, en 1206, avait été maréchal de l'ordre. Né en Auvergne au château de Montaigut-le-Blanc. Mort en 1230.

1 Thomassinus in-8, avec 3 autres grands maitres (1588) : 2 in-8 de profil à dr. copie : 3 En petit sur feuille à 50, publiée en Italie : 4 Cars sc in-4 : 5 Lith. de Villain. in-8 ; il est en pied sur un piedestal tenant une tête de turc coupée : 6 Il existait au château de Plauzat, en 1744, une superbe tapisserie représentant l'histoire de Guérin de Montaigut, faite à Toulouse vers 1613 sur l'ordre de Joachim de Montaigut, grand prieur de l'ordre de Malte, à Toulouse.

DE MONTAIGUT (Voyez Aycelin). Il s'agit de Guillaume Aycelin, dit de Montaigut, né au château de Montaigut-Listenois.

DE MONTAGU-BOUZOLS (Joachim, marquis). capitaine de dragons au régiment d'Artois.

Né le 26 octobre 1763, mort le 8 janvier 1834. — Portrait au crayon, de 0.27 sur 0,17, par Mlle Castelnau. Lith. par Lemercier, en buste. de face. Galerie du vicomte de Sereys, château de Plauzat (P.-de-D).

MONTAL. Une demoiselle de cette maison d'Auvergne épousa La Croy, du district de Montpellier, officier, député à la fédération en 1790.

On a de La Croy un portrait gravé de Quenedey, au physionotrace, in-8.

MONTANIER. trésorier de France à Riom, marié à Madeleine Arnoux (Voir Arnoux).

MONTANIER DE BELMONT (Jean-Eléonore, évêque de St-Flour (1802-1808).

Peint dans la Galerie des évêques de St-Flour.

DE MONTBOISSIER-BEAUFORT-CANILLAC (Guillaume). Né au château de Pont-du-Château, vers 1590, où il est mort en 1664.

Lieutenant-général d'armée (1662). Il perdit l'œil droit au siège de Casal. Sénéchal d'Auvergne. 1 J. Sauve excudit in-4 : 2 Gravé par Moncornet avec texte ; 3 le n° 1 sans texte dans les Origines de Clairmont. in-4 : 4 Lith. médaillon voir A. d'après le n.1.

DE MONTBOISSIER-BEAUFORT-CANILLAC (Voir de Ribeyre).

DE MONTBOISSIER-CANILLAC.

Deux portraits peints chez M. Georges de Chabron de Solilhac (château de Moriat).

MONTEILHET (Amboise-Annet-Félix), né à Marat en 1857. Notaire à Marat.

Photogravé dans I.

MONTEL (Françoise), épouse de Jacques Raymond, directeur des fermes du roi à Tours.

Nourrice et première femme de chambre de S. A. R. Mme Henriette de France. fille ainée de Louis XV. Sa petite fille, Henriette Raymond. fille de François, de la compagnie des Indes. épousa F. M. Teyras de Grandval. commissaire des guerres, en février 1782. Beau portrait. signé Nattier. 1717, chez M. Côme Teyras de Grandval, château d'Haut-Teyras (P.-d.-D.). Peinture à l'huile, buste, 0.80 sur 0,65.

DE MONTESQUIOU-FÉZENSAC (Louise-Augustine) épouse du marquis Annet-François de Lastic, mort en 1783. Dame d'honneur de Mme Elisabeth de France.

Peinture de 1823. attribuée à Mme Ligier Lebrun, ovale. Château de Parentignat (Puy-de-Dôme).

DE MONTFERRAND (Voir Ricard).

DE MONTGOLFIER.

Famille illustre par la découverte des aérostats et originaire des environs d'Ambert (Puy-de-Dôme), où elle possédait des fabriques de papiers en 1600. A cette famille, les 2 frères Montgolfier l'un Joseph-Michel, né à Vidalon-les-Annonay (Ardèche), en 1740 et le second né en 1745, inventeurs des Montgolfières. Il existe de nombreux portraits gravés des 2 frères de Montgolfier ci-dessus.

DE MONTGOLFIER (Victoire), mariée à Jean Maximilien vicomte de Matharel (vivante).

1 Portrait peint, daté de 1902, Galerie de la Grangefort (Puy-de-Dôme), à M. le vicomte Jean de Matharel ; 2 Reproduction du n° 1 dans ce Diction.

DE MONTGON (Voir DE CORDEBŒUF DE BEAUVERGER).

DE MONTGOURD (Voir DE CHAVANAT).

DE MONTLOSIER (Voir DE REYNAUD).

DE MONTMORENCY (Eléonore), épouse de François III de la Tour d'Auvergne (V. ce mot), morte en 1557.

On croit qu'un portrait de la collection du musée de Versailles est le sien (Voir F. page 314).

DE MONTMORENCY (Anne), connétable de France, seig. de St-Cirgues, en Auvergne, né en 1493, mort en 1567 à la bataille de St-Denis.

1 Dans Thevet, 1584 ; 2 Lufrinck ; 3 Dans le livre de la galerie du palais cardinal in-fol. ; 4 Dans le livre de Schtendlus, in-fol. ; 5 Duflos in-4 ; 6 en petit ; 7 dans Odieuvre ; 8 Médaille procédé Collas, in-12 ; 9 Un bel émail de Limosin au Louvre ; dans la Gazette des Beaux-Arts T. XX ; 10 Gravure du n° 10 ; 11 Lith. de Delpech, in-8

DE MONTMORENCY (Henri). seig. de St-Cirgues, en Auvergne.

Fils du précéd. Duc d'Amville et de Montmorency, maréchal de France, connétable. Né le 15 juin 1534, mort le 1er avril 1614. 1 N. dans le livre de Schtendlus, in-fol ; 2 Th. de Leu, in-8 ; 3 Th. de Leu, in-8 avec une épée, âgé de 64 ans ; 4 Duflos, in-4 ; 5 Jaspar Isaac, in-8 âgé de 29 ans, ovale ; 6 vers ; 7 dans Odieuvre.

DE MOMTMORENÇY (Marguerite), fille du précéd. et d'Antoinette de la Marck.

Baronne d'Herment où elle vint pour recevoir les foi hommages des vassaux, en 1613. Mariée en 1593, à Anne de Levis, duc de Ventadour, gouverneur du Limousin. Morte en 1650, à Paris, âgée de 88 ans. 1 Grégoire Huret, in-f. ; 2 F. Frosne, 1657, in-fol. ; 3 Reproduction réduite du n° 1 dans l'Auvergne illustré, page 59, année 1886 ; 4 Peinture sur toile au château de Châteaubrun (Puy-de-Dôme), grandeur naturelle, regard à dr., à mi-jambes, devant une table recouverte d'un tapis rouge sur laquelle est posée une couronne ducale. Riche toilette de satin blanc, garnie de perles, manteau de velours bleu, doublé d'hermine.

DE MONTMORENCY (Charlotte), femme de Charles de Valois, comte d'Auvergne, sœur de la précédente. Morte à Paris en 1636.

1 Moncornet in-4 ; 2 Voir H. où elle est appelée par erreur Marguerite.

DE MONTMORIN-ST-HÉREM. mariée en février 1620 à Jean de Combourcier, seig. du Tertail, seigneur de Ravel.

Peinture sur toile au château de la Barge.

DE MONTMORIN-ST-HEREM (Catherine-Angélique), abbesse de Léclache, à Clermont-Fd (1657-1692). Morte le 20 juillet 1692, à Clermont-Fd, dans son abbaye.

1 Peinture sur toile au château de la Barge (Puy-de-Dôme) ; 2 Gravé dans l'Hist. de St Gervais d'Auvergne par A. Tardieu et Madebène, in-12.

DE MONTMORIN - ST - HÉREM (Gilbert), né au château de Seymiers (Puy-de-Dôme), en 1696. Evêque d'Aire (1723); évêque duc de Langres (1734), etc. Mort en 1770.

1 C. P. Marillier, in-f. 1762; 2 Réduction dans l'Auvergne illustrée du n. 1 ; 3 Lith. médaillon Voir A ; 4 Portrait peint au château de la Barge (P.-de-D.)

DE MONTMORIN-ST-HÉREM (Sœur Anne-Louise).

D'abord religieuse de l'abbaye de Léclache à Clermont-Fd. Abbesse de la Joye de N. D. de Nemours (1701). Morte en 1710. P. Giffart fecit, 1697, in-8.

DE MONTMORIN (J.-B. François), marquis de St-Hérem, comte de St-Gervais et de Châteauneuf, seig. de Vollore, Montguerle.

Né en 1704, mort au Hâvre en 1790. Lieut. général. Gouverneur de Fontainebleau. 1 Beau portrait en pied sur toile, au château de la Barge (P.-de-D.) ; 2 Gravé dans l'Hist. de St-Gervais d'Auvergne par A. Tardieu et Madebène d'après le n. 1.

DE MONTMORIN (Armand-Marc, comte) né à Paris le 13 oct. 1746.

Fils d'Armand-Gabriel, seigneur de Seymiers, la Barge (P.-de-D.). Ministre des affaires étrangères (1787-1792. Arrêté et guillotiné par la Révolution 10 mai 1793. 1 Gravure sur bois, in-4 ; 2 Reproduction du n. 1 dans l'Auvergne illustrée ; 3 in-12, en rond, Sardi sc. gravé en Italie ; 4 Peinture sur toile, au château de la Barge (P.-de-D.), en costume rouge, brodé, avec le cordon du St-Esprit ; 5 Miniature de l'époque Louis XVI, au château de la Barge.

DE MONTMORIN (voir DE VALOIS DE VILLETTE).

MONTORCIER DE LA CHARME (Philiberte), mariée, vers 1735, à Amable Morin, écuyer, seigneur de Bughas.

Peinture sur toile à M. Paul de Bellaigue de Bughas, à Clermont-Fd.

DE MONTOZON (Lucie-Elisabeth), épouse de M. Brugière, baron de Barante. Née en 1826, morte en 1895.

1 Portrait peint par Court, 1862 Château de Barante ; 2 Miniature par Meuret, 1830.

DE MONTROGNON (Louise) abbesse de Léclache en Auvergne (1400-1428).

1 Sa belle pierre tombale à ses armes et son effigie, de 1428, dans la chapelle de Léclache commune de Prondines (P.-de-D.) ; 2 Gravure de la pierre tombale dans l'Auvergne illustrée.

DE MONTROGNON (Madeleine-Marguerite) dame de Croptes, mariée, en 1756, à Etienne-François de Blumestein, écuyer.

Portrait peint au château de Croptes (P.-de-D.), reproduit dans cet ouvrage.

DE MONTROSIER DE MAURIAT (Paul-François), seig. de Matha et Marcillat. 1757.

Miniature signée Drouais, 1757, à M. de Champ-flour, à Riom.

DE MONTROUGE (Jacques), évêque de St-Flour (1647-1661).

Galerie du palais épiscopal de St-Flour.

DE MONTSAULNIN (Magdeleine-Henriette, mariée en 1756 au marquis Joseph de Bosredont, chevalier, seig. de Vieuxvoisin, Neuville, etc.

1 Peinture sur toile au château de Fragne (Allier), à M. le vicomte de la Saigne de St-Georges, son descendant ; 2 Gravé d'après n° 1 dans cet ouvrage.

DE MONTSERVIER D'ORSONNETTE (Catherine), mariée, en 1695, à Barthélemy Grellet, seig. de la baronnie de la Deyte-sur-Arlanc et de la Marconnerye.

Peinture sur toile de 0,80 sur 0,60. inscription. Galerie de M. Grellet de la Deyte, à Allègre (Hte-Loire).

DE MONTYON (voir AUJET DE MONTYON).

MORANGE (J.-M.-Louis), né à l'Hortès, près d'Augerolles, pharmacien à Ambert.

Photogravé dans I.

DE MORAS (Voir PEIRENC DE MORAS).

DE MORÉ DE PONTGIBAUD (Albert-François), comte de Pontgibaud. Né en 1763.

Dernier seigneur du comté de Pontgibaud de 1789, seigneur de Chaliers. Colonel d'infanterie. Présida en 1789 l'assemblée de la noblesse tenue à Riom. Lith. in-8, dans l'Histoire de Pontgibaud, par A. Tardieu, G. Mercier lith. imp. Becquet, à Paris, d'après une miniature possédée par la famille.

DE MORÉ DE PONTGIBAUD (César-Henri-Joseph), comte de Pontgibaud, né à Trieste (Autriche), le 4 juillet 1821.

Petit-fils du précédent. Poète. Littérateur, etc. Propriétaire du château féodal de Pontgibaud. Homme aussi remarquable par son bon cœur que par son bel esprit. Décédé le 11 novembre 1892. Gravé dans le présent volume d'après la photographie de A. Porgeron.

MOREL (Dom Robert), né à la Chaize-Dieu en 1653, mort à St-Denis, le 19 août 1731. Savant bénédictin.

1 Restout pinxit. Larmessin sculp., in-4 : 2 Gr. in-12.

DE MOREL DE LA COLOMBE.

Famille noble, très ancienne en Auvergne et qui remonte sa filiation à 1390. Elle est très honorablement représentée de nos jours.

DE MOREL DE LA COLOMBE (Gabriel), chevalier, seigneur de la Chapelle-sur-Usson, lieutenant au régiment Lyonnais en 1764.

Fils de Jean-Baptiste et de Marie-Françoise Jourda de Vaux de Chabanolles, cousine du maréchal de Vaux, baron des Etats du Velay qui a conquis la Corse. Pastel de 0,40 sur 0,32, en buste de 3/4 à dr. En uniforme du régiment Lyonnais. A M. le comte Raoul de la Chapelle d'Apchier (son descendant), à Moulins (Allier).

MOREL DE LA COLOMBE, dit le chevalier de la Chapelle (Gilbert-Charles).

Chevalier de Malte, mort lieutenant de louveterie de l'arrondissement d'Ambert ; resté légendaire par ses exploits cynégétiques. Pastel de 0,40 sur 0,32, en buste et en costume de page du Grand-Maître de Malte. A M. de Douhet de Villossanges. Château d'Authezat (Puy-de-Dôme).

DE MOREL DE LA COLOMBE, c^{te} de la Chapelle d'Apchier (Michel-Gaspard). (✳), agronome distingué, né en 1805, mort en 1863.

Fils de Claude-Charles, chevalier, seigneur de la Chapelle-sur-Usson, etc, et d'Henriette de Chardon des Roys. Dessin au crayon par M. Degeorges. Au vicomte de la Chapelle d'Apchier, à la Dalgonne, par Pierrelatte (Drôme).

DE MOREL DE LA COLOMBE DE LACHAPELLE, comte d'Apchier (Régis-Jean-Baptiste-Célestin-Adhémard).

Né au château de Bergoïde, le 7 août 1835, mort le 15 juillet 1874. Fils de Michel-Gaspard et d'Irène d'Apchier. Dessin au crayon, par M. Degeorges. A Mme la comtesse de Lachapelle d'Apchier, à Bournoncle (Haute-Loire).

MOREL-LADEUIL (L.), sculpteur-ciseleur de grand talent.

Né à Clermont-Ferrand, rue de l'Ecu, le 19 juin 1820, mort à Boulogne-sur-Mer le 15 mars 1888. Enterré au cimetière des Carmes-Déchaux, à Clermont-Ferrand. Cette ville a donné son nom à l'une de ses rues. 1 Médaillon de profil, sculpté par Gourgouillon, au musée de Clermont : 2 Médaillon de bronze, de profil sur sa stèle funéraire au cimetière des Carmes Déchaux, à Clermont : 3 Médaillon photogravé dans Œuvre de Morel-Ladeuil, in-4, 1904.

MOREL (Louis), né à Paulhat en 1867. Pharmacien à Lezoux.

Photogravé dans I.

MORIN DE BUGHAS (Suzanne) dame de Bughas, mariée en 1755, à Pierre-Antoine Bellaigue, seig. de Rabanesse, près de Bughas.

Portrait peint au comte de Bellaigue, à Paris, reproduit dans cet ouvrage.

MORIN DE LAYRAS (Henri), capitaine de louveterie, à Billom. Mort après 1874.

Peinture sur toile de 20, en costume de louvetier, au château de Marcillat (P.-de-D.).

MORIN (J.-B.), inspecteur de l'Académie de Clermont, mort audit lieu en 1857.

Buste de 0,60 de haut au musée de Clermont-Fd.

MORIN DE LESPINASSE (J.-B.-Léon), né à Clermont-Fd. en 1824. Inspecteur des forêts, artiste peintre.

Photogravé dans I.

MORIN (Adrien), né à Ambert en 1850. Négociant à Clermont-Fd. Président du tribunal de commerce.

Photogravé dans I.

DE MORNY (Ch.-Aug.-Louis. duc), né à Paris, le 21 août 1811, mort en 1865.

Fonda la sucrerie de Bourdon (P.-de-D.), député, ambassadeur, présid. du corps législatif. 1 A. Farcy Hosselin ad. lith. in-8 ; 2 dess. par Penoville, d'après la phot. de Mayer et Pierson lith. in-4 (Musée français) ; 3 Audibran, sc. gr. in-4 (dans l'Artiste) ; 4 Faih. gr. sur bois in-4 ; 5 Hanel. gr. sur bois in-4 (1854) ; 6 lith. in-4 imp. Lemercier ; 7 Buste par

Chalonnax au musée de Clermont-Fd ; 8 Peinture sur toile par Félix Robert 1.35 sur 0.92. Donné au musée de Clermont, par M. Bonnay, notaire.

DE MOSSIER DE PALMONT (Claudine-Françoise), né en 1708, morte en 1783.

Mariée le 14 nov. 1743 à Pierre Salvaige de la Margé. Peinture au château de Fontanges (Cantal), à M. Salvaige de la Margé.

DE MOSSIER (Antoine, archiprêtre de Rochefort (P.-de-D.) en 1700.

Peinture au château de Fontanges (Cantal) à M. Salvaige de la Margé.

MOSSIER (le docteur), né en 1767, mort le 6 mai 1838.

Peinture de 1.12 sur 0.88, au musée de Clermont-Ferrand, donnée par sa famille.

DE MOSTUÉJOLS (Raymond) né au château de Mostuéjols (Aveyron).

Bénédictin, évêque de St-Papoul, cardinal, évêque de St-Flour (1318-1349). 1 Portrait peint. Galerie du palais épiscopal de St-Flour ; 2 in-8, buste à g. sans nom de graveur.

MOTIER DE LA FAYETTE (Gilbert), seig. de Pontgibaud, Nébouzat, la Fayette.

Né probablement au château de la Fayette, près d'Aix (P.-de-D.), vers 1390. Maréchal de France en 1421. Mort le 13 février 1462 1 Peinture sur toile au château de Chavaniac (Hte-Loire) ; 2 Lith. in-8 de Mercier, imp. de Becquet, dans l'Hist. de Pontgibaud par A. Tardieu (avec le prénom de Charles, par erreur).

MOTIER DE LA FAYETTE (Anne), dame de Silly, baillive de Caen.

1 Portrait peint au château de Beauregard, près Blois ; 2 Portrait au crayon à la Biblioth. nationale, à Paris.

MOTIER DE LA FAYETTE (Jean), seigneur d'Hautefeuille (Creuse).

Tué en 1568 à la bataille de Cognat (Allier). Frère du seigneur de Pontgibaud. Assiégea la Charité, chassa les religionnaires de Nevers. 1 Portrait au crayon dessiné à la Biblioth. des arts et métiers, à Paris ; 2 Gravure in-4 de Perissin, représentant la bataille de Cognat et son nom et sa personne désignés.

MOTIER DE LA FAYETTE (François, comte, seigneur d'Hautefeuille, Nades, marié, en 1655, à Marie-Madeleine Pioche de la Vergne (Voir PIOCHE DE LA VERGNE).

MOTIER DE LA FAYETTE (Louise. Fille d'honneur de la reine, épouse de Louis XIII. Se fit religieuse visitandine au couvent de St-Antoine, à Paris. Morte en 1665 dans le couvent de Chaillot.

1 Portefeuille de Gargnières, à la Biblioth. nation.; 2 Le n. 1 reproduit en couleurs, dans les Costumes historiques de Paul Lacroix T. VI.

MOTIER DE LA FAYETTE Antoinette, mariée au baron d'Aubeterre de St-Privas de Bouchard (sous le roi Louis XIII.

Portrait aux armes accolées de Bouchard et Motier de la Fayette. A M. le vicomte d'Aubeterre, à Marsat (P.-de-D.).

MOTIER DE LA FAYETTE DE CHAMPETIÈRES (Madeleine, épouse

d'Antoine de Bouillé, baron d'Alleret, du Chariol, mort en 1702.

Galerie du château de Cluzel (Hte-Loire), à M. le marquis de Bouillé.

MOTIER DE LA FAYETTE Marie-Paul-Joseph-Roch-Yves-Gilbert, marquis), né le 6 sept. 1757 au château de Chavagnac (Hte-Loire).

S'est illustré pendant l'indépendance de l'Amérique, maréchal de camp en France (1784), député de la noblesse de la sénéchaussée de Riom, en 1789, aux Etats-généraux, lieutenant-général en 1791, commandant de l'armée du centre, en 1792. Mort à Paris, le 19 mai 1834. Soliman Lieutaud (Liste des portraits des députés à l'Assemblée nationale en 1789 donne 164 portraits de cet homme célèbre, savoir : 1 des 3 4 in-folio, 19 ; 2 de profil in-folio, 4 ; 3 des 3 4 in-4, 23 ; 4 des 3 4 in-8, 26 ; 5 de profil in-8, in-12, in-18, en petit, 26 ; 6 en pied, 20 ; 7 en buste, 15 ; 8 avec d'autres personnages en pied, 5. Il existe aussi des charges. Mais nous savons que les portraits de ce grand homme de guerre s'élèvent à plus de mille. Nous en avons reproduit dans notre Auvergne illustrée un sur bois, ovale.

MOTIER DE LA FAYETTE (Georges-Louis-Gilbert, né à Paris, le 24 déc. 1779, m. en 1849).

Fils du précéd. et de M. A. de Noailles, député (Seine-et-Marne, 1848). Lith. d'après nature par Patout, in-fol. suite de Basset.

MOTIER DE LA FAYETTE (Oscar-Thomas-Gilbert, né à Paris en 1815, fils du précéd., député de Seine-et-Marne.

1 Gravé sur bois, in-8 ; 2 gr. sur bois in-18.

MOTIER DE LA FAYETTE (Edmond), né à la Grange (Seine-et-Marne) le 11 juillet 1818.

Député de la Haute-Loire en 1848, sénateur sous la 3e République. Petit-fils du célèbre général qui précède. Lithog. en 1848, in-fol., par Gérard, suite de Basset.

MOULIN (Gabriel-Michel né à Clermont-Fd le 26 sept. 1810, mort dans cette ville, le 24 avril 1873, enterré à Latour d'Auvergne, député.

Il avait été directeur des cultes au Ministère de la justice en 1847. 1 Photogravé dans cet ouvrage d'après sa photographie ; 2 Photogr. dans D ; 3 Gravé dans J.

MURAT (Antoine, fils de Jean, seig. de Bardon, conseiller au présidial de Riom et de Gilberte Golfer.

Né à Riom en 1552, seig. de St-Genès-l'Enfant. Reçu conseiller au parlement de Paris, en 1584, mort à Riom en 1633. 1 Gravé par Th. de Leu in-4, 1589 ; 2 Lith. médaillon voir A ; 3 Photolith. voir D ; 4 reproduction du n° 3 dans le présent volume.

DE MURAT-SISTRIÈRES J.-B.-Eugène, député du Cantal (1871-1876). Mort en 1880. Né à Vic (Cantal) en 1801.

Gravé en petit, sur le placard publié en 1873 par le Monde illustré, n° 647.

DE MUROL (Jean, né au château de Murol (P.-de-D.), vers 1325. Cardinal.

Chanoine-comte de Brioude (1350). Evêque de Genève (1378-1385), de St-Paul 3 Châteaux (1385-1388).

Cardinal. Mort à Avignon en 1397. Porté à Clermont (Auvergne) en 1399 et enterré dans l'église des Cordeliers où l'on vit son tombeau jusqu'à la Révolution française. 1 Gravé dans l'Hist. des Cardinaux français par Duchesne in-4, d'après le tableau que l'on voyait jadis dans l'église des Cordeliers de Clermont ; 2 Son tombeau aux Cordeliers de Clermont, avec sa statue funéraire (Histoire de Clermont-Fd, par A. Tardieu, t. I) ; 3 Photo-lith. voir D.

DE NAILLAC (Philibert), 33e grand maître de l'ordre de St-Jean de Jérusalem (1396), mort en 1421.

D'une famille noble du Berry. Il avait été grand prieur d'Aquitaine pour son ordre. 1 Thomassinus ; 2 in-8 ; 3 in-8, 19 lignes italiennes ; 4 dans une feuille à 56, en petit ; 5 Cars, sc. in-4.

DE NARBONNE (la duchesse), voyez DE CHALUS DE SANSAT).

DE NAUÇAZE (Claude-Joseph, marquis). Fils de François. Vers 1700.

Ex-voto, peinture sur toile de 0.95 sur 0,74, de profil à gauche, en cuirasse. Inscription, cadre du temps. Musée religieux de la cathédrale du Puy.

NEMPDES DU POYET. Né à Brioude le 8 août 1775. Mort à Paris.

Général de brigade du génie, e 26 février 1833. Gravé par Quenedey, au physionotrace.

DE NERESTANG (Philibert, marquis), baron de St-Didier en Velay, seigneur d'Aurec, d'Oriol, Chapponod. etc.

Chevalier de l'Ordre du roi, Grand maître de l'Ordre de N. D. du Mont-Carmel (1604). 1er Grand Maître des Ordres de St-Lazare et du Mont-Carmel (1608). Mort en 1620. Maréchal de camp, capitaine des gardes du corps sous Louis XIII. En 1604, il contribua à Clermont, en Auvergne, à l'arrestation de Charles de Valois, comte d'Auvergne, sur la place de Jaude. P. Van Schuppen fecit, 1701. in-fol. gravure.

DE NERESTANG (Charles-Achille, marquis), petit-fils du précédent, baron de Cornillon. né au château de Chapponod (Loire), en 1635.

Grand maître des Ordres de St-Lazare et de N. D. du Mont-Carmel (1645. In-fol. attribué à Van Schuppen.

DE NERESTANG (Charles, marquis), petit-fils de Philibert qui précède.

Frère aîné du précédent. Né en 1626. Grand maître de l'Ordre de St-Lazare et de Mont-Carmel. Mort à Lyon en 1644. In-folio attribué à Van Schuppen. Gravure.

DE NERESTANG (Claude, marquis), né au château de Chapponod (Loire), prieur de Firminy, d'Aurec.

Grand maître des Ordres de St-Lazare et de N. D. de Mont-Carmel. Abbé commendataire de Benissons-Dieu. Mort à Turin en 1639 ; maréchal de camp. in-f. attribué à Van Schuppen, avec ses armes.

DE NERVO.

Famille très estimable et fort ancienne, originaire de Lyon.

DE NERVO (J.-B.), maître-tireur d'or, né en 1620, mort en 1694.

Peinture sur toile au château de Montmarye (Puy-de-Dôme).

DE NERVO (Jean-Joseph), conseiller à la cour des monnaies de Lyon. Né en 1708, mort en 1739. Il épousa Antoinette Rique (Voir RIQUE).

Peinture sur toile au château de Montmarye (Puy-de-Dôme).

DE NERVO (J.-B.) né en 1745, m. en 1813.

Portrait peint au château de Montmarye (P.-d.-D.).

DE NERVO (J.-B.), conseiller à la cour des monnaies de Lyon. Secrétaire du roi. Né en 1735, mort en 1822. Marié à A. M. S. Mayeure de Champvieux (Voir ce nom).

Peinture sur toile, au château de Montmarye (Puy-de-Dôme).

DE NERVO (J.-B.-Gonzalve, baron), né en 1804, mort en 1897.

Peinture sur toile, au château de Montmarye (Puy-de-Dôme).

DE NERVO (V. TALABOT).

DE NERVO - FAUVEAU DE FRÉMILLY (Claire-Thérèse-Françoise), épouse du baron de Nervo, née en 1789.

Peinture sur toile au château de Montmarye (P.-d.-D)

DE NERVO (Voir BRUGIÈRE DE BARANTE (Marie-Adélaïde-Suzanne).

DE NETTANCOURT D'HAUSSONVILLE-VAUBECOURT (Marie), mariée en 1692 à François III, comte d'Estaing, seigneur de Murol.

Belle peinture au château de St-Amant-Tallende, à M. le comte de Cousin de La Tour-Fondue.

NICOLAS (voir CHAMPFORT).

DE NEUFVILLE DE VILLEROY (Camille), né à Rome le 21 août 1606, mort à Lyon en 1698.

Archevêque de Lyon, abbé de Mozat, en Auvergne et, en cette qualité, seigneur de Royat. 1 Grignon in-fol, avec ses armes ; 2 Audran sc. in-fol. maj. ; 3 Audran sc. Lugd. 1680, in-fol. ; 4 Auroux sc. in-fol. ; 5 Audran sc. in-fol, assis ; 6 Gantrel ad vivum faciebat, 1679 in-fol. maj. ; 7 Humblot sc. infol. ; 8 Champagne pinxit, 1654, Michel Lasne fecit in-fol ; 9 A. Paillet pinxit. Steph. Picart, sc. 1670. in-fol ; 10 Mignard pinxit, Blanchet del. G. Thournayser fecit Lugd. in-fol. ; 11 Moncornet excud., in-8 avec ses armes ; 12 reprod. dans l'Histoire de Royat, par A. Tardieu du n° 11 ; 13 Sevin inv. Ogier pinx. in-8 ; 14 Médaillon dans le Trésor de Numismatique et de Glyptique. Médailles françaises : 15 Peint, archevêché de Lyon.

NEYRON DES AULNATS (N.), mariée au baron d'Arnoux de Maisonrouge (Amable) chef d'escadron, chevalier de St-Louis, créé baron en 1817, par le roi Louis XVIII.

Peinture à Ennezat (P.-de-D.) à M. le baron d'Arnoux de Maisonrouge.

NEYRON DES AULNATS (voir DEMALET DE LAVÉDRINE).

NICOLAS (Joseph-Claude), avocat, administrateur du Puy-de-Dôme.

Né à Clermont, en 1763, mort audit lieu. Gravé sur bois dans J.

DE NOAILLES (Antoine), chevalier, seigneur de Noailles, baron de Montclar, seig. de Merle.

Gentilhomme de la chambre du roi, gouverneur de Bordeaux, ambassadeur, né en 1504 au château de la Fage (Corrèze), mort à Bordeaux en 1562. Epousa Jeanne de Gontaud (voir de Gontaud). 1 P. van Schuppen ovale in-4 dir. à d. 3 lignes.

DE NOAILLES (Anne, duc), marquis de Montclar, lieut.-général de la province d'Auvergne, fils du précédent.

Né en 1615. Mort à Paris en 1678. Epousa Louise Boyer, dame d'atour de la reine (voir Boyer). 1 V. Vaillant pinxit, Poilly sculp. in-folio; 2 de Larmessin, in-4; 3 Moncornet, in-4.

DE NOAILLES (Louis-Antoine), cardinal archevêque de Paris.

Fils du précédent. Né le 27 mai 1651 au château de Fenières (Cantal). Evêque de Cahors (1679), de Châlons-sur-Marne (1680), archevêque de Paris (1695), cardinal (1700), mort à Paris en 1729. 1 Le Père Le Long cite 18 portraits gravés de lui; 2 Liste des portraits de la maison de Noailles, où j'en donne 59.

DE NOAILLES (Anne-Jules, duc), comte d'Ayen, marquis de Montclar.

Maréchal de France. Frère du précédent. Né le 4 février 1650, à Aurillac. Mort à Versailles le 2 oct. 1708. Le Père Le Long cite 9 portraits de lui et j'en donne 20 dans la liste de Noailles.

DE NOAILLES-ADRIEN (Maurice), né à Paris le 29 septembre 1678, y mourut le 24 juin 1766.

Fils du précéd. Maréchal de France. Marquis de Montclar, en Haute-Auvergne. Il épousa en 1698 Mlle d'Aubigné (voir d'Aubigné). 1 Thomassin sc. in-12; 2 Cathelin sc. 1771, in-f. (Galerie française); 3 gr. trait, in-12 ovale; 4 F. de Troy p. Drevet sc. 1704, in-f. maj.; 5 suite d'Odieuvre; 6 J. F. Cars sc. in-f; 7 Daullos, buste in-18, sur le plan de Girome in-f.; 8 Carré in-8, 121-88, sur la marge 2 lignes; 9 Galerie de Versailles, n. 1405, en pied.

DE NOAILLES (Philippe), duc de Mouchy, prince de Poix, marquis d'Arpajon, maréchal de France.

Fils du précéd. Né à Paris en 1715. Décapité en 1794, dans cette ville, avec sa femme Anne-Claudine-Louise d'Arpajon. 1 P. par Caminade gr. pour la Gal. de Versailles, in-4; 2 Patas sc. in-8 en pied, costume d'un chevalier des ordres du roi portant offrandes pour le sacre de Louis XVI; 3 Dessiné et gravé par Quenedey s. 28 prof. in-18; 4 Prof. à g. rond in-8. 4 vers; 5 Galerie de Versailles, 1617, in-12.

DE NOAILLES (Henri), baron de Montclar, lieutenant-général de la Hte-Auvergne.

Fils du précédent, né à Londres, le 15 juillet 1554. Il mourut en 1623. 1 Dessin aux 3 crayons à la Bibliothèque nationale. N. 426, p. 33.

DE NOAILLES (Charles), évêque de Rodez, abbé d'Aurillac. Fils du précédent.

Né en 1589. Evêque de St-Flour (1610-1646), de Rodez (1646). Mort à Rodez en 1648. 1 Frau. Ragot fecit carré in-4, dir. à droite. 4 lignes; 2 Peinture. Galerie des évêques de St-Flour.

DE NOAILLES (François), comte d'Ayen, baron de Chambres, seigneur de Merle.

Né en 1584. Gouverneur d'Auvergne et de Rouergue (1612). Frère aîné du précédent. Mort à Paris en 1645.

1 En pied, dessin en couleurs à la Bibliothèque nationale (fonds Gaignières) T. X p. 70; 2 Reproduction en couleurs dans les costumes historiques publiés par Paul Lacroix T. VII; 3 Reproduction dans le présent volume du n° 2.

DE NOAILLES (Anne-Paule-Dominique), mariée à Joachim, marquis de Montagu-Bouzols, vicomte de Beaune, baron de Planzat.

Née en 1766, morte en 1839. Portrait au crayon par Bazin, assise. Galerie de M. le vicomte de Seréys, à Planzat (Puy-de-Dôme).

NOEL (Léger), né à Mauriac, le 14 mai 1811.

Lith. in-4 de 1840.

NODIER (Charles-G.), né en 1782, à Besançon, mort à Paris en 1844.

Bibliophile, de l'Académie française; a publié avec Taylor un superbe voyage en Auvergne, 1829, 2 vol. in-fol. 1 Lith. in-fol.; 2 Procédé Collas, 1831, in-4; 3 P. Liar in-4, sur bois; 4 Galerie de la Presse; 5 Galerie universelle de Blaisot, in-4; 6 En buste in-4, lith. de Garnier, autres indiqués dans l'Iconographie de Soliman Lieutaud.

DE NOLHAC (Pierre), né à Ambert (Puy-de-Dôme), le 15 décembre 1859. Conservateur du musée de Versailles, depuis 1892. Erudit. Ecrivain de grande valeur.

Photogr. dans ce Diction. d'après une photographie.

DE NORRY (Jean), épouse, en 1426, de Louis de Roger-Beaufort (voir de ROGER-BEAUFORT).

Tapisserie de 1426 environ, la représentant avec son mari; à Mme de Lagarde, à Toulouse.

NOURISSON (Jean-Félix), né à Thiers, le 18 juillet 1825. Mort le 13 juin 1899. Professeur de philosophie moderne au Collège de France. Membre de l'Institut (✻).

Auteur de savants ouvrages. L'un de ceux qui honorent le plus l'Auvergne littéraire et savante, au XIXe siècle. Portrait gravé dans ce Dictionnaire d'après sa photographie.

DE NOYANT (le comte Claude-J.-B.-Amable Aymé), marié, en 1773, à Mlle de Sévérac.

Peinture à Mlle Marie Aymé de Noyant, à Chamalières (P.-de-D).

DE NOYANT (Anne Aymé), fille du comte de Noyant et de Mlle de Dienne.

Peinture par Marlet; à Mlle Marie Aymé de Noyant, à Chamalières (P. de-D).

DE NOYANT (Marie), sœur de la précédente).

Crayon par la princesse Doria; à Mlle Marie Aymé de Noyant, à Chamalières (P.-de-D).

DE NOYANT (Marie Aymé), nièce des deux précédentes.

Aquarelle à elle-même. A Chamalières (Puy-de-Dôme).

ODON DE PREISSAC (Paul-François-Marie), préfet du Puy-de-Dôme de 1853 à 1864 (C. ✻).

Né en 1819, mort en 1883. Gravé sur bois dans J.

Galerie de M. le duc de la SALLE de ROCHEMAURE.

Etienne, marquis de SALES
du DOUX, marié, en 1783,
à Jeanne Capelle de Clavières.

Jeanne de BENECH de BA-
DAILLAT, mariée, en 1750
à M.-F. Capelle de Clavières.

Marie-F. CAPELLE de CLA-
VIÈRES, baron de Clavières
Conseiller au grand Conseil,
Président au parlement de
Bretagne, peint en 1780.

Louis Bernard de la SALLE,
comte de la Salle de Chavigné
député de la noblesse, mort en 1839.

Marie de POLLALION de GLAVENAS
morte en 1885, mariée, en 1850, à Louis-Dé-
sire, comte de la Salle de Rochemaure.

Jean de la SALLE, baron de Larodde
chevalier de St-Michel, (1590).
Grand seigneur de son temps.

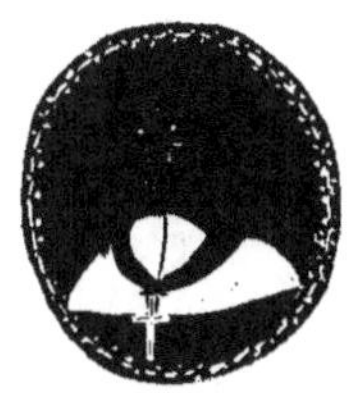

Marie de la SALLE de ROCHE-
MAURE, abbesse du Lieu N.-D.-
lès-Romorantin, morte à
Clermont-Fd, en 1826.

J.-B. de la SALLE de ROCHEMAURE,
chanoine, comte de Brioude,
mort en 1842.

Elisabeth de la SALLE,
abbesse de Lavassin,
morte en 1793.

OLIVIER (Aubin), né à Volvic, selon Dulaure et à St-Genès, près de Volvic d'après d'autres.

D'abord menuisier. Inventa l'art de monnayer au moulin. Il fut maître et conducteur des engins de la monnaie (1551). Mort à Paris en avril 1584. 1 Gravé dans la Chronologie collée par L. Gaultier, en petit; 2 Lith. médaillon voir A ; 3 Photolith. voir D.

ONSLOW (André - Joseph - Louis), né à Clermont-Fd, en 1784 ; y mourut en 1853. Compositeur musicien célèbre.

1 Lith. par Vigneron in-f. pour la Gazette musicale de Paris ; 2 Lith. médaillon voir A ; 3 Lith. voir B; 4 Photolith. voir D ; 5 Médaillon de bronze par Chatonnax, au musée de Clermont-Fd (reproduct. en incrustation de St-Alyre, à Clermont-Fd ; 6 Le père bat la mesure, une des demoiselles touche du piano (estampe) ; 7 Portrait sculpté par Chatonnax, au musée de Riom ; 8 Médaillon par Chatonnax, au musée de Clermont (il y a un moulage en incrustation de St-Nectaire) ; 9 Buste par Danton jeune, au musée de Clermont.

D'ORCET (le vicomte Gaspard-Marie-Stanislas-Xavier ARAGONNÈS), né en 1835, Général d'armée (C. ✷), décédé.

Portrait gravé dans cet ouvrage, d'après sa photographie.

D'ORCET (voyez le mot ARAGONNÈS).

D'ORLÉANS (Gaston), duc de Montpensier, né en 1608 à Fontainebleau, m. en 1660.

1 Le père Le Long cite 17 portraits gravés de lui ; 2 voir H.

D'ORLÉANS (Anne-Marie-Louise), duchesse de Montpensier, morte en 1693.

Née à Paris en 1627. Dite Mademoiselle, la Grande demoiselle. 1 M. Lasne, in-4 jeune ; 2 Th. Vanmerlen, 1652, d'après de Sève, in-fol. ; 3 Tournheyser; 4 Mazel ; 5 de Larmessin, ovale, in-4 ; 6 Poilly in-f., en casque (rare) ; 7 Bazin ; 8 Moncornet, 1654, in-8 ; 9 Ganière in-fol. en cartouche ; 10 Daret, in-4 ; 11 Nanteuil del. et sc., 1664 in-fol. ; 12 Simon in-fol. ; 13 Van Schupen d'ap. de Sère 1666, in-fol. ; 14 A. Vallet, 1672 d'après J. Nocret in-f. ; 15 Vanmerlen, d'après Rigaud in-f. ; 16 suite d'Odieuvre ; 17 A. L., gr. 12 ; 18 Rigaud p. Landon dir., trait, in-12 ; 19 E. Wattier, gr. sur bois, in-8, en pied ; 20 lith. de Delpech, in-8 ; 21 gr. pour les Gal. de Versailles, 2244 in-8 ; 22 phot. in-18 du n° 8 ; 23 Sixdeniers sc., in-8. (Hist. de France d'Anquetil) ; 24 voir H. d'après le n° 8 ; 25 Gravé dans l'Auvergne illustrée et le Dictionnaire de la Haute-Marche, l'Histoire d'Auzances et Crocq par A. Tardieu, reproduction du n° 8 ; 26 Reproduction du n° 8 dans cet ouvrage.

D'ORLÉANS (Philippe I), duc de Montpensier, mort en 1701. Fils du roi Louis XIII.

1 Le père Le Long donne 18 portraits gravés de lui ; 2 voir H. réduction du n° 3 (qui suit) ; 3 collection des galeries de Versailles, gravure in-4 ; 3 sur une peinture sur toile du temps.

D'ORLÉANS (Philippe II), duc de Montpensier, régent du royaume, mort en 1723, subitement. Fils du précédent.

1 Le père Le Long Bibl. hist. de la France t. IV, p. 243 cite 16 portraits gravés de lui ; 2 Voir H. réduction de la gravure qui suit ; 3 Collect. des galeries de Versailles, gravure.

D'ORLÉANS (Louis), duc de Montpensier, mort en 1752. Colonel. Général de l'Infanterie française.

Le Père Le Long (Bibl. Historique, Tome IV, p. 243) cite ces portraits : 1 François in-4 médaillon ; 2 Desrochers ; 3 Daullé ; 4 Drévet in-4. Citons encore : 5 Collection des galeries de Versailles, gravure in-4 ; 6 Voir H.

D'ORLÉANS (Louis-Philippe), duc de Montpensier, mort en 1785. Fils du précédent.

Le Père Le Long (T. IV, p. 243) cite ces portraits : 1 Petit ; 2 Daullé in-folio ; 3 Vispré manière noire ; 4 Tocqué jetant du pain à ses cygnes ; 5 Robert sc. 1740, manière noire ; 6 Carmontelle, del. et sc. 1759, in-folio, assis avec son fils ; 7 Carmontelle, 1763, La Fosse sc., in-folio, à cheval ; 8 Dans l'Auvergne illustrée, reproduction d'une gravure en manière noire ; 9 Voir H. réduction du n° 8.

D'ORLÉANS (Louis-Philippe-Joseph), duc de Montpensier, dit *Egalité*, mort en 1793. Né à Paris.

Dans mon « Dictionnaire Iconographique des Parisiens » j'ai donné la liste de ses portraits gravés ou lithog., ajoutez à ceux-ci le portrait réduit (Voir H).

D'ORLÉANS (Antoine-Louis-Philippe), mort en 1807. Duc de Montpensier dont il porta le titre.

1 Gr. in-4 publiée par Baudouin, frères ; 2 En pied, in-8 sur bois ; 3 Gr. in-8 dans les galeries de Versailles ; 4 Voir H.

D'ORLÉANS (Antoine-M.-Philippe-Louis). Duc de Montpensier.

Né en 1824 à Neuilly, marié en 1846 à la sœur de la reine Isabelle d'Espagne 1 Gravé dans l'Auvergne illustrée, par A. Tardieu ; 2 Reproduction du n° 1 dans ce présent ouvrage.

ORYOT D'APREMONT DE JUBAINVILLE, mariée, en 1693, à Louis-Ignace de Rehés, comte de Sampigny, mort en 1712.

Galerie de M. le comte de Rehés de Sampigny château de la Forest-Vitry (Allier). Copie. L'original serait de H. Rigaud.

OUVRY-FIACRE, né à Trézioux en 1829. Industriel à Ambert.

Photogravé dans I.

PACROS (Benoit-Noel), né à Marsac en 1745, député au Conseil des 500.

Gravé sur bois dans J.

PACROS, né à Clermont-Fd en 1852. Pharmacien à Clermont

Photogravé dans I.

PAGÈS (Barthélemy), né à Riom le 13 avril 1760, d'un procureur de la sénéchaussée, premier président de la Cour de Riom.

1 Gravé au physionotrace ; 2 Lith. par Desrosiers, à Moulins, in-4.

PAGÈS (Gaspard-Antoine), né à Riom en 1793 (✷). Premier président de la Cour de Riom (1814), député du Puy-de-Dôme en 1843-1848, mort à Riom en 1864.

Gravé sur bois dans J.

PAGÈS DES HUTTES (Jean-Baptiste), garde du corps du roi, massacré à la porte des appartements de Marie-Antoinette, à Versailles, le 6 oct. 1789.

Miniature ; costume de garde du corps, donné en

1889 par la marquise de Saignes, dernière héritière des Pagès des Huttes, à M. J. Manhès, à Mauriac (Cantal), reproduite dans cet ouvrage.

PAGIS (Monseigneur), né à Pleaux (Cantal) en 1835.

Curé de Chassenac et de Salers, évêque de Tarentaise (1882) et de Verdun (1887). L'apôtre de Jeanne-d'Arc, orateur, prélat de grand cœur. 1 Gravure en buste, in-12 ; 2 Gravé dans cet ouvrage.

DE PAGNAC (Maurice), élu grand maître de St-Jean de Jérusalem en 1317. Mort à Montpellier.

Il ne fut pas reconnu de tout l'Ordre. Sa famille nous paraît d'Auvergne. 1 Thomassinus in-8, avec 3 autres ; 2 in-8 ; 3 en petit sur une feuille à 56 ; 4 Cars sc. in-4.

PAILLARD (Alfred-Ch.-Mathurin), préfet du Puy-de-Dôme (1864-1866).

Né en 1817 à St-Mihiel. Gravé sur bois dans J.

DE PANGE (voir Thomas de Pange).

PAPON. pâtissier à Clermont-Fd, rue St-Genès, en 1867.

Portrait chargé dans K.

PARDOUX (Antoine), né à Veyre en 1836. conducteur des ponts et chaussées.

Photogravé dans I.

PARET (la vénérable sœur Marie), née à Clermont-Fd le 5 janvier 1636. Religieuse du tiers-ordre de St-Dominique. Placée à la tête du Refuge, à Clermont-Fd. Morte en odeur de sainteté à Clermont-Fd, en 1674.

1 Peinture sur toile chez M. le docteur Dourif, à Clermont-Fd ; 2 Gravé par Landry, in-12 ; 3 Lith. médaillon, voir A ; 4 Photolith. voir D.

DE PARIEU (voir Esquirou de Parieu).

PASCAL (Etienne). C'est le père de l'illustre Blaise Pascal, qui suit.

Le catalogue de la collection Desbouis lui attribue par erreur un portrait gravé ; c'est celui d'Etienne Pasquier qui était contemporain. On voit au château de Villemont (P.-de-D.) un portrait peint que l'on croit le sien et qui est ancien.

PASCAL (Blaise). Né à Clermont-Fd le 19 juin 1623, mort à Paris le 19 août 1662. Philosophe, mathématicien. Auteur. L'un des plus grands génies de la France. Enterré à St-Étienne du Mont, à Paris.

Fils d'Etienne, président à la cour des aides de Clermont et d'Antoinette Begon. 1 Edelinck, 1691, in-fol. ; 2 Et. Desrochers, 1697, in-8 ; 3 Vermeulen, 1698, in-8 ; 4 Giffey in-8 ; 5 N. Habert in-4 ; 6 Dans Odieuvre ; 7 Gaucher, in-12 ; 8 Petit buste, in-8 ; 9 Lith. de Delpech, in-8 ; 10 Philippe de Champagne a peint Pascal d'après nature, tableau de la Cène, au musée de Lyon. Pascal est sous la figure d'un apôtre des solitaires du Port-Royal dans les apôtres et le P. Lachaise a posé pour Judas ; 11 Lith. médaillon, voir A ; 12 Gravé pour C; 13 Lith. voir B ; 14 Photolith. voir D ; 15 Lith. dans Ancienne Auvergne et le Velay ; 16 Edelinck del. Landon, direx. in-12 ; 17 Lith. in-4 ; Bachellerie delin ; 18 Lith. in-f. ; 19 Peinture au château de Montmarye (P.-de-D.), à M. le baron de Nervo ; 20 Portrait tiré des philosophe de Sauerieu, de 3/4 à dr., tête nue et le buste drapé dans un manteau au-dessus duquel flotte un rabat, gravure singulière qui tient à la lithographie et que l'on peut appeler à la manière de crayon ; 21 Sa statue assise place St-Hérem, à Clermont-Fd ; 22 Précieux portrait. Peinture originale sur toile de 0.66 sur 0.74, cadre du temps, en buste, 3/4 à droite. On aperçoit dans le fond le château et les jardins de Bien-Assis. Galerie de M. le comte de Chabron de Solilhac, château de Moriat (Puy-de-Dôme) ; 23 Dessin du n. 22 à la Bibliothèque de Clermont-Ferrand ; 24 Peint par Bachellery, 0.64 sur 0,54, donné par lui au musée de Clermont ; 25 Statuette par Chanonat, au musée de Clermont, faite sur la statue par Ramey, à la Bibl. de Clermont-Ferrand ; 26 Copie faite par M. Auguste de Bellaigue de Bughas, pour M. Prosper Faugère, auteur des œuvres de Pascal. d'après l'original dû au pinceau d'un frère du Père Quesnel et conservé au château de Bezance jusqu'à la mort du baron de Romagnat (1874), dont les héritiers ont été les Le Pelletier d'Aunay ; ladite copie est revenue par testament, de M. Faugères, au comte de Bellaigue, à Paris.

PASCAL (Françoise-Gilberte), sœur de l'illustre Blaise Pascal, femme savante, célèbre par sa beauté et son affection pour son frère. Née à Clermont-Ferrand, le 9 janvier 1620, morte à Paris en 1687.

Epousa en 1641, Florin Perrier, seigneur de Bien-Assis, conseiller à la cour des aides de Clermont-Fd. 1 Portrait sur toile à l'hôpital général de Clermont, par Philippe de Champagne ; 2 Lith. médaillon, voir A ; 3 Lith. dans l'Hist. de Clermont-Ferrand, par A. Tardieu ; 4 Photolith. en petit, voir D ; 5 Gr. voir C ; 6 Copie du n° 1 a M. Alexandre de Bellaigue, à Gray (Haute-Saône) ; 7 Peinture sur toile au musée de Riom, copie du n° 1 (reproduction dans cet ouvrage).

DE PASSEFOND DE CARBONAT (Elisabeth) 1789, mariée à P. de Fortet St-Paul.

Miniature. A M. J. Manhès, à Aurillac (Cantal).

DE PASTOUREL DE BAUX (Marguerite).

Chanoinesse de Largentière. mariée en 1781, à J.-C., marquis de Pollalion de Glavenas. Voir M.

PAU (L'abbé Jules-Antoine), chanoine-honoraire de Tulle et de St-Flour, curé de Bort (Corrèze). Collectionneur. Erudit. Mort le 17 mars 1901.

Photogr. in-12, ovale, de 1903, sur son souvenir mortuaire.. Reproduit dans cet ouvrage.

PEGHOUX (Pierre-Gabriel-Auguste), docteur médecin, maire de Royat, etc. Né en 1796. Mort à Clermont-Fd).

1 Gravé dans l'Hist. de Royat, par Tardieu ; 2 Son buste, par Chalonnax, au musée de Clermont-Fd ; 3 Portrait peint sur toile, à Clermont, chez son fils.

PEGHOUX (Albert), né le 16 nov. 1850. fils de P.-Joseph, propriétaire du château de Seymiers, et de Zélie Dumas.

Portrait peint sur toile au musée de Clermont-Fd, en pied.

PEIRENC DE MORAS (François-Marie), seigneur de Moras, Saint-Priest, St-Etienne, né en 1718.

Fils d'Abraham Peirenc, chevalier, seig. de Moras, Ambert, Arlanc, Auzon, etc. Maître des requêtes ordinaires. Intendant d'Auvergne (1750-1752). Intendant du Hainaut en 1753. Ministre de la marine en 1757. Mort à Paris le 3 juillet 1791. 1 En buste, in-18, collection des Galeries de Versailles ; 2 Voir H.

DE PÉLACOT.

Famille de la Basse-Auvergne et de haute noblesse féodale.

DE PÉLACOT (Damien), seigneur de la Rousse, servit dans les chevau-légers du marquis de Canillac 1625, 1628.

Il fut au siège de la Rochelle (1628); épousa, en 1632, Louise du Molen de la Vernède. Galerie de M. le comte de Pélacot, Les Preux, par Iseure (Allier).

DE PÉLACOT (Jean-Philibert), mort en 1738, marié, en 1696, à Catherine de Brossanges.

Galerie de M. le comte de Pélacot, Les Preux (Allier).

DE PÉLACOT (Jean-François), né le 25 avril 1746, mort le 2 juin 1803, petit-fils du précédent, marié en 1771, à Charlotte de Gay de Planhol.

Galerie de M. le comte de Pélacot, Les Preux (Allier).

DE PÉLACOT (Christophe), prêtre de St-Roch, à Paris, prisonnier sur les pontons, pendant la Révolution.

Galerie de M. le comte de Pélacot, Les Preux (Allier).

DE PÉLACOT (Charles), né le 1er nov. 1778, mort en 1840. Il fit toutes les campagnes du 1er empire, il mourut lieutenant de gendarmerie au Puy (✻) et de St-Louis. Il avait épousé, en 1818, Adèle Lancelot du Lac.

Galerie de M. le comte de Pélacot, Les Preux (Allier).

DE PELACOT (Monseigneur Gustave-Adolphe), évêque de Troyes ✻.

Né au Puy (Hte-Loire), le 11 juin 1840. Nommé par décret du 22 mars 1893, préconisé le 24 mars, sacré au Puy le 29 juin, installé le 12 juillet. Prélat de haute valeur; l'un de nos meilleurs de France. Très aimé. Photogravé dans ce Dictionnaire, d'après sa photographie faite par Pierre Petit, à Paris.

PELISSIER (Jean), lieutenant au baillage de la Mothe-Canillac en 1652.

Peinture sur toile de 0,60 sur 0.52, portrait en buste avec ses armoiries, daté de 1652, au musée de Clermont-Ferrand.

✻ **PELLISSIER**, marquis de la Garde, seigneurs de Féligonde, etc.

Très ancienne famille originaire du Puy (Haute-Loire). Une branche considérable s'est fixée à Clermont-Ferrand vers 1600.

PELLISSIER (Mathieu), écuyer, seig. de Féligonde, de la Tour d'Opmne, qualifié marquis de la Garde, en 1641.

Fils de Pierre-Eustache, seig. de la Tour d'Opmne, de la Garde en 1624, très riche bourgeois de Clermont-Fd et de Madeleine Fouilhoux. Il épousa Renée du Prat (voir DU PRAT). Peinture sur toile ovale de 0.55 sur 0.45, vêtement noir, cadre du temps, provient de la galerie du château de Féligonde. A M. Alphonse Pellissier de Féligonde, à Clermont-Fd.

PELLISSIER (François), écuyer, seigneur de Féligonde, Saulces, etc., conseiller au présidial de Clermont.

Né en 1627 à Clermont-Fd, mort en 1656, fils des précédents. Marié à Claude Laville (voir LAVILLE). Peinture à l'huile, ovale, en buste, de face incliné à dr., cadre du temps, costume de conseiller au prési-

dial. Provient de la galerie de Féligonde. A M. Henri Pellissier de Féligonde, château de Villeneuve (Puy-de-Dôme).

PELLISSIER DE FÉLIGONDE (Michel), écuyer, seigneur de Féligonde, Saulces, conseiller au présidial de Clermont.

Né en 1665, mort en 1731. Fils des précéd. Marié à Françoise de Varenes (voir de VARENES). Peinture à l'huile, carrée, à mi-corps, 3/4 à dr., cadre du temps, costume de conseiller au présidial. Provient de la galerie de Féligonde et appartient à M. Louis Pellissier de Féligonde, à Bergonne (Puy-de-Dôme).

PELLISSIER DE FÉLIGONDE (Pierre), écuyer, seigneur de Féligonde, Saulces, Beaurepaire.

Né en 1696, mort en 1753. Marié à Anne Le Court de St-Agnes (voir LE COURT). Pastel de 0,44 sur 0,36 de 3/4 à dr., cadre du temps. Habit rouge. Perruque. Provient de la galerie de Féligonde. A M. Alphonse Pellissier de Féligonde, à Clermont-Fd.

PELLISSIER DE FÉLIGONDE-VASSEL (Jeanne), mariée en 1779, à Pierre-Marie-Joseph de Bouyonnet, chevalier, seigneur de La Villatte et de La Mothe.

Dessin aux deux crayons, en buste, de 3/4 à dr., signé: L. de Mareschal 1852 (Mme de Lavillatte était alors âgée de 93 ans). Galerie de M. Grellet de la Deyte, à Allègre; 2 autre portrait au crayon, lisant le journal « la Quotidienne ». Galerie du vicomte de Sereys, à Planzat (Puy-de-Dôme); 3 Miniature sur ivoire à mi-corps, à M. le vicomte de Sereys.

PELLISSIER DE FÉLIGONDE (Michel-Jean-Claude), chevalier, député du Puy-de-Dôme sous la Restauration. (✻).

Né en 1765, mort en 1853. Fils de Michel, chevalier, seigneur de Féligonde, Saulces, Beaurepaire, Le Chatelard, savant secrétaire de la société littéraire de Clermont-Ferrand et d'Elisabeth-Jeanne-Catherine du Forêt de Villeneuve. Il épousa Perette Adélaïde de Forget (Voir DE FORGET). 1 Miniature à la sépia, buste regardant à dr. 0,20 sur 0,15. A M. de Mallet de la Védrine, château de Saulces (Puy-de-Dôme); 2 Plusieurs copies au crayon dans la famille; 3 Portrait peint, ovale (nous le reproduisons); 4 Gr. dans J.

PELLISSIER DE FÉLIGONDE (V. DE LÉOTOING D'ANJONY DE FOIX).

PELLISSIER DE FÉLIGONDE (Elise), mariée à Félix de Mallet de Lavedrine.

Fille de Michel-Claude, qui précède et de Perette de Forget. 1 Peinture sur toile, en buste, reg. à dr. A M. de Mallet de Lavedrine, château de Saulces (P.-d.-D.); 2 Miniature, même château, datée de 1828.

PELLISSIER DE FÉLIGONDE (Pierre-Eustache), né en 1807. Député en 1871-1873, Mort au Chatelard-Ebreuil (Allier), le 28 janvier 1891. Fils de Michel-Jean-Claude, qui précède.

1 Gravé en petit sur le placard du Monde illustré, année 1873, n. 118; 2 Dessine par M. Dubuisson, député, et gravé in-4; 3 Peinture sur toile dans sa famille reproduite dans cet ouvrage; 4 Gravé sur bois dans J.

PELLISSIER DE FÉLIGONDE (Hippolyte), marquis de Léotoing d'Anjony de Foix, par substitution. Capitaine-commandant au 8e lanciers, marié à Mlle d'Alguara (V. ce nom).

Portrait peint, au château d'Anjony (Cantal).

PELLISSIER DE FÉLIGONDE DE RONNET (Gilbert-Anatole), né à Clermont-Ferrand, le 3 juillet 1835. (✽).

Ancien auditeur au Conseil d'Etat, ancien chef du cabinet du président du sénat, M. Troplong, conseiller à la cour des comptes. Photogr. dans I.

PELLISSIER DE FÉLIGONDE (Voir Le Court).

DE PELISSON (Catherine).

Mariée, en 1637, à Louis, comte de la Salle. Voir M.

DE PENNAUTIER (Amédée-Guesclin de Beynaguet, comte).

Né au château de Domaize (P.-d.-D.) en 1803, mort à Paris en 1857. Aide de camp du général Grouvet. Député du Puy-de-Dôme en 1852-1857. Gravé sur bois dans J.

PERIER (Marguerite), nièce de l'illustre Blaise Pascal.

Fille de sa sœur Gilberte, née en 1646, guérie miraculeusement d'une fistule à l'œil, à Port-Royal, le 24 mars 1656, par la vertu de la sainte épine. Morte célibataire à Clermont-Fd en 1733 (14 avril). Philippe de Champagne a peint deux toiles de ce miracle, l'un à Port-Royal, l'autre à la chapelle votive des Pascal, à droite dans la cathédrale de Clermont. La peinture de Port-Royal est à Sinas (Seine-et-Oise) ; celle de la cathédrale a disparu : mais Marguerite Perier en avait une copie qui est celle que possède M. Alexandre de Bellaigue, à Gray. M. Faugère a légué un calque du tableau de Sinas à M. Alexandre de Bellaigue. (Nous reproduisons le haut du portrait de Marguerite Perier). La copie de la cathédrale de Clermont est de 1665, signée Saignes. M. Alexandre de Bellaigue a aussi la boîte à hosties et l'étui à lunettes de Marguerite Perier; portant les armes adoptées par la famille Perier après ce miracle (un œil au naturel, brochant sur une couronne d'épines) ; Voir la gravure.

PERIER (Jean-François), né le 18 sept. 1740, à Vezille près Grenoble (Isère).

Oncle du célèbre Casimir Perier ; député du Clergé du bailliage d'Etampes à l'Assemblée nationale (1789), supérieur des Oratoriens d'Effiat (1791). Evêque constitutionnel de Clermont et de Vaucluse en 1791. Se retira dans sa famille en 1793, démissionnaire en 1801, nommé évêque d'Avignon en 1802-1819 ; chanoine de St-Denis en 1819. Mort à Avignon le 30 mars 1824. 1 A Paris chez Levachez in-4 ; 2 Delorme del Letellier sc. in-8 ; 3 Voir II.

PEROL (Léon), né à Clermont-Fd, en 1866. Artiste peintre à Clermont-Fd.

1 Photogravé dans I ; 2 A cheval, rôle de Pierre l'Hermite, dans le Livre d'or du cortège des croisés, par A. Tardieu, 1895 ; 3 Dans la « Vie française » (1er juin 1895), costume de Pierre l'Hermite.

DE PÉROUZE (N. Archon), propriétaire et maire de Riom, au XIXe siècle.

A fait de grands biens à l'hôpital de Riom. Portrait peint au musée de Riom.

PERRIN (Mlle), mariée à M. Chapel, pharmacien des hospices de Clermont-Fd.

Morte vers 1825. Née à Maringues (P.-de-D). Peinture sur toile. A M. Maistre, médecin à Cébazat (Puy-de-Dôme).

PERRIN (Armande), épouse de M. le docteur Louis de Ribier. Née en 1877.

Peinture sur toile. Galerie de M. le docteur Louis de Ribier.

PERROT DE CHAZELLE (Voir Bruguière de Barante).

DE PERUSSE DES CARS (voir de Lastic).

PESCHIER (Geneviève), mariée à Berard Vimal, seigneur de la baronnie de St-Pal-des-Murs en 1789.

Portrait à Ambert chez M. Adrien Vimal-Montrouge.

DE PESTELS (Antoine, comte).

Seigneur de la Chapelle, page du duc de Penthièvre, gentilhomme du duc de Rambouillet; aide-major rouge, capitaine au régiment de la Roche-Aymon, chevalier de Malte, reçu en 1758. Aquarelle au château d'Auzers (Cantal) ; à M. le baron de Douhet.

PETIT (Le docteur, Alexandre), né à Cébazat, le 14 déc. 1842. Excellent médecin consultant, à Royat-les-Bains.

Auteur de travaux sur l'art médical. Officier et Chevalier de divers ordres. Président de la société médicale de Royat ; archéologue : collectionneur d'objets d'art émérite. Vient de créer une villa à Royat (genre féodal), dans une situation merveilleuse. 1 Gravé sur bois, album de Mariani avec les célébrités contemporaines ; 2 Gravé dans le présent ouvrage, d'après le n. 1 ; 3 Gravé dans le Dictionnaire biogr. du Puy-de-Dôme, par Flammarion.

PEYRONNET (François-Amable), receveur des domaines à Riom, né en 1788, mort le 19 sept. 1858.

Fils de Marie-Joseph, bourgeois de Rochefort-Montagne et de Marie-Anne Richard. Marié, le 23 octobre 1843, à Suzanne-Almérine Bartomivat de la Besse (Voir Bartomivat de la Besse). Miniature ronde sur ivoire, dans un cercle d'or de 0,6 de diam., de 3/4 à gauche. Habit bleu à boutons d'or, gilet de couleur, cravate blanche. Appartenant à Mme de Fournoux, née Peyronnet, château de St-Maurice (Creuse).

PEYRONNET DE LA RIBIÈRE (Marie-Antoinette-Josephine, mariée, le 21 juillet 1846, à Félix Grellet de la Deyte, morte à Allègre le 21 janvier 1895.

Fille de Laurent Peyronnet de la Ribière, receveur particulier des finances à Riom et de Caroline-Adèle de Bouyonnet-Lavilatte. 1 Peinture sur toile, ovale, de 0,63 sur 0,51, robe en velours noir, ouverte, le devant en dentelles blanches. Galerie de M. Grellet de la Deyte, à Allègre (Haute-Loire) ; 2 Autre portrait, enfant. Miniature, robe rayée noir et rouge. Même galerie.

PEYRONNET DE CHATEAUBRUN (Voir Arnaud de Cherbouquet).

PEYRONNET (Gilbert-Marie-Léonce), né à Chateaubrun (P.-de-D.), mort à Clermont-Fd, le 16 février 1858, âgé de 13 ans.

1 Peint par Chalonnax, au château de Chateaubrun (P.-de-D.) ; 2 Reproduit dans cet ouvrage.

PEYRONNET (Blanche-Marie-Amélie), mariée, en 1872, à Edouard de Cressac, vicomte de La Bachellerie. Décédée (château de Chateaubrun, P.-de-D.).

Photogravé dans cet ouvrage d'après sa photographie, jeune.

PEYRONNET (Marie), née à Aurières (P.-de-D.), le 4 septembre 1820.

Fille de Félix, propriétaire à Herment (P.-de-D.) et de Jeanne Hugon, mariée, en 1838, à Charles-Gilbert

Tardieu, ingénieur des mines, licencié en droit.
Morte à Clermont-Fd, rue Bansac, le 11 octobre 1895.
Femme remarquable par son cœur, sa charité et sa
belle intelligence. 1 Peinture sur toile, par un artiste
italien, en 1841, 0,62 sur 0,47. A son fils Ambroise
Tardieu et reproduite dans ce Dictionnaire ; 2 Photogr. du n° 1 dans la Vie de Charles Tardieu, son
mari, in-12, 1889 ; 3 En tête de la dédicace de l'Histoire généal. des Tardieu, 1893, d'après le n° 1 ; 4
Sur son souvenir mortuaire, portant sa louange et
l'en tête : « Optima matri », d'après le n. 2 d'un côté et
à droite photogravure de son portrait photographié
en 1895 par Léopold, à Clermont, trois mois avant sa
mort.

DU PEYROUX (Pierre), lieutenant-colonel au régiment de Belzunce-dragons sous
Louis XVI.

Portrait peint. L'uniforme est vert à retroussis
blancs, les boutons portent le n° 14. Galerie de M. le
baron du Peyroux, son arrière-petit-fils, à Paris.

DU PEYROUX (François-Jean), chevalier
de Malte.

Fils de Pierre, seigneur de Thiolet et de M. Syl-
vie du Peyroux, servit au régiment du roi où il
était son aide-major, en 1772, commandeur de Tor-
telesse en 1789, mort en juillet 1793, victime de la
Terreur, au moment où l'on vint pour l'arrêter. 1
Pastel chez M. le comte du Peyroux au château des
Mazières (Cher) ; 2 Gravé d'après le n° 1 dans le présent ouvrage.

DU PEYROUX (Michel), chevalier, seigneur de Salmagne (P.-de-D.).

Secrétaire de la noblesse d'Auvergne aux états de
1789. Médaillon à M. le comte du Peyroux de Salmagne. Reproduit dans cet ouvrage.

DU PEYROUX DE SALMAGNE (Ch.-
François-Marie, comte) fils du précédent.

Né en 1764, mort en 1832. Capitaine au régiment
de Béarn ; fit les campagnes de 1791-1793, maire de
Pontaumur (1797-1832), chevalier de St-Louis en 1822
et reçut le titre de comte du roi Louis XVIII.

DU PEYROUX (Gilbert-François-Théo-
dore), fils du précédent, né en 1808, mort en
1878.

Vicaire général de l'archevêché de Bourges. Portrait dans cet ouvrage d'après sa photographie.

DU PEYROUX DE SALMAGNE (An-
net-Gilbert-François-Gustave, comte), né le
18 août 1810, décédé le 22 sept. 1886. Lieut.-
colonel d'artillerie (✻).

Photog. dans cet ouvrage d'après sa photographie.

DE PIERRE (Mme).

Gravée par Quenedey, au physionotrace vers 1800.

PLANEIX (Pierre-Emile), né à Murol en
1842. Licencié en droit. Notaire à Pont-du-
Château.

Photogravé dans I.

PHÉLYPEAUX (Louis). Ministre et secrétaire d'Etat.

Duc de la Vrilière. Né en 1705. Mort en 1777. Célèbre homme d'Etat. Il fut seigneur de St-Ilpize, en
Auvergne vers 1773. 1 G. G. Will sc. 1751, in-fol. ;
2 François sc. in-4.

PIC DE LA MIRANDOLE (Fulvie), femme Charles de la Rochefoucauld, seigneur de
Randan, mort en 1562.

Elle bâtit le château actuel de Randan en partie ;
obtint en 1556, l'érection de la terre de Randan en
comté. 1 Gravé collection des galeries de Versailles ;
Voir II.

DE PIERRE DE BERNIS (François-Joa-
chim), né au Pont St-Esprit en 1715, cardinal
en 1758. Chanoine-comte de Brioude.

C. F. de Tersan, petit médaillon in-24.

DE PIERRE (Le marquis Joseph), né à
Sermentizon en 1808, propriétaire, mort au
château de la Gagère (Puy-de-Dôme), en 1885.
Député du Puy-de-Dôme en 1852-1863.

Gravé sur bois dans J.

PILINSKI (Adam), né en 1810 à Maisejo-
wice (Pologne), mort le 23 janvier 1887.

Lithographe, dessinateur de grand talent, à Versailles, Paris. Inventeur d'un procédé de reproduction pour les manuscrits, gravures. A résidé à Clermont-Ferrand en diverses fois : y créa en 1844, une
lithographie artistique. Son portrait photogravé en
tête de sa vie et ses travaux, 1890, in-8.

PINET DE BORDE DES FOREST
(Jean-Daniel), né à Bergerac (Dordogne), le 11
avril 1742, fils de Jean et de Suzanne de
Gerbet.

Commença à servir au régiment d'Auvergne-infan-
terie en 1759, nommé maréchal de camp, le 7 sept.
1792. Général-commandant la place de Clermont-Fd.
en 1797. Chevalier de St-Louis (17 sept. 1782). 1 Portrait
peint sur toile, chez Mlle de Borde des Forest, sa
descendante, à Clermont-Ferrand ; 2 Gravé dans ce
Dictionnaire, d'après le n. 1.

PINGUSSON (Benoit-Léon), notable négociant à Clermont-Ferrand.

Mort le 23 août 1875 à 45 ans. Homme très chari-
table. Buste sur sa stèle funéraire, au cimetière des
Carmes-Déchaux, à Clermont-Ferrand.

PIOCHE DE LA VERGNE (Marie-Magdeleine, née à Paris en 1634, y mourut en 1693.

Mariée en 1665 au comte François Motier de la Fayette, seigneur d'Hautefeuille et de Nades. Fréquenta
l'hôtel Rambouillet. Romancière. 1 Suite de Desrochers ; 2 Ferdinand p. Landon, direxit, au trait ;
3 Lith. in-8 ; 4 Reproduction réduite du n° 2 dans le
Dictionnaire de la Haute-Marche, par A. Tardieu ;
5 Haal delin. Massard sc. ; 6 Ferdinand pinxit. Et.
Fessard sc. in-8 ; 7 Deveria del. Mellel. sc. in-8 ;
8 Lith. par Belliard, in-f. ; 9 Dequauviller sc, petit,
in-4 ; 10 Reprod. dans cet ouvrage.

DU PLESSIS DE RICHELIEU (Ar-
mand-Jean), l'illustre cardinal, ministre. Né
à Paris en 1585, y mourut en 1642. Abbé de
la Chaize-Dieu.

Le Père Le Long cite de lui 37 portraits : mais dans
mon Dictionnaire iconographique des Parisiens j'en
donne une liste très longue. M. le marquis des Granges
de Surgères dans son « Iconographie bretonne » en
publie une autre liste fort complète.

DU PLESSIS DE RICHELIEU (Al-
phonse-Louis), frère aîné du précédent.

Fut aussi abbé de la Chaize-Dieu en 1613. Archevêque d'Aix, cardinal. Il mourut à Lyon en 1653,
hydropique. 1 G. Mellan sc. à Rome, 1656, in-f. ;
2 Moncornet.

POISSON (Pierre), né à Chamalières en
1836. Industriel. Ancien maire de Chamalières.
Photogravé dans I.

POJOLAT (Lucien-Bernard), né à Clermont-Fd, en 1841. Docteur-médecin. Professeur, suppléant à l'école de médecine de Clermont-Fd. Chirurgien de l'Hôtel-Dieu.

1 Photogravé dans 1; 2 Photog. dans cet ouvrage.

DE POLLALION (Charles-Benigne, marquis), baron de Glavenas.

Baron des Etats du Velay, etc. Peinture de 1760. Voir M.

DE POLLALION (J.-Charles, marquis), baron de Glavenas.

Baron des Etats du Velay, etc. Marié en 1784, à Marguerite de Pastourel de Baux, voir M.

DE POLLALION DE GLAVENAS (A. L.-Hercule, baron).

Né en 1783, marié, en 1815, à J. Emilie de Sales du Doux. Mort en 1864. Il fut peintre, élève de David et de Gros. 1 Peint à Naples, en 1812, par Girodet. Voir M. ; 2 Peint en 1834, par Guerin. Voir M.

DE POLLALION DE GLAVENAS (La famille), en 1825.

Le baron de Pollalion de G., sa femme, née de Sales du Doux, leurs enfants Claire, Hélène (comtesse de la Tour d'Auvergne, Marie (comtesse de la Salle de Rochemaure). Grande toile, 3 m. sur 3 m. 50, peinte par le baron de Pollalion de Glavenas. Voir M.

DE POLLALION DE GLAVENAS (Marie).

Née en 1820, mariée, en 1850, à Louis-Désiré, comte de la Salle de Rochemaure : morte en 1885. Voir M. Photogravée dans cet ouvrage.

DE POLASTRON (Gabrielle-Yolande-Claude-Martine), fille de J. F. Gabriel et de Jeanne-Ch. Hérault.

Née en 1749, mariée en 1767. Au duc Armand-Jules-François de Polignac. Gouvernante des enfants de France (1782), morte à Vienne (Autriche) en 1793. 1 Ovale in-8, avec chapeau : 2 Engraved at Vienne, by Fisker 1794, rengraved by J. Smith London in-4; 3 Adolphe Varin sc. en buste : 5 Dessiné et gravé par Janet-Lange : 6 Mme de Polignac, Mme de Lamballe, Mme de Lamothe, le cardinal de Rohan, d'Orléans, La Fayette ensemble.

☞ **DE POLIGNAC.**

Très illustre et antique maison de France, originaire du Velay.

DE POLIGNAC (Anne), dame de Randan.

Mariée 1° à Charles de Bueil, comte de Sancerre et 2° en 1518, à François II, comte de la Rochefoucauld, prince de Marcillac, mort en 1523. 1 Coiffée du chaperon à templette en buste de 3/4 à gauche. Portrait au crayon, à la Bibliothèque nationale, à Paris : Portrait au crayon, à la Biblioth. des arts et métiers à Paris.

DE POLIGNAC (Louise), dame du Fou, du Vigean, dame des cours de Louis XII et François Ier.

1 Peinture au crayon voir F. : 2 Peinture au château de Beauregard, près Blois.

DE POLIGNAC (Gaspard-Armand XVIII, vicomte), marquis de Chalençon, baron de Randan, d'Auzon, etc.

Chevalier des ordres du Roi en 1632, gouverneur de la ville du Puy et de l'Auvergne. Né en 1595,

mort en 1659. 1 Belle peinture, datée de 1633, en buste, de 3/4 à gauche, riche costume Louis XIII, cadre du temps, appartenant à M. Léon Giron, Le Puy (Hte-Loire) : 2 Autre portrait du même, peinture sur toile de 0,54 sur 0,44 en buste de 3/4 à droite, riche costume, avec le cordon bleu des ordres du Roi, cadre du temps, galerie du château de la Rochelambert.

DE POLIGNAC (voir DE MAILLY).

DE POLIGNAC (la marquise).

Grande dame du règne de Louis XIV. Il s'agit de Marie Armande de Rambures, morte en 1706, première femme de Sidoine-Apollinaire Scipion, marquis de Polignac, lieutenant-général d'armée, mort en 1739, celui qui, le premier, se qualifia marquis de Polignac. 1 Gravée en pied par Trouvain, in-folio (très rare), à la Biblioth. nationale, à Paris; 2 H. Bonnart del. H. Bonnart excud. 1694. (Ces portraits se trouvent à la Biblioth. nationale, à Paris.

DE POLIGNAC (Melchior), né au Puy-en-Velay, le 11 octobre 1661, mort à Paris, le 20 novembre 1741.

Cardinal, archevêque d'Auch (1726). Membre de l'Académie française, etc. 1 Gravé par Daullé, d'après Rigaud, in-8 ; 2 Lith. in-fol. dans l'Ancienne Auvergne et le Velay ; 3 Cars sc. in-fol. maj. dans une thèse : 4 Mlle Hortemels ; 5 Cherey in fol. (l'anti-lucrèce à la main) : 6 Suite d'Odieuvre; 7 F. sculp., in-12, dans un ovale : 8 Dominicus de Rabeis, à Rome ; 9 Gr. par E. Desrochers ; 10 Rigaud pinxit, Landon direx ; 11 Peint par H. Rigaud, gravé par J. Daullé ; 12 Peint par H. Rigaud, gravé par Rocous Pozzi ; 13 Gravé par Januuarius Gutierez ; 14 Grateloup sc. ; 15 J. Voyer sculp. ; 16 A. de la Live sculp. ; 17 à Paris, chez Leullier ; 18 P. Dupin sc. ; 19 J. Th. Bernigoroth sc. 1748 ; 20 Lith. Delpech. in-8.

DE POLIGNAC (Armand-Jules-François, duc), né le 9 juin 1745. Pair en 1814. Mort à St-Pétersbourg en 1817. Marié à Gabrielle de Polastron (Voir ce nom).

Marquis de Mancini, prince de Fenestrange, connu sous le prénom de Jules. Directeur général des Postes. Maréchal de camp ; 1er écuyer de la reine. Defrene, lith. in-4.

DE POLIGNAC (Armand-Jules-Héraclius duc), né le 17 janvier 1771. Premier écuyer du roi, Charles X, maréchal de camp.

1 Dumontier del. Gautier sc.

DE POLIGNAC (Le prince Auguste-Jules-Armand-Marie), né à Versailles en 1780. Pair de France, ministre de Charles X, en 1830. Frère du précédent.

1 Maurin lith. in-fol. ; 2 Le même, président du conseil ; 3 Dumontier del. Hubert direx. ; 4 Portrait du même mis en jugement par la Chambre des Pairs, le 15 déc. 1830 ; 5 Lith. de Lacurée, éditeur à la Rochelle ; 6 Gigoux lithogr. de 1830 ; 7 Lith. de Mme veuve Noel ; 8 Avec des vers commençant par : Mes plus jeunes ans... ; 9 Maurin, lithogr. de Delpech, in-8 ; 10 avec fac-simile de sa signature, lith. de Delpech ; 11 Lith. de Delannois ; 12 Dessiné d'après nature à la chambre des Pairs, le 15 déc. 1830 ; 13 Lith. Charlet. orig. par Ory ; 14 Pauquet sc. ; 15 Lith. Ratier. d'après nature à Vincennes ; 16 Perronet, Guernon de Rainville et Chantelauze, à Paris, chez Stauffer ; 17 Gouet, graveur, éditeur : 18 Dessiné d'après nature à Vincennes, par un garde national, lith. par Fournier, in-4.

DE POLIGNAC (Marie-Armande-Mathilde), comtesse Alfred de Chabannes la Palice, 1895.

Photogr. dans L, en pied.

DE POMMEREU (Auguste-Robert), Intendant d'Auvergne (1663-1664). Mort en 1702.

Gravé sur bois dans J. Peinture sur toile chez M. le comte de Pommereu, maire de Héron (Seine-Inf.).

DE POMPIGNAN Monseigneur Jean-Georges Le Franc, évêque du Puy (1772-1774.

Peinture sur toile. Galerie du château de Parentignat (Puy-de-Dôme). Reproduite dans ce Dictionnaire.

DE PONS DE FRUGIÈRES (Claire), chanoinesse et abbesse de Blesle, sœur de Françoise, mariée, en 1714, au comte de la Chassaigne de Sereys.

Peinture sur toile. A M. Paul Le Blanc, à Brioude (Haute-Loire); 2 Copie du même. Galerie du vicomte de Sereys, château de Plauzat (Puy-de-Dôme).

PONS (François), comte de Pouzol, seig. de Moules, près St-Paulien (Haute-Loire).

Procureur à la sénéchaussée d'Auvergne. Gravé sur bois dans notice sur la famille Bonnefoy in-4.

DE PONS (Antoine), né à Riom en 1759, mort en 1849 en son château de la Grange. Evêque de Moulins (1823-1849).

1 Dessiné et lith. par Anatole-d'Auvergne ; 2 Assis dans un fauteuil les mains croisées, vêtu de son surplis, dans le haut, à droite ses armes, Moulins, lith. Desrosiers ; 3 Médaillon, voir A ; 4 Photolith. voir D ; 5 Peinture sur toile de 0,90 sur 0,70. Galerie du château de Thévalles (Mayenne) ; 6 Gravé sur bois dans J.

DE PONTGIBAUD (Voir DE MORÉ).

PORRAL (Claude), docteur en médecine au Puy (Haute-Loire). Il testa en 1625.

Il était le médecin de la reine Marguerite de Valois dite reine Margot, 1re femme d'Henri IV. Peinture sur toile chez Mme Sabarot, à Brive, près Le Puy (Haute-Loire).

PORRAL DE SAINT-VIDAL (Louis-Augustin), né au Puy (Hte-Loire), d'une très ancienne famille bourgeoise.

Il acheta la terre de St-Vidal à Pierre de Rochefort, marquis d'Ally, le 20 mai 1765 pour 130.000 livres. Il testa le 4 mai 1788. Portrait peint sur toile au château de St-Vidal (Haute-Loire). Il y a aussi celui de la femme de L.-A. Porral de St-Vidal au même château.

PORRAL DE SAINT-VIDAL (Jacq.-Bernard), marié avant 1818, à Artésie le Forestier de Villeneuve, mort en 1850.

Deuxième fils de François-Augustin, seigneur de Saint-Vidal, et de Blanzac, conseiller du Roi en la sénéchaussée du Puy et de Marie-Gertrude Sahuc de Benix. Miniature. A Mlle Porral de Saint-Vidal, à Riom (Puy-de-Dôme).

PORRAL DE SAINT-VIDAL (Jean-Jacques-Augustin), conseiller à la cour de Riom, marié, en 1811, à Mlle de la Morelie (voir ce nom.

Frère du précédent. Peint sur toile, en buste, reg. à g., 0,32 sur 0,24. A Mlle Porral de St-Vidal, à Riom.

DES PORTES (Philippe), poète, né à Chartres en 1546, mort en 1606, abbé d'Aurillac, en 1585.

Il y a de lui un portrait gravé par N.

POTIER DE NOVION (Nicolas), seig. de Novion, premier président au parlement de Paris.

Présida les Grands Jours d'Auvergne, en 1665-1666, à Clermont-Ferrand. Mort en sa maison de Grignon en 1693. 1 Nanteuil 1656, in-fol ; 2 Nanteuil 1657, in-fol. ; 4 Poilly ; 5 P. Giffard 1674, in-fol. ; 6 Hubert ; 7 Simonneau, in-fol. ; 8 de Larmessin 1680, in-4 ; 9 Masson 1679, in-fol. ; 10 Séance des Grands Jours d'Auvergne reproduite dans l'Auvergne illustrée et dans le présent volume (L'original est à la Biblioth. nation. à Paris) ; 11 Portrait peint sur toile du temps, chez M. Paul de Bellaigne de Bughas à Clermont.

POTIER DE GESVRES (Léon), archevêque de Bourges, 1694, abbé d'Aurillac, cardinal (1719).

Né en 1656, mort en 1744. 1 Picart 1672, in-fol. ; 2 Gautrel, in-fol. ; 3 Landry, in-8 ; 4 Trouvain 1695, in-fol ; 5 in-8 en couleur, dans les costumes histor. par P. Lacroix, t. VI.

POULLET (L'abbé), maître de musique du chapitre de St-Amable de Riom (1738.

1 Peinture sur toile à l'hôpital général de Riom ; 2 Gravé dans l'Auvergne illustrée d'après le n. 1.

POURRAT (Mathias-Pierre), né à Ambert en 1758, mort audit lieu en 1835.

Fabricant de papiers. Député du Puy-de-Dôme en 1821-1824. Gravé sur bois dans J.

PRADES (Marie), épouse de M. H. Arthur de Ribier, née en 1847.

Peinte sur toile chez M. Arthur de Ribier, à St-Vincent (P.-de-D.).

DE PRADT (voir DU FOUR).

DE PRASLIN (voir DE CHOISEUIL).

PRAX (Jean-Louis). Né le 26 oct. 1786 à Aurillac (Cantal), décédé à Reilhac (Cantal), en 1877. Maréchal de camp le 27 février 1841. (C ✳).

Peinture sur toile dans sa famille, reproduite dans ce Dictionnaire.

DU PRAT (Antoine). Né à Issoire le 17 janvier 1463, mort au château de Nantouillet le 9 juillet 1535.

Baron de Thiers. Chancelier de France (1515), cardinal (1527), archevêque d'Alby (1529), légat perpétuel *a latere* (1530). Il avait épousé en 1493, avant d'entrer dans les ordres, Françoise de Veyny d'Arbouse (voir DE VEYNY D'ARBOUSE qui mourut et le laissa libre. 1 Baron in-8 ; Moncornet in-8 ; 3 Lith. voir A ; 4 Photolith. voir D ; 5 Lith. in-fol. dans l'Ancienne Auvergne et le Velay (pas ressemblante, de fantaisie ou prise sur un original inexact) ; 6 Portrait peint au château de Beauregard, près de Blois ; 7 Gravé dans Montfaucon avec sa femme ; 8 Suite de Chevaliers, in-8 gravé ; 9 Lith. de Delpech, in-8 ; 10 Crayon du temps, exact comme ressemblance, semble pris d'après nature et il est contemporain, tout au moins: voir G. ; 11 Dans les Costumes historiques par Paul Lacroix (Bibliophile Jacob, étant jeune encore.

DU PRAT (Guillaume). Fils du précéd. et de Françoise de Veyny d'Arbouse.

Né à Paris ou à Issoire en 1507. D'abord abbé de Mozat, grand archidiacre de Rouen. Elu à 22 ans en 1528, évêque de Clermont. Mort le 22 octobre 1550 Enterré dans le couvent des Minimes de Beauregard P.-de-D.), Fondateur des Jésuites de Billom et de

Galerie de M. le duc de la SALLE de ROCHEMAURE.

François, comte de la SALLE,
marquis de ROCHEMAURE,
peint en 1745.

Louis, comte de la SALLE, baron de
Larodde, mort au château de
Larodde, en 1669.

Joseph, comte de la SALLE,
marquis de M... et de Rochemaure, seigneur de Teysson-
nières 1682.

Maximilienne de COURTILHE de GIAT,
mariée, en 1786, à L.-B. comte de la
Salle de Rochemaure de Chavigne.

Bernard de la SALLE, baron de
la Faurge, grand homme de
guerre (1330-1391).

Jeanne-Marie du CROZET de Condenat,
mariée, en 1741, à J.-B. de la Salle,
comte de Val le-Chastel.

Claudinet de la SALLE, grand prieur
d'Auvergne (ordre de Malte),
mort en 1650.

Antoine CAPELLE de CLA-
VIERES de la Calmette, doyen
de Carennac (Lot), en 1790.

Madeleine de la SALLE de ROCHE-
MAURE, abbesse de Lava-sin,
(1781-90), avant son entrée en religion.

l'Hôtel-Dieu de Clermont-Fd, auquel il donna tous ses biens. 1 Hiérome David, in-4, publié dans les Origines de Clermont; 2 Lith. médaillon voir A; 3 Gravé en petit voir C; 4 Photolith. voir D; 5 Portrait peint sur toile à la Bibliothèque de Clermont-Fd; 6 Voir H; 7 Lith. in-4 signée E. V. L. (E. Verdier-Latour; 8 Gravé in-8 dans l'Hist. de Royat par A. Tardieu; 9 Portrait par Mlle Tédenat du Vert, d'après un tableau du collège de Mauriac, donné au musée de Clermont par M. Delalo, président.

DU PRAT (Renée), femme de François de Chabannes, marquis de Curton.

Tableau original, appartenant au comte de Chabannes. Haut. 0,22, larg. 0,25.

DU PRAT (Renée), fille de Jean, seig. de St-Agnès, Coux et d'Antoinette Le Court de Montdory.

Mariée, en 1630, à Mathieu Pellissier, seigneur de Féligonde. Morte vers 1680. Peinture sur toile, ovale, 0 m. 88 sur 0 m. 62. Manteau rose rouge, corselet d'or, manches bleues de dentelles, collier de perles, fleurs de lys de jardin à la main. Provenant de la galerie de Féligonde. A Mme Culhat du Chamond, née Pellissier de Féligonde.

DU PRAT DE NANTOUILLET. Maître des cérémonies.

En pied, sacre de Louis XVI. Patas, in-8.

DE PRÉCHONNET (voir Le Loup).

PROHET (Claude-Ignace), avocat au présidial de Riom (1696), célèbre jurisconsulte, marié à Mlle Marie (voir Marie).

1 Peinture originale, au château de Charbonnière (Allier) chez le comte de Rochefort d'Ally; 2 Copie du n° 1, chez M. Malbet, au Cheix, près Riom (P.-de-D.), voir la reproduction dans ce Dictionnaire.

DE PRONSAC (Catherine), mariée en 1533 à Charles de la Rochelambert, chevalier.

Miniature originale (très riche costume) sur vélin de 0,08 sur 0,06, de 3/4 à g. à mi-corps avec la main droite, galerie du château de La Rochelambert.

DE PROVENCHÈRES.

Deux portraits de cette famille d'Auvergne sont au château de Chignat (P.-de-D.), chez Mme de Chamerlat.

PRUD'HOMON (Madame), née du Lac.

Peinture signée H. Brune, 1860, ovale. Château de Parentignat (P.-de-D.).

PYRENT DE LA PRADE (le comte Bénédict.-Edmond-Marie) né à Clermont en 1820. Décédé. Conseiller général; maire de Gébazat (✳), commandeur de St-Grégoire-le-Grand, etc., auteur.

1 Photogravé dans 1; 2 Photogravé dans ce Dictionnaire.

RABANY-BEAUREGARD (Antoine), né à Brioude le 25 mars 1763, professeur à l'école centrale de Clermont-Fd (1802). Auteur. Mort à Brioude, le 22 oct. 1843.

Lithographié en 1827 par Delorieux.

RAFFIER (Claude-Louis), né à Arlanc en 1862, notaire à St-Alyre.

Photogravé dans 1.

RAINALDY (Henri), né à Clermont-Fd, en 1870. Homme de lettres, éditeur à Paris, auteur.

1 Photogravé dans 1; 2 Photogr. dans ce Diction.

RAINGARDE (la Vénérable), cousine du duc de Nevers et épouse de Pierre Maurice I de Montboissier.

Elle se retira, en 1115, après la mort de son mari, dans le monastère de Marcigny; s'y fit religieuse. Elle y mourut le 24 juin 1134. Gravée en 1639, in-4, par Van Lochou dans la vie des religieuses célèbres publiée par ce graveur.

RAMEAU (Jean-Philippe), né à Dijon, en 1683, mort à Paris en 1764.

Célèbre compositeur-musicien, organiste de la cathédrale de Clermont-Fd en 1717-1721. 1 Le père Le Long, tome IV, p. 255 Bibl. historique, cite 5 portraits gravés de lui. ; 2 Gravé réduit d'après un portrait réduit du n° 1 pour l'Auvergne illustrée.

RAMOND DE CARBONNIÈRES (le baron L.-François Elisabeth), préfet du Puy-de-Dôme (1806-1814).

Député, naturaliste, membre de l'Institut, né à Strasbourg en 1755, mort à Paris en 1 Gravé in-8 ovale; 2 Gravé sur bois dans J.

DE RASTIGNAC (voir de Chapt de Rastignac).

RAVEL (Joseph-Marie) né à Cunlhat en 1862. Professeur au lycée de Clermont-Fd.

Photogravé dans 1.

RAYMOND (Mme), née Montel (Voir Montel).

RAYMOND (Françoise-Henriette, fille de François de la compagnie des Indes.

Mariée en 1782 à F.-M. Guillaume Teyras de Grandval, commissaire des guerres. Portrait peint au château d'Haut-Teyras (Puy-de-Dôme), chez M. Côme Teyras de Grandval. Cette dame est dans un élégant costume bleu; elle tient à la main un oiseau des îles.

RAYNAUD (Mary), dit de Sailhans, né au château de Sailhans, commune d'Andelat (Cantal).

Lieutenant à l'armée de la Loire. Directeur de la fameuse banque d'Etat, à Paris, qu'il créa en 1879 et qui a fait une faillite retentissante. Gravé sur bois dans la « France industrielle », n. du 10 mars 1889.

REBOUL (Emile), préfet du Puy-de-Dôme de 1885 à 1888.

Né en 1836. Gravé sur bois dans J.

REBOUL DU SAUZET, mariée à M. du Charriol, sous Louis XIV.

Peinture sur toile, chez M. le vicomte d'Aubeterre, à Marsat (Puy-de-Dôme).

REBOUL DU SAUZET (N.). Vivant en 1760.

Peinture sur toile, chez M. Paul de Bellaigue, à Clermont-Ferrand.

REBOUL DU CHARIOL (Anne), mariée le 22 janvier 1760 à Gilbert de Tissandier, écuyer, conseiller à la cour des aides de Clermont-Ferrand (Voir de Tissandier).

Peinture sur toile, à M. Paul de Bellaigue, à Clermont-Ferrand.

RECHAT (Léon), né à St-Maurice de Pionsat en 1859. Professeur à l école primaire supérieur de Clermont-Ferrand.

Photogravé dans I.

DE RECLESNE (Le comte Abraham). Mort victime de la Terreur, à Paris, le 23 avril 1794. Marié à Marie-Marguerite de Rollat (Voir DE ROLLAT).

Portrait peint sur toile. Galerie de M. le marquis de Montlaur, au château de Lyonne (Allier).

REGNAULT DU MOUTIER - MAL-CARD (Elisabeth-Victoire), mariée, le 10 août 1806, à Antoine Valère de Cressac, vicomte de Bachelerie.

Peinture sur toile de 1 m. 50 sur 1 m., en pied, regard. à g., tenant un bouquet de violettes à la main. Galerie du château de Chateaubrun (P.-de-D.) 2 en buste, cadre du temps, même galerie.

DE REHEZ.

Très noble et très ancienne famille originaire d'Autriche ; venue en Lorraine en 1550. Marquis d'Effiat, en Auvergne, comtes de Sampigny, seigneurs d'Issoncourt, etc.

DE REHEZ D'ISSONCOURT (Louis-Ignace, comte de Sampigny. Marquis d'Effiat. Grand bailli de Falkenstein.

Gouverneur de Commercy, conseiller d'Etat du duc Léopold. Né en 1671, mort en 1712. Marié à Henriette-Claire Oryot d'Aspremont de Jubainville (voir ce nom). Peint en pied, grandeur naturelle. Galerie de M. le comte de Rehez de Sampigny, château de la Forest de Viry (Allier) : reproduit dans cet ouvrage.

DE REHEZ DE SAMPIGNY (Gabriel-François, comte de Sampigny, marquis d'Effiat, mestre de camp de cavalerie.

Né en 1697, mort en 1776. Marié à Antoinette de Vernaizon en 1732 (voir ce nom). Portrait peint en buste. Galerie de M. le comte de Rehez de Sampigny. Château de la Forest de Miry (Allier) (reproduit dans ce Dictionnaire).

DE REHEZ DE SAMPIGNY (Ignace-Hyacinthe), comte de Sampigny de Bussières.

Capitaine de Royale-Marine (1764) lieutenant des maréchaux de France à Riom (1771). Né le 18 nov. 1738, mort en 1819. Chevalier de St-Louis. seigneur de Saulnat. Portrait en buste peinture, galerie de M. le comte de Rehez de Sampigny, château de la Forest de Viry (Allier). (reproduit dans ce Diction.).

DE REHEZ DE SAMPIGNY (Victor, comte), comte de Sampigny d'Olhat. Lieut.-général de la sénéchaussée d'Auvergne, à Riom (1764), né en 1741, mort en 1788.

1 Peint sur toile, galerie de M. le comte de Rehez de Sampigny, château de la Forest de Viry (Allier) ; 2 Gravé dans l'Auvergne illustrée et ce Dictionnaire.

DE REHEZ DE SAMPIGNY (J.-B.), capitaine de dragons (1749). Comte de Sampigny de Denone.

Peint sur toile. Galerie de M. le comte de Rehez de Sampigny, château de la Forest de Viry (Allier). Reproduit dans ce Dictionnaire.

DE REVEILHES (Pierre), abbé de l abbaye d'Aurillac du 3 fév. 1598 au 6 mai 1606.

Charmant médaillon en terre cuite, avec son portrait, daté de 1600. Dans le genre du premier Dupré. A M. J. Manhès, à Aurillac (Cantal).

DE REYNAUD (François-Dominique), comte de Montlosier, né à Clermont-Fd le 16 avril 1755. Mort dans cette ville en 1838, enterré dans sa propriété de Randanne.

Ecrivain. Il avait été député de la noblesse de la sénéchaussée de Riom à l'Assemblée nationale, en 1789. Emigra. Pair de France (1832). 1 Imp. lith. de Mlle Fromentin, in-fol. ; 2 Mauria, lith. dessiné d'après nature. 1826, in-fol. : 3 J. Boilly lith. in-8 vers 1825 ; 4 Lith. de Ducarme 3/4 à g. in-8 ; 5 Courbe sc. in-8 ; 6 Letellier sc. in-8, ; 7 Lefèvre jeune sc., in-8 ; 8 Prof. à dr. in-8, 3 lignes ; 9 eau forte dans un carré in-18 de 3 4 à g. ; 10 Dans la France pittoresque en-petit ; 11 Lith. médaillon voir Fl ; 12 Lith. voir B ; Buste au château de Barante (P.-de-D.) ; 14 Médaillon par Chalonnax, au musée de Clermont-Fd ; 15 Buste par Chalonnax, au musée de Clermont.

REYNAUD DE BOULOGNE (Jérôme-Annibal-Joseph), baron de Lascours (C. ✳). Né en 1761, mort en 1835. Préfet du Puy-de-Dôme de 1814 à 1815.

Gravé sur bois dans J.

RIBEROLLES DES MARTINANCHES (Gilbert) né à Thiers en 1749, fabricant de papiers.

Receveur général des finances du Puy-de-Dôme ; député du Tiers-Etat en 1789. Mort à Thiers en 1828. 1 Gravé sur bois dans J. 2 Imbert del. Mlle Noolé sc. in-4 ; 3 Lith. medaillon. voir A.

RIBEROLLES (Barthelemy), né à Thiers en 1787, mort à Paris en 1859 (O. ✳). député du Puy-de-Dôme (1827-1831).

Gravé sur bois dans J.

DE RIBES (Catherine), mariée le 22 mai 1537 à Jean de Chardon, seig. dudit lieu, près Allègre.

Peinture de 0,45 sur 0,37, robe gris-blanc, ouverte, col Médicis bordé de dentelles. coiffe blanche formant la pointe sur le front. 1 Galerie de M. Grellet de la Deyte, à Allègre (Haute-Loire) ; 2 Reproduction du n° 1 dans ce Dictionnaire.

DE RIBES (Marguerite), mariée le 25 nov. 1595, à Claude-François du Prat, seigneur de Cornais,

Peinture sur toile au château de la Barge (P.-de-Dôme).

DE RIBEYRE (Michelle), née à Clermont le 10 février 1630, mariée en 1640 à Guillaume de Monthoisnes-Beaufort-Couillac, baron de Pont-du-Château.

Superbe portrait sur toile, attribué à Mignard à l'hôpital général de Clermont-Ferrand.

DE RIBEYRE (Paul), seigneur de St-Sandoux, Travers.

Trésorier de France à Riom, en 1630, puis premier président à la cour des aides de Clermont (1645-1661), conseiller d'Etat ; testa en 1660. 1 Peinture sur toile ; dessin dans la collection Desbouis ; 2 Photolith. voir D, d'après le n. 1 ; reproduite dans le présent Dictionnaire.

DE RIBEYRE (Paul), né à Clermont-Ferrand, le 2 Décembre 1691.

Vicaire général de l'Evêché de Clermont. Evêque de St-Flour (1752-1776), mort à St-Flour le 8 juin 1776. 1 Peinture sur toile au château de Durtol (P.-d.-D) ; 2 Lith. voir B ; 3 Lith. médaillon, voir A.

RIBEYRE (Félix), né à Pont-du-Château, le 6 juin 1831. Littérateur. Auteur : journaliste de talent.

Photographie de Nadar, in-8, collection de M. l'abbé Teytard, curé à Aubière (Puy-de-Dôme).

DE RIBIER.

Famille noble de la Haute-Auvergne, estimée par son ancienneté et la suite de personnages savants qui l'honorent.

DE RIBIER (Catherine).

Voir la gravure d'un tableau votif de Bassignac (Cantal) dans : Charlus Champagnac et ses seigneurs, par le docteur de Ribier, (p. 130).

DE RIBIER DE TAUTAL (Pètre-Jean), garde du corps du roi, blessé à Oudemarde en 1709.

Né le 19 février 1684, mort en 1736. Chevalier de St-Louis. Peinture sur toile de 12. En costume de garde du corps et la croix de St-Louis. Galerie de M. le docteur Louis de Ribier.

DE RIBIER DE LAYRE (Antoine), capitaine au régiment de Royal-la-Marine. Chevalier de St-Louis. Né en 1738, mort en 1795.

Peint sur toile de 12, ovale, en costume de capitaine avec la croix de St-Louis. Galerie de M. le docteur Louis de Ribier.

DE RIBIER DE TAUTAL (Marc-Antoine, gendarme écossais. Né en 1748, mort en 1803.

Peint sur toile de 12, ovale, en costume des gendarmes écossais. Galerie de M. le docteur Louis de Ribier.

DE RIBIER DE CHEYSSAC (Guillaume). Erudit et poëte. Né au château de Layre, près Saignes, le 15 avril 1774, mort à Cheyssac, le 23 oct. 1842. Auteur de la *Statistique de la Haute-Loire*.

1 Peinture sur toile de 12, jeune. Costume du Directoire. Galerie de M. le docteur Louis de Ribier ; 2 le n. 1 reproduit dans ce Dictionnaire ; 3 plus âgé, costume de 1840, appartient à M. Eugène de Ribier Cheyssac, son arrière petit-fils, à Paris ; le nôme, chez M. Oscard de Ribier, au château de Tournebize (Puy-de-Dôme).

DE RIBIER DU CHATELET (Jean-Baptiste), né au château de Layre, près Saignes, le 18 août 1779, mort au Chatelet, le 3 décembre 1844.

Auteur savant du Dictionnaire historique et statistique du Cantal, 6 vol. in-8. Frère du précédent. 1 Peinture sur toile de 12, Costume du Directoire ; galerie de M. le docteur Louis de Ribier, à Chatelguyon ; 2 Reproduction dans ce Dictionnaire.

DE RIBIER (Marc-Antoine-Théophile), né en 1801, mort en 1865. Epoux d'Hortense Chevalier du Fau (Voir CHEVALIER DU FAU).

Peint sur toile de 12. Possédé par M. Arthur de Ribier à St-Vincent (P.-de-D.)

DE RIBIER (Jean-Philippe-Emile), né au château de Tautal-Soubro, près Menet (Cantal) le 12 septembre 1805, mort à Champagnac (Cantal), le 10 septembre 1881.

Maire de Champagnac. Conseiller général du Cantal, juge de paix du canton de Saignes (1868-1879). Pastel de 12. En costume de juge avec la toque. Galerie de M. le docteur Louis de Ribier et chez M. de Ribier, au château de Tournebize (P.-de-D.)

DE RIBIER DE CHEYSSAC (Gabriel), ministre plénipotentiaire (✳). Né en 1831, mort en 1895.

2 portraits à l'huile à son fils, M. Eugène de Ribier, à Paris.

DE RIBIER (Elia), née en 1839, morte en 1884.

Mariée à M. Denis de Laveyrie. Crayon, au château de la Barthe, près Laroquebrou (Cantal). Galerie de M. le docteur Louis de Ribier.

DE RIBIER DE LAVENDÈS (Gabrielle) née en 1839, morte en 1872. Mariée à Henri Courbaire de Marcillat.

Grand tableau en pied, à l'huile. Grandeur nature, chez M. Courbaire de Marcillat au château de Marcillat (Puy-de-Dôme).

DE RIBIER (Marc-Antoine-Henri-Oscar), né en 1842, vivant, lieutenant au 17e dragon.

1 Peinture originale, en costume, à M. le docteur Louis de Ribier. ; 2 Autre au pastel, à M. de Ribier, château de Tournebize (Puy-de-Dôme).

DE RIBIER (Hugues-Arthur), né en 1847. Vivant. Epoux de Maria Prades (voir PRADES).

Peinture chez M. Arthur de Ribier à St-Vincent (Puy-de-Dôme).

DE RIBIER (Félicie-Hortense-Marie), née en 1876, morte en 1901.

Pastel, ovale, chez M. Arthur de Ribier, à St-Vincent (Puy-de-Dôme).

DE RIBIER (Pètre-Jean-Gabriel-Marie-Raoul), né en 1867, mort en 1899. Officier au 8e dragons.

Pastel en costume de dragons. Galerie de M. le docteur Louis de Ribier.

DE RIBIER (J.-B.-Gabriel-R.), né en 1841, conseiller général du Cantal, vivant.

Peint sur toile de 12. Galerie de M. le docteur Louis de Ribier.

DE RIBIER (Louis), docteur en médecine, médecin consultant à Châtel-Guyon, auteur savant.

Né en 1876. A épousé Armande Perrin (voir ce nom). Fils du précédent. Portrait peint sur toile de 15. Galerie de M. le docteur Louis de Ribier.

DE RIBIER (voir DE SOUALHAT DE FONTALARD).

DE RIBIER (voir DE SARTIGES).

DE RIGAULD (Amable-Laurent) propriétaire du château de la Terrasse (P.-de-D.), en 1851.

Peinture sur toile au château de la Barge (P.-de-D.)

RIQUE (Antoinette) épouse de Jean-Joseph de Nervo, conseiller à la cour des monnaies de Lyon, mort en 1739.

Peinture sur toile au château de Montmarye (P.-de-D.).

RIVET-DECOMBE (né à Châteldon en 1847, entrepreneur à Châteldon, conseiller d'arrondissement.

Photogravé dans 1.

DE RIVOIRE (Charlotte), épouse d'Antoine de la Barge, seig. de la Barge, morte en 1539.

1 Vitrail de la chapelle du château de la Barge ; 2 Gravé dans l'Auvergne illustrée, d'après le n° 1.

ROBERT (Emmanuel), né à Clermont-Fd. en 1864. Architecte à Clermont-Fd.

Photogravé dans 1.

RICARD (Aug.), dit de Montferrand, né à Chaillot, le 24 janvier 1786, dont la mère, née Commarieu était sage-femme à Montferrand et le père architecte à Clermont-Fd.

Elevé à Montferrand il en a pris le nom qu'il a immortalisé, à St-Pétersbourg comme architecte, en élevant l'église d'Isaac, la colonne Alexandrine (1832), la statue équestre d'Alexandre II (1836). Ecrivain, archéologue savant, collectionneur, académicien, professeur à l'Académie de St-Pétersbourg, conseiller d'Etat, etc. Il est mort sans enfants, à St-Pétersbourg, le 11 juillet 1858. 1 Portrait gravé dans « l'Illustration » du 21 août 1858 et que nous reproduisons ; 2 Gravure au burin (rarissime) le représentant des 3/4 à gauche, d'après son buste, inachevé à cause de sa mort, gravure due au russe Androuzssey ; 3 Portrait dessiné et gravé par Boulé ; 4 Miniature donnée, en 1903, à la Biblioth. nation. par la marquise de Cussy, sa parente ; 5 Son buste au musée de l'Académie des Beaux-Arts, à St-Pétersbourg ; 6 Sa caricature (statuette en stuc), reproduite dans cet ouvrage, d'après un exemplaire, à M. Paul de Bellaigue, à Clermont-Ferrand, qui a été porté de St-Pétersbourg.

RICHARD DE SOULTRAIT (le comte Gaspard), receveur des finances en 1811.

Grand père maternel de Jean, vicomte de Matharel. Marié à Esther de Champs de St-Léger (Voir ce nom). Portrait peint de la galerie du château de la Grangefort, à M. le vicomte Jean de Matharel.

RICHARD DE SOULTRAIT (Lucie), mariée à M. Marie-Victor, vicomte de Matharel.

1 Pastel de Sewrin, fait vers 1850. Galerie de la Grangefort, à M. le vicomte de Matharel ; 2 Le n. 1 reproduit dans cet ouvrage.

DE RICHELIEU (Voir DU PLESSIS).

RICHIER (Michel-Amable), né à Riom en 1754.

Architecte du théâtre français à Paris, dont il a donné les plans (1789). Mort à Riom le 18 juin 1836. 1 Portrait chez feu M. Emile Thibaud, son parent ; 2 Lith. médaillon voir A.

RIGAL (Jean-Eugène-Hyacinthe-Camille), né à Neuvialle (Cantal) en 1835, conseiller à la cour d'appel de Riom (✷).

Photogravé dans 1.

RIQUETTI (vicomte de Mirabeau André-Boniface-Louis) dit Mirabeau Tonneau.

Né à Paris en 1735, mort à Fribourg en Brisgaw, en 1792. Frère du grand orateur. Colonel du régiment de Touraine-Cavalerie. Député de la noblesse de la sénéchaussée de Limoges en 1789. Il vint au Mont-Dore en 1789 et, là, prodigua des repas pantagruéliques. On a donné au Mont-Dore le nom de salon de Mirabeau à un bois où il se prodiguait en festins. 1 Des. in-4 à la Biblioth. nation. (T. II, p. 39) ; 2 Chez Levachez in-4 ; 3 Des. in-8 à la B. N. (T. III) ; 3 Labadye del. Courbe sc. in-8 ; 5 de face, ovale in-8, chapeau à plumes ; 6 de face, ovale in-8 ; 7 de face, in-8, 3 lig. ; 8 prof. à g. médaillon in-18 au bas sig. Mirabeau ; 9 (j'ai un dessin d'une eau-forte non signée, in-8). Il existe des caricatures.

DE ROBERT DE LIGNERAC (Claudine).

Mariée à M. de la Salle, baron de la Rodde. Voir M.

ROBERT (Auguste) d'abord juge d'instruction, maire de Riom (1864-1870).

Gravé dans « l'Histoire de St-Gervais d'Auvergne », par A. Tardieu et Madebène.

ROBIN (Louis-Michel), né à Gerzat en 1861. Pharmacien à Clermont-Ferrand.

Photogravé dans 1.

ROBERT DE LIGNERAC (voir DE HAUTEFORT).

ROCHE (Jean-Félix), curé de Lamontgie, fondateur des religieuses Notre-Dame.

Fils de Guillaume et de Gabrielle Bardy. Né à St-Etienne-sur-Usson, le 7 nivose an XIV, décédé à Lamontgie le 11 novembre 1877. Photogravure, d'après une photographie, dans ce Dictionnaire.

DE ROCHEBARON (voir DE CHALENÇON).

DE ROCHEBONNE (voir DE CHATEAUNEUF DE ROCHEBONNE).

DE ROCHECHOUART (voir LE LOUP).

DE ROCHEFORT D'ALLY (Pierre), marquis de St-Vidal, baron du Thiolant, dit le Chevalier d'Ally, marié en 1707 à Thérèse de Vogué (voir ce nom).

Fils de Claude et de Marie de Julien de Binezac. Peinture de 0,90 sur 0.50. En armure, écharpe blanche. A M. le comte d'Apchier Le Maugin ; 2 Copie du n° 1 au château du Thiolant (Hte-Loire), 0,80 sur 0,62.

DE ROCHEFORT D'ALLY.

Deux portraits des marquis de Rochefort d'Ally du Thiolant, barons de la Tour-St-Vidal. Peinture sur toile de 1m40 sur 0,80. Galerie du château de Brassac (P.-de-D).

DE ROCHEFORT D'ALLY (Marie-Marguerite-Henriette).

Fille de Pierre-Joseph, marquis d'Ally de la Tour St-Vidal, seig. du Thiolant, Vergezac, etc. et d'Irène-Ursule de la Vaissière de Cantoinet ; marié le 3 septembre 1767, à Jean-Joseph III, marquis d'Apchier, maréchal de camp. 1 Peinture par un inconnu, 0,60 sur 0,55. Buste. Robe velours bleu, enveloppée d'un manteau velours rouge doublé d'hermine. A M. le comte d'Apchier Le Maugin ; 2 Pastel, 0,55 sur 0,49. Château du Thiolant (Haute-Loire) ; 3 Reproduction dans cet ouvrage.

DE ROCHEFORT D'ALLY (Charles, dit le Chevalier).

Maréchal de camp, en 1763. Lieutenant des armées

du roi, chevalier de St-Louis, mort sans postérité. Oncle de la précédente. Peinture sur toile de 0,66 sur 0,55. Au château de Thiolant (Hte-Loire).

DE ROCHEFORT D'ALLY (voir DE GINESTOUX).

DE ROCHEFORT D'ALLY (voir DE VOGÜÉ).

DE ROCHEFORT (Joséphine).

D'une famille bourgeoise de Clermont-Fd. Mariée à M. Choriol, notaire à Eygurande (Corrèze). Vivant en 1770. Peinture sur toile, à Mme Grenier, née Choriol de Ruère à Brioude (Haute-Loire) ; reprod. dans cet ouvrage.

DE ROCHEMAURE (Mlles) grandes tantes maternelles de Marie-Victor, vicomte de Matharel.

Pastel de 1705. Galerie du château de la Grangefort à M. le vicomte Jean de Matharel.

DE ROCHEMONTEIX (voir DE CHALVET).

ROCHETTE DE LEMPDES (Marguerite, femme de Charles Poisson, écuyer, trésorier-général de France, en 1670.

Peinture sur toile. Galerie du Puy-Béni, à M. Rochette de Lempdes.

ROCHETTE (Maurice), docteur en Sorbonne, vicaire général du diocèse de Clermont (1692-1715).

Abbé commendataire de Meymac (Corrèze). Agrégé à la communauté des missionnaires du diocèse de Clermont. Peinture sur toile. Galerie du Puy-Béni, à Vertaizon (Puy-de-Dôme), à M. Rochette de Lempdes.

ROCHETTE (Blaise II), fils de Blaise Ier et de Marguerite de Frontfreyde.

Epousa : 1°, vers 1640 Magdeleine Fayette et 2e vers 1670 Anne Dumas. Portrait peint. Galerie du Puy-Béni, à Vertaizon (Puy-de-Dôme), à M. Rochette de Lempdes.

ROCHETTE DE LEMPDES (Antoine), fils du précéd., avocat du roi au bureau des finances à Riom en 1670, seig. de Lempdes. Mort en 1675.

Portrait peint à Manson (Puy-de-Dôme), chez M. Rochette de Lempdes.

ROCHETTE DE LEMPDES (Blaise III), conseiller à la cour des aides de Clermont-Fd, mort en 1729, sans enfants.

Portrait peint à Manson (Puy-de-Dôme), chez M. Rochette de Lempdes.

ROCHETTE DE LEMPDES (Blaise IV), écuyer, seig. de Lempdes, né en 1714, marié en 1746 à Marguerite de Forget du Château.

Peinture sur toile. H. Hubart, 1772. Galerie de Puy-Béni, à M. Rochette de Lempdes.

ROCHETTE DE LEMPDES (Jeanne-Félicité), fille du précédent.

Née le 18 juillet 1771, mariée en 1795, à Marie, marquis de St-Giron, officier aux dragons d'Orléans. Morte sans enfants. Peinture sur toile. Galerie du Puy-Béni, à M. Rochette de Lempdes.

ROCHETTE DE LEMPDES (Jean-Jacques), vivant en 1791. Marié à Marie-Anne Félicité de Freydefont de Marcillat (voir ce nom).

Portrait peint sur toile. A M. Rochette de Lempdes, à Manson (Puy-de-Dôme).

ROCHETTE DE LEMPDES (Jean-Charles-Guillaume), époux de Louise de Pierre d'Hauteribe.

Peinture sur toile de 1847, par Chaplin. Galerie du Puy-Béni, à M. Rochette de Lempdes.

ROCHETTE DE LEMPDES Léon-Blaise, né le 9 juin 1809, officier de la garde royale. Décédé à Clermont-Fd. Amateur de goût d'objets d'art.

Portrait gravé dans cet ouvrage d'après celui conservé dans la famille.

ROCHETTE (Maurice), écuyer, seigneur de Malauzat, né en 1699, mort en 1752, marié en 1729 à Bonne Faydit.

Peinture de 80 sur 65. Galerie de M. Robert de S. du Corail, à Riom.

ROCHETTE DE MALAUZAT (Amable).

Né en 1743, mort en 1805, écuyer, chevalier de St-Louis, capit., aide-major au rég. Lyonnais, fils du précédent, marié, en 1774, à Jeanne Teillard de Saunat. 1 Portrait à l'huile, carré, à M. Robert de S. du Corail, à Riom ; 2 Peinture copie (au même).

ROCHETTE DE MALAUZAT (Marie), fille de Paul, écuyer, maire de la ville de Riom et de Marie Rochette de Malauzat.

Mariée, le 16 septembre 1782, à Antoine de Sablon du Corail. Morte le 10 mars 1845. Peinte à l'huile, ovale, 0,80 sur 0,67. Galerie de M. Robert de S. du Corail, à Riom.

DE ROCHEVERT (voir VALETTE DE ROCHEVERT).

ROCHIAS (N), de Thiers.

Pastel de 1780 environ., chez M. Malherbe, à Clermont-Ferrand.

DE LA ROCQUE (Marguerite), fille de Jean et de Catherine Béral, mariée le 25 juin, 1661, à René Teillard.

Peinture à l'huile de 0,60 sur 0,50. Galerie de M. Robert de Sablon du Corail, à Riom.

RODDE (Anne), seigneur de Chalaniat, la Faye, Confolent.

Né en 1755 ; officier au régiment Royal-Cravate-cavalerie, en 1780. Portrait peint à la Sauvetat (P.-d.-D.), chez M. Charles Rodde de Chalaniat.

RODDE (Jean-François-Victor).

Né au Puy en 1793, mort à Paris le 31 déc. 1835. Rédacteur en chef du journal Le *Bon Sens*. Lith. de Junga, in-4, dans la « Bibliographie des hommes du jour ».

ROGER (Pierre), élu pape sous le nom de Clément VI.

Né à Maumont (Corrèze). Son frère Guillaume Roger, comte de Beaufort, fut baron d'Herment, seig. de Pont-du-Château, en Auvergne. Pierre Roger fut bénédictin de la Chaise-Dieu, prieur de St-Pantaléon (diocèse de Limoges), puis de St-Baudille, près de Nîmes, abbé de Fécamp. Evêque d'Arras, archevêque de Sens et de Rouen. Cardinal. Elu pape en 1342. Mort à Avignon le 6 décembre 1352. 1 in-8 dans Cavallerus ; 2 in-12 sur bois dans l'Histoire des papes de Duchesne ; 3 in-4 dans l'Histoire des Cardi-

naux français de Duchesne : 4 in-8 dans l'Hist. des
cardinaux de l'abbé Roy ; 5 in-8 dans l'Hist. des
papes de l'abbé Novaes ; 6 Raverat delin. E. Leblanc
sc. in-4 (dans l'Auvergne au Moyen-Age, par Branche) ; 7 Dans le Bulletin archéologique de la Corrèze;
nous le reproduisons réduit : 8 Son mausolée dans
l'église de la Chaise-Dieu ; 9 Portrait peint au Musée
de Clermont-Fd. 0,60 sur 0,47.

ROGER (Pierre). Elu pape sous le nom de
Grégoire XI en 1371.

Frère de Nicolas Roger de Beaufort, baron d'Herment, en Auvergne. Neveu du précédent. Frère de
Marie de Roger-Beaufort, mariée à Guillaume VII,
comte d'Apchier. 1 Il existe des portraits gravés ;
2 Peinture sur fond d'or, ovale, 0.70 sur 0,60 en buste
de profil à dr. A la comtesse de La Chapelle d'Apchier, à Bournoncle (Haute-Loire).

DE ROGER-BEAUFORT (Louis), petit
neveu des papes Clément VI et Grégoire XI
qui précèdent.

Fils de Marquis, comte de Beaufort, vicomte de la
Mothe, seig. de Pont-du-Château, marié, en 1369, à
Catherine Dauphine d'Auvergne. Il épousa, en 1426,
en premières noces, Jeanne de Norry (voir ce nom).
1 Curieuse tapisserie (de 1426, environ), le représentant avec sa femme Jeanne de Norry, celle-ci élève
un faucon. Cette tapisserie est possédée par Mme de
Lagarde, à Toulouse ; 2 Gravure de la tapisserie dans
l'Auvergne illustrée.

DE ROGER-BEAUFORT (Anne-Margue-
rite) vicomtesse de Turenne, dame de Crocq,
etc.

Mariée, en 1444, à Agne IV de La Tour-d'Auvergne,
mort en 1489. 1 Lith. en couleurs en pied, d'après
une vitre de l'église des Cordeliers de Nantes (Gaignières, portefeuille VI ; 2 Costumes historiques de
la France par le Bibliophile Jacob (t. IV).

ROGNIAT (J.-B., baron), préfet du Puy-
de-Dôme en 1815 et 1830-1832.

Né en 1771, mort en 1845. Peinture du temps, chez
M. le baron Rogniat, son petit-fils à Paris.

DE ROHAN-MONTBAZON, mariée en
1622 à Claude de Lorraine, duc de Chevreuse, gouverneur d'Auvergne (1605-1631).

Elle était veuve d'Albert, duc de Luynes, connétable. Née en 1600. 1 par Jean Leblond ; 2 Varisol,
in-fol. ; 3 Stow sc. 1788 ; 4 Chez Daret, 1654 ; 5 Ba-
lechou sc. in-8, suite d'Odieuvre ; 6 Galerie de Versailles, n. 2.030 in-8 ; 9 Parding sc. in-8 dir. à dr. ;
8 Harding sc. dir. à g. ; 9 Lith. de Delpech, in-8 ;
10 suite de Moncornet in-8, dir. à dr. ; 11 Gravé par
Hebert, 1781, in-12 ; 12 Letertre gr. sur bois in-4, en
pied.

DE ROHAN-SOUBISE (Hercule-Mériadec). Prince de Soubise. Baron d'Herment,
seig. d'Eygurande, duc de Ventadour. Né à
Paris en 1669, mort en 1749. Lieut.-général
d'armée, gouverneur de Champagne. Il épousa
en 1694, Anne-Geneviève de Levis, duchesse
de Ventadour. (voir DE LEVIS VENTADOUR).

1 H. Bonnart exc. au coq. avec privilège, in-4. en
pied, à la Biblioth. nation. En costume de lieutenant-
général (très rare), daté de 1712. Voyez Iconographie
bretonne (T. II p. 206) : 2 Reproduction du n. 1
(d'après un dessin), dans le Bulletin archéologique
de la Corrèze, année 1902, gravure : 3 Gravé en couleurs (costume historique de la France par Paul Lacroix. T. VI ; 4 En pied, pour le sacre de Louis XV,
en 1722, en costume de grand maître, in-fol. (se trouve
à la calcographie du Louvre : idem, édité en in-12.

DE ROHAN-SOUBISE (Louis-François-
Jules), prince de de Soubise, frère aîné du
précéd.

Né à Paris en 1667. Capitaine-lieutenant des gendarmes de la garde du roi, en survivance de son père
(1704). Mort de la petite vérole, à Paris, en 1724. H.
Bonnart exc. au coq, avec privilège, in-folio, debout
en pied, reg. à dr., au bas 4 lignes dont la 1re est M.
le prince de Rohan.

DE ROHAN-SOUBISE (Charles), prince
de Soubise.

Né à Paris en juillet 1714. Petit-fils d'Hercule-Mériadec de Rohan-Soubise, qui précède. Maréchal de
France (1758). Baron d'Herment, en Auvergne. Mort
en 1787. Seigneur d'Eygurande (Corrèze). Duc de Ventadour. Bibliophile célèbre. Il épousa en 1734 Anne M.L.
de la Tour de Bouillon (Voir de la TOUR D'AUVERGNE).
1 Gravé in-4, en pied, pour la collection des galeries
de Versailles (n. 1497), en costume de maréchal de
France : 2 Gr. en pied, in-8, sacre de Louis XVI, Patas
sc. en grand maître de la maison du roi.

DE ROHAN-SOUBISE (Armand-Gaston)
cardinal de Soubise.

Cardinal (1747). Evêque de Strasbourg. Abbé de la
Chaise-Dieu (1749-1756). Grand aumônier de France,
membre de l'Académie française. Frère du maréchal
de Rohan-Soubise qui précède. Né en 1717 à Paris.
Mort en 1756 à Saverne. 1 Gravé par Basan in-f. ;
2 Ant. Pazzi sc. in-4 : 3 Desrochers.

DE ROHAN (Armand-Gaston-Maximi-
lien).

Né à Paris en 1674. Abbé de la Chaise-Dieu (1712-
1749). Evêque de Strasbourg (1704), cardinal (1712),
grand aumônier de France (1715), des académies françaises et inscriptions. Mort en 1749. Frère du prince
H.-M. de Rohan (ci dessous). Je cite 6 portraits de
lui dans mon Dictionnaire iconographique des Parisiens.

DE ROHAN-GUÉMÉNÉ (Louis-René-
Edouard, prince). Cardinal en 1778.

Célèbre par son affaire du Collier de la reine. Dernier abbé de la Chaise-Dieu (1756-1790). En 1787 il
fut exilé dans son abbaye de la Chaise-Dieu, après
l'affaire du Collier. Evêque de Strasbourg. Mort en
1803. Né à Paris en 1734. 1 J'ai cité 47 portraits de
lui dans mon Diction. iconog. des Parisiens : 3 Peinture à M. Emile Grenier, avocat à Brioude, 1 m. 41
sur 1 m. 12.

ROLLAND (Jean), né en Auvergne, doct.
ès lois. Cardinal (1385), évêque d'Amiens
(1376). Mort en 1388, enterré dans la cathédrale d'Amiens.

Gravé dans l'Hist. des cardinaux français par Duchesne, représenté sur son tombeau les mains
jointes.

DE ROLLAT (Marie-Marguerite), épouse
d'Abraham comte de Reclesne, mort en 1794
(voir DE RECLESNE).

Peinture sur toile. Galerie de M. le marquis de
Montlaur, au château de Lyonne (Allier).

ROLLET (Jacques), seigneur de Lauriat,
président-trésorier de France à Riom, marié
en 1673 à Perrette Aymard.

Peinture à l'huile, ovale. A Mme Alphonse de S.
du Corail née de Lauzanne, à Riom.

ROLLET DE LAURIAT (Joseph-Antoi-
ne), trésorier de France à Riom.

Administrateur et bienfaiteur de l'hôpital des incurables de cette ville. Mort en 1762. Seigneur de Ro-
chadagoux, Crouzol. Peinture sur toile à l'hôpital
général de Riom.

ROMME (Gilbert), né à Riom, en 1750, député à la Convention (1792).

Mort le 18 juin 1795, de suicide au moment de monter sur l'échafaud. Président de la Convention en en 1793. 1 H. Roussady, gravure ; 2 J. P. V. lithog. ; 3 Lith. médaillon voir A. d'ap. un dessin du temps ; 4 Gravé sur bois dans J.

DE ROQUELAURE (Antoine), maréchal de France.

Lieutenant-général du gouvernement d'Auvergne (1596) Mort vers 1600. 1 Gravé dans la collection des galeries de Versailles ; 2 Voir B.

DE ROQUÉLAURE (Gaston-François-Baptiste, duc, seigneur de Pontgibaud, en Auvergne. Pair de France. Célèbre bouffon.

Né en 1617, mort en 1683. Lieutenant-général, gouverneur de la Guyenne. Créé duc et pair en 1652. On lui prête une foule d'anecdotes qui ne sont pas de lui. 1 Mariette in-folio ; 2 Trouvain in-folio ; 3 in-12 gr. ; 4 Reproduction dans l' « Auvergne illustrée » du n. 3 ; 5 Estampe de Bonnart (costume Louis XIV, T. I) reproduit en couleurs dans les costumes historiques par Paul Lacroix.

DE ROQUELAURE (la duchesse). (Voir DE DAILLON DU LUDE).

DE ROQUELAURE (Marguerite).

Mariée, en 1763, à Alexis de la Salle, comte de Viginel. Morte au château de Gondole (Puy-de-Dôme), en 1813. Voir M. Reproduite dans cet ouvrage.

DE ROQUEMAUREL (Mme la marquise) en 1792.

Ce joli portrait (rare) dessiné par Fouquet, gravé par Quenedey, au physionotrace, en 1792 est celui de Marie de Peyrat de Jugeals, mariée en 1782, au marquis de Roquemaurel. Elle mourut à Paris en 1794. Il existe encore d'elle une miniature au marquis de Roquemaurel au château de Lamothe (Lot-et-Garonne).

DE ROSAMEL (Claude-Charles-Marie de CAMPE, né à Rosamel (Pas-de-Calais) en 1774, mort à Paris en 1848. (G. C. ✱).

Contre-amiral en 1823, ministre de la marine, pair de France. Député du Puy-de-Dôme en 1839. Gravé sur bois dans J.

ROSE (Antoine), évêque de Clermont (1609-1614).

1 Gravé (très rare) par Charpignon, à ses armes. Collect. de la Biblioth. nationale, à Paris ; 2 Reproduction (réduite) du n. 1 dans ce Dictionnaire ; 3 Voir B.

DE ROSTAING (Jean, comte).

Seigneur de Vauchette, Rivas, chevalier de l'ordre, lieutenant pour le roi en Auvergne, capitaine. Châtelain de St-Germain-Laval (1498). 1 Henry Chesneau 1660, in-fol. en pied avec sa généalogie et la bataille de Marignan (1515), Diane et ses chiens (curieuse gravure) ; 2 Le Poëte fécit médaillon in-48.

ROUGANE DE CHANTELOUP (le comte), né à Vichy en 1801. Mort à Clermont-Fd en 1890.

Colonel. Maire de Clermont-Ferrand (1876). Créé comte romain. 1 Buste superbement exécuté, dû au talent de son fils, le comte Fernand Rougane de Chanteloup ; 2 Copie du n. 1 au musée de Clermont-Fd. ; 3 Gravé d'après le n. 1 dans ce Dictionnaire.

ROUHER (Eugène), né à Riom le 30 nov. 1814. Mort à Paris en fév. 1884.

Avocat à Riom. Député du Puy-de-Dôme en 1848. Président du conseil d'Etat (1863). Président du Sénat. Célèbre homme d'Etat. 1 Lith. in-fol. suite des députés de 1848 ; 2 Gravé dans C ; 3 Belle peinture sur toile au musée de Riom, par Cabanel, en pied ; 4 Sa charge par Touchatout, in-8 ; 5 Gr. in-12 ; 6 Gr. sur bois in-4, 1869 ; 7 Lith. par Coxles, in-4 ; 8 Panthéon des illustrations françaises du XIXe siècle, in-folio, lithogr ; 9 Buste par Chalonnax, au musée de Riom ; 10 Gravé dans ce Dictionnaire.

ROUHER (Louis), docteur-médecin à Artonne où il est né, le 12 août 1870.

Photogravé dans I.

ROUSSEAU (J.-B.-Bravy), né à Clermont-Fd en 1842. Libraire, auteur.

Photogravé dans I.

ROUSSEL (Victor), né à Clermont-Fd, en 1849. Bibliothécaire de l'Institut Pasteur, dessinateur lithographe.

Photogravé dans I.

ROUSSIÈRE (François), né à Messeix (P.-de-D.., le 27 mars 1859, directeur de l'Institut des sourds-muets d'Alger, qu'il dirige avec un talent merveilleux ; aimé, estimé.

1 Photogravé dans I ; 2 Photh. dans ce Dictionnaire d'après une photographie de 1904 ; 3 Peinture sur toile de 1898 de Michel Sturla, assis jusqu'à mi-jambes (chez M. Roussière).

DE ROUSSILLON (Françoise).

Née en 1736, mariée en 1755 à Guillaume comte de la Salle. Peinture attribuée à Boucher. Voir M.

ROUX (A., peintre, d'Auvergne.

Portrait peint en 1888. Donné par sa veuve au musée de Riom.

ROUX (Honoré-Didier, avocat, né à Clermont-Fd en 1821, mort audit lieu en 1890).

Député du Puy-de-Dôme en 1871, 1876. Gravé sur le placard du « Monde illustré », n. 473. Année 1873.

ROUX (Olivier), né à Varennes près d'Issoire, en 1858. Avocat, maire d'Artonne.

Photogravé dans I.

ROY (Antoine, dit Jean). Né à Gelles, le 17 avril 1773, mort audit lieu le 23 août 1853.

Juge de paix du canton de Rochefort. Poète patois du plus grand talent. Son *Tirage* ou les *Sorciers* est un chef-d'œuvre. 1 Miniature contemporaine dans sa famille ; 2 Lith. médaillon. Voir A. d'après le n. 1 ; 3 Voir C. ; 4 Gravé dans ce Dictionnaire.

DES ROYS D'ECHANDELYS (Marie-Marguerite).

Mariée en 1761 à Annet-Marie de la Chassaigne, comte de Sereys, seigneur de Chomelix-le-Bas, co-seigneur de St-Genès-la-Tourrette, etc. Fille de Claude, chevalier, seigneur d'Echandelys, baron des Enclos, etc. et d'Anne de Morel de la Colombe de Lachapelle. Peinture sur toile de 0,65 sur 0,56, de 3/4 à droite. Appartenant au comte de Sereys, château de Vicq (Allier) ; copie du même. Galerie du vicomte de Sereys, château de Plauzat (Puy-de-Dôme).

DES ROYS (le comte Claude-Etienne-Annet). Né au château d'Echandelys le 13 sept. 1754,

Grand sénéchal d'épée du haut et bas Limousin (1789). Présida les assemblées de la noblesse d'Auver-

Galerie de M. le duc de la SALLE de ROCHEMAURE.

Jean de la SALLE,
comte de Val le Chastel,
gouverneur de Tréguier, (1517).

Robert de la SALLE, commandeur de
Montbrison, en 1665 ; tué en 1687
au siège de Candie.

Isabeau de BOUCHET de
Rochemaure, mariée en 1692
à Joseph, comte de la
Salle, marquis de Marze.

Marie de la SALLE, de Tréguier, mariée, en 1695, à
Claude de Damas.

Catherine de PELLISSON,
mariée en 1627, à Louis, comte
de la Salle, marquis de Marze.

Marie de FORCEVILLE, mariée, en 1882,
à Louis-Félix, duc de la Salle de
Rochemaure.

Anne de CHALENÇON de
Rochebaron, mariée, en 1548
à Damien de la Salle seig.
du Colombier.

Jeanne de SCORAILLES,
mariée en 1437, à Pierre, baron
de la Salle.

Louis de la SALLE de Puy-
germaud, chanoine-comte
de Brioude, 1690).

Claude de la SALLE, du Colombier, grand prieur d'Auvergne
gd maréchal dudit ordre, (1596).

Gabrielle de FAY de la Tour-
Maubourg, mariée en 1557,
à Jean de la Salle, baron de
Larodde.

22

gne. Membre de l'Assemblée constituante. Mort à Avrilly (Allier), en 1823. 1 Miniature du temps dans sa famille. 2 Lith. médaillon. Voir A, d'après le n.1 ; 3 Gravé dans ce Dictionnaire.

DES ROYS (Ernest-Gabriel, marquis, né à Paris le 4 avril 1836. Mort en 1904.

Député de la Seine-Inférieure 1871. Photh. in-12 de Le Jeune, dans notre collection. Voir Dictionnaire Iconographique des Parisiens.

RUDEL DE MIRAL (Claude-Antoine), seigneur de Chassangues et de la Foulhouse, né à Chauriat le 20 sept. 1719, mort au château du Miral le 18 juin 1807.

Avocat au parlement, maire de Thiers, membre de plusieurs assemblées législatives. Marié en 1756 à Anne Buisson (Voir Buisson). 1 Portrait peint au château du Miral (Puy-de-Dôme), en costume d'échevin ; 2 Gravé sur bois dans J.

RUDEL (Philippe-Philibert), prêtre, chanoine et chantre du chapitre collégial de Vertaizon.

Né à Chauriat le 4 mars 1725, mort à Vertaizon le 4 mars 1809. Frère du précédent. Portrait peint au château du Miral (Puy-de-Dôme).

RUDEL (Pierre-Antoine), avocat au Parlement, prêtre, doct. en théologie.

Chanoine et prévôt de l'église collégiale de Lezoux, prévôt du chapitre de Vertaizon, etc. Né à Chauriat le 6 novembre 1734, mort audit lieu le 10 avril 1824. Frère du précédent. Portrait peint au château du Miral.

RUDEL (François-Joseph, chevalier du Miral (par concession du roi Louis XVIII) ; né à Thiers le 17 juin 1766, mort au château du Miral le 26 nov. 1855.

Colonel de cavalerie, maréchal des logis des gendarmes de la garde du roi ✠ et du Lys. Fils ou neveu des 3 précédents. 1 Portrait peint au château du Miral, fort jeune ; 2 Portrait plus âgé, même château ; 3 Gravé dans ce Dictionnaire.

RUDEL DU MIRAL (Pierre, né à Thiers le 11 août 1768, mort à Chauriat, le 4 août 1846.

Propriétaire du château d'Illogne (Allier), lieutenant de Poitou, puis juge de paix sous la Restauration (canton de Vertaizon). Frère cadet du précédent. 1 Portrait peint au château du Miral, avec son frère François-Joseph, jeune ; 2 Portrait plus âgé, même château.

RUDEL DU MIRAL (Charlemagne-Godefroy-Francisque), né à Clermont-Ferrand, le 11 avril 1812, mort au château de la Villeneuve (Creuse) le 14 janv. 1884.

Avocat général à la cour de Riom 1846, député du Puy-de-Dôme 1852-1870. Vice-président de la Chambre, avocat de l'impératrice Eugénie et de la liste civile. Directeur de la ferme-école du château de la Villeneuve (Creuse). Fils du précédent. 1 Portrait peint au château du Miral, in-folio, dans un ovale ; 2 Réduction in-18 du n.2 dans le Dictionnaire de la Haute-Marche, par A. Tardieu et dans ce Dictionnaire.

RUFFO DE LARIC (Claude-Marie), évêque de St-Flour (1780-1790). Comte-chanoine de Brioude.

Né le 16 novembre 1746 à Grenoble, député du clergé au bailliage de St-Flour à l'Assemblée nationale (1789). Condamné à mort le 2 janvier 1794, considéré comme brigand de la Vendée. 1 Labarye del. Courbe sc. in-8 ; 2 Galerie des évêques à St-Flour.

DE RUPELMONDE (le comte), tué à Villa Viciosa. Il était de la maison de Recourt de Licques en Flandre.

Peinture au château de St-Cirgues (Puy-de-Dôme).

DE RUPELMONDE (le comte), fils du précéd., tué en Allemagne.

Peinture au château de St-Cirgues (Puy-de-Dôme).

DE RUPELMONDE (la comtesse marquise de Tourzel. Amie de Voltaire.

Son nom est Marie-Marguerite d'Allègre, fille d'Yves, maréchal de France, mort en 1733. Elle épousa Joseph de Recourt du Licques, comte de Rupelmonde. Elle mourut sans enfants. Peinture par Largilière, au château de St-Cirgues (Puy-de-Dôme).

RUZÉ ou **RUSÉ** (Martin), seig. de Beaulieu, Chilly, Longjumeau. Gentilhomme de la Touraine, secrétaire d'Etat.

Il donna les terres de Beaulieu, Longjumeau, à son petit neveu Antoine Coëffier, seigneur d'Effiat, à condition que celui-ci porterait son nom et ses armes. Gravé en pied, in-4 dans la collection des galeries de Versailles, d'après l'original de ce musée.

SABATERIE (Jean-Pierre, né à St-Bonnet-le-Chastel en 1855. Docteur-médecin, maire d'Arlanc.

Photogravé dans J.

DE SABLON.

Seigneurs du Corail, de la Rippe, etc. Très ancienne famille qui remonte fort loin à Riom (Puy-de-Dôme). Elle est très importante par ses belles alliances, ses charges, etc. M. Robert de Sablon du Corail, à Riom, conserve une magnifique galerie de portraits de famille.

DE SABLON DU CORAIL (voir DES GRANGES).

DE SABLON (Jean), écuyer, seigneur de la Rippe, né le 10 oct. 1670. Marié le 7 mars 1699, à Gilberte Soubrany (v. Soubrany).

Peinture à l'huile, ovale, 0.82 sur 0.64. Galerie de M. Robert de S. du Corail, à Riom.

DE SABLON DE LA RIPPE (Antoine, né le 12 août 1702.

Ecuyer, capitaine-commandant au régiment de Royal-dragons. Chevalier de Saint-Louis. Mort sans alliance le 6 août 1772. Fils du précédent. Peinture à l'huile, 0.82 sur 0.64. Galerie de M. Robert de S. du Corail, à Riom.

DE SABLON DU CORAIL (J.-Antoine), écuyer, chevalier lieut.-colonel du régiment du roi cavalerie, brigadier des armées du roi.

Second fils d'Antoine et de Mlle des Granges. Né à Riom le 11 sept. 1682, marié en 1761 à Marie Valeix d'Auteroche (Voir ce nom). 1 Miniature (fort belle), de 70 m/m sur 55 m/m. Galerie de M. Robert de S. du Corail, à Riom ; 2 Mme la comtesse de Roquefeuil en a une copie ; 3 Peinture, plus âgé, à M. Pierre de S. du Corail, à Riom.

DE SABLON DU CORAIL (Antoine), écuyer, seig. de la Terrasse, né à Riom le 5 août 1762.

Fils posthume de J.-A. de S. du Corail, brigadier des armées du roi. Officier du régiment Lyonnais ; signa l'acte de coalition de la noblesse d'Auvergne, servit à l'armée de Condé ; rentré en France pour soutenir le mouvement royaliste de Lyon, il a été exécuté en 1793. Il avait épousé, en 1782, Marie Rochette de Malauzat (voir ROCHETTE DE MALAUZAT). 1 Peinture ovale, 0,82 sur 0,70, copie ; 2 Original du n° 1 à Mme la comtesse de Roquefeuil.

DE SABLON DU CORAIL (Amable), fils puiné d'Antoine et de Marie Rochette de Malauzat.

Né le 2 mars 1794, officier au 23° dragons, démissionnaire après la campagne de Russie, marié, le 11 févr. 1821, à Marie-Marguerite-Félicie Teillard du Chambon. Mort en 1882. 1 Peinture sur bois, 0,32 sur 0,40, représenté en officier de dragons du premier empire ; 2 Peinture à l'huile, ovale 0,80 sur 0,66, datée de 1857, signée de la Fouilhouze.

DE SABLON DU CORAIL (Pierre-Alphonse), né à Riom le 16 fév. 1824.

Fils d'Amable et M. M. F. Teillard du Chambon, marié le 17 juin 1873, à Marie de Lauzanne. Voir DE LAUZANNE. Mort à Riom le 19 mai 1890. Généalogiste très distingué. A laissé de curieux manuscrits. 1 Grande peinture à l'huile, 1m25 sur 0,96 ; à M. Robert de S. du Corail, à Riom, son fils ; 2 Peinture à l'huile, ovale, 0,67 sur 0,80, de 1857, par de la Fouilhouze ; 3 crayon, carré, 0.24 sur 0,20, signé Vallet, 1850 ; 4 Petit portrait ovale par Onslow, 1890, à Mme Alphonse de S. du Corail, née de Lauzanne, à Riom ; 5 Gravé dans ce Dictionnaire.

DE SABLON DU CORAIL (Pierre-Hyacinthe), né à Riom le 21 janvier 1820. Capitaine d'artillerie (✳). Mort le 9 avril 1900 au château de Jenzat.

1 Photogravé dans I ; 2 Gravé dans ce Dictionnaire.

SAINT-AMABLE, né à Riom en 397.

De l'antique maison de Chauvance, fondue, plus tard, dans celle de la Rochebriant, en Auvergne. Curé de Riom. Mort à Clermont-Fd le 1er nov. 476. Son corps fut transféré à Riom, à la fin de XIe siècle. 1 Ex-voto au musée de Riom, du temps de Louis XIV ; 2 Peinture offerte par Jacques Levesque, artiste parisien à l'église de St-Amable en 1641 ; 4 Gravé en 1701, dans l'Office de St-Amable, par l'abbé Chevalier ; 4 Gravure in-f. à Lyon, chez Joubert, 1740 ; 5 Grav. in-12. Il est toujours représenté avec une crosse et les ornements sacerdotaux.

SAINT-AUSTREMOINE, mort en 286.

Premier évêque de Clermont ; l'apôtre de l'Auvergne. On croit qu'il vint en Auvergne en 250. 1 Gravé dans les « Origines de Clairmont » (édition in-fol. de 1682) ; 2 voir H, réduction du n° 1.

SAINT-ARTHÈME, né à Trives. Evêque de Clermont, mort en 394.

Il existe des gravures.

DE SAINT-BONNET (Jean), seigneur de Toyras ou Thoiras.

Gouverneur d'Auvergne (haute et basse) (1632 1636). Maréchal de France. Il était né en Languedoc, le 1 mars 1585. 1 M. Lasne, in-fol. ; 2 Mellan sc. in-f. ; 3 Huret in-fol. ; 4 Daret in-4 ; 5 N. dans le livre des Triomphes de Louis le Juste, in-fol. ; 6 Moncornet ; 7 in-12 en pied avec une plume sur un chapeau, des bottines et son épée en façon de canne ; 8 dans Odieuvre ; 9 Médaille procédé Collas ; 10 dans l'Auvergne illustrée, réduction du n. 6 ; 11 facsimile de la médaille dans l'Auvergne illustrée ; 12 Voir H.

DE SAINT-CHAMANS (Antoine), seig. de Mery-sur-Oise, né en 1563, mort en 1627.

Gouverneur de la Ferté-Milon, grand ligueur. 1 Peinture au château de Méry, jadis copié dans Gaignières (Portefeuille X. 38) et publié par Paul Lacroix dans les costumes historiques (T. VI).

DE SAINT-CHAMANS DU PESCHIER (voir DE MALÉZIEUX).

SAINT-EMILION, ermite qui se retira dans une forêt aux environs de Pionsat, en Auvergne.

Gravure in-12.

SAINT-ETIENNE DE THIERS, fondateur de l'ordre de Grandmont.

Fils d'Etienne, vicomte de Thiers. Né au château de Thiers, en Auvergne, en 1044. Mort le 7 février 1124, dans son monastère de Muret. Canonisé en 1188. 1 Gravé in-12 par Van Lochon, dans le Livre du père Beurrier ; 2 Robert Bonnart del, à Paris, chez Chereau, rue St-Jacques, au coq ; 3 Réduction du n. 2 dans l'Auvergne Illustrée ; 4 G. Mercier, lith. imp.. c. Desrosiers, Moulins, in-4, dans l'Histoire de la ville de Thiers, par H. Andrieu, publiée par A. Tardieu.

SAINTE-FLORE (Elle était née de Corbie) à Maurs (Cantal), en 1309.

Fille de Pons de Corbie et de N. de Merle. Religieuse de St-Jean de Jérusalem à l'hôpital de Beaulieu. Sa vie a été imprimée. Il y a un tableau à Issendolus (Lot), dans l'église, la représentant.

DE SAINT-GEORGES (Claude).

Chanoine-comte de Lyon. Evêque de Mâcon (1682). Nommé évêque de Clermont, mais non installé en 1684. Archevêque de Lyon en 1693. Mort dans cette ville le 9 juin 1714. 1 Chez Tronvain, in-f. assis ; 2 Ogier fecit Lugd. 1695 in-f. avec ses armes ; 3 F. Cars Lyon 1695, in-f. ; 4 Gravé par Desrochers, 1699 in-8 ; 5 Edelinck sc. in-f. maj. ; 6 F. Cars, 1700, in-folio ; 7 in 8 lith. Gubian (18-18).

SAINT-GÉRAUD, fondateur de l'abbaye d'Aurillac, comte et baron d'Aurillac, né vers 855, mort le 31 oct. 909.

Il existe des gravures anciennes.

SAINT-GRÉGOIRE DE TOURS (voir GRÉGOIRE DE TOURS).

SAINT-GUILLAUME, duc de Guyenne et d'Aquitaine, comte, ermite.

Restaurateur des ermites en Italie. Fils du duc de Guyenne, comte de Poitiers. Mort près de Sienne (Italie), le 10 février 1166. 1 C. Bassant, in-f., buste entouré de sujets relatifs à sa vie ; 2 Vignon inv. pinxit A. David f. in-fol. ; 3 C. Weigel exc. in-4 ; 5 lignes sur la tablette ; 4 Cornélius Galle sc. in-8 ; 5 Michel Van Lochon, exc. ; 6 Vignon inv. Couray fecit in-fol. à genoux ; 7 Honervogt in-fol. assis ; 8 Lenfant fecit, in-fol. debout ; 9 M. M. sc. in-f., 10 F. Rap. Pasen Venet. del, in-fol. debout ; 11 Gr. in-4 debout, lignes latines ; 12 Carré in-4 assis, tenant une tête de mort ; 13 Théod. Van Meusen sc. in-4, debout ; 14 Bazin, gr. in-8, à genoux ; 15 œuvre de Mellan gr. in-8 à genoux ; 16 H. Wiertx in-18 ; 17 H. Bosse, in-18 ; 18 Matheus exc. in-18, debout.

SAINT-JOHN, marquis de Crevecœur (Gilbert-Alexandre). préfet du Puy-de-Dôme (1849-1853).

Né à Paris en 1802. Mort en 1877. 1 Gravé sur bois dans J, d'après la photographie de son fils ; 2 Buste par Chatonuax, au musée de Clermont-Fd.

SAINT-JULIEN (à Brioude).

Gravé sur bois sur le bréviaire (rarissime) à l'usage du chapitre de St-Julien de Brioude, imprimé à Thiers, en 1548. (Possédé par M. Paul Le Blanc, à Brioude). Représenté tenant une épée à la main, en costume du temps de Louis XII.

DE SAINT-JULIEN (Annet, baron), seig. de St-Antoine. Marié, en 1761, à Marie-Louise d'Assy (voir D'ASSY).

Portrait sur toile chez M. de Marcilly à Dijon.

DE SAINT-JULIEN (Marie-Antoinette).

Fille du précédent. Mariée à Sylvain de la Marche-comte de Crozant, etc. Vivant en 1789. Portrait sur toile, chez de M. de Marcilly, à Dijon.

DE SAINT-MARTIAL (Pierre-François) né en 1753 au château de Conros (Cantal), baron d'Aurillac.

Député de la noblesse du bailliage de la Haute-Auvergne en 1789. Marié à Mlle de Dreux-Brézé. Mort sans enfants. Labalye del. in-8. Dessin à la Biblioth. nationale.

DE SAINT-MARTIN D'AGLIÉ DE RIVAROLLES (A. Germain). « Frère de celui qui a servi en France, mort à Turin. »

Peinture sur toile, en cuirasse. Costume Louis XIV. Galerie du château du Thiolant (Haute-Loire).

SAINT-NECTAIRE, disciple de Saint-Austremoine.

Il prêcha la foi chrétienne après l'an 253, dans la région du bourg de St-Nectaire. Il fut enterré dans l'église de St-Nectaire (P.-de-D). Portrait gravé dans les « Origines de Clairmont », édition de 1662, in-f.

DE SAINT-NECTAIRE ou DE SENNETERRE (Madeleine), célèbre amazone.

Veuve de Guy de Miramont, seig. de St-Exupéry qu'elle avait épousé en 1548 ; sœur du suivant. Elle tua Montal, en 1574. Il y avait un portrait d'elle dans la collection Fontette, à la Biblioth. nationale, en 1789.

DE SAINT-NECTAIRE ou DE SENNETERRE (François) comte de la Ferté Nabert.

Bailli des montagnes d'Auvergne, chevalier du St-Esprit en 1583, mort en 1596. Gouverneur de Metz (1556) marié à Jeanne de Laval (voir ce nom). Frère de la précéd. 1 Peinture sur bois, 2.30 sur 1.60 datée, de 1584, signé Joannes Bonifacius Alpiguensis, Pedemontanus, diœcesis Taur (Tom F. 1584. Finitum 4 junii. Cette peinture (ex-voto) qui se trouve au musée religieux de la cathédrale du Puy (Hte-Loire), offre François de St-Nectaire à genoux, mains jointes, avec un manteau ayant la croix du St-Esprit à côté de lui. St-François son patron, la femme dudit de St-Nectaire, à genoux mains jointes ; en face d'elle Antoine de St-Nectaire, évêque du Puy (voir ci-dessous sa notice) à genoux, mains jointes, à côté de lui, St-Antoine son patron avec son cochon et le Tau sur l'épaule ; au premier plan un jeune enfant à genoux (sans doute Henri de St-Nectaire, qui devint lieut.-général, ambassadeur et mourut à Paris en 1662. Tous ces personnages prient le Christ couronné d'épines. Nous reproduisons cet ex-voto ; 2 Portrait au crayon voir G.

DE SAINT-NECTAIRE (Antoine), frère du précédent, abbé d'Aurillac et évêque du Puy, de 1561 à 1592.

A genoux sur le tableau votif de 1584, décrit dans la notice précédente.

DE SAINT-NECTAIRE ou DE SENNETERRE (Henri Ier), fils du précédent.

Né au château de St-Nectaire en 1573. Maréchal de camp, Ambassadeur. Mort à Paris, en son hôtel, en 1662. Seigneur de St-Nectaire, Lieutenant-général du gouverneur d'Auvergne (1648). 1 Moncornet in 4, dans les « Origines de Clairmont », édition de 1662, in-fol. ; 2 Lithogr. médaillon, voir A. d'après le n. 1 ; 3 Voir H.

DE SAINT-NECTAIRE ou DE SENNETERRE (Henri II), dit de la Ferté-Senneterre.

Fils du précédent. Né au château de la Ferté (Loir-et-Cher) en 1599. Lieutenant-général de la Basse-Auvergne (1617), Maréchal de France (1658). Mort au château de la Ferté-Nabert (1681), seigneur de St-Nectaire, Valbelex, en Auvergne. 1 Colin, à Rennes, in-folio, à cheval ; 2 Regnesson et la tête par Nanteuil, in-4, ovale ; 3 Frosne, in-4 ; 4 Larmessin, in-4 ; 5 Leclerc, in-fol. ; 6 Ovale, in-fol. ; 7 Chez Daret 1654, in-4 ; 8 Frosne, ovale avec ornements, in-4 ; 9 Lerch sc. ovale, in-4 ; 10 Moncornet, exc. octogone ; 11 Moncornet 1659, 3 lignes ; 12 ovale, in-12 ; 13 Aubry, exscud. ovale in-8 ; 14 Berrard in-8 ; 15 ovale seul in-8 ; 16 Galerie de Versailles, in-12.

DE SAINT-NECTAIRE ou DE SENNETERRE (Henri-Charles).

Fils de Jean-Charles, né en 1704, colonel d'un régiment (1734). Il devint aveugle. Beauvais, in-fol. à cheval dans l'école de cavalerie de la Gueronière).

SAINT-ODDO, abbé d'Aurillac.

Il existe des portraits gravés.

DE SAINT-PONCY (voir DE MOLEN).

SAINT-SATURNIN (voir D'ARFEUILLE).

SAINT-RAME (J.-B., dit Emile), maire de Clermont-Fd (1886-1886), mort audit lieu en 1895.

Né à Clermont-Ferrand, en 1826. Avocat. Gravé sur bois dans J.

DE SAINT-VIDAL (voir PORRAL).

DE SALAMON (Léon-Siffrein-Joseph), évêque de St-Flour (1820-1829).

Peinture. Galerie des évêques de St-Flour.

DE SALERS (Henri, baron).

Colonel, Mestre de camp d'infanterie (1635), et syndic de la noblesse d'Auvergne, marié à Diane de Serment (Voir ce nom). Peinture sur toile de 0.57 sur 0.45, en buste de 3/4 à dr. cuirasse et costume du temps de Louis XIII. Galerie de la Rochelambert.

DE SALERS (Gilberte, mariée en 1674, à Charles III, comte de la Rochelambert.

Fille du précédent. 1 Peinture sur toile de 0.65 sur 0.55 ; en buste, de face, corsage rouge, décolleté, chaîne d'or autour du cou et coiffure à la Maintenon. 2 Autre de la même, Miniature sur bois, ovale de 0.25 sur 0.19, à mi-corps, de 3/4, regardant à dr., robe décolletée, collier de perles. Galerie du château de la Rochelambert.

DE SALES DU DOUX (Bonnet).

Seigneur de Polminhac, en Auvergne. Capitaine de Mural, etc. Peinture du XVIIe siècle. Voir M.

DE SALES DE LORADOU (François).

Lieutenant du roi en Haute-Auvergne. Ambassadeur. Peinture du XVIe siècle. Voir M.

DE SALES DU DOUX (Charles).

Capitaine au Royal-Auvergne, marié à Geneviève de Sarret de Fabrègues. Peinture du XVIIIe siècle. Voir M.

DE SALES DU DOUX (Etienne).

Capitaine de cavalerie. Mort à Aurillac en 1829, marié à Jeanne Capelle de Clavières. Peint en 1824, par le baron de Pollalion de Glavenas. Voir M.

DE SALES DU DOUX (Jeanne-Emilie).

Née en 1788, morte au château du Doux en 1872. Mariée en 1815, à Louis-Hercule de Pollalion de Glavenas. Voir M.

SALEZ (Jacques), né à Lezoux, le 21 mars 1556. Jésuite (1585).

Professeur savant. Martyrisé par les Huguenots à Bourg-St-Andéol (Ardèche), le 7 février 1593. 1 Peinture sur toile chez les religieuses de la Présentation à St-Andéol (Ardèche) ; 2 Lith. médaillon, voir A. D'après le n° 1 ; 3 Jean Collaert, excud. in-4 ; 4 in-4 sur bois ; 5 Car. Collaert, excud. in-8.

DE SALLABERY (voir D'IRUMBERY DE SALLABERY).

SALNEUVE, né en 1792, mort en 1869. Juge de paix du canton d'Aigueperse.

Buste au musée de Clermont-Fd. Don de Victor Salneuve, son fils.

SALNEUVE (Mathieu-Marin-Claude), vice-président du tribunal civil de Clermont-F.

Député, puis sénateur. Né à Aigueperse le 15 janvier 1815. Mort en 1886. Fils du précédent. 1 Gravé en 1873, n° 648, sur le placard du Monde illustré ; 2 Buste au musée de Clermont-Fd ; don de Victor Salneuve, son frère ; 3 Gravé sur bois dans J.

SALNEUVE (Victor), né à Aigueperse le 28 mai 1816. Correspondant de l'Académie de Macon. Frère du précédent.

Buste au musée de Clermont-Ferrand.

SALVAIGE DE LA MARGÉ (Pierre), né en 1709, mort en 1781.

Ecuyer, conseiller à la cour des aides de Clermont-Ferrand. Marié à L. F. de Mossier de Palmont (voir ce nom). Viguier, bailli de Salers, Fontanges et Branzac. Peinture à M. Salvaige de la Margé, château de Fontanges (Cantal).

DE SALVERT (voir DU TOUR).

SALVY, avocat à Riom, député du Cantal en 1873.

N. 532 du placard du monde illustré, année 1873, Gravé en petit.

DE SAMPIGNY (voir DE REHEZ DE SAMPIGNY).

SARDIER (J.-B.), né à Manzat en 1856, avoué à Riom.

Photogravé dans I.

DE SARRET DE FABRÈGUES (Geneviève).

Mariée à Charles, marquis de Sales du Doux ; morte en 1796. Peinte en 1786. Voir M.

DE SARTIGES, comtes.

Antique et des plus nobles maison de la Haute-Auvergne, qui a donné, au XIIIe s., un chevalier croisé.

DE SARTIGES (Jean), comte de Lavandès, né en 1625.

Marié en 1660, à Marie de la Garde (Voir ce nom) ; mort en 1705. Peinture au château de Sourniac (Cantal).

DE SARTIGES (François), seig. de Sourniac, né le 28 mai 1661, lieut. au régiment du Perche (1693), fils du précédent.

Peinture au château de Sourniac (Cantal).

DE SARTIGES (Charles, comte puis marquis), seig. de Sourniac, chevalier de Saint-Louis, fils du précédent.

Marié en 1727, à Marie-Elisabeth de Fontanges (Voir ce nom), dame de Vernines, Villejacques, Fournols. Peinture au château de Sourniac (Cantal), à M. le comte de Sartiges. Reproduite dans cet ouvrage.

DE SARTIGES (Pierre-Antoine), chanoine-comte de Lyon en 1775, vicaire général de Lyon en 1777.

Portrait peint. Galerie du château de Sourniac (Cantal).

DE SARTIGES (François II, comte), lieutenant-colonel du Royal-Comtois, chevalier de St-Louis, inspecteur des haras d'Auvergne, mort en 1804.

1 Peint sur toile de 10 ; en costume ; galerie de M. le docteur Louis de Ribier ; 2 Autre au château de Sourniac (Cantal).

DE SARTIGES DE LA PRADE (Marguerite et Marie), dame de justice de Malte.

Mortes à Moussages (Cantal) où l'on voit dans l'église, un vitrail qui donne leur portrait, à genoux. Marie mourut le 19 nov. 1836 et Marguerite le 19 décembre 1839. Photogravure dans les Archives de la maison de Sartiges, in-4.

DE SARTIGES DE SOURNIAC (François-Marie-Louis, comte), né en 1806, mort en 1890.

1 Peinture au château de Sourniac (Cantal) ; 2 Peint sur toile. Galerie de M. le docteur Louis de Ribier ; 3 Copie au château de Tournebize ; 4 Photogr. dans le présent ouvrage.

DE SARTIGES (Marie-Hélène-Jeanne), mariée à M. René de Ribier, née en 1849. Vivante, fille du précédent.

1 Peinte sur toile, ovale. En costume de bal. Galerie de M. le docteur de Ribier ; 2 Portrait au crayon ; 3 Autre portrait.

DE SARTIGES (Augustine-Marie-Henriette), mariée à M. Oscar de Ribier, née en 1857, morte en 1902.

Pastel au château de Tournebize (Puy-de-Dôme).

DE SARTIGES (Etienne-Gilbert-Eugène, comte), né en 1809, ministre plénipotentiaire au Brésil, en Grèce, à Constantinople, en Perse, aux Etats-Unis, en Hollande, en Italie. (G. O. ✳).

Ambassadeur à Rome (1864-1868), près le Saint Siège. Il fut d'une grande intelligence et habileté. Sénateur (1868). Fils du vicomte de Sartiges, préfet de la Haute-Loire et de Françoise-Félicité de Barry. Photogravé dans cet ouvrage d'après sa photographie.

⚜ DE SAURET.

Très ancienne et noble famille de la ville de St-Flour où elle est dignement représentée.

DE SAURET DE CHEYLUT (Pierre-Valery), chanoine de l'église collégiale de N.-D. du Vigan, en 1791, mort au château de Jarousset en 1847.

Pastel à Mme de Sauret d'Auliac.

DE SAURET DE MONTLOUBY (Ch.), maire de St-Flour, en 1765, marié en 1752, à Jeanne-Catherine de Lamothe (voir DE LAMOTHE).

Peinture à Mme de Sauret d'Auliac, à St-Flour (Cantal).

DE SAURET DE MONTLOUBY (Jeanne-Catherine), fille du précédent.

Pastel à Mme de Sauret d'Auliac.

DE SAURET (Charles), seig. de St-Just. Epoux de Jacquette de Brisson (voir DE BRISSON).

Peint par Stephanus Guido Charton, en 1749, à Mme de Sauret d'Auliac.

DE SAURET D'AULIAC (Pierre-Hilaire-Frédéric, fils de M. de Sauret d'Auliac et de Marguerite Gillet d'Auriac. Né en 1787, mort en 1868. Maire de St-Flour (✳), marié à Amélie Malroux des Aurières (voir ce nom).

Peinture à Mme de Sauret d'Auliac.

DE SAURET D'AULIAC (François-Joseph-Valérie) né en 1819, mort en 1878 (le 2 mai), marié à Mlle Léonie d'Aurelle de Paladines.

Peinture à Mme de Sauret d'Auliac à St-Flour.

DE SAURET D'AULIAC (voir DE CAMPAS DE ST-RÉMY).

DE SAURET D'AULIAC (Pierre-Charles-Félix), fils de Pierre-Hilaire-Frédéric qui précède. Né en 1834, mort en 1882.

Peinture à Mme de Sauret d'Auliac à St-Flour.

SAURET (Antoine), né à Riom en 1845.

Industriel. Directeur de la succursale du Crédit Foncier de France. Photogravé dans 1.

SAUTEMOUCHE (Guillaume), né à St-Germain-l'Herm vers 1555, martyrisé à Aubenas (Ardèche), par les Huguenots, le 7 fév. 1593. Jésuite.

1 in-8 dans un encadrement ovale ; 2 in-8 sur bois dir. à g. 2 lignes, sur une feuille in-fol., en regard du Père Salez (voir SALEZ) ; 3 in-8 dir. à dr. dans un carré, au bas 3 lignes ; 4 Lith., médaillon voir A, d'après le n° 5 qui suit ; 5 Peinture sur toile, du temps, chez les religieuses de la Présentation à Aubenas (Ardèche).

SAUTY (Guillaume-Auguste), né à Clermont-Fd où il est mort le 14 février 1872. Professeur de dessin de talent.

Photogravé dans cet ouvrage d'après sa photographie.

SAVARON (Antoine), seigneur de Villars.

Conseiller à la cour des aides de Montferrand, en 1550, marié, en 1560, à Jeanne d'Albiat. Peinture dans la famille de Bellaigue de Bughas, au château de Varvasse (Puy-de-Dôme).

SAVARON (Jean), célèbre magistrat.

Archéologue, Historien, Président au présidial de Clermont (1604), Député du Tiers-Etat de l'Auvergne en 1614 aux Etats-généraux. Fils du précédent. Né à Clermont, en Auvergne, le 30 déc. 1566, y mourut le 22 novembre 1622. 1 Peinture sur toile du XVII° siècle, à la Bibliothèque des avocats de Clermont ; 2 Peinture sur toile du temps, chez M. de St-Victor, château de Chamoussel (Rhône) ; 3 Gravé par Moncornet dans les « Origines de Clairmont », édition de 1662, in-f. ; 4 Lith. in-f. signée E. V. L. (Emile Verdier-Latour, avec les armes des Savaron ; 5 Lith. in-fol. imp. de Thibaud-Landriot, Clermont ; 6 Lith. médaillon. Voir A ; 7 Lith. dans l'Hist. de Clermont-Fd, par A. Tardieu ; 8 Gravé dans C, en petit avec d'autres ; 9 Peint par F. Robert, copié sur un tableau de 1607 ; 0,80 sur 0,60, donné au musée de Clermont par M. Verdier-Brosson ; 10 Peinture au château de Varvasse (P-de-D.), à M. Paul de Bellaigue.

SAVARON (Jeanne), fille du précédent, épousa en 1638 François Enjobert, seigneur de Martillat.

1 Peinture sur bois, à M. Andrieu, château de la Prada, près Thiers (P.-de-D.) ; 2 Gravé dans l'Auvergne illustrée d'après le n° 1.

SAVARON (Blaise), président au présidial de Clermont-Fd, le 6 janvier 1639, mort le 26 mars 1651 sans postérité, seig. de Villars.

Peinture sur toile, à M. Paul de Bellaigue, à Clermont-Fd.

SAVARON (François), baron de Sarcenat, mort en 1699, élu en l'élection de la Basse-Auvergne.

Galerie de M. Pellissier de Féligonde, au château de Villeneuve (Puy-de-Dôme).

DE SAVARON (Jean-Pierre-Guillaume), baron de Chamousset, fils de Guillaume, capitaine de cavalerie au régiment de la Ferronays et de Marie-Sybille Sabot de Luzan.

Baptisé à Lyon le 28 novembre 1724. Mort en 1793, marié en 1750 à Clémence Philippine Chappuis de la Fay. 1 Peinture sur toile. Château de Chamousset (Rhône), à M. de St-Victor ; 2 Gravé dans la Revue du Lyonnais (t. XXXII, n° 90, octobre 1901) ; 3 Phot. dans cet ouvrage.

DE SAVARON (Guillaume-Catherin), baron de Chamousset.

Né à Lyon le 2 mai 1751, capitaine-commandant du régiment de Dauphin-Cavalerie, par brevet du 3 mai 1788. 1 Peinture sur toile. Château de Chamousset (Rhône), à M. de St-Victor ; 2 Photog. dans cet ouvrage.

DE SAVOIE (Louise), comtesse d'Auvergne, mère du roi François I⁽ᵉʳ⁾, morte à Grets-en-Gâtinois le 22 sept. 1531 à 55 ans.

En 1527, François 1 lui donna le duché d'Auvergne après la trahison du connétable de Bourbon ; elle reçut aussi le dauphiné d'Auvergne. Elle fut comtesse de Clermont, en Auvergne, de Montpensier, vicomtesse de Carlat et de Murat, dame de Mercœur du pays de Combraille. 1 N. dans le P. Montfaucon ; 2 Dessin indiqué dans le Père Le Long ; 3 in-fol., en pied, en couleurs ; 4 Lithogr. de Delpech in-8 et beaucoup d'autres.

DE SAVOIE (Louise), comtesse de Clermont et de Montpensier (1523-1530). La même qui précède.

Reine de France, mariée en 1487 à Charles d'Orléans, comte d'Angoulème, père de François I, morte en 1531. 1 in-8 dans Montfaucon (T. IV pl. 22) ; 2 Médaillon sur bois, in-32, dans Guillaume Rouille, p. 240 ; 3 F. Sorrieu, 1855, château de Sarens, en Picardie, lith. in-8 ; 4 Lith. de Delpech in-12, Lauté del. Gatine, sc. en pied ; 5 in-8, assise, tiré des costumes français, par Paul Lacroix ; 6 Dessin en couleurs, par Gaignières. Biblioth. Nation. (T. VII. p. 59) 7 Dessin au crayon. Biblioth. Nation. N. 42 à p. 7.

DE SAVOIE (Charles-Emmanuel), duc de Nemours.

Chef de la ligue en Auvergne. Né en 1567 au château de Nanteuil (Seine-et-Marne). Mort en 1595. 1 B. Moncornet, in-8, avec ses armes : 2 in-8, collection des galeries de Versailles ; 3 Dans l'Auvergne illustrée, pris sur le n. 2 ; 4 Voir II.

DE SAVOIE (Henri). marquis de St-Sorlin en Bugey, duc de Nemours et de Genevois.

Frère du précédent qu'il seconda comme ligueur en Auvergne (1591-1593). Mort en 1632. Épousa Anne de Lorraine, fille de Charles, duc d'Aumale. Se trouvait à Riom, au sujet de la Ligue en décembre 1591. 1 Th. Leu in 8 âgé de 25 ans : 2 Différent du précédent avec une fraise, par Th. de Leu : 3 Moncornet, in-8 ; 4 Reproduction dans le Dictionnaire iconogr. des Parisiens. l'Auvergne illustrée et le présent ouvrage sur le n. 1.

DE SCEY-MONTBELIARD (Jean-Baptiste, comte).

Chevalier de St-Georges, au comté de Bourgogne, abbé de St-André de Clermont et de N. D. de Gimont, ci-devant vicaire-général du diocèse de Cambray, chanoine du noble chapitre de St-Pierre de Mâcon, ancien aumônier du roi. 1 Gravé in-4 dans un médaillon circulaire, par Beyssent. 1770 ; 2 Reproduction du n. 1 dans cet ouvrage.

DE SCORAILLES (Jeanne), dame de Chaussenac en Auvergne (1430).

Mariée à Pierre de la Salle, baron de la Faurge. Voir M. Reproduite dans cet ouvrage.

DE SCORAILLES (Marie-Angélique), duchesse de Fontanges.

Née en 1661, en Haute-Auvergne, d'une antique famille. Fille d'honneur de Madame. Favorite de Louis XIV. Elle mourut au monastère de Port-Royal, le 28 juin 1681. 1 Peinture sur toile à la galerie du Prado à Madrid. M. Victor Advielle a publié une notice sur cette peinture. 1900, in-8 : 2 Larmessin, in-4 ; 3 La Haye in-8, médaillon, avec ses armes au-dessous ; 4 N. in-4 ; 5 ovale : 6 Dans Odieuvre, Ficquet sc. ; 7 Le n. 6 reproduit dans l'Auvergne illustrée ; 8 Lith. in-4 et in-8 de Delpech, tiré de la galerie Trianon ; 9 Gravé en couleurs dans les costumes hist., par Paul Lacroix (T. VI) ; 10 Peinture sur toile au château d'Anjony (Cantal).

DE SÉDAIGES (Pierre-Franç. DE BERAL), directeur des haras sous la Restauration.

Chevalier de Malte et de St-Louis. Toile de 0.80 sur 0.65. Galerie de M. de Champflour, à Riom.

SEGUIN (voir AYCELIN).

SEGUIER.

Cette illustre famille habitait St-Pourçain (Allier), au XVe siècle. Elle passa alors à Paris où le 1er fut un riche apothicaire. Les portraits gravés des Séguier sont nombreux. On les trouvera décrits dans notre Dictionnaire iconographique des Parisiens.

SEGUIER (Pierre), intendant d'Auvergne (1621). Né en 1588, mort en 1672.

Portrait gravé sur bois dans J.

DE SEIGLIÉRE (Joachim), chevalier, seig. de Boisfranc, de St-Ouen et d'Ambur, de Charbonnières-les-Varennes (Auvergne).

Conseiller, secrétaire du roi, trésorier général des bâtiments du duc d'Anjou (1674). Fils d'Etienne et de Marguerite du Plantadis. 1 Gravé par Van Schuppen 1674, in-4 ; 2 Gravé dans le Dictionnaire hist. de la Haute-Marche, par Tardieu, en 1894, d'après le n. 1, reproduit dans cet ouvrage.

DE SELVE (Jean). 1er président du Parlement de Bordeaux, de Rouen. Mort à Paris en 1529, né en Bas Limousin.

Gravé par N. de Larmessin. Profil in-4, dans les premiers présidents du parlement de Bordeaux, Rouen, par Bullart.

SENESCHAL (Marie-Sophie), fille d'Aug.-L.-Joseph et de Sophie Saloiné Knoderer.

Mariée à Antoine Lesmaris, née à Nogent-les-Vierges, le 2 septembre 1806, morte à Clermont-Fd, le 27 janvier 1887. 1 Miniature sur ivoire (enfant) ; 2 Peinture en pied par A. Burnoki, 1852 (appartiennent à son fils Louis Lesmaris).

DE SENNETERRE (voir DE ST-NECTAIRE)

DE SEREYS (voir DE LA CHASSAIGNE).

DE SERMENT (Diane), dame de Montrodez, Fontfreyde, Nadailllac, mariée en 1630, à Henri, baron de Salers.

Peinture sur toile de 0.55 sur 0.45, en buste, de 3/4 à droite, (robe décolletée, du temps de Louis XIII). Galerie du château de la Rochelambert.

DE SERRES (Jean), fils de Jacques, conseiller au présidial de Riom et de Madeleine de Fretat.

Marié, en 1685, à Antoinette-Marie de Sablon. Peinture à l'huile, ovale, 0.62 sur 0,52. A M. Robert de S. du Corail à Riom.

DE SERRES (Marie-Aurore-Sophie), née le 18 juillet 1761, à Mazal, commune de Chapdes-Beaufort (P.-de-D.).

Son père Antoine de S., avocat au parlement, était seigneur de Mazal ; sa mère Alexandrine Richard de Prades. Elle épousa, en 1790, J.-B. Brun, notaire royal à Romagnat (Puy-de-Dôme). Le frère de Mme Brun, Gilbert de Serres, savant chimiste, se fixa en Russie où l'Empereur voulut être parrain d'un de ses enfants. Joli portrait au pastel, ovale, de 0,40 sur 0,30, en buste, jeune fille, costume de 1793. A Mme Barrière, née Chirol de la Brousse de Labsade, dont elle est l'arrière-grand-mère, au château des Conuils, près Volvic (P.-de-D.). Reprod. dans cet ouvrage.

DE SERVIÈRES (Marie-Joséphine), mariée en 1680 à Gilbert-Antoine de Beaufranchet, écuyer, seigneur d'Ayat et de Beaumont, née en 1652, mort en 1718.

Fille d'Henri de S., seig. de Couronnet et du Theillot et d'Anne Lardit. Portrait peint au château de Moisse (Creuse), à M. le comte de Beaufranchet ; reproduct. dans cet ouvrage.

SERVIN (Louis), avocat général au Parlement de Paris (1589-1626).

Conseiller d'Etat. Né à Paris vers 1555, y mourut en 1626. 1 Th. de Leu, in-f. et in-8 ; 2 Mariette ; 3 suite d'Odieuvre.

DE SÈVE (Alexandre).

Né à Paris, seig. de Chassignouville, intendant

d'Auvergne (1644-1645), puis conseiller d'Etat du Conseil des finances. Prévôt des marchands de Paris (1622). 1 Nanteuil del. et sc. 1662, in-f. ; 2 réduction du n° 1 dans l'Auvergne illustrée et le présent Dictionnaire ; 3 Gravé sur bois dans J.

SEVIN, seigneur de Chambois (P.-de-D).

Peint en costume de conseiller au Parlement, à M. le vicomte d'Auteterre, son descendant, à Marsat (P.-de-D).

SIBAUD (Toussaint-Constant-Irénée), né à St-Alyre d'Arlanc en 1843. Capitaine de frégate, (O. ✻).

Photogravé dans 1.

SIDOINE APOLLINAIRE (Caius-Sollius-Sidonius-Appolinaris).

Né le 5 nov. 430, dans la ville d'Auvergne (Clermont), selon le P. Sirmond ; à Lyon, d'après Dulaure et d'autres. Mort dans la ville d'Auvergne le 30 août 488 ou 489. Enterré dans l'église de St-Saturnin, près de Rabanesse. Littérateur célèbre. Evêque de Clermont (471-488). Gravé dans les origines de Clairmont, édition de 1662, in-fol. ; 2 Lith. medaillon, voir A, d'après le n. 1 ; 3 Voir H ; 4 Dans Thevet, 1584 ; 5 Carré in-12.

SIMMER (le baron Martin-François-Valentin). Député du Puy-de-Dôme en 1831.

Baron de l'Empire (1809). Général de division (1815). Epousa dans le Puy-de-Dôme, Mlle Tournade de Noaillhat, morte sans enfants. Il décéda à Paris en 1848. Enterrée à Varennes-sur-Morges (Puy-de-Dôme). Lith. in-8, par Adam Pilinski, dans les Tablettes historiques de l'Auvergne par J.-B. Bouillet.

SIMON DE BEAULIEU (voir DE BEAULIEU).

SIRMOND (Jacques), illustre jésuite. Né à Riom le 22 oct. 1559, célèbre érudit, auteur. Mort à Paris le 16 novembre 1651. Confesseur de Louis XIII.

1 Vermeulen, 1662, in-fol ; 2 Jac. Lubin, 1695, in-fol. ; 3 Lith. medaillon, voir A ; 4 Kraus, in-12 ; 5 Desrochers, in-8 ; 6 Portrait peint au château de la Canière (Puy-de-Dôme), reproduit dans cet ouvrage.

SOANNEN (Jean), évêque de Senez.

Né à Riom le 10 janvier 1647. Célèbre Jésuite. Déposé au concile d'Embrum (1727). Exilé à la Chaise-Dieu (Haute-Loire), où il est mort le 26 décembre 1750, l'objet d'une espèce de culte. 1 In-fol. ovale ; 2 Avec passage de l'épître de St Paul aux Corinthiens ; 3 Tardieu, 1726, in-fol. ; 4 suite d'Odieuvre, in-8 ; 5 Chereau in-folio ; 6 Fiquet, in-fol. ; 7 Desrochers, in-8 ; 8 petit buste in-18 ; 9 P. par Raoux, gr. par Guillaume, in-8, dans l'Histoire des peintres par Ch. Blanc ; 10 Lith. medaillon, voir A ; 11 Portrait peint au château de la Canière (Puy-de-Dôme). Belle toile due à H. Rigaud, 1705, reproduit dans cet ouvrage.

DE SOUALHAT DE FONTALARD (Marie-Louise), née en 1815, morte en 1869. Mariée à M. Emile de Ribier.

Peinte sur toile. Galerie de M. le docteur Louis de Ribier.

DE SOUALHAT DE FONTALARD (J.-B.), maire de Champagnac (Cantal), né en 1788, mort en 1853.

Peinture sur toile, n. 12 de 1830. Galerie de M. le docteur Louis de Ribier.

SOUBISE (voir DE ROHAN).

SOUBRANY DE BÉNISTANT (Jacques-François).

Né en 1649, mort en 1712. Maître des eaux et forêts de la province d'Auvergne. Peinture à l'huile ovale. A Mme de S. du Corail (Alphonse), née de Lauzanne, à Riom.

SOUBRANY (Gilberte), fille de Jacques, seig. de Benistan, mariée, le 7 mars 1690, à Jean de Sablon de la Rippe.

Peinture à l'huile, ovale, 0.82 sur 0.66. Copie. (L'original appartient à Mme de Mallet de Villenaut, née de Lauzanne). Galerie de M. Robert de S. du Corail, à Riom. Reproduite dans ce Dictionnaire.

DE SOULTRAIT (voir RICHARD DE SOULTRAIT).

DE STRADA (Octavio I) gentilhomme de Prague, en Bohème.

Savant numismate. Père d'Octavio II de Strada qui, en 1629 dessécha le lac de Sarlieves, en Auvergne. 1 Gravé par Eg. Sadeler, en 1600 ; 2 reproduction du n° 1 dans l'Auvergne illustrée et le présent Dictionnaire.

STUART (Jean), duc d'Albany.

Connu sous le nom de duc d'Albany ; né en France, mort au château de Mireflleurs, le 2 juin 1536, enterré dans la chapelle des Cordeliers de Vic-le-Comte, en Auvergne. Comte d'Auvergne et gouverneur de cette province. Il avait épousé Anne de la Tour d'Auvergne (voir ce nom). 1 Portrait au crayon à la Bibliothèque nationale, à Paris ; 2 Peinture au château de Beauregard, près Blois ; 3 gravé à genoux avec sa femme dans l'Histoire de la maison d'Auvergne par Baluze ; 4 voir H.

DE SULLY (Marie), fille de Louis, baron de Sully et d'Isabelle de Craon, dame de Mello.

Epousa 1° Charles de Berry, petit-fils de France, 2°, après 1387, Guy de la Tremoille, garde de l'oriflamme de France, et en troisièmes noces, Charles prince d'Albret, connétable, 4° aïeul de Jeanne d'Albret, reine de Navarre. Peinture sur toile avec inscription, de 0.93 sur 0.80. Galerie de la marquise d'Apchier de Pruns, château de Brassac (P.-de-D).

DE SULLY (voir DE BÉTHUNE).

DE SUREL (Jean-Pierre), avocat au Parlement de Toulouse.

Juge du Monastier et subdélégué de l'intendant du Languedoc, pour le Velay. Né au Monastier-St-Chaphre (Haute-Loire), en 1686, décédé au dit lieu en 1756 ; il épousa en 1723, Marie de Bourbon du Pomeyrol (voir ce nom). Il acheta, en 1725, la seigneurie de St-Julien (Velay). Peinture à M. de St-Julien, comte de St-Haon, à Marsat près Riom (P.-de-D.), reproduite dans cet ouvrage.

SYMEONI (Gabriel), né à Florence (Italie) en 1509. Archéologue, médecin, auteur, ingénieur.

Appelé en 1547 par G. du Prat, évêque de Clermont pour faire la conduite des eaux de Royat à Clermont, qu'il termina en 1558 avec grand talent. P. Audigier (Hist. d'Auvergne) prétend qu'il fut enterré en 1575 aux Cordeliers de Clermont ; mais c'est douteux. 1 Portrait gravé sur bois dans la Description de la Limagne d'Auvergne (1561) ; 2 Reproduction dans l'Auvergne illustrée, le présent Dictionnaire et notre histoire de Royat du n. 1 ; 3 Portrait gravé sur bois, sur le titre de cet ouvrage de Syméoni : *Commentaria sopra alla tétrarchia di Vénezia, di Milano*, etc. Venise 1548, petit in-8.

LES CONTEMPORAINS

François Nicolas DELO-
RIEUX, professeur de
dessin, mort en 1899,
à Clermont-Fd.

Paul CHASSAIGNE-
GOYON, conseiller mu-
nicipal de Paris, avocat
né en 1855.

Gilbert LEBOYER,
imprimeur, inventeur
né à Clermont, en 1828.

P. M. V. IMBERDIS,
né à Ambert,
auteur vivant.

Guillaume-Auguste
SAUTY, professeur
de dessin, mort à
Clermont-F, en 1872.

Le Docteur G. E. FREDET ✳
médecin consultant à Royat
né en 1841, à St-Saturnin.

Le Docteur A. PETIT (O.✳)
médecin consultant à Royat,
né en 1842, à Cebazat.

Pierre de NOLHAC, érudit, conservateur du musée
de Versailles, auteur très savant,
né à Ambert en 1859.

Marcellin BOUDET,
conseiller à la cour
d'appel, auteur savant
né à Montgâcon (P.-d.-D.)

Gabriel MARC,
poète, né à Lezoux,
en 1840.

Le Docteur Amédée TARDIEU ✳
médecin, né à Clermont-Fd. en 1842.
Portrait de 1870, (costume de chirurgien
en chef de la 8e ambulance à l'armée
du Rhin).

Joseph COTE BLATIN,
conseiller général,
né en 1845, à Lyon.

Jacques BARDOUX,
avocat, littérateur très
estimé, né à Versailles
en 1874.

23

TACHÉ (Pierre-Antoine), né à Romagnat le 18 janvier 1766, mort en 1829.

Avocat, administrateur du district de Clermont ; empêcha la vente des biens des hospices. Notaire à Clermont-Ferrand ; président de la chambre des notaires. Membre du Conseil général (1803-1815). Député du Puy-de-Dôme (1815). Du Conseil municipal de Clermont-Ferrand. Réorganisa la Bibliothèque, le musée et l'école d'architecture des dessins de cette ville. 1 Miniature possédée par M. Roger Basse, avocat : 2 Photogr. d'après le n. 1.

TAGLIAFICO, né à Riom en 1814. Mort à Nice vers 1890. Baryton du théâtre italien, à Paris.

1 Dans le journal de musique le « Ménestrel », lith. in-fol. ; 2 Lith. Alophe in-fol.

TAILHAND (J.-B.), né à Riom le 12 nov. 1771, mort le 9 août 1849.

Avocat, président de Chambre à la cour d'appel de Riom. Député, en 1815 (collège de Riom). 1 Dessiné par Fournier, gravé par Chrétien au physionotrace, in-12 ; 2 Son buste au musée de Clermont-Ferrand, par Chabannax ; 3 Gravé sur bois dans J.

TAILHARDAT DE LA MAISON-NEUVE (Constantin).

Procureur du roi en la sénéchaussée de Riom, né en 1752, à Perdechat, près Montaigut-en-Combrailles, mort en son château de Perdechat, le 3 décembre 1831. Député du Tiers-État de la sénéchaussée de Riom (1789). Dessiné et gravé par Queneday, in-18. Lettre J. 63.

TAITBOUT (Mlle). D'une famille très riche à Paris, mariée à M. du Jouhanel de Jenzat, conseiller au Parlement de Paris.

Peinture. Château de Jenzat (Puy-de-Dôme).

TAITBOUT (la famille) xviii° siècle.

Grande peinture sur toile représentant toute cette famille et attribuée à H. Rigaud. Château de Jenzat (Puy-de-Dôme).

TALABOT (Lucie-Agathe). Épouse du baron de Nervo. Née en 1844, morte en 1873.

Peinture sur toile au château de Montmarye (P.-d-D.).

DE TALLEYRAND-PERIGORD (Marie-Élisabeth), épouse de Jacques-Charles de Chabannes, marquis de Curton, mort en 1780.

1 Dessin original par Carmontelle, au château de Chantilly ; 2 Photogr. dans 1.

TALLON (Jean-Marie-Alfred), né à Clermont-Fd, en 1828, mort audit lieu en 1889. Avocat, député (1876-1885).

Gravé sur bois dans J.

TALLON (Eugène), né à Riom le 21 mars 1836, mort en 1903. Député du Puy-de-Dôme (✳).

Avocat général, puis président de Chambre à Lyon (1890). Auteur savant. A créé, dans son château de Châteauneuf-les-Bains, un curieux musée. Magistrat qui a laissé un grand souvenir. 1 Gravé en petit sur placard de 1873 du Monde illustré n. 391 ; 2 Sa Photographie par Franck, à Paris, rue Vivienne, reproduite dans ce Dictionnaire ; 3 Gravé sur bois dans J.

TALON (Omer).

L'un des magistrats de la cour des Grands Jours d'Auvergne en 1665-1666. Gravé sur la planche qui représente ces magistrats et que nous donnons.

TALON (Denis).

Avocat général à Paris. Président à mortier. Mort en 1698, siégea en 1665-1666 aux Grands Jours d'Auvergne. 1 Le Père Le Long cite 10 portraits de lui ; 2 Voir la séance des Grands Jours où il figure, reproduite dans ce Dictionnaire.

TAPON-FOUGAS, poète.

Candidat de toutes les élections. Publiciste. Mort à Roanne vers 1892. Portrait peint sur toile chez son frère, mercier, à Roanne (Loire).

TARDIEU (Charles-Gilbert).

Né à Messeix (P.-de-D.), le 18 juin 1810. Mort à Herment (P.-de-D.), dans son habitation, le 11 juin 1889, enterré à Herment. Licencié en droit, ingénieur des mines. Savant géologue, chimiste, inventeur du coke d'anthracite. Agriculteur éminent. Bienfaiteur du pays d'Herment. Philanthrope. A découvert, en 1857, les mines de charbon avoisinant Herment. Marié, en 1838, à Marie Peyronnet (v. ce nom. 1 Des. au crayon, profil du 4 sept. 1836, Paris ; Peint. sur toile, 0,62 sur 0,47, à Clermont en 1841, par un italien de talent ; 3 Photogr. du n. 2 reproduit dans ce Dictionnaire ; 4 Gravé in-12, âgé de 45 ans, en tête de « Sa vie », publiée en 1889 ; 5 Âgé de 57 ans gravé in-12, en 1893, dessin de M. Victor Tardieu, (prix du Salon à Paris), artiste lyonnais, et dans l'Hist. généalogique des Tardieu ; 6 Photographie de 1867, en pied, reproduite dans cet ouvrage ; 7 Sur une feuille grand in-folio, imprimée chez P. Raclot, à Clermont-Fd, en 1903 (mai) avec abrégé de sa vie.

TARDIEU (Jean-Joseph-Félix-Ambroise), Né à Clermont-Ferrand, le 3 avril 1840, rue Saint-Genès, près de l'Hôtel de la Préfecture, fils du précédent et de Marie Peyrounet. Archéologue, historiographe de l'Auvergne, auteur du présent dictionnaire (O. ✳), de l'Institut impérial archéologique d'Allemagne, de l'Académie royale d'histoire de Madrid, des Académies de Rouen, Nancy, Marseille, Toulouse, Hipone, etc.

1 Daguerréotype de 1854 par Gros, au Palais-Royal à Paris, reproduit dans cet ouvrage ; 2 Photographie de 1858, par Gros, à Paris, reproduite dans cet ouvrage ; 3 Dessiné au 2 crayons, en 1861 par Courtois à Clermont-Fd, grand in-folio ; 4 Gravé d'après le n° 3 en 1902 ; 5 Peint par Octavie Azan, à Clermont, en 1875, en costume officiel d'Académie, dans un cadre ovale du temps de Louis XIV ; 6 Peint sur acajou, à Venise, en 1882, par le baron della Torre ; 7 Gravé sur cuivre dans un ovale, en 1877, par L. Chavannes, Paris, impr. C. Desrosiers, à Moulins ; 8 Gravé sur bois, à Paris, in-4, en 1878, par Tourfaut, dessin de Bocourt ; 9 Gravé dans le Grand Dictionnaire de la Haute-Marche, en 1894, in-4 ; 10 Photogravé en 1895, en costume travesti, pour le 8° centenaire des croisades qu'il a organisé ; 10 Gravé dans la Vie illustrée (1er juin 1895) ; 12 Dans le Monde illustré (25 mai 1895) sur la Galère du centenaire des Croisades ; 13 Photogravé, en 1899, dans le costume de l'empereur Charles Quint, le jour de la grande cavalcade historique d'Alger à Travers les Ages, qu'il a organisée ; 14 Gravé en petit, en 1900, dans 1, d'après le n° 8.

TARDIEU (Charles-Marie-Félix, dit Amédée). ✳).

Docteur-médecin au Mont-Dore (P.-de-D), maire d'Aurières (P. de D.), médecin ordinaire de S. A. R. Mme la comtesse de Flandre. Conseiller général du canton d'Herment. Frère du précédent. Né à Clermont-Fd le 27 novembre 1842. 1 Gravé en petit, en 1903, dans le Dictionnaire biographique du Puy-de-Dôme par Flammarion ; 5 Photogravé dans cet ouvrage, âgé de 28 ans (1870, chirurgien en chef de la 8° ambulance, à l'armée du Rhin (v. la reprod.

TARDIEU (Jeanne-Marie-Victorine-Edith).

Sœur des deux précédents. Née à Clermont (Puy-de-Dôme) le 28 mars 1847, morte à Messeix le 14 avril 1853. Aquarelle reproduite (réduite) dans ce Dictionnaire.

TASSIN DE VILLEPION (Suzanne). mariée en 1780, à Claude-Ignace Brugière. baron de Barante.

Portrait miniature au château de Barante.

TAYLOR (le baron), auteur savant.

Né en 1789, à Bruxelles, mort à Paris en 1879. A publié en 1829, avec Ch. Nodier, un « Voyage en Auvergne », en 2 vol. in-fol. (superbes). 1 Lith. de Léon Noel, in-f. en pied : 2 J. Lara grav. sur bois, in-4 : 3 par Liosteschaly, impr. Petit et Bertant, in-4: 4 Gervais sc. in-8 ; 5 Lith. par Ch. Kreutzberger, in-4.

TEALLIER (Pierre-Jérôme-Sébastien), né à Courpière en 1791. Médecin à Paris, auteur, (✳). Mort à Paris en 1871.

Galerie des médecins célèbres, par Lhanta, lith. Paul Petit et Cie in-8.

TEILHOL (Antoine), né à St-Gervais-sous-Meymont en 1839. Docteur-médecin à Aulière.

Photogravé dans 1.

TEILLARD (Eléonore), mariée en 1649, à Guillaume Savaron, seigneur de Villars et de la Charme, mort en 1653.

Portrait peint chez M. Paul de Bellaigue à Clermont-Ferrand, cadre en bois. du temps.

TEILLARD (René), né en 1637, fils de Jacques et de Jeanne Teillard.

Lieutenant-général au baillage de Murat, marié, le 25 juin 1664, à Marguerite de la Rocque (Voir DE LA ROCQUE). Peinture à l'huile de 0,55 sur 0,42. A M. Robert de S. du Corail, à Riom.

TEILLARD (Hugues). seig. de Nozerolles, fils de René qui précède.

Né à Murat. Contrôleur des rentes de la ville de Paris, Mort à Paris, le 8 août 1742. Marié en 1690 à Catherine de Brémont (Voir DE BRÉMONT). Peinture à l'huile de 0,75 sur 0,50. Galerie de M. de S. du Corail.

TEILLARD DU CHAMBON (Hugues-Philippe), écuyer, gentilhomme de la grande fauconnerie du roi, trésorier de France à Riom.

Né en 1718, fils de Hugues et C. F. de Vernaison, marié en 1744 à Jeanne-Joseph d'Aragnes de Vaudricourt. Peinture à l'huile. A M. Robert de S. du Corail, à Riom. Reproduite dans cet ouvrage.

TEILLARD DU CHAMBON (Antoine), Chevalier, trésorier de France à Riom, fils du précéd.

Marié 1° à Jeanne de Saillans ; 2° à Madeleine Valette de Rochevert. Peinture à l'huile. A M. Robert de S. du Corail, à Riom.

TEILLARD DU CHAMBON (Jean-Pierre), écuyer officier au rég. de royal-dragons, frère du précéd.

Arrêté à Bordeaux le 19 septembre 1793, exécuté à Paris le 16 janvier 1794. Sans alliance. Peinture à M. Robert de S. du Corail, à Riom.

TEILLARD DE LA TERISSE, médecin, né à Murat (Cantal), le 9 mars 1811. Député du Cantal en 1841.

Lith. d'après nature par Soulange Teissier, in-4 (Goollert Basset).

TEILLARD-CHAUMEIL (Franç.), dernier prévôt de Murat (Cantal) en 1790.

Procureur du roi à St-Flour en 1780, membre de l'Assemblée constituante pour la Haute-Auvergne, puis procureur général de la cour criminelle du Cantal, séante à St-Flour (1810). Né à Murat (Cantal) de Claude T. et de Catherine Rougier. 1 Miniature de famille alors qu'il était député à la Législative ; 2 Portrait peint (copie) à M. Marcellin Boudet, en robe rouge de procureur général. L'original appartient à M. Morin de Lespinasse, inspecteur des forêts en retraite, à Clermont-Ferrand : 3 Reproduction du n. 1 dans cet ouvrage

TEYRAS DE GRANDVAL.

Une superbe galer. de portraits de cette anc. famille se trouve chez M. Côme Teyras de Grandval, au château de Montsablé, près Lezoux (Puy-de-Dôme).

TERREYRE (le général), de Clermont.

Portrait peint au musée de Clermont-Ferrand, 0,61 sur 0,53. Donné par le baron Lamotte.

TEYTARD (l'abbé), né à St-Gervais, le 18 décembre 1828 Curé d'Aubière, collectionneur de goût (tableaux, livres, gravures, meubles, curiosités etc). Érudit.

1 Photogravé dans I ; 2 Photogravé dans ce Dictionnaire.

THARREAU (le baron Henri), préfet du Puy-de-Dôme (1870), né en 1826.

Gravé sur bois dans J.

DE THÉLUSSON (Berthe), mariée à Gabriel, marquis de la Rochelambert-Montfort, née en 1822.

Peinture sur toile, par Besnard, de 0,60 sur 0,50. Galerie du château d'Esternay (Marne).

THEVENOT (Etienne-Hormidas), né à Clermont-Fd, le 8 août 1792, y mourut le 12 oct. 1862.

Peinture sur verre. 1 Lith. médaillon, voir A ; 2 Gravé en petit, voir C ; 3 Portrait peint au château du Miral (Puy-de-Dôme) ; 4 Gravé en petit dans cet ouvrage.

DE THIARD DE BISSY (Laure-Louise-Thérèse), épouse d'Amour Louis-Charles-René, marquis de Bouillé, née en 1804, morte en 1879.

Peinture sur toile au château du Cluzel (Haute-Loire).

THIBAUD-LANDRIOT (François), né à Moulins (Allier), mort à Clermont-Fd, à 71 ans, le 27 août 1848).

Imprimeur-libraire à Riom, en 1809, puis imprimeur à Clermont-Fd (1821-1848) ; maire de Royat (1843-1848), Photogravé dans l'Hist. de Royat, par A. Tardieu, d'après un médaillon dans la famille.

THIBAUD (Pierre-J.-Emile), né à Riom, le 10 déc. 1806, fils du précéd., fondateur d'un atelier de peinture sur verre, à Clermont-Fd, auteur savant, archéologue. Mort à la Vervialle près d'Eygurande (Corrèze), le 28 août 1896.

Sa photographie in-4, assis, collection de M. l'abbé Teylard, curé à Aubière (P.-de-D.).

THIBAULT (Alexandre-Marie).

Né en 1747 à Ervy (Aube). Député à l'Assemblée nationale en 1789. Évêque du Cantal en 1791. Député du Cantal à la Convention ; au Conseil des 500 ; régisseur de l'octroi à Paris 1797 ; du Tribunat. Mort à Paris le 26 février 1813. 1 Brienau sc. in-4, collection Levachez ; 2 Tixier sc. Labadye delin. in-8 suite de Dejabin.

THOMARAT (Le P. Ismaël, né à Menat (P.-de-D.) en 1865, mort le 8 mars 1901. Père assomptionniste.

Photogravure in-4 ; dans l'Echo de N. D. de France n° du 15 avril 1901.

THOMAS (Antoine-Léonard), né à Clermont-Fd le 1er oct. 1732.

Fils d'un tailleur d'habits. Mort au château d'Oullins, près de Lyon, chez l'archevêque de cette ville, en 1785. Membre de l'Académie française. Littérateur célèbre. 1 Gravé par Pinelli, à Venise, in-8, assis, lisant (très rare) ; 2 réduction du n° 1 dans l'Auvergne illustrée ; 3 Lith. médaillon dans A ; 4 Lith. in-f. imp. lith. de Thibaud-Landriot ; V. del. G. sc. in-8, 6 le même in-4, buste à dr. dans un médaillon rond. Cochin del. D*** ; 7 Peinture au musée de Clermont, 0,72 sur 0,50, donnée par M. Michel, avocat ; 8 Peinture ovale, 0,92 sur 0,60, donnée au musée de Clermont, par Mme Verdier, nièce de Ducy ; 9 Reprod. du n. 1 dans ce Dictionnaire.

THOMAS DE PANGE (J.-B.), marquis de Pange, comte de St-Gervais-d'Auvergne et de Châteauneuf (1767-1781).

Né le 9 nov. 1717. 1 Peinture sur toile chez M. le marquis de Pange, à Paris ; 2 Dessin de Bassan, gravé dans l'Hist. de St-Gervais-d'Auvergne, par A. Tardieu et Madeleine, in-12.

DE TISSANDIER (Gilbert), écuyer, conseiller à la cour des aides de Clermont-Fd, en 1766-1776.

Marié, en 1760, à Mlle Reboul du Chariol (voir ce nom). 1 Peinture sur toile chez M. Paul de Bellaigue, à Clermont ; Photog. du n° 1 dans cet ouvrage.

DE TISSANDIER (Antoine), né au château de Tournebize (P.-de-Dôme) en 1774, mort en 1843.

Maire de Romagnat. Propriétaire du château de Tournebize. Peinture sur toile, chez M. Paul de Bellaigues, à Clermont.

DE TISSANDIER (Antoine-Léo), né à Clermont-Fd, le 19 janvier 1805, fils du précédent.

Portrait sur toile, chez M. Paul de Bellaigue, à Clermont.

DE TISSANDIER (Anne-Coralie), morte le 24 oct. 1841, mariée à Henri Dumas de Culture, sœur du précédent.

Petit portrait peint chez M. de Bellaigue de Bughas, à Clermont.

TIXIER (J.-B. Joseph, baron), né à Clermont-Fd, le 22 sept. 1753, mort le 1er mai 1823. Lieutenant particulier en la sénéchaussée de Clermont, juge à Issoire, procureur général à Turin (✳), baron de l'Empire, maire de Clermont-Ferrand (1816-1819).

1 Miniature possédée par M. Roger Basse, avocat à Clermont-Fd ; 2 Photog. d'après le n° 1.

TOURNYOL ou **DE TOURNYOL**.

Famille d'antique noblesse. Connue en Auvergne dès le XIIe siècle. Existante dans la Marche. Armes d'azur, à une tour d'argent, au chef de gueules chargé d'un croissant d'argent, accompagné de deux étoiles de même.

TOURNYOL (Gilles), accompagna Saint-Louis dans son voyage d'Afrique, en 1270.

Portrait peint conservé dans sa famille. Reproduit dans cet ouvrage.

TOURNYOL (Géraud), chambellan du roi Louis XI (1468).

Portrait peint conservé dans sa famille. Reproduit dans cet ouvrage.

TOURNYOL (« noble » Guillaume-Philippe), seig. du Clos et de Gartempe, premier président au présidial de la Marche, en 1680).

Portrait peint conservé dans sa famille. Reproduit dans cet ouvrage.

DE TOURNYOL (André-Joseph, comte), comte de Chabant, baron de Bauffremont.

Grand Chambellan du duc Léopold de Lorraine, mort en 1737. Photogravé dans cet ouvrage

DE TOURNYOL (Pierre-Silvain, comte), seig. du Clos et de la Gorsse.

Né à Guéret (Creuse) en 1729. Premier président au présidial de la Marche, député aux États-généraux (1789), mort à Coblentz, le 12 vendémiaire an XII. 1 Perrin del. in-8, dessin à la Bibl. Nat. (T. IV, p. 166) ; 2 Le n. 1 gravé dans le Diction. de la Haute-Marche, par A. Tardieu, reproduit dans cet ouvrage.

TOURRAUD (Marie-François), né à Thiers en 1785, avocat, mort en 1872.

Député du Puy-de-Dôme (1834-1837). Président du tribunal civil de Thiers. Gravé sur bois dans J ; 2 Gravé sur bois dans Notice généal. de la famille de Bonnefoy, in-4.

DE TOURZEL (Mme).

Lithographie Faure, grand in-fol. (Voir Catalogue des portraits de Soliman Lieutaud, publié à sa mort.

DE TOYRAS (voir DE St-Bonnet).

TREILLE DE GRANDSAIGNE (Guillaume), écuyer, seig. des Champs.

Procureur-général à la cour des aides de Clermont-Ferrand. Mort en 1678. Portrait peint au château du Miral (Puy-de-Dôme).

TREILLE DE GRANDSAIGNE voir Dupic).

TRELAT (Ulysse), né à Montargis le 13 nov. 1795.

Docteur-médecin. Médecin de la Salpêtrière, à Paris. Député du Puy-de-Dôme (1848). Rédacteur du Patriote du Puy-de-Dôme (1831). Mort à Menton, en janvier 1879. 1 Lith. in-8. Prévenus d'avril ; 2 Lith. de Junca dans la Biographie des hommes du jour, in-4 ; 3 Leclerc 1835, lith. ; 4 Julien, lith. ; 5 Lith. d'après nature, par Patoni, in-4, collect. Basset ; 6 Lith. de H. Brunet ; 7 Lith. Junca in-8 ; 8 L. Massard in-8 ; 9 Gravé sur bois dans J.

DE TRENQUALY (N., baron), chevalier de St-Louis.

Peinture, toile de 0,30 sur 0,20, en buste, regardant à droite. A M. Demalet de la Védrine, son descendant. Château de Saulces (Puy-de-Dôme).

LES CONTEMPORAINS

A. GASQUET (C. ✶)
né à Clermont-Fd, en
1852, ancien recteur de
la Faculté de Nancy.

J. M. H. BOUSQUET,
directeur de l'Ecole
de médecine de Cler-
mont-Fd, né à Issoire,
en 1852.

Le prince de la TOUR d'AU-
VERGNE, duc de Bouillon,
comte Mathieu de Fossey (O. ✶)
né en 1842.

P. A. JULIEN,
professeur, géologue
auteur savant,
né à Clermont-Ferrand
en 1838.

Julien BOUCHER,
peintre, mort en 1899,
à Clermont-Fd.

I. LESMARIS,
notaire, administrateur
de la banque de France,
né en 1836.

Le Docteur HOSPITAL,
médecin auteur savant,
né en 1836.

Jean DESAYMARD,
juge au tribunal de com-
merce, né en 1845.

François VAZEILHES,
avoué à Clermont-Fd
né en 1848.

Léonard MOREL, dit MOREL-LADEUIL,
célèbre sculpteur-ciseleur, né en 1820, mort en 1888.

Le Comte RAYMOND
de BAR,
député, né en 1842.

Le Général BITTARD des PORTES
mort en 1879.

Le baron de VISSAC
auteur, né en 1841.

DE THOU (Augustin), né en 1553, à Paris, mort en 1617.

L'un des conseillers des Grands Jours d'Auvergne (1582). Célèbre historien. 1 Morin, in-f. ; 2 Voutte-mont, in-f. ; 3 Lubin, in-f. ; 4 Moncornet ; 5 N. 6 Petit ; 7 Boulonois ; 8 Lochon.

TIRMAN, nommé préfet du Puy-de-Dôme en 1876.

Gouverneur général de l'Algérie. Conseiller d'État. 1 Gravure in-4 dans le Journal illustré (n° du 11 décembre 1881); 2 Photog. dans le Livre d'Or de l'Algérie par Faucon, in-8 ; 3 La photographie qu'il nous a donnée lui-même (dans notre collection).

TISSERAND (Louis), né à Sarrebourg, percepteur à Clermont-Fd. député du Puy-de-Dôme (1881-1883). Mort à Paris en 1883.

Gravé sur bois dans J.

TOUCHET (Marie), née en 1549, à Orléans, morte en 1638, à Paris.

Femme de François de Balzac, gouverneur d'Orléans, qu'elle avait épousé en secondes noces, en 1578. Elle fut la favorite du roi Charles IX. 1 Belliard, lith. ; 2 Lith. de Delpech, in-8 ; 3 Gatine sc. in-8 ; 3 Hargrave sc. en pied, in-4 ; 4 Sagot gr. in-8, en pied.

DU TOUR DE SALVERT (Etienne-François), né à Riom en 1711, mort en 1789, à Riom.

Correspondant de l'Académie des sciences. 1 Miniature, chez M. du Tour de Salvert de Bellenave ; 2 Lith. voir A d'après le n. 1.

DE TOURNEMINE (voir VACHER DE TOURNEMINE).

DE TOURNON (François), cardinal.

Né en 1488, à Tournon (Ardèche) ; abbé général de l'ordre de St-Antoine, archevêque de Bourges (1525), abbé de la Chaise-Dieu. Cardinal (1530). Gouverneur d'Auvergne (1542). Archevêque de Lyon (1551), Mort à St-Germain-en-Laye, en 1566. 1 F. V. W. sc. in-8. Histoire des Cardinaux illustres, par le P. Alby ; 2 Se vend à Paris chez Desrochers, in-8 ; 3 Médaillon rond in-8, 4 lignes ; 4 eau-forte in-12 ; 5 voir H.

DE TOURNON (Just-Henri), sénéchal d'Auvergne en 1617. Chevalier du St-Esprit (1633).

Son portrait dessiné (1633) se trouve dans le fonds du St-Esprit (t. 30, n. 1140) à la Bibliothèque nationale à Paris. Il est inédit. Nous en avons un dessin.

DE TOURNON-SIMIANE (Louise-Hélène-Françoise), mariée au comte Jean de Chabannes La Palice.

Photog. dans L. en pied (1892).

TRUDAINE (Daniel-Charles), né à Paris, le 30 janvier 1703, y mourut le 19 janv. 1769.

Conseiller au parlement de Paris. Intendant d'Auvergne (1730-1734). 1 Portrait gravé in-fol. d'après Carmontelle, assis, lisant, 1764, vue de profil ; 2 Reproduction (réduite) du n. 1 dans le Diction. iconographique Parisiens, par A. Tardieu et l'Auvergne illustrée (du même) ; idem dans l'Almanach de la Gazette d'Auvergne, reproduite dans cet ouvrage.

TRUDAINE DE MONTIGNY (Jean-Ch.-Philibert), né à Clermont-Fd le 19 janvier

1733, où son père était intendant d'Auvergne, mort en 1777.

Intendant des finances. Membre de l'Académie des Sciences. Fondateur de l'école des Ponts et chaussées. 1 Dessin par C. N. Cochin, A. de St-Aubin sc. 1775, in-4 ; 2 Réduction du n. 1 dans l'Auvergne illustrée et le présent Dictionnaire.

TRONSON DU COUDRAY (Louis), secrétaire du cabinet et intendant des finances.

Fit partie des Grands-Jours d'Auvergne (1665-1666). Gravé par Moncornet.

TUBEUF (Jacques), seig. de Blanzat (P.-de-D.), mort le 10 août 1670.

Trésorier de France à Riom en 1632. Intendant et contrôleur-général des finances. Président à la Chambre des Comptes. Sa femme Françoise Dalmas, fille d'Etienne, seigneur de Montdésir, près de Vic-le-Comte, était d'Auvergne. 1 M. Lasne, 1645 in-fol. ; 2 Lasne, d'après Champagne, in-fol. ; 3 Moncornet ; 4 Jean Guérin in-fol. ; 5 Morin, in-fol. ; 6 N. Poilly, 1666 ; Gravé dans l'Auvergne illustrée, reproduction exacte du n. 3 donnée dans ce Dictionnaire.

DE TUBIÈRES DE GRIMOARD DE PESTELS DE LEVIS DE CAYLUS (Ch.-Daniel-Gabriel), né à Paris en 1669, mort en 1754, évêque d'Auxerre en 1705.

Prélat opposant à la bulle *Unigenitus*. Son père, Henri, était co-seigneur de Salers et Fontanges (Cantal). Il avait épousé Marguerite de Valois de la Vilette (Voir ce nom). 1 Schmidt sc. in-fol. ; 2 Avec les titres de ses ouvrages : in-fol. ; 3 in-fol. ; 4 Gaucher, 1766, in-fol. ; 5 Petit, buste, in-24.

DE TUBIÈRES DE GRIMOARD DE PESTELS DE LEVIS (Jean-Claude-Philippe), comte de Caylus.

Né à Paris le 31 oct. 1692, y mourut le 5 sept. 1765. Célèbre archéologue, membre de l'Académie des inscriptions, co-seigneur de Salers, Fontanges, etc. Littérateur. Neveu du précédent. 1 Cochin, fils, d'après Watelet, 1752, médaillon in-4 ; 2 Madame Doublet ; 3 Littret del et sc., 1766, in-4 ; 4 Son tombeau et explication, Vassé del. Chenu sc. in-f. ; 5 Gaut-Dagoty fils del. et sc. in-4, man. noire (Galerie française) in-4 ; 6 de Lorraine del. et sc. 1771, in-f. (Galerie française) ; 7 Jacob p. Berlier sc. in-8 ; 8 N. H. Jacob del. lith. in-f. (ovale) ; 9 Landon dir. in-12, trait.

TURGOT DE SAINT-CLAIR (Marc-Antoine), intendant d'Auvergne (1708-1713). Mort en 1748.

Gravé sur bois dans J.

URBAIN II. Pape en 1087. Il prêcha la 1re croisade à Clermont, en Auvergne, en 1095.

Son nom de famille est Eudes de Lagery ou de Chastillon. Né en 1042 à Chastillon-sur-Marne. Mort à Rome en 1099. La ville de Clermont lui a élevé une statue, sur l'une de ses places, en 1895. 1 In-8 dans la Vie des Papes de Cavaleriis ; 2 in-12 sur bois dans l'Histoire des Papes de Duchesne ; 3 G. Picard incidit petit portrait en pied dans le titre, in-fol. de l'Histoire de la maison de Chastillon par A. Duchesne 1621 ; 4 in-8 de 3/4 ; 5 in-4 dans l'Hist des Cardinaux français de Duchesne ; 6 in-8 Histoire des Cardinaux français de l'abbé Roy ; 7 carré in-18 d. à dr. Eudes évêque d'Ostie ; 8 3/4 à dr. dans un rond in-8, 4 lignes latines ; 9 Vie des Papes, Venise. Domenico Ferrarin, in-4.

D'URFÉ (Claude), gouverneur du Forez.

Seigneur d'Entraigues, en Auvergne, en 1563, fils de Claude, bailli de Forez, marié, en 1532, à Anne

Mallet de Graville. 1 Portrait au crayon, voir G ; 2 Peint au château de Beauregard, près Blois.

D'USSEL (Léonard, marquis), baron de Crocq (Creuse) en 1789.

Né en 1764. Sous-lieutenant dans le régiment du roi-infanterie. 1 Miniature possédée par la famille ; 2 Gravé dans l'Hist. d'Auzances et Crocq, par A. Tardieu et Boyer, d'ap. le n° 1 (reprod. dans cet ouvr.

UZÈS (voir DE CRUSSOL).

VACHER DE TOURNEMINE (Rose), épouse de Pierre Galvaing (✻). XIXᵉ siècle.

Peinture sur toile au château de Fontanges (Cantal). A M. Salvaige de la Margé.

VACHER DE TOURNEMINE (N.), et son épouse (XIXᵉ siècle).

Peinture sur toile au château de Fontanges (Cantal). A M. Salvaige de la Margé.

VACHER DE TOURNEMINE (Le baron Bernard), général de division d'artillerie, commandant à Vincennes, en 1853.

Petit médaillon, au château de Fontanges (Cantal). A M. Salvaige de la Margé.

VACHER DE TOURNEMINE (le baron) président du tribunal civil de Mauriac, né en 1755, mort en 1840.

1 Peinture originale à M. Chevalier du Fau, avoué, à Clermont-Ferrand ; 2 Lith. à la plume, in-12.

DE VAILLAC (voir DE GOURDON).

DE VAIR (Guillaume).

Fils de Jean, maître des requêtes, né à Paris en 1556, mort en 1621, à Tourneins (Agenais). Garde des Sceaux (1616). Évêque de Lisieux. Sa famille originaire de la Haute-Auvergne. 1 Le P. Le Long cite 5 portraits de lui ; 2 Nous avons donné dans notre Dictionnaire iconographique des Parisiens et dans l'Auvergne illustrée la réduction de celui de F. L. D. Ciastres, in-4. Voici les autres : 3 Edelinck, 1696, in-fol. ; 4 Cundier, 1724, en premier président de Provence ; 5 Langlais in-4 ; 6 dans Odieuvre.

VAISSIÈRE (Jean-Joseph), né à Saint-Romain en l'an VI, mort à Clermont-Ferrand, le 27 sept. 1855.

Poète. A publié un recueil de chansons (1831). Propriétaire-imprimeur du journal l'Ami de la Charte, à Clermont-Ferrand. Receveur des Finances à Ambert, puis à Riom. Épousa Mlle Guillaume-Maury (Voir ce nom). 1 Photographié dans un médaillon en tête de ses poésies, in-8, ledit médaillon au musée de Clermont-Ferrand ; 2 Portrait gravé dans ce Dictionnaire, d'après ce médaillon ; 3 Grand portrait à l'huile au château de la Valette, près Sauxillanges (Puy-de-Dôme).

☞ DE VAL.

Barons de Guymont. Famille noble qui remonte au XIIIᵉ siècle, à l'époque des croisades. Originaire des environs de la Chaise-Dieu. Existante à Paris.

DE VAL (Jean), seigneur de Guymont, baron de Saunade.

Procureur-général en l'élection de Riom. Mort en 1770. Gravure du temps, reproduite dans cet ouvrage.

DE VAL (Charles-Louis-Jean-François-Michel), gendarme de la garde du roi.

Tué à la bataille de Fontenoy avec 4 de ses frères, en 1745. Miniature, reproduite dans cet ouvrage.

DE VAL DE GUYMONT (Jean, baron), président de la cour de Riom (✻), mort en 1833.

Député du Puy-de-Dôme. Né en 1756, au château de Saunade. 1 Miniature le représentant à 18 ans, reproduite dans cet ouvrage ; 2 Peinture sur toile possédée par M. le baron de Val de Guymont, à Paris ; 3 Lith. dans A ; 3 Photogr. dans cet ouvrage d'après le n. 2.

DE VAL (Jean-Guillaume), fils du précédent.

Conseiller à la cour de Riom en 1839, mort en 1863. Marié à Claudine-Emilie Frenaye, morte en 1839. Miniature de 1810, reproduite dans cet ouvrage.

DE VAL DE GUYMONT (Jean-Ferdinand-Arthur, baron), conseiller à la cour de Riom.

Fils du précédent. Photh. dans cet ouvrage d'après une peinture sur toile. Marié à Anne-Philiberte-Anaïs Pyrent de la Prade, morte en 1842.

DE VAL DE GUYMONT (Anne-Louis-Emile-Fernand, baron). Erudit, collectionneur savant d'objets d'art, fils du précédent, mort à Paris.

Il épousa en 1878, Mlle Marie-Blanche Huer, dont il a eu 1° Marguerite-Robert, décédée ; 2. Fernande ; 3. Fernand-Louis. Portrait photogravé dans cet ouvrage d'après sa photographie.

VALEIX D'AUTEROCHE (N.), avocat sous Louis XIV.

Peinture à Marsat (Puy-de-Dôme). Chez M. le vicomte d'Aubeterre.

VALEIX (J.-B.), seigneur de St-Hérem.

Frère de Pierre qui suit, né le 4 juillet 1742, officier au régiment Lyonnais, chevalier de St-Louis, mort sans alliance. Peinture à l'huile de 0,80 sur 0,65, carré. Galerie de M. Robert de S. du Corail, à Riom.

VALEIX D'AUTEROCHE (Pierre).

Fils de Blaise et de Claude Mercier, capitaine au régiment Lyonnais, chevalier de St-Louis. Marié 1° en 1778 à Anne Brugière de Laverchère ; en 2ᵉˢ noces à Marie-Thérèse Brugière de Mons. Pastel, 0.40 sur 0.35 à M. Robert de S. du Corail ; 2 Peinture à l'huile, carrée, 0.80 sur 65, copie du précédent ; 3 Copie du n° 2 chez Mme la comtesse de Roquefeuil.

VALLADIER (André).

D'une famille qui tirait son origine de St-Jean-d'Heurs (P.-de-D). Son père était d'Issoire, mais André vint au monde à Apinac, en Forez, en 1565. Il se fit Jésuite. Henri IV, en 1608, le nomma son prédicateur ordinaire. Il mourut à Metz en 1638. Auteur. Il fut vicaire général de l'évêché de Metz, abbé de St-Arnoul, de Metz en 1612. 1 Michel Lasne, sc. in-f. 2 Michel Lasne, del et fecit in-4 ; 3 1627 ætatis 28.

VALETTE DE ROCHEVERT (Pierre-Augustin).

Chevalier, fils de Jean-François, seig. de Bosredon, et de Marie de Brisson. Chevalier de St-Louis, capit. du mestre de camp dragons, marié, en 1764, à Henriette de Chabanne (voir ce nom). Peinture à l'huile 0,56 sur 0,45. A M. Robert de S. du Corail, à Riom.

VALETTE DE ROCHEVERT (Jean-François-Pierre).

Chevalier, seigneur de Bosredon. Né en 1737, mort en 1799, marié, en 1762, à Marie-Pierrette de Chardon des Roys (voir ce nom). Frère de Pierre-Augustin qui précède. 1 Pastel, ovale ; à M. Robert de S. du Corail, à Riom ; 2 Miniature de 3 ᵐ/ₘ sur 30 ᵐ/ₘ, A

M. Robert de Sablon du Corail, à Riom ; 3 Petit portrait à l'huile sur toile, ovale, 0,40 sur 0,30, chez M. Piron, ingénieur à Montceau-les-Mines.

VALETTE DE ROCHEVERT (Marguerite-Madeleine).

Fille de Jean-François-Pierre, chevalier, seigneur de Bosredon, et de Marie-Perrette de Chardon des Roys, mariée le 30 brumaire an VII à Antoine Teillard du Chambon. Peinture à l'huile. A M. Robert de S. du Corail, à Riom.

VALETTE DE ROCHEVERT (Gilbert-Michel).

Fils du précédent. Né en 1767, mort en 1846, dernier du nom. 1 Peinture à l'huile. A M. Robert de S. du Corail, à Riom ; 2 Miniature ronde de 60 mill. sur 60 mill. A M. Robert de S. du Corail, à Riom.

VALETTE DE ROCHEVERT (Marguerite-Pierrette).

Tante paternelle du précédent. Mariée en 1790 à Claude-François-Marie Conchon, médecin à Volvic (Voir Conchon). Portrait sur toile de 0,80 sur 0,65. A M. Joseph Barrière, ingénieur à la sucrerie de Bourdon (Puy-de-Dôme), époux de Madeleine Piron, petite-fille de Mme Conchon, née Valette de Rochevert.

VALETTE DE ROCHEVERT (Ch.-Nicolas-Pierre).

Neveu des précédents. Fils de Gilbert-Michel et de Marie-Charlotte Teilhot. Mort à environ dix ans, le 22 janvier 1817. Joli portrait au pastel de 0,30 sur 0,20, à Volvic, chez M. Piron (Gabriel).

DE VALOIS (François), duc d'Alençon, frère du roi Henri III.

Il a fait le siège d'Issoire, en Auvergne, en 1577. Mort en 1584, non marié. 1 Dessin, portrait au crayon en pied ; 2 Gourdelle, in-4 ; 3 Licornek, in-fol. en pied ; 4 Th. de Leu, 1582, in-8 ; 5 Grauthomes, in-8 ; 6 in-8 ; 7 Alguast, 1697, in-fol. ; 8 Harrezvain, in-12 ; 9 Moncornet ; 10 suite d'Odieuvre ; 11 Réduction d'une gravure in-fol. dans l'Auvergne illustrée (donnée dans ce Dictionnaire ; 12 Crayon in-fol. lith. publié par le maréchal Niel dans une suite de crayons, in-fol.

DE VALOIS (Marguerite) dite reine Margot. Première femme du roi Henri IV, mariée en 1572.

Son mariage déclaré nul en 1599. Morte à Paris en 1615. Enfermée au château d'Usson (P.-d.-D.) où elle résida de 1585 à 1605. Fille du roi Henri II. Née à St-Germain-en-Laye, le 14 mai 1553. 1 Agée de 8 ans, des., Bibl. Nat. ; 2 Autre étant encore fille (cabinet de Fontette ; 3 L. Gaultier in-4, 4 vers ; 4 Crispin de Pas 1598, in-4, 4 vers ; 5 Harrezvin in-12 ; 6 Lombart Cause, in-8 ; 7 âgée de 30 ans, des. au cabinet du roi ; 9 Ogenbergins, in-12, ovale ; 10 Th. de Leu, petit in-4 ; 11 Moncornet ; 12 suite d'Odieuvre ; 13 Belliard, lith. de Delpech, in-fol. ; 14 Lebrethains, lith. imp. de Mauran, in-8 ; 15 Des. par Clouet (Janet), gr. par A. Tardieu, in-8, ovale ; 16 gr. in-12, ovale au trait ; 17 Colin p. Bouchardy sc. in-8 ; 18 Lith. de Delpech, in-8 ; 19 Photolith. in-24, ovale ; 20 Dans le P. Montfaucon. Elle est debout ; tirée de Gaignères ; 21 Il existe d'elle des portraits au crayon à la Bibl. Nat. ; 22 Je possède une précieuse miniature attribuée à François Clouet. La reine est en robe rose tenant un gant à la main droite ; 23 J'ai donné dans l'Auvergne illustrée 2 portraits de cette reine (le n. 8 de la liste ci-dessus) ; le 2e de Moncornet et le 3e de 1605 ; 24 Voir H. Voir l'Album final.

DE VALOIS (Charles), comte d'Auvergne, fils naturel de Charles IX et de Marie Touchet.

Né au château de Fayet, en Dauphiné, le 28 avril 1573, mort à Paris en 1650. Gouverneur d'Auvergne et chef des royalistes de cette province, pendant la Ligue. 1 Rousselet, in-f. ; 2 J. Morin in-f. ; 3 Dans le Livre des Triomphes de Louis-le-Juste, in-f. ; 4 de Sève in-8 ; 5 Ficquet in-8, suite d'Odieuvre ; 6 Daret, in-4 ; 7 Reproduction réduite du n. 6 dans l'Auvergne illustrée et ce Dictionnaire ; 8 Le n. 6 retouché, chez Jollain ; 9 Moncornet ; 10 Voir H ; 11 Voir B ; 12 Dans l'Hist. d'Auzances et Crocq, par A. Tardieu et Boyer (cliché du n° 7.

DE VALOIS Louis-Emmanuel, fils du précédent.

Né à Clermont-Fd en 1596, Mort à Paris en 1653. Gouverneur de Provence. Colonel général de la cavalerie légère. 1 Mellan, in-f. ; 2 in-4 ; 3 Daret in-4 ; 4 Moncornet ; 5 suite d'Odieuvre ; 6 in-8, médaillon avec figures ; 7 le n° 5 réduit dans l'Auvergne illustrée.

DE VALOIS DE VILETTE (Marguerite), mariée en 1686, à Jean-Annet de Tubières, comte de Caylus, coseigneur de Salers, Fontanges.

1 in-8, gravé par Tardieu ; 2 Daullé sc. 1743, in-f. (beau) ; 3 eau-forte ; 4 L. Flameng, sculp. in-18.

DE VALOIS DE VILETTE (Lucie), mariée, en 1724, à J.-B. François, marquis de Montmorin, lieutenant général d'armée.

Portrait peint au château de la Barge (Puy-de-Dôme).

VAN LENNEP (Anne), marquise de Chabannes-Curton.

1 Pastel au château de la Palice ; 2 Portrait orig. à la comtesse de Chabannes-la-Palice ; 3 Photog. dans L.

DE VARÈNES (Claude), seigneur de Salamo, la Bussière, mort en 1660.

Peinture sur toile, 0,70 sur 0,56, armes et inscription. Galerie du comte de Chabron de Solilhac, château de Moriat (Puy-de-Dôme).

DE VARÈNES (Etiennne), chevalier, seigneur de Boisrigaud, Condat, Augerand, la Bussière, co-seigneur du Cendre, trésorier de France à Riom (1693).

1 Peinture (toile) ovale de 0,74 sur 0,58. Armes et inscription. Même galerie ; 2 Autre toile ovale, de 0,40 sur 0,30. Même galerie.

DE VARÈNES (Etienne II), chevalier, seigneur de Champfleury, du Cendre, trésorier de France à Riom (1715).

Peinture sur toile ovale, de 0,74 sur 0,58. Armes et inscription. Même galerie.

DE VARÈNES (François), chevalier, seigneur de Champfleury, Bien-Assis, Chanteranne.

Trésorier de France, grand-voyer de la province d'Auvergne, en 1735. Peinture de 0,72 sur 0,58 ; perruque poudrée, habit de velours rouge, gilet de satin blanc brodé d'or, tricorne sous le bras gauche ; blason et inscription. Galerie de M. le vicomte de Sereys à Plauzat (Puy-de-Dôme) ; 2 Autre, galerie de M. Grellet de la Deyte, à Allègre (Hte-Loire) 3 Autre, dans un autre costume, armes et inscription. Galerie du comte de Chabron de Solilhac, château de Moriat (P.-de-D.).

DE VARÈNES (Françoise), mariée, le 1er août 1690, à Michel Pellissier de Féligonde.

Le docteur GA-
GNON, médecin à
Clermont-Fd, né
en 1828 à Aigueperse.

E. MALMENAIDE,
avocat, sous-préfet,
né à Thiers, en 1856.

François ROUSSIERE, directeur très
estimé de l'école des sourds muets d'Alger,
né à Messeix (P.-de-D.) en 1859.

J.-B. BIELAWSKI,
percepteur, auteur,
né à Clermont-Fd
en 1858.

Gaston CHARVILHAT,
docteur médecin à
Clermont-Fd, auteur,
né en 1859.

Julien MARMOITON,
né en 1858, pro-
cureur de la Ré-
publique, auteur.

G. H. A. BONNEFOY,
né en 1859, à Paris,
notaire, conseiller
général, auteur.

Louis BIGNON (O. ✶) éminent agronome,
né à Herisson (Allier), le 26 Juin 1816.

Marius MARTIN, ancien
député, ingénieur civil, né à
Charenssat en 1858.

Le docteur POJOL-
LAT médecin à
Clermont-Fd né
en 1841.

Henri RAINALDY,
romancier, né à
Clermont-Fd
en 1870.

P. Hyacinthe-Adolphe
de SABLON du CORAIL,
mort en 1899.

CAYON dit LEOPOLD
père, mort en 1886,
artiste (portraits).

CAYON dit LEOPOLD
fils, né en 1872,
artiste (portraits).

H. GOURGOUIL-
LON, artiste-
sculpteur, mort à
Clermont en 1902.

G. J. M. MANGEREL,
maire, conseiller gé-
néral, auteur, né en
1859, à Pionsat.

Peinture à l'huile, à mi-corps 3/4 a g. Riche costume du XVII° siècle, cadre du temps, reproduite dans cet ouvrage.

DE VARÈNES (Etienne III), chevalier, seigneur de Champfleury, Bien-Assis, Chignat, etc.

Maréchal de camp, gouverneur militaire de Clermont (1780), mort sur l'échafaud révolutionnaire (1794). Peinture sur toile ovale, debout, à mi-corps, de 3/4 à droite ; armes. Galerie du château de Moriat (Puy-de-Dôme).

DE VARÈNES (Le chevalier Gabriel-François-Etienne), officier au régiment de Chartres (1789).

Miniature sur ivoire. Même galerie de Moriat.

DE VARÈNES (Marie-Thérèse-Etiennette) mariée en 1758, à Etienne-Louis Pellissier de Féligonde, écuyer, seigneur de Vassel, Mercurols.

Pastel, à mi-corps, de face, assise à sa toilette, cad. du temps, même galerie de Moriat.

DE VARÈNES (Françoise-Marie-Pélagie), mariée le 20 août 1770, à Jean-Baptiste-Marie de Matharel, écuyer, seigneur du Chéry.

Sœur de la précédente. Pastel ovale de 0,40 sur 0,30, en buste, de 3/4 à droite, cadre du temps, même galerie de Moriat.

DE VARÈNES DE CHAMPFLEURY (Ferdinand) né en 1803.

Portrait au crayon, en buste, de face, ovale de 0,18 sur 0,14. Galerie du vicomte de Sereys, château de Planzat (Puy-de-Dôme).

DE VARÈNES DE CHAMPFLEURY (Marie-Antoinette), sœur de la précédente ; née en 1799.

Portrait au crayon, en buste, de face, ovale, de 0,18 sur 0,14. Même galerie qui précède.

DE VASSON (Marie-Angélique), née en 1760, morte en 1830.

Mariée au comte J.-B. Sébastien de Dural, bailli du pays de Combraille. Peinture. Galerie de M. le comte de Dural, château du Ludaix, à Marcillat (Allier).

VAZEILLES (François), né aux Martres-de-Veyre en 1848.

Avoué à Clermont-Fd. Promoteur du monument de Vercingétorix à Clermont. 1 Photogravé dans 1 ; 2 Photog. dans ce Dictionnaire.

DE VEALLE DU BLEAU, femme d'Annet VI, comte de Lastic de Vigouroux.

1 Peinture signée Guibert, 1770. Elle porte une fille de Mme la comtesse de Lastic (probablement Mme Rancilhac de Chazelles) sur ses genoux. Au château de Parentignat (P.-de-D.) ; 2 Autre peinture, au même château.

VEDRINE (Auguste), né à Clermont-Fd en 1869. Pharmacien audit lieu.

Photogravé dans 1.

DE VEILHAN (voir DE FRAISSY DE VAYRAC).

DE VENTADOUR (voir DE LÉVIS).

VERCINGÉTORIX. Le grand héros gaulois, l'ennemi de l'invincible César.

Avons-nous besoin de dire qu'aucun de ses portraits ne sont authentiques. Beau monument équestre à cet enfant de l'Auvergne, à Clermont-Fd. Il existe aussi des lithographies de fantaisie.

DE VERDALE (voir DE LOUBENS).

VERDIER-LATOUR (dom Michel-François), né à St-Hilaire, près de Menton, le 29 juillet 1742, mort à Clermont-Fd. le 1er août 1837.

Bénédictin à Clermont-Fd, dans l'abbaye de St-Alyre. Historiographe de la province d'Auvergne. Sauva, en 1794, de sa destruction totale et démolition la cathédrale de Clermont-Fd. menacée par la Révolution. Erudit et auteur. 1 Peinture sur toile conservée dans sa famille ; 2 Autre peinture sur toile à M. l'abbé Textard, curé à Aubière (Puy-de-Dôme), 3 Lith. médaillon voir A d'après le n° 1 ; 4 Gravé en petit dans C ; 5 Gravé dans ce Dictionnaire.

DE VERNAISON (Claude-Thérèse). Née en 1694, morte en 1747.

Fille d'Amable, écuyer, seig. de Lagathe, maître des eaux et forêts d'Auvergne et de Marie de Forget, mariée, en 1743 à Hugues Teillard du Chambon, conseiller au présidial de Riom, fils de Hugues et de Catherine de Brémont. Peinture à l'huile 0,65 sur 0,55. A M. Robert de S. du Corail, à Riom.

DE VERNAISON (Antoinette), mariée, en 1732 à Gabriel-François de Rehez, comte de Sampigny.

Portrait peint en buste. Galerie de M. le comte de Rehez de Sampigny, château de la Forest-Viry (Allier). Reproduit dans cet ouvrage.

DU VERNET (voir DE BONNIOL).

DE VERNEUIL (voir DE BALZAC).

DU VERNIN (voir DUVERNIN).

VERNY (Gaspard), né à Riom en 1741, mort audit lieu en 1834. Député suppléant aux Etats-Généraux en 1789 (*), président de chambre à la cour d'appel de Riom.

Gravé sur bois dans J.

VERNY (Pierre), né à Riom en 1762, mort en 1824. Poète. Ses poésies ont été publiées in-12.

1 Lith. in-12 de Delorieux, imp. de Thibaud-Landriot, 4 vers au-dessous ; 2 Lith. médaillon. Voir A d'après le n. 1.

VERT (Clément), né à Clermont-Ferrand en 1848. Industriel.

Photogravé dans 1.

DE VERTHAMON (François), seigneur de Villemenon, Brie. Comte Robert.

Reçu conseiller au Parlement de Paris en 1647, maître des requêtes (1653), intendant d'Auvergne (1658). Mort le 24 juin 1697, âgé de 92 ans. 1 Jean Grignon d'après C. Le Febvre, in-fol. ; 2 Gravé sur bois dans J.

VESSIE (Jacques), « le Vertueux ».

En buste des 3.4, tourné à dr., forme ovale, gravé sans signature en manière de crayon, à Paris, chez Legrand.

DE VEYNY D'ARBOUSE (Françoise), épouse, en 1493, d'Antoine du Prat, chancelier de France, qui devint cardinal après la mort de sa femme.

Gravée dans le P. Monfaucon, avec Antoine du Prat, son mari, debout.

DE VEYNY D'ARBOUSE (Marguerite), née au château de Villemont le 15 août 1580, morte en 1626. Célèbre abbesse du Val-de-Grâce, à Paris.

1 Gravé par L. Moreau, 1684, in-8 : 2 reproduit dans l'Auvergne illustrée, fac-similé du n. 2 ; 3 Lith. médaillon voir A : 4 Gravé en petit voir C.

DE VEYNY D'ARBOUSE (Gilbert), évêque de Clermont (1664-1682). Mort en 1682 à Clermont-Ferrand.

Né au château de Villemont, près d'Aigueperse le 15 janvier 1608. 1 Gravé, par Landry in-f, d'après Ant. Jacquard, in-f, le portrait porte par erreur de Reny. 2 réduction du n° 1 dans l'Auvergne illustrée : 3 Gr. médaillon voir A : 4 Lith. voir H ; 5 Gravé en petit voir C.

DE VEYNY (N.), religieuse.

Il s'agit de Françoise de Veyny d'Arbouse, née au château de Villemont en 1676, morte en 1754, supérieure du monastère de Trenel, femme remarquable dont la princesse Louise-Adélaïde d'Orléans, abbesse de Chelles, a écrit la vie, publiée en 1755. Gravé par Fessard, 1756, in-8 avec 4 vers au-dessous à la louange de cette religieuse.

VIALART (Félix).

Il fut abbé de Pibrac, évêque de Chalons-sur-Marne (1640). Mort en 1680 à 67 ans. Sa famille est originaire d'Issoire. 1 Lochon. in-f. ; 2 Colin, à Reims, après sa mort ; 3 Habert, 1699 in-4 ; 4 Desrochers : 5 Nanteuil en manière noire.

VIBERT (Louis Jules-Auguste, né au Puy (Haute-Loire) en 1862, docteur-médecin à Châtel-Guyon.

Photogravé dans I.

VIALLA (Louise-Marie-Joséphine-Adèle), mariée au marquis de Lastic (Annet-François-Joseph-Jean).

Peinte en 1902 par Eugène Bernard, exposée au salon de 1903. Au Château de Parentignat (Puy-de-Dôme).

DE VICHY (Anne).

Mariée en 1637, à Gabriel de la Salle, seigneur du Colombier. Voir M.

DE VICHY (Roch-Etienne, comte). Né à Paulhaguet, le 7 juillet 1753.

Aumônier de Marie-Antoinette. Evêque d'Autun. 1 Portrait à l'évêché d'Autun. Nous reproduisons ce portrait dans ce Dictionnaire : 2 Gravé par Chrétien, dessiné par Quenedey. F. 96.

DE VICQ DE PONTGIBAUD (Félicie), dame du Méage, mariée à M. Goyet de Livron, demeurant à Riom, en 1807.

1 Miniature à Mlle Porral de St-Vidal, à Riom (Puy-de-Dôme) : Peinte par elle-même, devant son chevalet sur lequel on voit le portrait de Louise de la Morelie.

VIDAL DE BORT (Marie), femme de Jacques de Champflour, conseiller à la cour des aides de Clermont (v. ce nom).

Toile de 0,80 sur 0,65. Ecole de Largillière. Galerie de M. de Champflour, à Riom.

DE VIENNE (François).

Seigneur de Listenois (Montaigut-Listenois, près Billom), en 1508-1513. Seigneur en partie du Crest en Auvergne. 1 Portrait au crayon, voir G. : 2 Peint au château de Beauregard, près Blois.

DE VIENNOIS (Humbert II).

Dernier Dauphin de Viennois. Criblé dettes, il vendit son fief dauphinal au roi Philippe de Valois et ses domaines d'Auvergne, tels que Pont-du-Château, Monton, les Martres-de-Veyre 1343) ; ceux-ci vendus à Guillaume Roger, frère de Clément VI. Il prit l'habit de dominicain en 1353. Le pape le nomma patriarche d'Alexandrie. Il se retira ensuite au couvent des Jacobins de Clermont, en Auvergne où il mourut le 22 mai 1355, âgé de 53 ans. Il fut enterré à Paris, dans le couvent de la rue St Jacques. Gravé in-folio, par Berey, le fils, d'après son tombeau qui était aux Jacobins, à Paris. Cette gravure se trouve dans les Mémoires pour servir dans l'Histoire du Dauphiné, par de Valbonnet, Paris, 1711, in-folio (p. 675).

DE VIGENERE (Blaise), écuyer, né à St-Pourçain (Allier), le 5 avril 1523, mort à Paris en 1595, auteur érudit.

1 Th. de Leu, in-8 : 2 Dans la chronologie collée, par L. Gaultier, en petit ; 3 Reproduit dans cet ouvrage.

DE VIGIER D'ORCET (Jacques-Antoine) délégué de l'intendant d'Auvergne, à Mauriac, en 1740.

Peinture au château de Fonlanges (Cantal) à M. Salvage de la Margé.

VILLEBESSEIX (François), né Tralaigues, en 1863, maire de Tralaigues.

Photogravé dans I.

DE VILLELUME (Gilbert), chevalier de Malte (1645).

Seigneur de Villelume, Bourassat, la Vergne, renonça à l'Ordre de Malte pour se marier, en 1651, à Jeanne Bouyon. Peinture sur toile du temps avec les armoiries de Villelume, chez M. Henri Renaud, à Troyes (Aube).

DE VILLELUME (Guy-André), comte de Villelume, marié en 1816 à Charlotte de Balathier-Lantage. Propriétaire du château de Losmonerie (Haute-Vienne).

Au château de Losmonerie, à M. le comte de Villelume.

DE VILLELUME (Charles-Louis-Marie-Ferdinand-François-Etienne-Gabriel-Gosselin, comte), né en 1855.

Au château de Corrigé (Hte-Vienne).

DE VILLEMONTÉE (voir D'ACTIER DE VILLEMONTÉE).

DE VILLENEUVE (Emma), femme d'Antoine-Marie-Paul-Casimir de la Roche-Aymon (voir DE LA ROCHE-AYMON).

Peinture sur toile au château de Mainsat (Creuse).

DE VILLEPION (voir TASSIN).

VILLEVAULT (Jean), né à Clermont en la rue de la Grande Boucherie vers 1535.

Procureur au parlement de Paris. Auteur. 1 Gravé par Th. de Leu in-4 ; 2 Lith. médaillon voir A. D'après le n° 1 ; 3 Lith. voir B.

VILLOT DE BOISLUISANT (Gilbert), écuyer, seigneur de Boisluisant.

Né à Clermont-Ferrand, le 8 novembre 1659. Prévôt général de la maréchaussée d'Auvergne (1691-1695). Mort en 1763. 1 Peinture sur toile dans sa famille ; 2 Gravé en médaillon, voir A. d'après le n. 1 ; 3 Photolith., voir D.

VILLOT DE BOISLUISANT (Émile), en 1867. Propriétaire.

1 Lith. charge, dans K ; 2 Dessiné d'après le n. 1 par Ch. Silvain, en 1901 (Collect. Ch. Silvain).

VIMAL-FLOUVAT (Jean-Joseph).

Né à Ambert, le 25 octobre 1737. Mort en 1810, Maire d'Ambert (1789-1791 et 1800). Député du Tiers-état aux États généraux de 1789. Fils de Bérard, seigneur de la baronnie de St-Pal des Murs et de Geneviève Peschier. 1 Dessin in-4 à la Bibliothèque Nat. ; 2 Des. in-8, à la Bibl. Nat. ; 3 Labadye del, Letelier sc. in-8 ; 4 Lith. médaillon dans A ; 5 Peinture sur toile de 1,14 sur 0,88, signée J. Garnerey, 1794 d'un des bons élèves de David. Chez Mme Balme de Mons, au Puy (Hte-Loire) ; 6 Miniature sur ivoire, en buste, de profil à g., ovale de 0,06 sur 0,04. Chez Mme Balme de Mons, au Puy.

VIMAL-FLOUVAT voir PEOCHIER, FLOUVAT et MADUR DU LAC).

VIMAL-DESSAIGNES, député du Puy-de-Dôme, à l'Assemblée nationale en 1871 et 1873.

Gravé sur le placard publié par le Monde illustré, en 1873, n. 131.

DE VINOLS DE MONTFLEURY (le baron Gabriel-Jules), né à Craponne, en 1820.

Député de la Haute-Loire à l'Assemblée nationale (1871), membre du conseil supérieur des Beaux-Arts, président de la société d'agriculture, au Puy, maire de Coubon etc. Portrait gravé dans cet ouvrage, d'après sa photographie.

DE VISSAC (Et.), chancelier de France en 1338.

1 Gravé dans un traité des grands officiers de la couronne ; 2 suite des Chanceliers de France (voir la Bibliographie).

DE VISSAC (P.-B. René), lieutenant-colonel de cavalerie, chevalier de St-Louis, sous-lieutenant des gardes du corps du roi, en 1775.

Portrait peint chez M. le baron de Vissac, directeur du Crédit de France, à Avignon.

DE VISSAC (Pierre), avocat à Riom en 1828 Jurisconsulte distingué ✳). Épousa en 1804, Julie Bergier, fille d'Antoine, maire de Clermont-Ferrand, Président du Conseil général du Puy-de-Dôme.

1 Lith. in-fol. ; 2 Peinture. Galerie de M. le baron de Vissac, à Avignon.

DE VISSAC (Auguste, baron), marié à Eudoxie de Gumpectz de Gusteur (voir DE GUMPECTZ DE GUSTEUR).

Portrait Peint, Galerie de M. de Vissac, fils du précédent (1906), à Avignon.

DE VISSAC (Jules), commandant d'infanterie ✳, marié à Pauline de Vissac.

Galerie de M. le baron de Vissac à Avignon.

DE VISSAC (le baron Marc), né à Vernoux (Ardèche), le 19 mars 1841, directeur du Crédit Foncier à Avignon (1904), jadis bâtonnier des avocats de Riom.

Photogravé dans 1 et dans le présent Dictionnaire.

DE VOCANCE (Françoise), mariée en 1684, à François-Armand de Colomb, baron de la Tour-Danyel et de Beauzac.

Peinture sur toile de 0,74 sur 0,66. Galerie du château de Thévalles (Mayenne).

DE VOGUÉ (Thérèse), morte en 1715, mariée le 25 oct. 1707 au marquis Paul de Rochefort d'Ally, baron du Thiolant.

1 Peinture sur toile de 0,82, au château du Thiolant (Haute-Loire) ; 2 Reproduit dans cet ouvrage. Elle était fille de Melchior, marquis de Vogué et de Gabrielle Motier de Champetières.

VOISIN (Daniel), intendant d'Auvergne (1648-1655).

Gravé sur bois dans J.

DE VOISINS (François-Amable), Évêque de St-Flour, nommé en 1809.

Il mourut avant d'avoir eu la consécration épiscopale. Il était curé de St-Étienne du Mont, à Paris. Avait été aumônier de Napoléon Ier. Né le 3 septembre dans l'Aude, mort à Paris le 15 fév. 1809. 1 F. Germain del, Sophie Massard sc. in-8 ; 2 in-4, des. et gravé par Quenedey.

DE VOYER D'ARGENSON (René), né le 21 nov. 1596, mort à Venise en 1651. Conseiller d'État (1625). Intendant d'Auvergne (1632).

Ambassadeur à Venise (1650). Présida, en 1633, à la démolition des châteaux féodaux et royaux en Auvergne par ordre du roi. On voit à Venise son magnifique tombeau de marbre dans une église de cette ville. 1 J. Piccini à Venise ; 2 Le même in-fol. ; 3 Petit ; 4 Son épitaphe J. Piccini. Venetiis, in-fol ; 5 Desrochers, in-8 ; 6 Réduction du n° 5 dans l'Auvergne illustrée, le Diction. hist. de la Haute-Marche, par A. Tardieu, et le présent Dictionnaire ; 7 Gravé sur bois dans J.

VOYSIN (Daniel), maître des requêtes, Conseiller d'État.

Prévôt des marchands de Paris. Intendant d'Auvergne (1648-1655). Né à Paris, y mourut en 1693. 1 Regnesson in-f. d'après Champagne ; 2 N. Pitau 1668, d'après Mignard, in-f. maj ; 3 Le même retouché ; 4 Edelink, d'après Mignard, in-f, maj. dans une thèse de M. de Lamoignon.

WALSH-SERRAN (Marie - Robertine - Anne-Hélène-Joséphine), mariée, en 1798. au marquis Louis-Joseph Amour de Bouillé ; morte en 1825.

Peinture sur toile au château du Cluzel (Haute-Loire).

WARNET, général.

Commandant le 13e corps à Clermont-Fd. Nommé en 1888, en remplacement du général Boulanger. Lith. dans le journal la *Graphologie*.

WEIS (Medème-Moquette).

Acteur vers 1847. Joua à Clermont-Fd. Lith. in-4 ; (publication du *Diable rose*). J. B. R. dans la dame des chœurs, publiée à Clermont-Ferrand, par Paris-Beaulieu.

ZIZIM (le prince).

Frère du sultan Bajazet II ; lui disputa le trône. Il fut obligé de fuir ; se livra au grand maître de Rhodes (Pierre d'Aubusson), qui l'envoya en France. On lui fit traverser l'Auvergne pour le mener à Bourganeuf (Creuse). Enfin le Pape voulut le voir ; on le lui conduisit ; et le malheureux prince, ayant quitté Rome, mourut empoisonné non loin de la ville (1495) Le portrait que nous donnons est la reproduction de celui gravé en 1676 dans l'Histoire de Pierre d'Aubusson et qui a figuré dans notre Dictionnaire de la Haute-Marche.

SUPPLÉMENT

AMELOT (Jean-Jacques).

Marquis de Combronde, ministre d'Etat, de l'Académie, à né Paris, en 1689, mort en 1749. Portrait gravé.

ASTAIX (Alexandre-Victor), né à Clermont-Ferrand, en janvier 1827, mort à Romagnat le 3 juillet 1894.

Avocat de talent, 3 fois bâtonnier. Conseiller général. Maire de Romagnat. Photogravé dans cet ouvrage d'après sa photographie communiquée par M. Basse, avocat, son gendre.

D'AUBIER (Emmanuel), seigneur de Rioux, la Monteilhe, etc., né à Montferrand (P.-de-D.). en 1749. Gentilhomme ordinaire du roi Louis XVI ; le défendit, le 10 août 1792 (✳), colonel.

Portrait peint chez Mme la baronne d'Aubier, à Royat (Puy-de-Dôme).

D'AUBIER (Antoine), fils du précéd., né en 1769, émigré.

Au service du roi de Prusse. major d'escadron, marié à Henriette de Haussen, fille d'un lieutenant-général de l'armée de Prusse. Miniature chez Mme la baronne d'Aubier, à Royat (Puy-de-Dôme).

D'AUMONT (Jean), maréchal de France (1577, mort en 1595.

Père de Marguerite d'Aumont, épouse de Marie de Rochebaron, femme de Jean de Chardon. Portrait peint. Galerie du château de Beauregard ; 2 Copie par Bilfeld au musée de Versailles ; 3 Dans le Dictionnaire de la Haute-Marche, par A. Tardieu ; 4 N. à cheval, dans un ovale, gravé in-fol. ; 5 Photogr. dans ce Dictionnaire, à la galerie de Bellaigue.

D'AUTIER DE VILLEMONTÉE (Marguerite). 1514.

Mariée en 1514, à Damien de la Salle, baron de Larodde. Voir M.

BARRIÈRE (Antoine), (voir p. 32).

M. Antoine Barrière avait épousé, à Limoges, en 1834, à Mlle Emilie Tunis.

BARRIÈRE (l'abbé François-Emile-Lucien), excellent prédicateur, chanoine et théogal de la cathédrale de Clermont-Ferrand, mort en 1904.

Portrait peint dans sa famille.

BENECH DE BADAILHAC (Jeanne).

Mariée à Marc François Capelles de Clavières, conseiller au grand Conseil, morte à Clavières-Ayrens. Peinture de 1750. Voir M,

BERNET (Jacques, né à St-Flour, le 4 sept. 1770, mort à Aix en 1846.

Evêque de la Rochelle, puis archevêque d'Aix (1835), cardinal (1846). Son portrait peint au musée de Riom.

BIGNON (Louis) voir sa notice au Dictionnaire.

Ajoutons ceci à sa personnalité de cet éminent agriculteur, l'un des doyens de l'agriculture française.

Il est officier de la Légion d'honneur, commandeur du mérite agricole, officier d'Académie, agriculteur de 1er ordre, propriétaire du magnifique domaine de la Bourriague, en Bordelais. Il a exécuté dans l'Allier, de merveilleux travaux agricoles, ce qui lui a valu les plus hautes récompenses, en France et à l'étranger. Personne que lui ne mérite autant les plus hautes distinctions. Il a 3 fils : 1. Louis, chevalier de la Légion d'honneur, maire, conseiller général de Theneuille (Allier), etc ; 2. Louis, docteur-médecin, à Vichy, chevalier de divers ordres ; 3. Jean, ingénieur des arts et manufactures, agronome distingué, officier du mérite agricole.

BRUGIÈRE (Pierre).

Vivant sous Louis XIV, Brugière (Guillaume), juge des marchands de la ville de Thiers, 1730 environ ; Jean-Baptiste Brugière, notaire à Vollore en 1790 ; Lucie Brugière, épouse de Just Dumas, 1790. Tous les 4 peints dans la galerie de M. Arthur Dumas, à Vollore.

BURIN DES RAUZIERS (Michel-Victor).

Fils de Laurent, dernier bailli de la Tour d'Auvergne, en 1790. Agé de 12 à 13 ans. Portrait chez M. André Burin des Rauziers, à Paris.

BURIN DES RAUZIERS (Hyacinthe), président de chambre à la Cour d'appel de Paris (✳). Auteur.

Portrait chez M. Burin des Rauziers, son petit-fils.

CAILLOT DE BEGON (Etienne), procureur général à la cour des aides de Clermont, en 1789.

Mort à Clermont-Ferrand, le 2 août 1831. Vicaire général du diocèse. Né à Billom (Puy-de-Dôme). Gravé au physionotrace (voyez le mot DE BEGON où par erreur j'ai omis celui de Caillot, nom patronymique).

CAPELLE DE CLAVIÈRES (le baron Marc-François).

Conseiller au présidial d'Aurillac, conseiller au grand conseil, président au parlement de Bretagne. Peinture de 1781. Voir M.

CAPELLE DE CLAVIÈRES (Antoine).

Prieur de Carennac. Docteur en théologie. Mort en 1801. Peint au XVIIIe siècle. Voir M.

CAPELLE DE CLAVIÈRES (Antoine-François).

Capitaine de cavalerie. Mort à Aurillac. Peinture de 1788. Voir M.

CAPELLE DE CLAVIÈRES (Jeanne).

Mariée en 1782, à Etienne, marquis de la Sales du Doux. Peinte par son gendre, le baron de Pollalion de Glavenas. Voir M.

CHABOSSON (Marie), mariée, en 1781, à Michel Hugon notaire, puis juge de paix, à Rochefort-Montagne (P.-de-D.).

Née à Aurières (P.-de-D.), le 13 mars 1768, y mourut en 1835. Remarquable par son immense charité. Miniature reproduite dans cet ouvrage (Pl. XLVI), de 1789 environ, à Ambroise-Tardieu, son arrière-petit-fils.

DE CHALENCON DE ROCHEBARON (Anne).

Mariée, en 1548, à Damien de la Salle, seigneur du Colombier. Voir M.

DE COURTILHE (Hélène).

Née en 1698, mariée, en 1724, à François, comte de la Salle. Peinture école de Larguillère. Voir M.

DE COURTILHE (Maximilienne).

Née au château de Feydet en 1765, fille de Gaspard (dont le portrait est dans cet ouvrage), baron de Gial (voir ce nom), mariée, en 1786, à Louis-Bernard comte de la Salle de Rochemaure. Voir M.

DU CROZET DE CUMIGNAT (Jeanne-Marie).

Née en 1719, morte à Val-le-Chastel, en 1808. Mariée en 1741, à J.-B. comte de la Salle. Voir M.

DISSANDES (page 94), ajoutez : de Monlevade, de Bogenet et de la Vilatte, terres nobles possédées par cette ancienne maison.

DE DOUHET D'AUZERS (Anne).

Mariée en 1589, à Antoine, baron de la Salle. Voir M.

DE DOUHET (Isabeau dame de Rochemaure).

Née en 1671, mariée en 1692, à Joseph, comte de la Salle. Voir M.

DUMAS (Just-Sébastien).

Notaire royal à Vollore, 1790 ; Jacques-Claude Dumas 1812. Tous deux peints, dans la galerie de M. Arthur Dumas, à Vollore ; le 2e est en miniature.

D'ESPINCHAL (Raoul), mort en 1832.

Eau-forte (belle), signée Fontalera. A M. Barrière, château des Gonnils, à Volvic (P.-de-D.)

DE FAY DE LA TOUR-MAUBOURG (Gabrielle).

Née en 1557, mariée en 1578, à Jean de la Salle, baron de Rodde. Voir M.

DE FORCEVILLE (Marie).

Mariée, en 1882, à M. le duc Louis-Félix de la Salle de Rochemaure. Voir M. Photog. dans cet ouvrage.

GASQUET (Page 107).

M. Gasquet est, actuellement, directeur de l'Enseignement primaire au ministère de l'Instruction publique (C. ✳).

JALADON (Gilbert), né à Pionsat en 1754.

Conseiller à la cour de Riom. Mort en 1815. Phot. dans « le Canton de Pionsat » par M. Mangevel, 1904, in-8.

DE LA SALLE (Louis-Annet), baron de Larodde sous Louis XIII.

Mousquetaire du roi Louis XIII, puis capitaine de St-Germain-en-Laye, chevalier de St-Michel, mort sans alliance. Voir M. Reproduction dans cet ouvrage.

DE LASTIC.

Ajoutons, ici, la belle galerie de portraits qui existe au château de Leucloitre (Hte-Vienne), chez M. le comte de Lastic St-Jal.

DE LASTIC (Jean), grand maître de St-Jérusalem, en 1437.

1 Portrait dans la Galerie de M. le comte de Lastic; 2 Il y a aussi un beau portrait de lui, au château de Parentignat (Puy-de-Dôme).

DE LASTIC (Lucrèce), mariée en 1679 à à François d'Albignac (v. ce nom).

Peinture. Galerie de M. le comte de Lastic.

DE LASTIC (Charles-Renaud), chevalier de St-Jean de Jérusalem (1728).

Peinture. Galerie de M. le comte de Lastic.

DE LASTIC SAINT-JAL (Pilippe-François), évêque de Castres, en 1736-1752.

Peinture. Galerie de M. le comte de Lastic.

DE LASTIC SAINT-JAL (Louise-Jacqueline), mariée en 1741, à Lonis-Gilbert, comte de la Queuille.

Peinture Galerie de M. le comte de Lastic.

DE LASTIC (Jean-Charles), vicomte de St-Jal, maréchal de camp (1748).

Peinture. Galerie de M. le comte de Lastic.

DE LASTIC (Jean-François-Charles), comte de Lastic de St-Jal.

Ancien colonel, chevalier de St-Louis. Peinture. Galerie de M. le comte de Lastic.

DE LASTIC (Philippe-Ursule-Charles), comte de Lastic de St-Jal. Inspecteur général des haras. en 1865 (O. ✳).

Peinture. Galerie de M. le comte de Lastic.

MARTIN (Marius).

Ancien député de Paris (Voir ce nom au Dictionnaire). Ajoutons qu'il est l'un des rares parents vivants du général Desaix. Voici la filiation : Anne-Claire Desaix, tante du général, épousa M. de Chapelle, seigneur de la Prugne, dont Marie, épouse d'Annet de Montandraud, dont Madeleine, femme de Guillaume Eschallier, de Villossanges, dont Anne épouse d'Annet Bouchet, maire de Charensal, dont Suzanne, femme de Pierre Martin, de Charensat, dont Marius Martin, ancien député de Paris, marié à Mlle Henry, dont Henry, ingénieur des arts et manufactures, époux de Mlle Faye.

MAURY (François), né à Ferlut (Cantal), en 1807, mort à Clermont-Fd, en 1882.

Littérateur savant ; poète très distingué, maire de Royat. 1 Photog. dans l'Histoire de Royat par A. Tardieu ; 2 Reprod. dans ce Dictionnaire.

MÈGE (Jacques-Philippe), page 144.

Ajoutez : officier de la Légion d'honneur. Comme député, il rendit les plus grands services au Puy-de-Dôme. Son souvenir vit toujours et restera.

MOREL-LADEUIL (P. 149).

Ce grand sculpteur-ciseleur, l'un des hommes qui honorent le plus notre Auvergne comtemporaine, a laissé une œuvre merveilleuse que son fils, homme de goût et digne de hautes félicitations, a fait connaître dans un magnifique in-4, en 1904 : « L'Œuvre de Morel-Ladeuil ». Il existe une gravure in-fol., sur son lit de mort.

ERRATA

Il est impossible qu'un ouvrage de ce genre soit sans erreurs ; car il est hérissé de dates et de noms propres. Les lecteurs intelligents et bienveillants ne s'y tromperont pas. Voici des fautes typographiques à signaler ; mais il y en a sûrement d'autres. Page 10, col. 2 l. 22, né corr. mort; l. 28, 1492 corr. 1592. — P. 11, col. 2, l. 21, galleries corr. galeries.— P. 14, col.1, l. 8, Anglard corr. d'Anglard ; l. 16, Charles, corr. Charlus. — P. 24, col. 2, l. 37, née corr. né. — Planche XIII, au portrait du comte de Sartiges, en bas, effacez directeur des haras ; même pl. au portrait de G. C. de Savaron, en haut, 1701 corr. 1751. — P. 38, col., 2, l. 14, 1859, corr. 1857 ; l. 36, 1767, corr. 1567. — P. 40, col., 2, l. 12, Malte corr. Rhodes ; l., 36, après Clermont-Fd. mettez né. — Pl. XVI, portrait de Blaise IV Rochette de Lempdes, 1774 corr. 1714. — P. 42, col. 1, l. 15, en rem. effacez d'après ; l. 13, en rem. Alide corr. Alcide. — P. 44, col. 2, l. 12, représenté, corr. représentée. — P. 46, l. 27 en rem. Normand, corr. Mormand.— P. 48, col. 2, l. 11, en rem. frrraise corr. fraise.— Pl. XXI, en bas, portrait de Thérèse de Vogué, ajoutez après Pierre, marquis. — P. 74, col. 2, l. 10. 1660, corr. 1600. — Pl. XXXIII, au portrait Cluzel, editiert, corr. édifier. — P. 76, col. 2, l. 18, en rem. Gabrielle corr. Gabriel. — Pl. XLI, les blasons d'entourage sont des ornements et non des ex-votos.— P. 94, col.2, l. 25, en rem. Seine-et-Loire corr. Saône-et-Loire.— P. 104, col. 1, l. 13, du corr. due. — P. 108, col. 2, l. 12, à lith., corr. 2 lith. — P. 112, col. 1, l. 16, Martignon corr. Matignon ; l. 48 termes corr. thermes. — P. 122, col. 2, l. 20, Falvie, corr. Fulvie ; l. 54, Buffremont, corr. Bauffremont. — P. 128, l. 42, Léon XII corr. Léon XIII ; l. 47, maison corr. maisons ; col. 2, l. 8, en rem. Annet IV corr. Annet VI. — P. 130, col. 1, l. 3, 1815 corr. 1866. — Pl. L, portrait Ricard, dit de Montferrand, 1558 corr. 1858. — Pl. LIII, portrait de Michel de Val, Fontenay corr. Fontenoy. — P. 140, col. 2, l. 34, précédente corr. suivante. — Pl. LIV, portrait de Marguerite de Roquelaure, 1764 corr. 1763. — P. 165, col. 1, l. 18., Aug. corr. Auguste.

Coffret gothique du musée de Clermont-Ferrand, donné par le roi Louis XI
à Guillaume Savaron.

Bibliographie

ci, figurent les ouvrages dont la citation répétée, dans ce dictionnaire, a nécessité une *lettre majuscule* servant d'abréviation. Nous donnons ensuite la liste alphabétique des imprimés ou manuscrits qui nous ont été le plus utile pour notre œuvre

A Grand Dictionnaire biographique du Puy-de-Dôme, par Ambroise Tardieu.

B Histoire de la ville de Clermont-Ferrand, par Ambroise Tardieu.

C L'Auvergne (Puy-de-Dôme) Guide complet illustré, par Ambroise Tardieu.

D Suite de 3 planches de portraits, en médaillons par Ambroise Tardieu.

E Catalogue des portraits de la collection Desbouis.

F Les portraits au crayon, par Henri Bouchot.

G Three hundred french portraits, 2 vol., in-folio.

H Suite de portraits du Dictionnaire historique du Puy-de-Dôme, par Ambroise Tardieu.

I Dictionnaires départementaux (Puy-de-Dôme), publiés en 1902, par Flammarion.

J Histoire de l'Administration civile de l'Auvergne, par G. Bonnefoy. 4 vol. gr. in-8, 1895.

K La Mouche Clermontoise, sous la direction de V. Collodion, publiée à Clermont-Fd, 1867.

L Histoire de la maison de Chabannes, par le comte Henri de Chabannes, plusieurs volumes in-4.

M Galerie de M. le duc de la Salle de Rochemaure.

L'Ancienne Auvergne et le Velay. 3 vol. in-folio. Publiés chez Desrosiers, à Moulins, 1843-1848.

BOUCHOT (Henri), conservateur au Cabinet des estampes de la Bibliothèque nationale, à Paris. *Les Portraits au crayon des XVI* et XVII* siècles conservés à la Bibliothèque nationale, à la Bibliothèque des arts et métiers, à Paris, au Louvre et dans la collection de Castle-Howard (Angleterre), comme aussi les portraits peints de la galerie de Beauregard, près de Blois. 1884, in-8 de 412 pages.

BONNEFOY (G). *Histoire de l'Administration civile en Auvergne*. 4 volumes gr. in-8, 1895. Nombreux portraits.

BOUILLET (J.-B). *Tablettes historiques de l'Auvergne*, 8 vol. in-8.

Cardinaux (suite de). 280 portraits, publiés en 1622, in-4 (depuis 1054 jusqu'au cardinal de Richelieu). Portraits la plupart de pure fantaisie.

Catalogue du Musée de Clermont-Fd, in-12, 1862, avec supplément.

Catalogue du musée de Riom, plaquette in-8.

DE CHABANNES (Le comte Henri). *Histoire de la maison de Chabannes*, 1897-1902, 9 vol. in-4. Portraits.

Chanceliers de France et gardes des sceaux (suite des). Portraits gravés 95 chanceliers depuis Widdomare jusqu'à G. du Vair en 1616.

Chronologie collée gravée par Léonard Gaultier. 144 portraits en petit.

Collection des portraits de la Bibliothèque nationale à Paris. Classée alphabétiquement, 120.000 portraits placés aux noms de terres et de fiefs pour la noblesse. Le catalogue (in-8) en a été publié.

Collection de portraits gravés et lithographiés de la Bibliothèque de Clermont-Fd. Augmentée, en 1904, par acquisition, de celle de feu François Boyer, à Volvic (Puy-de-Dôme).

Costumes historiques de la France par le Bibliophile Jacob, Paul Lacroix, Paris, 1860, 8 vol. in-8, portraits en couleurs.

DELAROA (Joseph). *Galerie de portraits foréziens*, St-Etienne, 1869, in-8, 189 pages.

Députés à la Constituante en 1848, suite in-f. Paris, Delarue, publiée par Basset, lithographies.

DESBOUIS (G.). Bibliothécaire de la ville de Clermont-Ferrand. Catalogue de sa collection de portraits sur l'Auvergne, vendue, à Paris, aux enchères, après sa mort, en 1895, in-8.

DESROCHERS (suite de). Portraits gravés à Paris, in-4. On en connaît 505.

Dictionnaires départementaux (Puy-de-Dôme), Paris, E. Flammarion, éditeur, 1900, in-8. Biographies et portraits gravés.

Galerie française, 1771, in-fol. 40 portraits.

Galerie française des femmes célèbres, 70 portraits en pied, dessinés par Lanté, 1841, in-4.

Galerie universelle publiée par Blaisot, 2 vol. in-8. Grande suite de portraits lithographiés.

HAMY (Le R. P.) de la Compagnie de Jésus. *Essai sur l'Iconographie de la Compagnie de Jésus*. Paris, 1875, in-8, 207 pages.

Iconographie bretonne, par le marquis des Granges de Surgères. 2 vol. in-8, 1888.

DE LA MURE. *Histoire des ducs de Bourbon et des comtes de Forez*, 3 vol. in-4 ; publiés par M. de Chantelauze, avec portraits.

LANDON. *Galerie historique des hommes les plus célèbres de tous les siècles*, Paris, 1805-1809, 3 vol. in-12, nombreux portraits au trait.

LE PÈRE LE LONG. *Bibliothèque historique de la France*, tome V, avec la liste des portraits français gravés jusqu'en 1775, in-fol. Il y a une édition de cette dernière liste de 1800, due à Fevret de Fontette et Barreau de la Rivière.

LIEUTAUD (Soliman), ancien libraire, savant iconophile (mort à Paris en décembre 1879). A publié 1. *Liste alphabétique des portraits gravés servant de supplément au P. Le Long*, 1846, in-4, 105 pages : 2 *Liste des portraits des députés de l'Assemblée nationale en 1789*, Paris, 1854, in-8 : 3. *Iconographie française*, 3 vol. in-fol., en manuscrit seulement qui se trouve à la Bibliothèque de la ville de Paris, rue Sevigné (Paris).

MONCORNET. Suite, in-4 de portraits donnés par ce graveur sous le règne de Louis XIV. On en connaît des recueils de 300 portraits (princes, princesses, célébrités, etc).

DE MONTFAUCON (Dom Bernard). *Les monuments de la monarchie française*, 1729-1733, 5 vol. in-f.

Mouche Clermontoise (La) 1867, in-fol. lith. de Mont-Louis, portraits charges, Directeur Victor Collodion, artiste dessinateur, mort en revenant d'Angleterre, en naufrage.

ODIEUVRE (suite d'). Portraits gravés par ce peintre et marchand d'estampes, né en 1600, mort en 1756 à Rouen. On connaît 600 portraits destinés à *l'Europe illustrée*, de Dreux de Radier, in-4, Paris, Breton 6 vol. L'abbé Garnier a donné une suite en 8 volumes. Paris et Lyon, 1778.

PERRAULT. *Les portraits des hommes illustres*, 1690-1700, in-fol.

G. SAIGE. *Monaco, ses origines, son histoire*, Paris, Hachette, in-12, 1897, portraits.

SAVARON. *Origines de Clairmont*. édition de 1662, publiée, in-fol., par Durant, portraits gravés.

Table alphabétique des personnes comprises dans la première partie et dans le supplément aux galeries historiques de Versailles, in-8, 53 pages. Imp. Duverger, Paris.

TARDIEU (Ambroise), célèbre graveur, mort en 1841. *Portraits des députés, écrivains et pairs constitutionels*, Paris, 1820-1821, in-4 154 portraits (L'auteur est mon vénéré parrain).

TARDIEU (Ambroise), historiographe de l'Auvergne. 1. *Histoire de la ville de Clermont-Fd*, 1875, 2 vol. in-4 (portraits) : 2 *Grand Dictionnaire historique du Puy-de-Dôme*, in-4, 1877 (nombreux portraits photolithographiés dans l'édition de luxe) : 3 *Grand Dictionnaire biographique du Puy-de-Dôme*, in-4, 1878, 160 portraits lithographiés : 4 *Dictionnaire iconographique des Parisiens*, in-8, 1885, portraits reproduits : 5 *l'Auvergne illustrée*, 1886, 1887, 1888, in-4, nombreux portraits : *l'Auvergne* (Puy-de-Dôme). Guide complet illustré, in-16, portraits : 7 *Dictionnaire historique, biographique et généalogique de la Haute-Marche*, in-4, 1894, portraits : 8 suite de personnages dignes de mémoire de la Basse-Auvergne, in-f., 3 planches en photolithographie, médaillons ovales (tiré à 100 exemplaires).

THEVET (André). *Vrais portraits et vies des hommes illustres*, 1584, 2 vol. in-fol. (nombreux portraits).

Three Hundred french portraits. *represented personnages of the courts François I, Henri II, and François II, by Clouet, autolithographied from the originals at Castle Howard. York shire, 1872, 2 vol. in-f.*

ALBUM
ICONOGRAPHIQUE
PORTRAITS
ANCIENS OU MODERNES
concernant
L'AUVERGNE
Spes et labor

RIGAUD d'AURELLE, baron de Villeneuve,
capitaine des Francs-Archers d'Auvergne (1479), ambassadeur,
diplomate habile, chevalier de St-Michel, mort en 1517.
(Portrait gravé d'après la fresque du château de Villeneuve (P-de-D.),
prise d'après nature).

Château de Villeneuve (Puy-de-Dôme).

SÉANCE DES GRANDS-JOURS D'AUVERGNE (1665-1666
(D'après une gravure du temps).

1. Potier de Novion, président ; 2. Caumartin ; 3. Guillaume Hébert ; 4. Charles Malo ; 5. Henri de Boyvin ;
6. Destrappes ; 7. Barillon ; 8. Barentin ; 9. Joly de Flory ; 10. Gilbert de Veyny d'Arbouse, évêque de Clermont-Fd
11. Omer Talon, procureur général ; 12. Nic. Choppin.

Pierre de GIAC, chancelier de
France 1383, mort en 1407.

LOUIS II, duc de Bourbon, baron de Thiers, mort en 1410, et son écuyer.

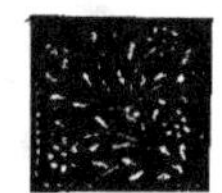

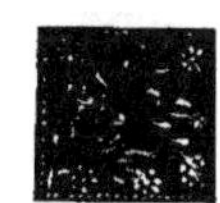

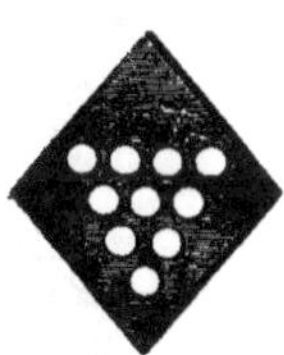

Jacques I de CHABANNES,
Grand maître de France, mort en 1453.

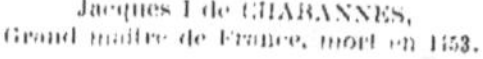

Jean le MEINGRE dit BOUCICAUT
Illustre maréchal de France, qui chassa les Anglais
de l'Auvergne en 1393.

Étienne AUBERT, évêque de Clermont (1340-1342),
élu pape sous le nom d'Innocent VI, en 1352.

Pierre ROGER,
pape sous le nom de
Clément VI, en 1342,
enterré dans l'église
de la Chaise-Dieu.

Le Cardinal François de la ROCHEFOUCAULD,
Évêque de Clermont (1585-1608), mort à Paris en 1645.

L'ÉGLISE D'ORCIVAL (Puy-de-Dôme),
(où se trouve une célèbre statue miraculeuse fort ancienne).

CHARLES III, duc de BOURBON,
Connétable de France, mort en 1527.

HENRI de BOURBON, duc de MONTPENSIER,
mort en 1608.

GASTON de FRANCE, duc d'ORLÉANS
et de MONTPENSIER, frère du roi Louis XIII,
mort en 1660.

Anne-Marie-Louise d'ORLÉANS, duchesse de Montpensier,
l'une des plus riches héritières de la chrétienté,
morte en 1693.

Marguerite de VALOIS, dite reine MARGOT,
épouse du roi Henri IV, morte en 1615 à Paris. Comtesse
d'Auvergne et de Clermont-Fd, âgée de 52 ans, en 1605.
Portrait répandu à la cour.

Marguerite de VALOIS, dite reine MARGOT,
épouse du roi Henri IV, âgée de 57 ans, en 1610.
Au sacre de Marie de Médicis.

Château d'USSON (Puy-de-Dôme)
où fut enfermée Marguerite de Valois,
de 1585 à 1605, avec grande liberté.
(Tel qu'il était en 1450.)

Gabriel SYMÉONI, célèbre ingénieur de Florence,
à terminé la conduite des eaux de Royat à Clermont, en 1558.

Jean de BONNEFONS, appelé aussi Jean BONNEFOUS,
excellent poète latin, né à Clermont-Fd, en 1558, mort à
Bar-sur-Seine où il était lieutenant-général.

Edouard prince de GALLES, dit le PRINCE NOIR,
mort en 1376, dont les troupes ont ravagé l'Auvergne
après la bataille de Poitiers, en 1356.

Jean de BOISSIERES, poète, né à Montferrand, en 1557,
secrétaire particulier du duc d'Alençon, frère du roi Henri III.

Ayant l'heur destre aymé du puissant Roy de France.
Ie veux pour son seruice aussy viure et mourir.
Affrontant l'estranger dune braue vaillance.
S'il oze audatieux sur nos terres courir.

Henri de SAVOIE, marquis de St-Sorlin, mort en 1632.
Il a secondé la Ligue en Auvergne, étant le frère du duc de Nemours,
qui en était le chef.

CHATEAU D'EFFIAT (Puy-de-Dôme)

Yves IV, marquis d'ALLEGRE, mort en 1592.

Charles de VALOIS, comte d'Auvergne (1580-1606)
mort en 1650.

Jacques TUBEUF, seigneur de Blanzat,
Président de la Chambre des Comptes de Paris, mort en 1671.

Catherine-Angélique de MONTMORIN,
abbesse de Léclache, à Clermont-Fd, morte en 1692.
Femme de haute intelligence.

Le cardinal Charles-Antoine de la ROCHE-AYMON,
né au château de Mainsat (Creuse), en 1697,
mort en 1771, à Paris.

Charles-Emmanuel de SAVOIE,
duc de Nemours, chef de la Ligue, en Auvergne.
(1590-1592).

Marie-Angélique de SCORAILLES,
duchesse de Fontanges, morte en 1681, âgée de 20 ans.

Henri de la TOUR D'AUVERGNE, duc de Bouillon,
né au château de Joze (P.-de-D.) en 1555, maréchal de France,
mort en 1623. (Père de l'illustre Turenne).

Frédéric-Maurice de la TOUR D'AUVERGNE, duc de Bouillon,
mort en 1652, à Pontoise. (Frère de l'illustre Turenne).

Victor de REHEZ, comte de SAMPIGNY,
lieutenant-général de la sénéchaussée d'Auvergne,
à Riom, en 1764.

Jean-François du FOUR, baron de VILLENEUVE,
né en 1710, à Clermont-Fd.
Intendant de Bourges, lieutenant civil au Châtelet, etc.
Mort en 1781.

Le général CHAMBAUD, né à Clermont-Fd en 1761,
mort en 1831, à Thiers (P.-de-D).

Le marquis Marc-Antoine d'USSEL,
baron de Crocq et de Châteauvert, en 1789,
capitaine dans le régiment de Conti.

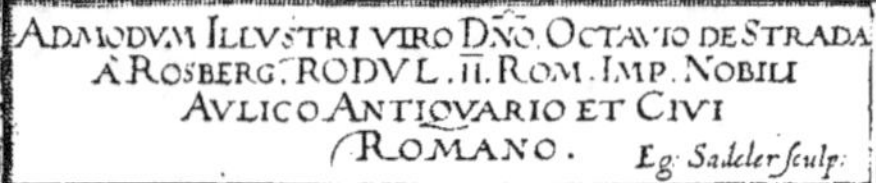

Octavio I de STRADA, garde des médailles de l'empereur Rodolphe II.
(Son fils Octavio II a desséché, en 1629, le lac de Sarlièves (Puy-de-Dôme).

Alexandre de SEVE, intendant d'Auvergne (1644-1645).

Antoine-Léonard THOMAS,
membre de l'Académie française, mort en 1785.

Paul LE BLANC, Intendant d'Auvergne (1704-1707).

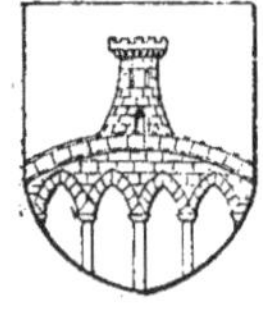

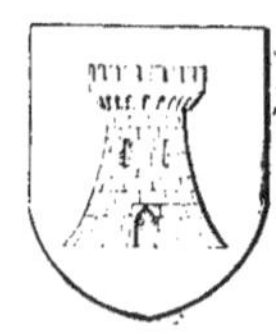

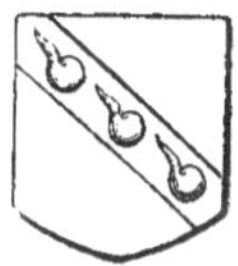

Jean-Charles TRUDAINE, intendant d'Auvergne (1730),
membre de l'Académie des sciences,
mort en 1769. (Portrait gravé par Carmontelle).

J.-Ch.-Philibert TRUDAINE, intendant des finances,
né à Clermont-Fd en 1733, où son père était intendant d'Auvergne.

Clermont en 1450 d'après G. Revel.

PRINCES DE MONACO. COMTES DE CARLADÈS (Auvergne).

Honoré II de GRIMALDI, prince de Monaco,
comte de Carladès (1642), mort en 1662.

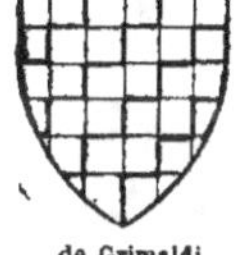

de Grimaldi

de Goyon de Matignon

Honoré III de GOYON de MATIGNON,
prince de Monaco (1757).

J.-B.-François DESMARETS, marquis de Maillebois,
maréchal de France, seigneur de Nonette, mort en 1762.

Château de Nonette, en 1450,
démoli en 1633.

Marguerite de MONTMORENCY, morte en 1060,
épouse d'A.-L. de Lévis, duc de Ventadour, baron d'Herment

Ch.-Eleonore-Magdeleine de la MOTHE-HOUDANCOURT,
mariée en 1671 à L. C. de Lévis, duc de Ventadour, baron d'Herment

28

Guy de BLANCHEFORT, commandeur de Tortebesse, près
d'Herment (1490), grand prieur d'Auvergne, grand maître de Rhodes,
en 1512, mort en 1513.

Jacques d'AUZOLLES de la PEYRE.

Le prince ZIZIM, frère du Sultan Bajazet II. Il traversa l'Auvergne, en 1485, en se rendant dans la Marche, et mourut en Italie, en 1495. Une tradition dit qu'il s'arrêta au château de Banson (P.-de-D.).

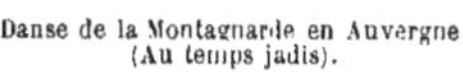

Danse de la Montagnarde en Auvergne
(Au temps jadis).

J. B. BARGOIN, pharmacien,
bienfaiteur des hospices et du
musée de Clermont, mort en 1885.

L'Abbé Étienne CAILLOT de BÉGON,
vicaire général du diocèse de Clermont-Fd,
mort en 1837.

François MAURY, poète très-dis-
tingué, maire de Royat, mort en 1882.

P. M. GAULT de St-GERMAIN,
peintre de talent, auteur, mort en 1842.

J.-B. H. Charles comte d'ESTAING,
amiral, mort en 1794.

Le Comte J. CORNUDET des CHOMETTES,
paire de France, mort à Paris en 1834.

François THIBAUD-LANDRIOT,
imprimeur, mort en 1848.

François de MONESTAY de CHA-
ZERON, gouverneur de Brest,
mort en 1697.

Sébastien de LUXEMBOURG,
duc de Penthièvre, mort en 1567.

La comtesse de la FAYETTE.
née Pioche de la Vergne,
célèbre romancière, morte en 1093.

Pierre de BESSE, doyen du chapitre d'Herment,
mort en 1639. Fondateur de l'école gratuite d'Herment.

Joachim de SEIGLIÈRE
seigneur de Charbonnières-les-
Varennes (P.-de-D), en 1674.

Le général M.-F.-E.-B. de CHABRON
né en 1806, mort en 1880.

Thomas BOHIER, intendant des finances,
né à Issoire en 1465, mort en 1523.

Anne de la TOUR D'AUVERGNE,
comtesse d'Auvergne, morte en 1524.

Annet BARET du COUDERT,
Président du tribunal civil de Riom,
mort en 1832.

C. Alexandre de BOUILLÉ du CHARIOL,
chevalier de Malte,
commandant des Galères à Malte (1666).

F. RUDEL du MIRAL, vice-président de
la chambre des députés, mort en 1854.

Guillaume-Michel de CHABROL,
savant auteur des Coutumes d'Auvergne,
mort à Riom, en 1792.

Armand-J.-L., de la QUEUILLE,
chevalier de Malte,
commandeur de Torlebesse (1788).

Jean I, duc de BOURBON,
mort en 1434.

Pierre Silvain, comte de
TOURNYOL DU CLOS, député
aux États-généraux, en 1789.

André-Joseph, comte de
TOURNYOL, baron de Chabaul,
grand chambellan du duc
Léopold de Lorraine,

Antoine d'AUTIER DE VILLEMONTÉE,
syndic de la noblesse d'Auvergne,
gouverneur de Clermont (1536).

Le prince Hercule-Mériadec
de ROHAN-SOUBISE, baron d'Herment,
mort en 1749.

N.-C.-Martin, comte
d'AUTIER de VILLEMONTÉE,
juge de paix du canton d'Herment,
mort en 1820.

Léon MELCHISSEDECH,
artiste du Grand Opéra,
né en 1843, à Clermont-Fd.

Paule MINCK, d'origine polonaise,
conférencière, socialiste,
né à Clermont-Fd, en 1843.

Francisque BATHOL
poète patois, mort en 1880.

Joseph GONY, dit NACA
enseveli dans un puits à Montrognon et
retiré vivant après deux jours, en 1884.

Léon COMPAGNON,
architecte, collectionneur,
mort en 1890.

GODEFROY DE BOUILLON,
roi de Jérusalem,
qui prit la croix à la croisade, prêchée
à Clermont, en 1095

TABLE ALPHABÉTIQUE
DES PORTRAITS GRAVÉS DE CET OUVRAGE

 EMARQUE IMPORTANTE. Le chiffre indiqué à la suite d'un portrait est celui qui précède la planche où se trouve le dit portrait. Ceci est pour le *Dictionnaire* ; mais pour l'*Album final* le chiffre est placé en haut de la planche elle-même. L'astérisque après un chiffre indique qu'il y a plusieurs portraits du même nom, dans la planche.

d'Allègre, 206.
Amariton, 32.
André, 29.
d'Angleterre, 204.
d'Anjony de Foix, 18.
d'Apchier, 70 *.
Aragonnès d'Orcet, 96.
Ardier, 54.
d'Argenson (voir Voyer).
d'Artempdes (voir de Laval).
Arnauld, 24.
Arnoux, 100.
d'Assy, 26.
Astaix, 120.
d'Astier, 116.
Aubert, 200.
d'Aubeterre (v. de Bouchard).
d'Aumont, 70, 116.
d'Aurelle, 196.
d'Aurelle de Paladines, 92, 223*.
d'Autier, 222*.
d'Auzolles de la Peyre, 218.
Aycelin, 71.

de Ballainvilliers (v. Bernard).
de Bar, 180.
Bardel (Mgr), 74.
Bardoux, 88, 176.
Baret du Coudert, 221.
Bargoin, 220.
Barrière, 56.
de Barthelats, 14.

de Bartillat (Voir Jehannot).
Bathol, 224.
de Baudry de Piencourt, 62.
de Bauffremont, 46.
Barillon, 197.
de Beaufanchet, 82.
de Begon (voir Caillot).
de Bellaigue, 112, 116.
Belmont (Mgr), 74.
de Benech de Badaillat, 152.
de Benoid, 36.
Berard du Bourget, 20.
Berard de Chazelles, 20 *.
Berger, 94.
Bernard de Ballainvilliers, 124.
Bertrand, 94, 120.
Besnier de Villeneuve, 116.
du Besse, 221.
de Bethune, 90.
Bignou, 184.
Bielawski, 184.
Bittard des Portes, 180.
de Blanchefort, 218.
Blancheton, 94.
de Blumestein, 28.
de Bogenel (v. Dissandes).
Bohier, 231.
Boirot, 94.
du Bois de Beauchesne, 116.
de Boissières, 94, 204.
de Bonal (Mgr), 72.
de Bonnefon, 32 *.
Bonnefons, 96, 204.

de Bonnefoux, 10.
Bonnefoy, 14, 184.
de Bosredont, 42 *.
de Bouchard d'Aubeterre, 82.
Bouchel, 180.
du Bouchet de Sourches, 82.
Boucicaut, 190.
Boudet, 176.
de Bouillé, 221.
de Bourbon, 22, 76, 198, 202 *
   222.
de Bourbon de Pomeyrol, 84.
du Bourg, 100.
Bourgade (Mgr) 128.
de Bourgade de la Dardye, 78,
   128.
Bourgoignon d'Alès, 124.
Bousquet, 180.
de Bouyonnet de Lavilatte, 56*.
Boyer (cardinal), 72.
Boyvin, 197.
Bridaine (le Père), 80.

Caillot de Begon, 220.
Camus de Pontcarré, 64.
Capelle de Clavière, 152, 160.
de Cassagnes de Beaufort de
   Miramon, 24 *.
de Caumartin, 197.
de Chabannes, 28 *, 199.
Chabosson, 104.
de Chabrol, 222.

MON ESPOIR EST EN PENNES